영국전투

제2차 세계 대전 최대의 공중전

영국 전투

제2차 세계 대전 최대의 공중전

마이클 코다 지음 이동훈 옮김

WITH WINGS LIKE EAGLES

A History of the Battle of Britain

WITH WINGS LIKE EAGLES by MICHAEL KORDA

이 책은 실로 꿰매어 제본하는 정통적인 사철 방식으로 만들어졌습니다.
사철 방식으로 제본된 책은 오랫동안 보관해도 손상되지 않습니다.

언제나 누구보다도 사랑하는 마거릿에게

30년 넘게 지혜와 돈을 다루는 통찰력, 정확한 판단력,
변함없는 우정을 보여 준 좋은 친구 제이 워트닉에게

그리고 언제나 모범이 된 좋은 친구이자 스승이었던
영국 공군 중위 필립 샌드먼과의 감미로운 추억을 위해

오! 나는 지독한 대지의 속박을 끊고

마음껏 웃으며 은빛 날개로 하늘에서 춤추네

태양을 향해 날아올라, 날뛰는 환희에 내 몸을 맡기네

햇살이 부서지는 구름 위에서 모든 것을 다 해보았네

꿈도 꿔본 적 없으리. 힘차게 달려 뛰어올라 하늘에 매달려

고요하게 비치는 햇살 속에 높이 떠가는 것을

소리치며 부는 바람을 쫓아 날아갔다네

힘이 넘치는 나의 애기(愛機)는 누구도 가보지 않은 하늘을 가로지르네

정신을 잃을 만큼 아득한, 불타는 푸른 하늘 위로 솟구쳐

기품 있고 우아하게 바람을 뛰어넘어

종달새나 독수리도 오지 못하는 높은 곳으로 향하네

그리고 여기까지 오는 동안 고요하게 들뜬 마음으로

누구도 가지 못한 저 높은 신성한 우주로 나아가

손을 뻗어 하나님의 얼굴을 만져 보았네

— 「고공비행」, 길레스피 메이지 2세 중위, 캐나다 공군 제412 전투비행대대 소속, 1941년 12월 11일 전사

전쟁의 역사에서 이렇게 많은 사람들이

이렇게 적은 사람들에게 이렇게 큰 빚을 진 적은 없다.

— 윈스턴 처칠, 1940년 8월 20일 하원 연설에서

별이 있는 곳까지 싸워 나아가라.

— 영국 공군의 신조

야훼를 믿고 바라는 사람은 새 힘이 솟아나리라.

날개 쳐 솟아오르는 독수리처럼

아무리 뛰어도 고단하지 아니하고 아무리 걸어도 지치지 아니하리라.

— 이사야 40장 31절

차례

1장

「폭격기는 어디라도 갈 수 있을 것이다.」

영국 수상 스탠리 볼드윈, 1932년 하원 연설에서

프랑스가 항복한 후 1940년 여름에 2,000명도 안 되는 젊은 전투조종사들이 히틀러로부터 영국을 구하기 위해 싸웠던 영국 전투만큼 사람들의 머릿속에 깊은 인상을 남긴 영국의 역사적 사건은 드물 것이다. 넬슨이 프랑스·스페인 연합 함대를 쳐부순 트라팔가르 전투처럼 영국 전투 역시 가장 강하고 호전적인 적에 맞서 어떤 우방국의 지원도 없이* 용기와 도전 정신만으로 아슬아슬하게 승리를 쟁취한 사건으로 영국인들의 마음속에 깊이 새겨져 있다.

그 이후 약 70년이 지난 현재, 윈스턴 처칠의 훌륭한 전시 연설**을 통해 그 이름이 붙은 영국 전투는 제2차 세계 대전의 다른 사건들과는 달리 아직도 꾸준한 팬을 거느리고 있다. 현대 전쟁이 그렇듯이 이 영국

---

* 물론 영국 식민지와 영연방 국가들의 지원이 있었다. 그러나 이들은 영국 본토와 멀리 떨어져 있었고 본토에 비해 전쟁 준비 태세도 매우 낮았다.

** 프랑스 항복 후인 1940년 6월 18일 하원 연설에서 처칠은 이렇게 말했다. 「베강 장군이 프랑스 전투라고 부른 싸움은 끝났습니다. 이제 영국 전투가 곧 시작될 거라고 생각합니다.」

전투 역시 어떤 점에서는 매우 매력적이고 신사적으로 진행되었다. 물론 앞으로 살펴보겠지만 공포와 가혹 행위, 희생도 엄청나게 따랐다. 그리고 이 전쟁을 치른 것은 전쟁터로 달려 나간 양국의 젊은 남성들이었다. 또한 영국에서는 여성들도 참전했다. 공군 여성보조부대에 입대하여 레이더를 조작하던 영국 여성들은 큰 인명 피해를 입었다.

물론 과거를 미화하려는 것은 승자의 본성이다. 그러나 그걸 감안하더라도 영국 전투는 분명히 큰 매력을 지닌다. 전투에서 패배한 독일인들 역시 그 매력에 빠져 이 전투를 기념하는 수많은 독일어 책과 웹사이트를 만들었으며, 이 전투에는 참전하지도 않았던 일본인들 역시 마찬가지다. 영국은 아직도 9월 15일을 영국 전투의 날로 정해 매년 기념하고 있다. 1959년까지 이 기념식에는 날씨만 허락한다면 영국 전투에서 싸웠던 두 전투기인 스피트파이어와 허리케인이 런던 상공에서 저공으로 축하 비행을 했다. 전투기들이 버킹엄 궁 상공을 통과한 후 급상승하며 사라질 때 내는 12실린더 롤스로이스 멀린 엔진의 낮고 굵은 작동음은 예전에 그 소리를 들어 봤던 사람들의 귀에는 음악처럼 들렸다. 한동안은 영국 전투에서 활약했던 진짜 에이스 조종사들이 이들을 조종해 축하 비행을 했다. 그러나 얼마 못 가 전투기들이 너무 노후화되어 비행할 수 없게 되었다.

모든 역사적 사건은 시간이 지나면 항상 논쟁이 따르기 마련이다. 사람들은 과거에 의문을 던지고 역사를 새로 쓰면서 자신의 취향 또는 현재의 사회적, 정치적 관점에 따라 역사를 좋게도 나쁘게도 서술한다. 역사학자들과 역사를 가르치는 모든 학교는 선조들의 영광과 승리, 그리고 그 승리를 일구어 낸 영웅들에게만 집착해 명성을 얻었다. 과거의 사건을 엄밀하게 파헤치거나 과거 정치인과 군사 지도자들의 타당하고 현명한 결정을 찬양하는 것으로 명성을 얻고 교수 자리를 얻은 학자는 한 사람도 없다.

영국이 독재자의 침략에 맞서 유럽 대륙의 주도권을 놓고 벌인 마지막 전투라는 특별한 의미를 가진 영국 전투도, 당연히 새로운 시각으로 그 실체를 다시 들여다봐야 한다. 하지만 미국 독립 전쟁이나 크림 전쟁, 제1차 세계 대전에서 영국의 전투 의지와 통솔력에 대해 가해졌던 냉정한 비판이 영국 전투에는 아직 가해지지 않았다. 물론 영국 전투 동안에는 새러토가에서 버고인 장군이 항복한 일이나 경여단의 돌격, 제1차 솜 전투와 같은 일이 없었다. 트라팔가르 전투와 마찬가지로 영국은 영국 전투에서 멋지게 승리했다. 전간기(戰間期, 제1차 세계 대전과 제2차 세계 대전 사이의 시기)의 여러 해 동안(처칠은 이 시기를 〈고난과 궁핍의 세월〉로 불렀다) 정치인들은 불안과 비관에 빠져 유화 정책만을 구사했으며, 영국 항공성 역시 전투기사령부가 유사시 적의 항공 공격에서 영국을 지킬 수 있을 거라고 믿지 않았다. 영국 수상 스탠리 볼드윈은 이탈리아 항공 전략가인 줄리오 두에가 쓴 유명한 책을 인용해 〈폭격기는 어디라도 갈 수 있을 것이다〉라고 말했으며, 대륙의 적을 상대하려면 막강한 폭격기 전력을 가지는 것만이 가장 확실한 방어 대책으로 여겨졌다. 이것이 공군력에 대한 전통적 시각이었다. 볼드윈은 1932년 하원 연설에서 이러한 음울한 경고를 던졌다. 「공격만이 유일한 방어입니다. 즉, 우리 나라를 지키려면 우리 나라의 여자와 아이들을 죽이려는 적국의 여자와 아이들을, 적보다 더 빨리, 더 많이 죽일 능력이 있어야 한다는 것입니다.」 하지만 현실을 이처럼 우울하게 인식한 수상과 하원은 전쟁을 대비하기는커녕, 의욕을 잃었다. 실제로 볼드윈은 국방 예산 증대에 반대했다. 이 모든 악조건을 딛고 전투기사령부는 승리를 이끌어 냈다.

1920년대를 거쳐 1930년대 초반에 이르기까지, 새로이 만들어진 영국 공군 전투기사령부는 영국 항공성의 천덕꾸러기였다. 영국 공군에 정치가들이 쥐여 준 예산은 당대의 지배적인 공군력 교리에 따라 주로 폭격기사령부 전력 확충에 투입되었다. 전투기에 돈을 쓰는 것은 낭비에 불과하다는 것이 당시의 이론이었다. 독일을 벌벌 떨게 할 만큼 강대한 폭격기 전력을 갖추는 것이 유일하고 실질적인 방어책으로 여겨졌기 때문이다.

영국 정부와 공군의 장군들이 전투기 부대 육성에 소극적인 동안, 독일에 대한 유화 정책이 실패해서 전쟁이 발발할 경우 영국 공군이 어떤 역할을 맡을 것인지는 여전히 불분명했다. 앞으로도 살펴보겠지만 영국 전투에 관한 여러 논란의 근원을 추적하면 전투기 전력 육성을 막은 편견과 폭격기가 어디라도 갈 수 있을 거라는 잘못된 믿음(적군 것이든 아군 것이든)에까지 맥이 닿아 있다. 또한 과연 됭케르크 철수를 호기로 보고 영국 본토 침공을 원했던 히틀러의 마음을 바꾸는 데 영국 전투가 결정적인 역할을 했는지도 최근 의문이 커지고 있다.

이는 대답하기 어려운 문제다. 역사에서 〈만약에〉라는 말은 확실성이 부족하기 때문에 딱 부러지는 해답을 얻을 수 없다. 그러나 여러 가지 다른 역사적 결과를 가정해 볼 수는 있다. 게티스버그 전투에서 리 장군이 이겼다면 어떻게 되었을까? 1915년 3월 드 로베크 제독이 공포를 억누르고 다르다넬스에서 영국 함대를 밀어붙였다면 어떻게 되었을까? 히틀러가 1944년 6월 6일 서부 기갑집단군을 자유롭게 풀어 주고, 로멜이 휴가에서 복귀해 노르망디 해안의 연합군을 격파했다면 어떻게 되었을까? 이런 일들은 실제로 일어나지 않았으므로, 우리는 그저 추측할 뿐이다. 그리고 역사를 쓰는 이에게 추측은 버려야 할 나쁜 습관이다. 이런

속담도 있지 않은가. 〈고모가 고추 달고 태어났으면 삼촌이 된다.〉

하지만 영국 전투에 대한 추측은 다른 문제다. 영국이 승리했을 거라는 데 이의를 제기하는 사람은 없다. 그러나 히틀러가 영국 침공에 얼마만큼 열의를 가졌는지 아는 사람 역시 없다. 그리고 영국 침공이 실시되었을 경우 성공했을지 아는 사람도 없다. 독일 해군이 영국 본토 상륙 작전인 바다사자 작전을 위해 많은 수의 바지선과 예인선을 구해 놓은 것은 분명 사실이지만, 그렇다고 히틀러 총통이 영국 본토 침공에 대해 마음을 정했다고는 볼 수 없다. 독일 육군이 급조된 상륙정에 전차, 야포, 군마 등을 싣고 내리는 훈련을 허둥지둥 한 것이나, 역시 영국에 쳐들어갈 독일군 병사를 위해 급조한 가이드북이나 영국이 점령될 경우 게슈타포가 체포할(그리고 아마도 살해할) 사람들의 목록을 적어 놓은 부정확한 부분이 많은 긴 내용의 소책자 역시 히틀러의 결심을 알려 주는 증거는 될 수 없다.* 앞으로 살펴보겠지만 독일의 침공 계획은 정교했던 반면 세부로 들어가면 서로 들어맞지 않는 구석도 있었고, 상당 부분을 운에 의존하고 있었다.

독일군의 침공에는 허세라는 요소도 분명 있었다. 폴란드와 프랑스를 정복한 히틀러는 자신이 이루어 놓은 성공에 감동했다. 히틀러가 영국에 대해 가지고 있던 인식은 영국의 전직 수상 데이비드 로이드조지, 윈저 공, 런던데리 후작 같은 사람들로부터 영향 받은 바가 컸다. 이들은 전쟁 이전에 히틀러에게 경의를 표하고, 그에게 영국은 반드시 평화를 추구할 것이라는 확신을 안겨 주었다. 독일 외무장관 요아힘 폰 리벤트로프 역시 주영 대사 시절 이들 영국 상류 계급 인사들의 초청을 받아

* 저자의 삼촌인 알렉산더 코다 경 역시 게슈타포의 체포 목록에 들어 있었다. 게슈타포는 그의 정확한 직장 주소 및 집 주소를 확보해 놓고 있었다.

그들의 집에 방문한 이후 영국은 싸우지 않을 거라고 착각했다. 리벤트로프는 시야가 좁았으며, 허영심이 아주 강한 데다, 신사인 척하는 속물이었다. 또한 히틀러는 좌우익을 막론하고 영국 국민의 대다수가 계속되는 전면전보다는 타협을 통한 평화를 원할 거라고 생각했다. 영국 외무대신 핼리팩스 경은 조지 6세와 대부분의 보수당 의원들이 체임벌린 전직 수상의 후계자로 생각해 두고 있었던 인물이었다. 그는 무솔리니를 통해 히틀러에게 화평 조건을 문의하는 게 가능한지 주영 이탈리아 대사와 상의하고 있었고, 처칠이 수상에 취임한 지 2주가 넘게 지난 1940년 5월 26일, 이 사실을 전시 내각에 알렸다. 이 사실을 안 처칠은 크게 실망했다. 그는 나중에 내각 위원들에게 자신의 의견을 이렇게 피력했다. 「우리는 앞으로 나아가야 합니다. 여기뿐만 아니라 다른 곳에서라도 싸워야 합니다. 우리 모두가 죽어 쓰러질 때까지 이 긴 싸움을 항복으로 마무리 지어서는 안 됩니다.」*² 핼리팩스와 이탈리아 대사 간의 회담 소식을 접한 처칠은 기분이 언짢아졌지만, 히틀러는 매우 낙관적이 되었다. 그는 대영 제국과 그 상선단이 유럽의 나치 독일을 자발적으로 돕는다면 안전을 보장하겠다는 요지의 긴 연설을 통해 영국에 화평 의사를 보냈다. 그러나 이에 대한 영국의 응답은 히틀러에게는 실망스러운 것이었다. 그러나 코앞에 영국 침공이 닥쳤는데도 침공은 일어나지 않는다고 확신하고 처칠을 핼리팩스나 로이드조지 같은 사람으로 경질한 다음, 분별 있게 협상 테이블에 앉을 사람이 과연 있을까? 히틀러는 영국은 이미 진 거나 다름없다고 믿었다. 다만 영국인들만이 그 사실을 아직

---

* 이 말을 〈우리 모두가 죽어 쓰러질 때까지〉가 아니라 〈우리가 흘린 피 구덩이 속에 쓰러질 때까지〉로 기억하는 사람들도 있다. 어쨌든 당시 상황을 보는 처칠의 관점은 외무대신 핼리팩스 경과는 매우 달랐다.

이해하지 못할 뿐이었다.

영국 전투를 배경으로 가상 전투비행대의 이야기를 다룬 BBC의 시리즈물 「케이크 조각」의 작가 데릭 로빈슨을 포함한 많은 사람들은 독일의 침공 위협이 그저 허세일 뿐이었다고 주장한다. 진정으로 독일의 침공을 막은 것은 공중전에서 승리한 영국 공군이 아니라, 영국 해협에 순양함 여러 척과 구축함 40척을 보내 독일군의 침공 함대를 격멸할 태세를 갖춘 영국 해군이라는 것이다. 그리고 설령 독일군이 상륙에 성공했더라도, 영국 지상군은 1940년 여름 동안 충분한 전투 준비 태세를 갖추었으므로 독일군 격퇴에 성공했을 거라고 주장한다.[*]

이런 시나리오가 본질적으로 불가능하다고 볼 근거는 없다. 영국 해군도 분명 한 일이 있다. 그리고 이들은 독일군 침공 함대의 구축함보다 10배나 많은 수의 구축함을 보유하고 있었다. 또한 무수한 M1917 엔필드 소총(일명 아메리칸 엔필드, .30-06탄 사용)이 대서양을 건너 영국에 도착해 의용지역방위대에 지급되었다. 의용지역방위대는 훗날 처칠에 의해 더욱 인상적인 이름인 향토방위대로 개칭되었다. 덕분에 향토방위대는 보유하고 있던 리-엔필드 .303구경 소총을 됭케르크에서 무기를 버리고 철수했던 영국군에게 넘겨줄 수 있었다.

그러나 모든 전쟁에는 우연이 작용한다. 행운이 따르고 날씨만 좋았다면 충분한 수의 독일군이 중장비를 갖추고 영국 해안에 상륙해 전투를 벌였을 수도 있다. 현대인들이 향토방위대에 보내는 애정에도 불구하고, 그들은 독일 육군을 막을 만한 큰 장애물은 되지 못했을 것이다. 그리고 됭케르크 철수 직후 영국 정규군은 전차, 야포, 박격포, 기관총 등

* Derek Robinson, *Invasion, 1940*, Carroll and Graf, New York, 2005.

이 부족한 상태였다. 영국 해군은 또 어떤가. 영국 전투 1년 반 후에 말레이 반도 해안에서 리펄스 호와 프린스오브웨일스 호가 일본 폭격기에 격침당했다. 이 사건은 중무장한 현대의 전함이라도 적의 맹렬한 항공 공격에 취약하며, 특히 연안에서는 더욱 취약하다는 사실을 입증해 주었다. 그리고 영국 해협은 제일 좁은 곳의 폭이 35킬로미터에 불과하다.

역사가들 사이에서는 히틀러가 전형적인 〈육지 동물〉이었다는 것이 정설이다. 해전에는 서툴렀다는 것이다. 분명, 바다에 떠 있는 독일 해군 함대를 시찰하는 그의 몇 안 되는 사진을 보면 바람에 머리가 휘날려 엉킨 그의 모습은 왠지 어색하고 불편해 보인다. 뱃멀미라도 앓았던 것일까? 어쨌든 그의 세계관은 오스트리아인 수준에 머물러 있었다. 오스트리아는 강인한 뱃사람과는 인연이 먼 나라이다. 그러나 한편으로 그는 1940년 4월, 망설임 없이 독일 해군을 동원해 노르웨이에 기습 상륙을 성공시켜 연합군을 놀라게 했다. 물론 이 상륙 작전에서 독일 해군은 보유 구축함 대부분을 잃었다. 이는 2개월 후의 바다사자 작전 구상 시 심각히 따져 봐야 할 문제가 되었다. 하지만 동시에 그는 독일의 힘을 북극권까지 확장시켜 스웨덴에서 수입하는 철광석 운송로를 지키고 영국에 막심한 패배를 안겨 주었다. 그러므로 히틀러가 영국 침공 때문에 오랫동안 신경과민 상태에 빠졌다고 볼 이유는 없다.

그리고 또한 히틀러는 바보가 아니었다. 발터 폰 브라우히치 장군은 바다사자 작전을 가리켜 〈거대한 도하 작전〉이라고 명쾌하게 설명했다. 그 말을 들은 다른 독일 장군들은 한숨을 놓았다. 그들도 도하 작전은 모두 알고 있었으니까 말이다. 하지만 영국 해협이 날씨가 좋을 때라도 그리 건너기 쉬운 데가 아니라는 걸 알고 있던, 현실적 관점을 지닌 독일 제독들은 브라우히치의 설명을 듣고 어이가 없었다. 총통 역시 마음을 놓을 수 없었다. 그는 바다사자 작전이 어렵고 위험한 작전임을 잘 알고 있었다. 작전 준비를 지시한 것도 히틀러였지만 전해지는 말로는 그는 작전 준비 절차에는 큰 관심이 없었으며, 바다사자 작전은 영국의 정권이 교체된 이후에야 비로소 실시해야 한다고 생각했던 것 같다. 또한 군이 작전을 실시하지 않고도 바다사자 작전의 존재 자체만으로 영국을 위협, 화평을 맺기도 바랐던 것 같다. 그래서 바다사자 작전의 개시일은 런던에서 좋은 소식이 들릴 때까지 계속 연기되었다. 그러나 또한 히틀러 및 휘하 장군과 제독들은 영국 공군을 하늘과 지상에서 무력화하여, 독일군이 갈 영국 해협 및 영국 남동부 해안 상공의 제공권을 확보해야만 바다사자 작전이 실행 가능함을 잘 알고 있었다.

이는 상식선에서도 답이 나오는 문제였다. 영국 침공의 제1파에 해당하는 장병 25만 명과 군마 5만 필(당시 군마는 독일군의 포 견인의 상당 부분을 맡고 있었다), 엄청난 수의 전차와 야포를 예인선이 끄는 바지선에 실어 영국 해협을 건너 영국에 상륙시키는 일은 영국 전투기의 기총 소사와 폭격기의 공격을 받지 않는다고 해도 매우 어려운 일이었다. 게다가 하늘이 영국 스피트파이어와 허리케인으로 꽉 찬 상황이라면 독일 공군은 영국 해협 해상의 영국 순양함과 구축함을 격침시켜 침공 함대를 보호해 줄 수 없게 된다. 바다사자 작전일이 다가올수록, 독일의 육군과 해군은 공군이 먼저 나서 줘야 작전을 할 수 있는 상황에 처하게 되었다. 즉 육군은 해군이 준비되어야 상륙할 수 있고, 해군은 공군이 영국 공군을 격멸해야 준비를 갖출 수 있었다. 따라서 제일 먼저 선수를 쳐야 하는 곳은 공군이 되었다.

정상적인 상황이라면 어느 나라 공군이든 이러한 책임을 받아들이기가 달갑지 않을 것이다. 그러나 독일은 정상적인 국가가 아니었다. 독일 공군의 총사령관인 헤르만 괴링은 나치 독일의 제2인자였으며 히틀러의 최측근이었다. 또한 괴링은 휘하의 공군을 사유화하고, 독일의 3군 중에서 가장 젊고 가장 나치색이 강한 조직으로 육성했다. 독일의 육군과 해군은 각각 19세기, 18세기까지 거슬러 올라가는 긴 전통을 가지고 있다. 또한 육해군의 지도자들은 총통을 벼락출세한 풋내기로 여겼으며 나치당을 사회 부적응자, 시골뜨기, 악당의 모임쯤으로 보았다. 그러나 독일 공군은 공군의 보유를 금하던 베르사유 조약이 유효하던 1933년에 나치당이 비밀리에 창설한 조직이었다. 즉 히틀러 없이는 독일 공군도 없었다. 독일 공군은 현대적이고 미래적인 야망을 대변하는 젊은 군사 조직이었다. 아우토반, 폭스바겐, 메르세데스 벤츠, 아우토 유니온에서 생산한 기록을 깨뜨리는 은빛 유선형 경주용 차, 거대하고 장엄한 뉘른베르크 전당 대회와 베를린 올림픽, 대서양을 건너 브라질과 뉴욕으로 사람들을 실어 나르는 잘빠진 체펠린 비행선과 마찬가지로 독일 공군 역시 미래를 향해 거침없이 나아가는 나치 독일의 힘을 만방에 알리는 역할을 했다.

　재무부의 인색한 재정 지원 때문에 예산 부족에 시달렸던 영국 공군과 달리, 독일 공군은 괴링이라는 거물에 의해 창설되고 운영되었기에 재원 조달에 아무런 어려움을 겪지 않았다. 괴링은 자신이 원하는 것이라면 무엇이든 다 가졌고 이러한 행태는 육군과 해군의 반감을 샀다. 분명 괴링의 힘과 지력, 용기와 냉정함은 누구도 무시할 수 없었다. 그러나 한편으로 독일 공군은 괴링의 단점 때문에 손해를 보는 측면도 있었다. 우선 괴링은 제1차 세계 대전에서 독일 최고 훈장인 푸르 르 메리트, 일명 블루맥스훈장을 탄 우수한 에이스 전투조종사였다. 문제는 그가 항공전에 대해 가진 식견 역시 제1차 세계 대전의 틀을 벗어나지 못했다는 것이다. 또한 그는 막강한 권력을 가지고 있음에도 불구하고 총통에게는 비굴하리만치 순종적이었다. 게다가 그는 허영심이 매우 강했고, 또한 극도로 방탕했다. 때문에 그는 합리적인 토론보다 아부와 아첨을 더 좋아했다. 그는 히틀러의 말이면 무조건 들어주었고, 자기 부하들 역시 자기 말이면 무조건 듣기를 바랐다. 마지막으로, 그는 여러 고위직을 중임했으며 또한 자신에게 여러 훈장과 포장을 스스로 수여했다. 그 훈장들이 모두 달린 제복을 입은 괴링의 비만한 모습은 걸어 다니는 크리스마스트리와도 같았다. 그는 공군 총사령관, 히틀러 유고 시 총통직을 승계하는 제2인자, 독일의 재계와 산업계에 광범위한 힘을 발휘하는 4개년계획 본부장, 독일 항공부 장관, 게슈타포 창설자, 총통의 금욕적인 생활 습관과 너무나 비교되는, 사치스러운 취향과 명랑한 미소를 외부에 보이는 나치즘의 홍보 대사, 독일의 산림과 수렵을 관리하는 산림 수렵부 장관 등 많은 감투를 쓰고 있었다. 그가 중임한 관직의 수는 계속 늘어만 갔고, 사무실에서 매일 철야를 한다고 해도 그 누구도 괴링의 그 많은 일을 떠맡을 수 없을 지경이었다. 그리고 괴링은 정적들도 인정하는 인내의 소유자이자 경쟁자였던 친위대 장관 하인리히 힘러와 달리 결코 사무실에 매여 있는 체질이 아니었다. 그는 독일에서 가장 소장품이 많고, 가장 의욕적인 미술품 수집가였다. 그의 야심은 크고 웅대했으며, 생활 습관은 방탕한 로마 말기 황제들과 비슷했다. 그는 다른 장관들의 업무 영역을 아무 거리낌 없이 침범하는 월권행위도 저질렀다. 이런 그가 하루 온종일 독일 공군만을 생각할 리 만무했다. 분명 그는 자신의 업무 중 상당 부분을 다른 사람에게 위임했다. 하지만 해당 업무에 재능이 뛰어난 사람보다는 자신에게 동의하는(혹은 동의하는 척하는) 사람 또는 제1차 세계 대전에서 싸웠던 옛 전우들에게 위임하는 것을 더 선호했다. 그는 상당히 노골적으로 전횡을 저질렀다. 일례로 그가 독일 공군의 창설을 위해 등용한 루프트한자 항공사 출신의 에르하르트 밀히 장군이 유대인 혼혈이라는 게 밝혀졌을 때, 괴링은 화를 내며 이렇게 소리쳤다. 「독일에서 누가 유대인인지 아닌지는 내가 결정해!」[*3] 그러나 그의 인내력과 집중력은 상당히 부족했다.

허세 또한 심했다. 영국군 대륙원정군이 됭케르크로 철수할 때 그는 히틀러에게 굳이 육군이 됭케르크를 공격할 필요가 없다고 말했다. 공군만으로도 됭케르크 해안의 영국군을 폭격해 전멸시키고, 영국군을 데리러 오는 배를 가라앉힐 수 있다는 것이었다. 그러나 괴링의 공군은 그 말을 실현하지 못했다. 영국은 요트, 증기 유람선, 구축함 등 각종 선박 1,000여 척을 긁어모아 포위된 됭케르크에서 30만 명이 넘는 장병을 구출해 냈다. 그리고 됭케르크 상공의 공중전에서 영국 공군 전투기사령부 소속의 수도 방위 비행대들을 처음 만난 독일 공군은 영국 전투기의 전투력과 수를 보고 놀랐다. 이들은 프랑스의 급조된 비행장에서 정교한 항공관제도 받지 못하고 출격하던 영국 공군의 전방 항공 타격군 소속의 몇 대 안 되던 허리케인들과는 분명 차원이 달랐다. 분명 양군 모두 실수를 저질렀고, 상대방에게 놀랐고, 실망하기도 했다. 그러나 됭케르크에서 독일 공군이 승리했다고 보기는 어려웠다.

그 결과 괴링은 영국을 굴복시켜 아끼는 독일 공군의 실력을 유감없이 보여 줘야겠다는 생각에 불타게 되었다. 하지만 지도를 흘깃 봐도 알 수 있듯이, 이는 결코 간단한 일이 아니었다. 영국을 굴복시키려면 프랑

* 하지만 이 말은 괴링의 실제 권한에 비해 너무나 과장된 것이었다. 결국 아버지가 유대인이던 밀히는 어머니를 설득해 자신이 아리아인과의 혼외정사를 통해 태어난 아이라고 선언하게 했다.

스 북동부, 네덜란드, 벨기에의 공군 기지로 2개의 항공함대를, 노르웨이에도 1개 항공함대를 보내야 했다. 여기에는 항공기 3,000대를 운용하는 데 필요한 장병과 장비, 통신 설비, 보급품, 연료 등이 모두 망라된다. 기존 군용 비행장의 활주로는 폭탄을 만재한 폭격기가 뜨고 내릴 수 있게 연장과 보강이 필요했으며 또한 대공포(영국과는 달리, 독일군의 대공포는 육군보다는 공군 소속인 경우가 많았다)로 보호해야 했다. 독일 공군 제2항공함대만 해도 암스테르담에서 르아브르까지 30개가 넘는 비행장을 요구했다. 또한 엄청난 숫자의 각종 차량을 신속히 동원해야 했으며 정밀한 항공기 수리 및 지원 설비도 배치해야 했다. 독일은 이 모든 것을 이루기 위해 총력을 기울였다. 밀히는 경쟁자들에 비해 조직력이 뛰어난 인물이었고, 주변에 우수한 기술자들을 많이 두고 있었다. 그렇다 하더라도 이는 상당히 벅찬 일이었다. 게다가 프랑스 공군은 제대로 싸우지도 못하고 항복했지만, 폴란드 전역과 노르웨이 전역에서 독일 공군은 상당한 피해를 입어야 했다. 1,500대가 넘는 독일 항공기가 손실되었으며 그중 대부분은 피치 못할 사고로 인한 것이었다. 물론 사고기의 승무원 중 많은 사람들이 살아 돌아와 원 소속 부대에 복귀해 다시 싸웠지만 소모와 혼란, 지연이 생기는 것은 어쩔 수 없었다.

그리고 아무도 괴링에게 진언하지 않은 사실이 또 있었다. 독일 공군은 이런 임무를 염두에 두고 건설된 조직이 아니라는 점이었다. 독일 공군은 스페인, 폴란드, 노르웨이, 프랑스 등에서 승리하긴 했지만 이 나라들의 공군은 하나같이 독일 공군보다 약했고, 경우에 따라서는 공군이 없는 나라도 있었다. 당시 독일 공군의 성격은 장거리 전략 타격군이라기보다는 독일 육군을 지원하는 공중 포병대에 가까웠다. 게르니카, 바르샤바, 로테르담 등지에 폭격을 가하는 독일 공군을 본 사람들은 폭격기는 어디라도 갈 수 있을 거라는 믿음을 더욱 굳혔다. 그러나 이 도시들 가운데 일류급의 현대적인 첨단 방공망이나 독일 공군에 필적할 실력의 전투비행대가 있던 곳은 단 한 군데도 없었다. 반면 영국에는 현대적인 방공망이 건설되어 있었으며 영국 전투기의 일부 성능은 독일 전투기보다 우수했다. 또한 영국 전투조종사들의 투혼과 사기, 기술은 누구에게도 뒤지지 않았다.

괴링은 바야흐로 영국과 새로운 종류의 전쟁을 시작할 참이었다. 영국의 전쟁 준비는 괴링은 물론이고 그 누구보다도 철저했다. 지난 10년 동안 영국은 엄청난 노력을 들여 이 전쟁을 위한 연구와 기술 혁신, 준비를 해왔다.

영국의 전쟁 준비에 관한 부분은 영국 전투에서 가장 덜 알려진 부분일 것이다. 그리고 용단을 내려 그 전쟁 준비에 광범위한 파급력을 미친곳은 아이러니하게도 〈대독 유화론자들〉, 〈죄인들(어느 베스트셀러의 표현이지만[4])〉, 〈뮌헨 사람들〉로 이루어진 당시의 영국 정부였다.

2장

「만인의 시선이 영국을 향하던 시절이 있었다.
이제 그러한 호시절은 지나갔다.
〈궁핍과 고난의 세월〉 동안
우리가 이룬 것은 아무것도 없다.」

윈스턴 처칠, 1936년 11월 12일 하원 연설에서

1940년 독일 공군에 맞서 싸워 얻은 승리는 결코 운이나 막판 뒤집기로 얻어 낸 것이 아니었다. 당시의 사진들을 보면 당시의 젊은 조종사들은 천하태평하고 즐거운 전사들로 보인다. 물론 그들의 활약도 승리의 원인이다. 그러나 가장 큰 승리 요인은 영국 공군 전투기사령부의 철저한 전쟁 대비였다.

영국 전투를 승리로 이끈 인물은 공군 대장 휴 다우딩 경이다. 그는 1936년에 창설된 영국 공군 전투기사령부 초대 사령관을 지냈다. 그 이전에는 훨씬 느슨한 조직인 대영 제국 방공사령부에서 전투기를 관리하고 있었는데, 이 조직이 영공 방위 임무에 적절치 못하다는 데 아무도 이의를 제기하지 않았다. 이 시기의 전투기들은 모두 개방형 조종석과 고정식 착륙 장치를 갖춘 복엽기들로, 기관총 2정으로 무장하고 있었다. 다우딩은 제1차 세계 대전 당시 포병대에서 항공대로 전속되었으며, 1929년부터 1930년까지 대영 제국 방공사령부의 사령관을 맡았다. 그리고 그 이후 영국 육군의 참모에 해당하는 공군 보직인 항공협의회 연구개발위원으로 재직했다. 다우딩은 이러한 경력을 갖추고 있었을 뿐 아니라 과학자들과 기술자들의 의견을 귀담아들을 줄 알았고, 제안된 내용을 완벽히 이해할 때까지 끝없이 질문을 했으며, 방공 기술에 대해 그 어느 고위 장교보다 잘 알고 있었다. 특히 다우딩은 당시 아직 태동기였던 두 가지 기술에 정통했는데, 바로 전파를 사용한 거리 탐지 기술과 고주파수 전파를 이용한 공-지 간 통신 기술이었다. 실제로 다우딩은 일찍이 최초로 항공기에서 지상으로 무전 메시지를 보낸 인물이다. 당시 아무도 그런 기술에 관심을 갖지 않았음에도 말이다.

다우딩은 여러모로 자기주장이 강한, 냉랭하고 고집이 세며 까다로운 사람이었다. 〈꼰대〉라는 그의 별명은 이런 성격과 무관치 않다. 그리고 그는 정치가들이나 동료 장군들을 매혹시킬 능력이 없어 악전고투를 자초했다. 그러나 항공전에 관해서만큼은 그는 자신이 입에 담는 모든 것을 잘 알고 있었다. 그는 항공병으로서 유사시 남부 영국 상공에서 승리하는 데 필요한 3차원 감각을 갖고 있었다. 그는 전투에서 이기려면 전투기, 대공포, 지상 관측수가 유기적으로 협동하는 거대한 단일 부대에 최신예 전파 거리 측정* 기술, 무선 통신 장비, 완전히 새로운 첨단 전투기 등 이제까지 존재하지 않던 신기술의 산물을 대량으로 배치해야 한

* 현재는 미국에서 만들어 낸 레이더라는 말이 이 기술을 가리키는 용어로 더 널리 쓰이고 있다. 그러나 레이더는 1935년 영국에서 발명되었다. 당시 영국 항공성은 독일에서 전파를 사용해 비행 중인 항공기를 격추할 수 있는 살인 광선을 만들고 있다는 잘못된 정보를 접하고, 과학자 로버트 왓슨와트에게 조사를 의뢰했다. 조사 결과 왓슨와트는 살인 광선이 있을 리 만무하다고 판단했으나, 대신 전파를 사용해 항공기의 위치를 파악할 수는 있음을 알아냈다. 그는 1935년 2월 26일 대븐트리에서 전파를 사용해 항공기를 탐지하는 실험을 처음 실시했다. 스탠리 볼드윈 수상은 국방 및 기술 분야에 관심이 거의 없는 사람이었지만, 왓슨와트의 연구 내용은 잘 알고 있었으며, 매우 큰 관심을 보였다. 그는 단번에 레이더의 엄청난 잠재력을 알아챘고, 잉글랜드 남부 해안에 〈체인 홈〉 레이더망을 설치하는 사업을 정력적으로 밀어붙였다. 이 시설은 1937년부터 가동되었고 전투기사령부는 이 시설을 이용해 최대 160킬로미터 떨어진 적기의 수, 고도, 진행 방향을 알 수 있었다.

다고 생각했다. 그리고 자신의 이상과 긴급한 문제의식에 공감하지 않는 이들에게는 가혹하게 대했다.

다우딩은 외로운 사람이었다. 외아들(그 아들도 전투조종사가 되어 영국 전투 당시 아버지의 휘하에서 싸웠다)을 둔 홀아비였던 그는 웃을 줄 모르고, 엄격하며, 자신에게 정말로 중요해 보이는 것 말고는 아무것도 말할 줄 모르고, 괴팍한 생각에 곧잘 빠져들곤 했다(노년에는 심령술에 완전히 심취하기도 했다). 그는 새롭고 신기한 과학적 이론에 두려움 없이 매달렸고 상급자에 잘 대들었다. 아마도 그런 성격 탓에 프랑스 패망 시 윈스턴 처칠 앞에서 직언을 해서 영국을 구하고, 호된 대가를 치렀음에도 불구하고 수상의 무언의 협박과 설득, 강요를 꿋꿋이 거절했을 것이다. 그러나 그러한 무뚝뚝함 속에는 부하 조종사들을 향한 놀랄 만큼 따스한 정이 숨어 있었다. 그는 조종사들을 〈내 자식들〉이라고 불렀으며, 전투기 사령관직에서 퇴임할 때 보냈던 서신에서는 마치 군복 입은 미스터 칩스처럼 〈사랑하는 전투조종사 여러분〉이라는 표현을 썼다.

괴링이나 그 예하 지휘관들 중에 다우딩과 같은 인물은 찾기 힘들다. 다우딩은 이렇다 할 취미나 여가 활동도 없었으며, 수많은 사람들의 의심과 방해, 반대 속에서도 전투기사령부를 조국이 위기에 처했을 때 도움이 될 강력한 전투 조직으로 육성해 냈다. 그의 기술에 대한 식견과 항공전에 대한 상상력에 힘입어 레이더, 8정의 기총을 장착한 호커 허리케인과 수퍼마린 스피트파이어, 전투기사령부의 두뇌인 중앙 집중형 전투기 통제소, 전투기사령부의 미래형 작전실 등이 만들어졌다. 이러한 시설을 통해 일선의 전투비행대와 끊임없는 연락이 가능했으며 전투 상황을 체계적으로 관찰하고 통제하고, 지휘를 할 수 있었다.

무엇보다 다우딩은 1936년 당시 폭격기가 〈어디든 갈 수 있다〉는 주장을 믿지 않은 영국 유일, 아니 세계 유일의 고위 관리였다.

하원에서 스탠리 볼드윈 수상이 한 연설은 1920년대와 1930년대에 퍼져 있던 고정 관념을 대변하는 것이었다. 제1차 세계 대전 말 독일은 런던과 남부 영국 도시에 대규모 공습을 가했다. 처음에는 체펠린 비행선을 썼고 그다음에는 메르세데스 엔진 2대를 실은 날개폭 23.4미터짜리 대형 고타 폭격기가 동원되었다. 독일은 이러한 폭격으로 영국을 공포에 질리게 해서 독일의 말을 듣게 할 생각이었다. 당시 폭격으로 인한 피해는 제2차 세계 대전에서 벌어진 폭격의 피해에 비하면 미미한 수준이었지만(독일군의 폭격으로 영국 민간인 835명이 죽고 1,990명이 부상당했다) 폭격 작전은 강렬한 인상을 남겼다. 그러나 독일 측에게는 유감스럽게도 이 폭격은 영국의 항전 의지를 더욱더 불태웠을 뿐이었다.

제1차 세계 대전 이후 항공기는 더욱 커지고, 성능도 강해졌다(스탠리 볼드윈이 하원에서 연설하던 1932년 당시만 해도 폭격기의 성능은 1917년이나 1918년에 쓰던 폭격기와 큰 차이가 없었지만, 1939년이 되자 그 성능은 비약적인 발전을 이루었다). 따라서 또다시 전쟁이 벌어지면 개전 첫날 대규모 폭격으로 각국의 주요 도시들이 괴멸해 버릴 것이라는 믿음이 퍼졌다. 이탈리아의 줄리오 두에 장군이나 미국의 빌리 미첼 장군처럼 전략 폭격의 중요성을 강조하던 각국의 군사 이론가들, 그리고 강대한 폭격기 전력이야말로 최상의 전쟁 억지책이며, 거대한 육군보다 비용도 싸게 먹힌다고 정치가들을 설득하던 각국의 공군 고급 장교들도 이러한 환상에 일조했다. 이들의 주장은 평화와 정부 예산 집행의 효율화라는 두 마리 토끼를 동시에 쫓던 정치가들의 구미에 들어맞았다.

물론 그런 강대한 폭격기 전력을 갖춘 나라는 어디에도 없었다. 전쟁

이 나도 폭격할 나라와 수천 킬로미터의 거리를 두고 있는 미국의 경우 대공황에 빠져 다시는 전쟁을 하지 않겠다고 결심했다. 그러나 이상하다는 생각이 들 정도로 영국은 강력한 전함을 많이 배치해야 국방력이 강화된다고 믿었던 제독들의 불만에도 불구하고 폭격기야말로 미래의 최종 병기가 될 거라는 생각에 가장 강하게 집착했다. 프랑스는 폭격기는 물론 군용기 전반에 별 관심이 없었다. 아마도 사랑하는 파리가 폭격을 당할지도 모른다는 불안감 때문이었는지도 모른다. 페르디낭 포슈 원수는 이런 말을 했다. 「항공기는 전쟁에서는 아무 쓸모도 없는 장난감이다.」 프랑스는 독일을 막아 내기 위해 의욕 없는 징집병이 주류를 이룬 막대한 육군과, 거대하고 정교한 방어선으로 유명한 마지노선에 의존했다. 평화 조약으로 재무장을 금지당하고 있던 독일 역시 육군 재건을 무엇보다도 먼저 바라고 있었다. 소련도 항상 그랬듯이 징집된 농촌 출신 병사들로 구성된 수백만 대군에 국방을 맡기고 있었다. 그러나 영국은 제1차 세계 대전 중 비영국적인 제도로 여겨지던 징병제를 폐지했으며, 이후 징병 필요성이 제기될 때까지 부활시키지 않았다. 그리고 제1차 세계 대전이 끝나면서 군대의 상당 부분을 신속히 해산했다. 의무 병역자들을 징병해 만든 대군은 원래 영국인들의 체질에 맞지 않았다. 그 대신 영국인들은 장기 복무하는 직업 병사들, 혹은 귀족이나 지주 집안 출신 장교들로 이루어진 소규모 정규군 편제를 더 좋아했다. 이러한 상황에서 존재만으로도 전쟁을 막을 수 있는, 비교적 소수의 직업 항공병들로 운용되는 폭격기 전력은 매우 매력적인 선택이었다. 영국은 제1차 세계 대전에서 75만 명이 전사하고 200만 명 이상이 중상을 입었다. 그 사상자들 대부분이 플랑드르의 진흙탕 속에서 발생했다. 이런 참상을 반복하고 싶은 영국인은 국왕 조지 5세를 포함해 단 한 명도 없었다.

2장 만인의 시선이 영국을 향하던 시절이 있었다 **31**

볼드윈 수상이 딱히 관심을 더 갖지 않았음에도 불구하고, 폭격기야말로 미래(혹은 근미래)의 무기라는 생각은 영국의 국방 정책이 대충대충 논의되는 화이트홀을 시작으로 대중에게 퍼져 나갔다. 거기에는 막강한 힘을 가진 언론과 막 그 힘을 불리고 있던 라디오, 잡지, 소설, 영화 등의 대중문화가 큰 몫을 했다. 1936년 H. G. 웰스의 친구이자 팬이었던 필자의 숙부 알렉산더 코다는 웰스의 소설『미래의 모습The Shape of Things to Come』을 극화한 야심찬 과학 영화인「미래Things to Come」를 만들어 큰 성공을 거두었다. 영화는 런던임을 알아챌 수 있는 어느 유럽 대도시가 선전 포고 없이 하늘을 가득 메우고 쳐들어 온 폭격기의 공격으로 파괴되는 장면으로 시작한다. 필자의 아버지인 빈센트 코다도 제작에 참여한「미래」는 하늘에서 날아오는 폭탄과 독가스 공격으로 도시 전체를 날려 버리는 미래의 전쟁 모습을 생생하게 그려 내어 사람들을 사로잡았다. 그러나 알렉산더 숙부와 아버지는 공군 장군들에게 예산을 몰아주려고, 혹은 사람들을 공포에 떨게 하려고 이런 영화를 만든 것은 아니었다. 그분들은 다만 웰스의 작품을 극적인 재미를 살리면서도 가급적 충실하게 극화하고 싶었을 뿐이었다. 그러나 이 영화는 영국 국민과 대중, 심지어는 히틀러에게까지 깊은 인상을 주었다.

당시 영국 수상 스탠리 볼드윈은 일견 냉담하고 조용하며 평화를 사랑하는 듯한 인상의 사나이였다. 마치 영국의 시골을 묘사한 R. F. 델더필드의 소설에 나오는 주인공처럼 흡족한 표정으로 파이프 담배를 태우면서 전면 군비 증강이나 전쟁 준비에 대해서는 얘기조차 꺼내기 싫어할 듯한 인상을 주었지만, 실제로 그는 여러 가지 급진적인 생각을 품고 전쟁에 대비하기 시작했다. 러디어드 키플링의 조카인 볼드윈은 부유하고 굳센 서부 미들랜드 지방의 철기 장인 집안의 자식답게, 솔직하게 말할 줄 알고 상식을 갖춘 현명한 사람으로 일반에 알려져 있었다. 하지만 그 평판은 실제 이상으로 좀 과대 포장된 감이 있었다.* 그리고 불행하게도 그는 국제 문제가 무엇보다도 중요했던 당시에도 국제 문제와 외국인들에게 너무나도 관심이 없었다. 볼드윈 편에 섰던 전기 작가인 G. M. 영조차도 이런 기록을 남겼다. 〈볼드윈은 내각 회의에서 국제 문제가 의제로 나오면 보란 듯이 눈을 감아 버리고 이렇게 말했다. 「얘기 끝나면 깨워.」〉 그는 외국 얘기만 나오면 짜증을 부리거나, 잠이 들거나 했다.¹ 그는 보수당 정권을 오래 유지시키고 주말마다 조용한 시골길을 산책하며 트롤럽의 책을 읽는 것 외에는 아무것도 신경 쓰지 않는 사람처럼 보였다. 그러나 실제로 그는 빈틈없고 영악한 정치가로서, 하원을 교묘히 조종해 노동당원들도 보수당원처럼 자신을 좋아하게 만들었다. 또한 사임 위기에 몰렸을 때도 책략으로 처칠을 압도했다. 그는 1930년대 당시의 영국 국민들을 가장 잘 파악하고 있었고, 국민들로부터 누구보다도 큰 신임을 얻고 있었다. 영의 말을 다시 인용해 보자. 〈국민들은 볼드윈이 뭘 했거나 뭘 할 예정이라서 그를 신뢰하는 게 아니었다. 국민들은 볼드윈 자체를 신뢰하고 있었다.〉 에드워드 8세와 월리스 워필드 심프슨 간의 결혼을 노골적이고 강력하게 지지했던 처칠과는 달리, 볼드윈은 영국인들이 이 젊은 왕을 아무리 좋아하더라도, 두 번씩이나 이혼한 미국인 여성 모험가에게 장가보내는 것까지는 용인치 않을 거라는 걸 잘 알고 있었다.

볼드윈은 보고서도 들여다보지 않을 정도의 게으름으로 악명이 높았다. 그 때문에 그는 공군력을 제대로 평가하지 못했다. 그러나 그는 심프

---

* 훌륭한 전원 소설 · 공포 소설 작가였던 볼드윈의 어머니로부터 물려받은 성격이 그의 인격의 균형을 잡아 준 것 같다.

슨 부인이나 히틀러 같은 골치 아픈 문제를 더 이상 피할 수 없게 되면 나름대로의 방식으로 처리했다. 그는 〈폭격기는 어디라도 갈 수 있을 것이다〉라고 말했을 뿐 아니라 그 말을 그대로 믿고 거기에 맞춰 행동했다. 무엇보다도 앞으로 두 번 다시 전쟁은 없어야 했다. 그러려면 영국은 독일이 전쟁을 일으킬 구실을 찾을 수 없게끔 정책을 구사해야 했다. 또한 대륙 문제에 미숙하고 어설프게 개입하는 짓은 피해야 했다. 바로 그 때문에 1914년 의지박약하고 겁에 질린 분열된 자유주의 정부가 독일과 전쟁을 벌였으니까 말이다. 만약 그럼에도 불구하고 히틀러가 전쟁을 벌일 만큼 제정신이 아니라면 국민들을 절대 놀라게 하지 않고 차근차근 절차를 밟아 대처해야 했다. 영국 관가의 관료들은 비밀리에 수십만 개의 싸구려 합판제 관을 만들어 전략적으로 중요한 장소에 비치하고, 전 국민에게 방독면을 보급하며, 런던 여러 공원의 멋진 잔디밭에 방공호를 팔 세획을 싸두고 있있다. 또한 더욱 놀랍게도 필요시를 대비해 대규모 공동묘지 자리도 알아 놓고 있었다.

국민들에게는 알려지지 않은 이러한 영국 정계의 비관적인 태도는 재무장과 강력한 공군을 원하는 처칠의 연설에서도 드러나고 있었다. 그는 하원 연설에서 미래 전쟁을 놀랄 만큼 비관적으로 보는 발언을 했다.* 그의 말은 이랬다. 「외국 대사가 몇 시간 내로 답을 내놓으라고 우리에게 요구하는 상황이 벌어질지도 모릅니다. 우리가 제시한 답안을

---

* 흥미롭게도 볼드윈은 처칠에게 독일 공군의 전력과 영국 공군의 전력에 관한 영국 정보 문서의 열람을 허용했다. 이는 그의 전임자인 램지 맥도널드 수상, 네빌 체임벌린 수상(둘 다 엄청난 유화론자)과 같은 태도였다. 아마도 텐트 안에서 밖으로 오줌을 누는 것이 텐트 밖에서 안으로 누는 것보다는 낫다는, 린든 B. 존슨의 이론대로 움직인 것이었을 게다. 그러나 이번에는 그 이론이 효과가 없었다. 그 문서에는 처칠이 주장하던 수치가 정확하다는 것이 입증되어 있었으며 독일 공군 전력의 실체가 설명되어 있었고, 영국 공군 전력을 급속히 증강시켜도 독일군에게 맞서기 힘들다는 내용이 적혀 있었다.

불만족스럽게 여긴다면 외국은 몇 시간 내에 런던에 폭탄을 떨어뜨릴지도 모릅니다. 그때 우리는 돌무더기로 화해 검은 연기를 뿜어 올리며 불타오르는 런던의 잔해를 보고 나서야 제대로 된 방공 체계를 세우지 않았음을 후회할 것입니다.」[2]

처칠은 영국 공군에 더 많은 예산을 쓰기 싫어하는 볼드윈의 태도를 지적하면서, 런던에 독일군이 공습해 온다면 최소 3~4만 명이 죽거나 불구가 될 것이고 300~400만 명의 이재민이 발생해 런던 교외로 쫓겨날 것이라고 말했다. H. G. 웰스와 그리 크게 다르지 않은 그의 이 종말론적 예측은 상하원 양원 의원 대부분의 지지를 얻는 데 실패했을 뿐만 아니라, 에드워드 8세 결혼 지지만큼이나 처칠의 정치적 명성에 큰 타격을 입혔다. 어떤 예측도 실현되기 전까지는 그저 예측이고, 있음직한 일일 뿐이니 말이다. 대부분의 영국 국민들은 〈돌무더기로 화해 검은 연기를 뿜어 올리며 불타오르는〉 같은 말을 쓰는 처칠을 야만인, 전쟁광으로 여겼고, 볼드윈은 그에 비하면 훨씬 침착하고 믿음직한 인물이라고 여겼다.

볼드윈과 처칠 간의 재무장에 대한 견해 차이는 후일 전쟁 중에 더욱 심하게 벌어졌다. 볼드윈 가의 철공소가 독일군의 폭격을 당했다는 소식을 들은 처칠은 심술궂게 말했다. 「그거 참 유감이로군.」 그리고 하원에서 처칠이 체임벌린을 찬양한 일을 해럴드 니컬슨이 칭찬하자 그는 이렇게 답했다. 「저는 네빌의 엄청난 능력을 존경합니다. 그러나 저는 자비로운 하나님께, 볼드윈 수상에게 했던 말과 똑같은 말을 네빌에게 할 필요가 없기를 기도하고 있습니다. 그건 불가능하다고까지는 할 수 없지만, 꽤나 어려운 일인 것은 분명합니다.」[3] 그러나 처칠과 볼드윈이 공군력에 대해 의견 충돌을 벌였음에도 불구하고, 그들은 모두 영국 공군과 독일 공군이 보유한 항공기의 기종과 성능보다는 숫자를 더 중요하게 따지는 우를 범하고 있었다. 하긴 숫자보다는 기종과 성능이 더 측정하기 어려운 요소이긴 하다.

일선용 항공기와 예비기 간의 인위적인 구분, 그리고 사람들을 겁줄 때는 공군력을 과장하고 영국 및 프랑스와 군사적 균형을 원할 때는 공군력을 축소하는 독일의 습성 때문에 이에 관한 논의는 혼란에 빠졌다. 독일의 항공기 제작 속도가 영국보다 빨랐다는 것은 볼드윈과 그 추종자들이 아무리 부인하려고 해도 모두가 다 분명히 아는 사실이었으며, 이를 입증하는 증거는 얼마든지 있었다. 그러나 독일의 군용기 제작 중 전투기와 폭격기가 차지하는 비율은 어느 정도였으며, 그 제작 효율은 과연 어땠을까? 이는 중요한 질문이다. 그리고 아무도 이 질문에 대해 속 시원히 대답하지 않았고, 심지어 묻지도 않았다.

진실을 말하자면, 괴링의 호언장담에도 불구하고 독일 공군은 1936년, 아니 1939년까지도 런던을 폭격할 준비를 갖추지 못했다. 그들은 영화 「미래」에 묘사된 폭격 장면은 물론 처칠이 연설에서 말한 기습 공격조차 재연할 능력이 없었다. 1933년부터 1936년 사이에 독일은 영국과 마찬가지로 전투기의 속도를 능가하는 속도를 갖춘 고속 폭격기 개념에 집착하고 있었다. 영국의 괴짜 갑부이자 「데일리 메일」지의 사주인 로더미어 경은 항공 팬이기도 했는데, 그는 브리스틀 항공기 회사에 자신이 쓸 초고속 자가용 비행기를 만들어 달라고 주문했다. 그 비행기는 쌍발 엔진이 달린 전금속제 단엽기로, 이름은 지극히 로더미어스럽게 〈브리튼 퍼스트〉 호로 붙여졌다. 이 항공기는 승무원 2명과 승객 6명을 태우고 당시로는 전대미문의 속도인 시속 500킬로미터로 날 수 있었다. 그는 1935년에 이 항공기를 인도받고 나서, 항공기와 그 설계도를 영국 항공성에 보여 주는 애국적인 제스처를 취했다. 항공성은 이 항공기의 설계를 바탕으로 브리스틀 블레넘 마크 1 폭격기를 만들었다.

블레넘 폭격기는 경쟁자인 독일의 도르니에 17(약칭 Do 17), 하인켈 111(약칭 He 111), 융커스 88(약칭 Ju 88)과 마찬가지로 당시의 어느 전투기보다도 빨랐다.* 그러나 이 기종들은 모두 폭탄 탑재량이 비교적 적고, 또한 소형 폭탄밖에 실을 수 없다는 단점이 있었다. 이 기종 중 제일 크다는 He 111조차도 500파운드(약 227킬로그램) 폭탄을 여덟 발밖에 실을 수 없었다. He 111의 경우 폭탄을 머리 부분이 위로 가게 해서 모듈형 폭탄가에 실었다. 그 모습은 마치 계란 담는 골판지 상자 위에 놓인 계란과도 같았다. 1930년대 중반이라면 이 정도 폭탄 탑재량으로도 만족할 만했다. 그러나 불과 6년 후에 영국 공군 폭격기사령부는 매일 밤 수백 대의 애브로 랭커스터 4발 폭격기를 출격시키게 된다. 이들 폭격기들은 최대 1만 2,000파운드(5.4톤)의 블록버스터 폭탄을 실을 수 있었으며 약간의 개조를 거치면 2만 2,000파운드(10톤)의 그랜드슬램 폭탄도 실을 수 있었다.

영국으로서는 참 다행히도, 독일은 너무 일찍 폭격기 양산을 시작하며, 고속 폭격기 개념에 지나치게 집착했다. 또한 괴링은 폭격기의 질보다는 양에 더 집착했다. 주변 사람들이 그 점을 지적하자 그는 총통은 폭격기의 수량을 물을 뿐, 폭격기의 크기나 항속 거리는 신경 쓰지 않는

---

* 영국 블레넘과 마찬가지로 독일의 He 111과 Do 17(기체가 좁아 〈날으는 연필〉이라는 별칭이 붙었다)은 고속 여객기의 설계를 응용해 만들어진 것이다. 독일은 베르사유 평화조약에 의해 군용기 제작이 금지되었기 때문이었다. 폭격기로 개장되면서 항력을 증가시키는 총탑과 무전기 안테나, 폭격수실 등이 장착된 탓에 이들의 속도는 여객기형보다 느렸다. 처음부터 고속 폭격기로 설계된 것은 Ju 88뿐이었다. 따라서 이 기종이 다양한 용도로 전용되어 탁월한 범용성을 입증해 보인 것은 결코 우연이 아니었다. 일례로 1942년 Ju 88은 레이더를 장비한 야간 전투기로 개장되어 새로운 용도로 쓰이게 된다.

다고 맞받아쳤다. 그래서 영국 항공성이 일찌감치 무모한 고속 폭격기 개념을 포기하고 대신 베를린까지 날아갈 수 있는, 폭탄 탑재량이 많고 거대한 4발 폭격기를 개발 및 생산할 때까지도 독일은 끝까지 고속 폭격기 생산을 계속하고 있었다.

그러나 1938년이 되면서 영국의 허리케인과 스피트파이어, 독일의 Bf 109에서 나타난 비약적인 전투기 기술 발전으로 인해 〈고속 폭격기〉 개념은 완전히 부적절한 것이 되었다. 이 신형 전투기들의 속도는 가장 빠른 폭격기보다도 시속 160~320킬로미터 정도 빨랐으며 작전 고도도 더욱 높았다. 독일에는 또 다른 문제가 있었다. 1930년대에 설계된 이 고속 폭격기들은 폭탄을 많이 실으면 연료 탑재 공간이 모자라 그만큼 전투 행동 반경이 줄어들었다. 따라서 이 비행기들로는 독일의 기지에서 출격할 경우 영국의 목표를 아주 간신히 타격할 정도였다. 또한 독일 전투기들은 폭격기보다 항속 거리가 모자라므로, 이 경우 전 항정(航程)에 걸쳐 독일 전투기들의 호위를 받을 수가 없었다. 물론 독일 공군이 영국에서 훨씬 가까운 네덜란드, 벨기에, 북프랑스의 기지에서 출격해 영국을 공격할 수 있다고 생각한 영국인이나 독일인은 1930년대에 한 사람도 없었다. 그러나 1940년 6월이 되면서 그 불가능한 작전은 가능하게 된다.

그러므로 1935년에 독일인들은 분명 놀라운 속도로 군용기를 생산해 냈지만, 실제 상황은 처칠을 필두로 하는 볼드윈 반대파들의 주장만큼 영국에 불리하지는 않았다. 다만 그저 독일보다 많은 비행기를 생산하기만 하면 문제가 해결되는 상황은 아니었다. 무엇보다도 당시 영국 폭격기들의 항속 거리와 폭탄 탑재량은 히틀러의 전의를 꺾기에는 역부족이었기 때문이다. 그보다는 영국의 방공 능력을 합리적으로 평가하고, 적의 폭격기를 찾아내어 격추할 수 있는 첨단 기술과 지상 조직을 연구하는 것이 더 나은 해법이었다.

　처칠만큼 군사 문제에 열중하지 않았던 볼드윈은 자신의 수수께끼 같
은 사고방식보다는, 자신의 국방 개념에 발목이 잡혔다. 그의 국방 개념
이란 독일 민간인들을 폭격하겠다고 위협하거나 필요하면 실제로 폭격
을 가해 평화를 얻는다는 것이었다. 그러나 이는 도덕적으로 변명의 여
지가 없는 무모한 짓이었다. 히틀러가 이끄는 독일은 폭격당했을 경우
반격할 가능성이 매우 높았기 때문이다. 물론 그것도 그의 관점에서는
나름대로 현실적인 방침이었다. 1930년대 중반까지 영국 항공성에서는
전쟁 억지를 영국 전략의 확고한 근간으로 여겼다. 그러나 외부에서 보
았을 때 영국 공군 폭격 사령부가 근미래에 적국에 그런 위협을 가할 수
있다는 징후는 하나도 보이지 않았다. 후일 비버브룩 경이 〈망할 놈들〉
이라고 지칭한 당시의 영국 공군 장군들 대다수는 전투기 생산이 영국
을 진정으로 방어할 수 있는 폭격기 전력 구축에 방해만 된다고 생각했
다. 볼드윈의 생각을 정한 또 다른 사실은 하원이 전투기의 생산에는 비
교적 관대하다는 것이었다. 보통 〈포괄적인 안보〉를 위해 모든 종류의
군비 증강에 반대하고 국제 연맹과 국가 간 노무 관리 협정을 철석같이
지지하는 노동당원들조차도 폭격기 생산보다는 전투기 생산에 덜 적대
적이었다. 전투기는 방어용 무기이지 공격용 무기가 아니다. 따라서 노
동당의 극단적 평화주의자조차도 유사시 영국을 지킬 힘을 보유하겠다
는 데까지 반대하기는 어려웠다. 아마 볼드윈은 이러한 생각에 따라 움
직인 것 같다. 그는 사업가로서, 만에 하나 외교적 노력이 실패하고 히틀
러가 자신이 말한 대로, 혹은 더 나아가 『나의 투쟁』에 적은 대로 행동에
나설 경우 전투기가 보험이 되어 줄 거라고 생각했다. 폭격기는 볼드윈

에게 양심의 가책을 주었지만 전투기는 그렇지 않았다.

그는 다음과 같은 감동적인 말로 자신의 신념을 표현했다. 「항공기의 시대 이후, 과거의 국경선들은 사라졌습니다. 영국의 방위를 생각한다면, 도버의 백악질 절벽이 아니라 라인 강을 국경으로 여겨야 할 것입니다.」 그는 라인란트(당시의 영국 폭격기의 항속 거리 안에 있는 독일의 유일한 주요 목표물이었다)의 남녀노소를 폭격해야만 영국을 지킬 수 있다는 생각에 전율했다. 희생자가 영국인이든, 프랑스인이든 아니면 독일인이든, 그런 문제가 아니었다. 볼드윈은 〈주님이 십자가에 못 박혀 죽은 지 2,000년이 지났고, 이제는 짓이겨진 아이들의 몸뚱아리를 어떻게 병원으로 옮기고 어떻게 하면 사람들이 독가스를 마시지 않게 할 수 있는지 생각하는 데 시간을 써야한다〉는 생각에 거부 반응을 보였고 미래에 〈호두알만 한 폭탄〉이 도시들을 날려 버릴지도 모른다고 우려했다.[4] 그는 어쩌면 핵병기의 출현을 이미 예상하고 있었던 것이 아닐까? 아니면 트롤럽의 책보다 H. G. 웰스의 책을 더 좋아했거나. 아무튼 이런 종류의 연설에 아무리 진지하게 공감한다고 해도, 이를 재무장을 하자는 말로 받아들이기는 힘들었다.

볼드윈의 걱정거리는 또 있었다. 이것은 좀 더 현실적인 문제로, 바로 영국 공군의 재무장 비용이었다. 당시 전투기 한 대의 예상 단가는 5,000~1만 파운드였다. 반면 4발 중폭격기의 단가는 최소 5만 파운드 이상, 10만 파운드까지도 갔다. 그리고 전투기는 비포장 활주로에서도 이륙이 가능했다. 그러나 폭격기는 기체가 크고 무겁기 때문에 비용이 많이 드는 긴 콘크리트 활주로와 주기장, 더 큰 격납고가 있어야 했다. 게다가 승무원도 전투기보다 더 많이 탔다. 때문에 돈이 엄청나게 들어갔다. 이 때문에 볼드윈은 처칠과 벌이던 숫자 전쟁에서, 전투기가 폭격기보다 훨씬 저렴하다는 논리로 처칠을 꺾는 것이 가능하다고 믿었다.

두 정치인은 숫자 전쟁에서 일선기와 예비기를 따로 거론함으로써 일을 더욱 복잡하게 만들었다. 다른 나라, 즉 프랑스나 이탈리아, 소련 등의 정치인이라면 보통 최신 항공기를 〈일선기〉로, 그보다는 구식이지만 아직 사용은 가능한 항공기를 〈예비기〉로 간주했다. 그러나 영국 공군 장군들은 자신들은 구식기 없이 최신 항공기만을 보유해야 하며, 일선기는 전투 준비 태세가 완비된 비행대의 최신 항공기이고, 예비기는 신규 편성 비행대에 보급될 최신 항공기 또는 전투 및 사고 손실분을 보충하는 최신 항공기여야 한다는 생각을 품고 있었다. 다만 입 밖에 내지 않을 뿐이었다. 결국 전쟁이 벌어지고 나자 최신 최강의 항공기만이 전투에서 유용하다는 것이 증명되었다. 영국과 독일 양국은 쉴 새 없이 항공기의 성능과 무장을 강화하고 눈부신 속도로 신형기를 만들어 내었다. 영국과 독일이 1939년에 보유하고 있던 항공기가 1940년에는 이미 구식이 되어 버릴 정도였다. 한편 프랑스 공군기들은 유감스럽게도 이미 1939년에 모두 구식화되었다. 이는 국외자의 시각에서는 이해하기 힘든 부분이었다. 제2차 세계 대전 당시 영국 해군의 전함들 대부분이 제1차 세계 대전에 참전했거나 제1차 세계 대전 종전 직후 건조 및 개조된 구형함들이었다. 또한 영국 육군과 독일 육군 모두 소총은 제1차 세계 대전에서 쓰던 것을 살짝 개량한 것이었으며, 대부분의 야포 역시 제1차 세계 대전 참전 용사라면 눈감고도 조작할 수 있는 것이었다.* 그러

* 영국군이 제2차 세계 대전에서 사용한 리-엔필드 .303구경 소총은 제1차 세계 대전에 쓰이던 리-엔필드 소총보다 총열이 길고, 성능이 좋지 않은 대검을 사용했다. 독일 육군의 Kar98K 소총 역시 제1차 세계 대전의 독일군 마우저 소총의 크기를 약간 줄인 것이다. 양군이 제2차 세계 대전에서 사용한 권총, 수류탄, 헬멧도 제1차 세계 대전에서 쓰던 것과 큰 차이가 없었다. 심지어 영국군의 기관총은 제1차 세계 대전 것 그대로였다.

나 항공 장비의 구식화는 거스르기 힘든 빠른 속도로 진행되었다. 전쟁이 발발하자 영국 공군 정비병들은 항공성에서 보내오는 수많은 지침서와 도면에 따라 항공기를 밤새워 개량하느라 여념이 없었다. 일선기 자격이 없는 항공기들은 모두 격추되어 버렸다. 구식 항공기까지 공군력으로 계산하던 프랑스와 소련의 태도는 늙은 절름발이 말까지 기병대 전력으로 치는 것이나 다름없었다.

결국 볼드윈은 별로 신경 쓰지 않던 숫자 때문에 긴 정치 생명을 마감하게 되었다. 길게 보면 이미 1933년부터 영국군의 재무장 압력을 받아 오던 그는 하원에서 유럽 국가들과 합의해 공군 전력을 제한 또는 폐지하지 않는 이상 영국은 타격 거리 내에 있는 어떤 나라에도 뒤지지 않는다는 발언을 했다.[5] 1934년 그는 독일 공군력이 〈영국 공군력의 50퍼센트도 안 된다〉는 발언을 했다.[6] 많은 사람들은 그 반대가 진실에 가깝다고 의심했는데도 말이다. 1935년에도 그는 이런 말도 안 되는 주장을 되풀이했다. 이러한 발언을 접한 히틀러는 독일군의 전력은 이미 영국군과 군사적 균형을 이루었으며, 프랑스군에 비해서도 무시 못 할 수준이라고 말했다. 이는 독일 공군의 전력이 곧 프랑스 공군과 영국 공군을 합친 것보다도 더 강해질 거라는 소리였다.

볼드윈이 독일의 급격한 군용기 생산을 다룬 항공성과 MI6의 정보 분석 보고서를 제대로 읽었더라면 〈영국은 타격 거리 내에 있는 어떤 나라에도 뒤지지 않는다〉는 자신의 발언이 더 이상 유효하지 않다는 것을 알았을 것이다. 심지어 그의 절친한 친구이자 전기 작가인 영 역시 공군력 육성에서 드러난 볼드윈의 나태함을 책망했다.[7] 어찌 됐든 1935년 볼드윈은 하원에서 자신이 틀렸다는 것을 인정하지 않을 수 없었다. 그는 평소답게, 히틀러에게 속았다거나 이미 최첨단 방공 체계를 개발 중이라는 류의 변명을 늘어놓지 않았다. 그는 실수에 대해 모든 책임을 졌다. 하지만 그로 인해 그가 이득을 본 것은 거의 없었다.

그는 영국 공군의 재무장 프로그램을 더욱 빨리 진행해 1939년까지 완료할 예정이던 항공기 전력 확충 계획을 1937년까지 완료하자고 제안했으나 이는 노동당과 보수당 모두의 반발을 받았다. 노동당은 군비 증강을 원하지 않았으며, 처칠을 지지하던 보수당은 볼드윈의 제안이 너무 미흡하며, 시기를 놓쳤다고 생각했기 때문이다. 또한 산업계의 지도자들과 기업인들, 육해군의 지도자들 역시 그 많은 비행기를 그렇게 빨리 생산했다가는 영국 산업계 전반에 혼란을 초래할 것이라고 주장했다.

게다가 여기에 호어-라발 위기까지 겹쳤다. 이는 영국 외무대신 새뮤얼 호어가 간사한 프랑스 외무장관 피에르 라발(후일 대독 협력자가 된다)과 합의하여 무솔리니의 아비시니아 점령을 인정한 것이었다. 이로 인해 그는 설상가상으로 사퇴 압력을 받았다. 그리고 히틀러가 라인란트에 과감히 군대를 배치하자 볼드윈은 1937년 마침내 사임하지 않을 수 없었다. 그는 국왕에게 내각을 구성할 후임자로 재무대신 네빌 체임벌린을 추천했다.

볼드윈은 가터 훈작사, 백작 작위를 얻는 등 명예를 얻었으나, 그가 정치인 생활 동안 해낸 중요한 업적은 인정받지 못했다. 〈체인 홈〉 레이더망이 1937년 비밀리에 가동 상태에 들어갔던 것이다. 또한 같은 해에 영국 공군 전투기사령부 예하 비행대들은 최초로 허리케인을 인도받았다. 1년 후에는 스피트파이어도 인도되기 시작했다. 1936년에는 다우딩이 전투기사령부의 사령관으로 임명되었다. 그리고 다우딩의 특별한 발명품인 전투기사령부 본부 작전실도 이미 완공되어 운용되고 있었다. 물론 혁신적인 과학 기술을 너무 많이 사용한 데 따르는 문제도 있었으나 하나둘씩 해결되고 있었다.

이제 어떤 일이 있더라도 영국의 하늘을 지킬 수 있었다.

3장

「시카고 갱들의 차에도 방탄유리가 있는데, 우리 스피트파이어에 방탄유리가 없다는 건 이해할 수 없다.」

공군 대장 휴 다우딩 경, 바스 2급 훈작사, 1937년

전투기사령부라고 새로 명명된 조직의 사령관으로 다우딩을 임명한다는 결정은 볼드윈 수상 시절에 내려졌다. 그 결정의 배경에는 다우딩을 멸시하는 다른 항공협의회 의원들의 시각이 짙게 깔려 있었다. 게다가 인도에서 함께 초급 장교로 복무했던 후임 공군 참모총장 시릴 뉴월 대장과의 반목도 한몫했다. 뉴월보다 선임자인 다우딩이 당연히 공군 참모총장 자리를 먼저 받을 수 있을 거라고 생각했던 것도 둘의 반목을 더욱 심화시켰다. 다우딩이 함께 일하기 까다로운 동료라는 평은 그나마 상당히 완곡한 표현이었다. 그는 상대방의 지위고하를 막론하고 바보들뿐만 아니라 자신의 의견에 이의를 제기하는 사람들을 참아내지 못했다. 또한 그는 매우 보수적인 외모와는 달리 비전과 상상으로 가득한 사람이었고, 기존의 관념을 깨뜨리는 혁신적인 의견에 항상 귀를 기울였으며 말은 없었지만 자신과 관련된 일에 대해서는 매우 열심히 토론을 벌였고 타협할 줄 몰랐다. 전투기를 폭격기 전력 건설의 방해물로만 여기던 항공협의회 의원들은 다우딩이 떠남으로써 그의 괴상

한 의견을 더 듣지 않아도 되는 것을 매우 기뻐했다. 그들에게 다우딩이 맡은 전투기사령부 사령관 자리는 출세 가도가 아니라, 생각이 맞지 않는 친구가 누구에게도 폐를 끼치지 못하는 외딴 곳으로 옮겨 가 퇴직을 기다리는 자리에 불과했다. 다우딩의 주변 사람들 중에서 후일 전투기사령부가 〈퍼스트 일레븐〉(최고의 크리켓 선수들을 가리키는 말)이 될 것이며, 전투조종사들이 폭격기 승무원보다 더욱 인기 있는 사람들이 될 거라고 예측한 사람은 아무도 없었다. 영국 전투가 벌어지기 훨씬 전부터 그의 사령관 임기와 퇴임 일자에 대한 뒷말이 무성했고 다우딩은 이를 알고 있었다. 숙련된 국방 관료인 그는 항상 독일 공군과 영국 항공협의회라는 두 적에 맞서 싸워야 했다. 그리고 그는 독일 공군을 상대로 승리를 거두게 됨에도 불구하고, 영국 항공협의회를 상대로는 패배하고 만다.

다우딩은 항공협의회의 연구 개발 위원으로 재직하면서 맹렬한 반대에도 불구하고 전투기사령부 창설의 토대를 닦았다. 그는 왓슨와트 실험을 근거 삼아, 잉글랜드 남부에 과학 이론을 토대로 한 군건한 레이더 연결망을 구축했다. 그는 또한 항공성이 8정의 기관총과 폐쇄형 조종석, 접이식 착륙 장치를 갖춘 전금속제 단엽 전투기를 요구하게끔 했으며, 롤스로이스사가 과급기 장착 12기통 항공기 엔진을 개발하게끔 했다. 이 엔진은 처음에는 PV XII, 후일 롤스로이스 멀린으로 불렸다. 그는 신세대 전투기는 고주파 무전기를 장착하여, 조종사 간은 물론 지상 기지와 통신이 가능해야 한다고 주장했다. 또한 전투조종사들이 실시간으로 적을 찾아 요격할 수 있게끔, 레이더 조작사들을 작전 본부에 연결시켜, 전투조종사들에게 정보를 전달하는 체계도 필요하다고 내다보았다. 다른 선구자들과 마찬가지로 그 역시 참을성이 없었으며, 한편으로는 대변혁의 가장 큰 수혜자들조차도 변혁에 의심과 반대를 보낸다는 사실을 본능적으로 알고 있었다. 영국의 항공업계는 자신들이 항공성이 요구한 전투기를 대량 생산할 수 있다고 여기지 않았다. 그리고 자신들을 비글스*와 동일시하며, 하늘을 나는 외로운 늑대로 여기던 전투조종사들은, 젊은 여자들이 무전기에서 지시하는 대로 비행해야 한다는 것을 알고 질색했다. 다우딩은 레이더 기지에서 전투기사령부 작전실로 보내온 대량의 정보를 한 번 거른 다음에 다시 각 비행단의 작전실을 거쳐 일선 비행대와 비행 중인 조종사에게 보내는 작업에는 엄청난 수의 인력이 필요하다는 것을 잘 알고 있었고, 그를 위해서는 젊은 여자를 공군에 많이 입대시켜야 한다고 생각했기 때문이다. 정비대도 앞으로 익숙지 않은 신장비와 예비 부품을 대량으로 다뤄야 한다는 걸 알고 놀라지 않을 수 없었다. 당시만 해도 공군에서 항공기 수리란 구멍 난 천을 꿰매고 때운 다음, 도프를 바르는 것이었으며, 항공기 간 통신이란 편대장이 개방형 조종석 밖으로 손을 내밀어 수신호를 보내는 것이었다. 그런 와중에 리벳이 줄줄이 박힌 알루미늄 동체와 고주파 무전기를 다루라니, 정비사들의 불평은 이만저만이 아니었다. 그 불평의 대상은 다우딩인 경우가 많았다.

전투기사령부 본부는 다우딩이 부임하기 불과 2개월 전에 벤틀리 프라이어리로 주둔지를 옮겼다.[1] 해로와 스탠모어에서 그리 멀지 않으며 런던에서 불과 16킬로미터 거리인 벤틀리 프라이어리는 규모는 크지만 건축적으로는 평범한 18세기풍 건물로서, 원래 애버콘 후작 소유였다가

---

* 비글스는 1930년대 청년 소설에 나오는, 젊고 영웅적이며 대단히 용맹한 전투조종사다.

처음에는 호텔로 개조되었고, 그다음에는 기숙 여학교로 바뀌었다. 이 건물이 영국 공군에게 넘어간 것은 1926년이었다. 당시 다른 대저택들은 모두 철거되었으나, 이 집만큼은 정부에서 예산을 들여 보존하기로 했다. 호텔과 여학교로 개조되면서 벤틀리 프라이어리의 규모는 계속 확충되었으며, 18세기에 지어진 원 건물은 별로 어울리지 않는 신축 건물들에 둘러싸이게 되었다. 내부는 마치 토끼집을 방불케 할 만큼 방과 통로가 미로처럼 얽혀 있었다. 그러나 또한 입구의 대형 홀과 거대한 계단, 볼룸, 당구실 2곳, 원형 홀 모양의 미술품 전시실, 도서실, 체육관(학교 시절에 추가된 것), 그리고 무엇보다도 가장 돋보이는 것으로, 저택 후면에서 보았을 때 조용하고 멋진 경치를 보여 주는 아름다운 18세기 이탈리아식 정원이 있었다.

현재 역사적 기념물로서 1940년 상태로 보존되어 있는 다우딩의 집무실은 바닥부터 천정까지 이어지는 프랑스식 창문을 통해 이탈리아식 정원이 내려다보였다. 하지만 이러한 전망과 달리 실내는 주인의 성품을 닮아 소박했다. 집무용 책상 하나와 여학교 시절 교장이 썼음 직한 볼품없고 불편해 보이는 의자 몇 개, 회의용 탁자 하나, 전화기 한 대가 전부였다. 그 흔한 개인 사진이나 기념품 한 점 없었으며, 책상 위는 늘 잘 정돈되어 있었다. 다우딩은 아주 엄격한 인물은 아니었으나 군대 예절에 있어서만은 모범이 될 만큼 철두철미했다. 벤틀리 프라이어리의 다른 장교들은 보통 실내에서는 탈모 상태로 지냈다. 모자를 쓰지 않으면 경례나 답례를 하지 않아도 되었기 때문이다. 그러나 다우딩은 집무실을 나서자마자 항상 모자를 단정히 착용했고, 금실 장식이 되어 있는 그의 모자챙은 항상 지면과 평행을 이룬 상태였다. 다우딩은 유명한 제독들처럼 모자를 삐딱하게 쓰고 다니거나, 휘하 조종사들처럼 모자 앞부분을 뒤로 눕혀서 쓰고 다니는 것을 용납지 못했다. 다우딩의 모자는 그 자신처럼 언제나 규정에 철저한 모습이었다. 다우딩과 조지 6세가 함께 찍힌 사진을 보면 영국 공군 군복을 입은 왕은 다우딩보다 훨씬 느슨한 모습을 하고 있다.

정부는 물론 동료 공군 장군들을 뛰어넘는 통찰력을 가지고 있던 다우딩은 미래의 전쟁이 어떤 모습이 될지, 어떤 전법을 써야 이길 수 있을지를 잘 알고 있었다. 그는 전투기사령부 본부에서 예하 비행대들뿐 아니라 전투 전체를 통제할 수 있어야 한다고 생각했다. 그래서 그는 처음부터 그가 원하는 사람들을 벤틀리 프라이어리에 불러 모으기 시작했다. 예를 들면 그중에는 해군 연락 장교도 있었다. 그래야 해군과 상선단의 움직임을 파악하고, 모항에 공습이 가해질 경우 해군에 경보를 보낼 수 있기 때문이다. 또한 육군 고급 포병 장교도 배속시켜 대공포와 탐조등 부대 역시 통제할 수 있어야 했다. 그래야 대공포가 아군기를 오인 사격하는 일이 없을 테니 말이다. 또한 방공 기구와 민간 관측대(지원자들로 구성된 부대로서, 잉글랜드 남부 전역에 분산 배치되어 쌍안경, 군용 망원경, 컴퍼스, 전투기사령부 직통 전화 등으로 무장하고 적기의 수와 진행 방향을 파악했다), 적기가 공습해 올 때 전국 방방곡곡에 공습 경보를 울릴 행정 당국의 도움도 필요했다. 물론 처음부터 이 모든 것들이 영국 공군의 것은 아니었지만, 지금은 하나의 사령부 휘하에서 철저히 조직해야 했다. 다우딩은 이것들을 조직하고 통합하는 것을 자신의 일로 여겼으며, 이 일은 다우딩의 추진력과 판단력, 위기의식을 잘 보여 주었다. 그리고 이런 재빠른 일처리를 통해 그의 요구를 기각하거나 축소하려는 항공협의회, 공군 장군의 말을 듣기 싫어하는 공무원, 경찰과 소방대, 육군과 해군, 민간 관측대(이 시점까지는 내무성 소관이었다)의 반발

역시 효과적으로 무마할 수 있었다.[*]

다우딩이 요구하고 항공협의회에서 거절했던 수많은 것들 중에는 전투기용 방탄유리, 벤틀리 프라이어리와 레이더 기지, 전투기사령부 예하 비행장을 연결하며 콘크리트로 방호되는 지하 전화선, 그때까지는 폭격기의 전유물이던 전천후 콘크리트 활주로, 폭격으로부터 안전한 전투기사령부 본부 지하 작전실, 스피트파이어와 허리케인에 장착할 기관총 여덟 정(항공협의회는 네 정이면 충분하다고 생각했다), 그리고 레이더 조작과 작전 상황판 조작을 맡길 공군 여성보조부대의 신속한 편성 등이 있었다.

다우딩은 항공협의회와 벌인 격전 대부분에서 이겼으나 또 다른 적이 계속 생겨나는 것을 막지는 못했다. 그 적들 중에는 다우딩의 하급자들, 예를 들면 우수비행십자훈장과 전공십자훈장을 수여받은 공군 중장 윌리엄 숄토 더글러스 경 같은 사람들도 있었다. 그들은 다우딩이 현실 감각이 결여되었다고 보았다. 다우딩이 마지막으로 비행기를 조종해 본 지 너무 오래 지났고, 전투기가 아닌 폭격기가 다가올 전쟁에서 어떤 역할을 할지 제대로 평가하지 못했다는 것이다. 더 연로한 공군 장군들과 마찬가지로 이들 역시 비포장 활주로에서 개방형 조종실이 달린 항공기를 타고 조종을 배웠다. 그리고 이들에게 조종실용 방탄유리 같은 것은 어리석고 비싼 사치품에 불과했다. 이들은 전투기 기관총을 날개 구조물에 내장하자는 의견도 우습게 여겼다. 이들은 엔진 위에 2정의 기관총

[*] 독일도 1941년부터 영국 공군 폭격기사령부의 맹공격을 받기 시작하면서, 전국의 방공, 레이더 연계, 주간 및 야간 전투기, 대공포, 탐조등, 경찰, 소방 경찰, 시당국, 나치당 예하 공공 보조 기구를 단일 사령부 내에 망라하는 유사한 체계를 창설했다. 이는 영국의 체계보다 더욱 크고 권위 있는 것이었으며 또한 극도로 효율적이었다. 이 체계에 대해서는 렌 데이턴의 소설 『폭격기』에 잘 묘사되어 있다.

이 달린 전투기로 싸웠다. 기관총에 탄이 걸리거나 약실이 얼어 버리면 조종사가 손으로 기관총의 장전 손잡이를 당겨 응급 처치를 하고, 그래도 안 되면 이럴 때를 위해 휴대한 고무망치로 기관총을 두들기기만 하면 되었던 그런 전투기였다. 그 때문에 전투기사령부가 보유한 전투기 대부분은 아직도 개방형 조종석에 고정식 착륙 장치, 기관총 2정을 장비한 복엽기였다. 이는 제1차 세계 대전에서 쓰던 전투기와 큰 차이가 없었다. 이들은 조종실을 슬라이드식 투명 캐노피로 덮으면 조종사가 등 뒤의 적을 확인하기 위해 고개를 돌리기 힘들 거라고 다우딩에게 반대했고, 다우딩이 그 문제를 자동차의 백미러 같은 평범한 거울로 해결했다는 사실을 믿지 못했다.*

그러나 여기까지만 보고 다우딩은 무조건 옳고, 항공협의회는 무조건 틀렸다거나, 또는 다우딩에게 반대한 공군 장군들이 모두 바보였다고 생각하면 곤란하다. 그들의 임무는 매처럼 눈을 번뜩이는 재무성의 감시 아래 매우 적은 예산을 가지고 전쟁에서 이길 수 있는 공군을 육성하는 것이었고, 영국 본토를 지키는 것은 나중 문제였다. 게다가 이들은 쥐꼬리만 한 예산과 구식 항공기를 가지고 영국 본토뿐 아니라 세계의 하늘을 누빌 것을 강요당하고 있었다. 다우딩과 그 반대자들 모두 무슨 짓을 해도 전투기만으로는 전쟁에 이길 수 없으며 전쟁에 승리를 가져다주는 것은 결국 폭격기라는 사실을 잘 알고 있었다. (뉴월을 포함해 항공협의회의 몇몇 의원들은 신세대 전투기가 갖추어야 할 세부 사양을 결정하는 데 중요한 역할을 했다. 그들이 반대한 것은 신세대 전투기가 아니라, 신세대 전투기에만 온

* 일선 부대에 처음 배치된 허리케인과 스피트파이어에는 이 백미러가 없었다. 그래서 비행대장들은 주둔지 근처의 자동차 상점을 뒤져 자동차용 백미러를 구한 후, 정비사들을 시켜 백미러를 바람막이에 부착해야 했다.

마음이 쏠린 다우딩이었다.) 그렇지만 다우딩과 그의 동료들의 차이점은 다우딩이 현대적인 전투기 없이는 개전하자마자 전쟁에서 지고 말 것임을 이해하고 있었다는 점이다.

북해를 건너 독일에서도 비슷한 논의가 오가고 있었다. 빌리 메서슈미트가 만든 혁신적인 전금속 단엽 전투기인 Bf 109가 첫 시범 비행을 했을 때 괴링과 그의 전우 에른스트 우데트(리히트호펜 비행대 출신의 용맹한 에이스 조종사였으며 다우딩이 항공협의회에서 맡았던 보직과 비슷한 독일 공군의 연구 개발 본부장을 역임 중이었다)는 조종석을 개방형으로 만들었다면 더 좋았을 거라고 평했다. 그런 반면 이들은 시제품 전투기의 무장이 조종석 앞에 달려 있는 기총 2정 뿐이라는 점은 일절 문제 삼지 않았다. 자신들이 제1차 세계 대전에서 몰던 포커 전투기나 알바트로스 전투기의 무장도 그것과 같았으니까. 결국 우데트는 이 전투기의 속도가 시속 600킬로미터나 되므로, 조종석을 개방했다가는 프로펠러 뒤로 흐르는 엄청난 기류에 조종사가 목을 가눌 수 없다는 메서슈미트의 설명을 받아들였다. 그러나 괴링은 끝까지 믿지 못했다. 영국만 항공기 설계와 기술의 급격한 발전에 저항한 것은 아니었다.

다우딩은 기적적으로 원하는 것 대부분을 손에 넣었다. 레이더의 신뢰성이 입증되기 한참 전부터 그는 90미터 높이 철제 격자형 전파 발신탑 4개와 72미터 높이 목제 수신탑 4개를 갖춘 레이더 기지의 건설을 시작했다. 그러나 레이더는 처음에는 엉터리 신호를 너무 많이 잡았고, 정확한 고도 측정에 실패했으며 편대를 이룬 항공기의 정확한 수도 맞추지 못했다(이 때문에 전초 기지에 배치된 1,400명의 관측대원들이 가시거리까지 들어온 적기의 수를 세서 보고했다). 그리고 적과 아군을 구분할 수 없다는 점도 문제였다.*

레이더 기지는 기지 간의 탐지 범위가 어느 정도 겹치도록 배치되어, 영국 동부와 남부 전역을 빈틈없이 감시할 수 있었다. 그리고 네덜란드, 벨기에, 북프랑스 상공의 항공기도 탐지할 수 있었다(물론 1930년대 중후반, 그 나라들에 독일 공군 기지가 세워질 거라고 예상한 사람은 없었다). 영국 레이더 기지는 1937년에 최초로 가동되었으며 1939년에는 15개의 레이더 기지가 작동되고 있었다. 충분한 효과를 거둘 수 있을지 분명치 않은 이 미심쩍은 과학 장비들을 막대한 돈을 들여 처음 만들어 낸 사람은 비교적 국제 정세에 둔감했던 스탠리 볼드윈 수상이었으며, 뮌헨에서 더 잘 알려져 있던 그의 후계자 네빌 체임벌린이 이 작업을 이어 갔다.

영국의 유화 정책은 후일 경멸의 대상이 되었으나, 영국 전투 준비에 필요한 시간을 벌어 주었다는 점에서는 분명 긍정적인 측면도 있었다. 〈체인 홈〉 레이더망은 1939년이 되어야 완전 가동 상태에 들어갈 수 있었고, 그것은 영국 정부도 알고 있는 바였다. 전투기사령부에 허리케인이 최초 보급된 것은 1937년, 스피트파이어가 최초 보급된 것은 1938년이 되어서였다. 폭격에 대한 공포, 그리고 미래 전쟁에서는 독일이 개전 첫날 적국 대도시를 공중 폭격으로 일격에 날려 버릴 거라는 당시 대중의 생각을 감안한다면, 영국보다 독일의 폭격을 더욱 두려워하던 프랑스 정부의 모습을 본 네빌 체임벌린이 히틀러를 위협하기보다는 달래기로 한 것도 이해는 간다. 물론 현재는 히틀러가 런던 또는 파리에 치명타를 날리는 것을 가급적 최후의 수단으로 미루고 싶었다는 것은 물론,

---

* 이 문제는 영국 전투 직전 모든 영국 항공기에 소형 무선 송신기를 부착하는 것으로 해결되었다. 〈피아 식별 장치〉라는 이름의 이 장치는 계속 특정한 신호를 아군 레이더에 보내, 장치가 달린 항공기가 아군기임을 알렸다.

당시의 독일 공군 역시 그런 작전을 실시할 준비가 안 되었다는 것도 알려져 있다. 그러나 당시 그 사실을 정확히 알고 있던 사람은 아무도 없었다. 대부분의 국민들은 레이더가 있는 줄도 몰랐고, 레이더가 영국을 방어하는 데 아주 중요한 역할을 하고 있다는 것도 모른 채 볼드윈의 말마따나 〈폭격기는 어디든지 갈 수 있〉는 줄로만 알고 있었으며, 그런 상식에 이의를 제기하는 사람도 거의 없었다. 다우딩의 레이더 기지는 그런 상식을 거짓말로 바꿔 버리는 첫 단계였다.

흥미롭게도 버드워칭 애호가들을 제외하면 레이더 기지 건설에 호기심을 갖거나 뭐라도 논평을 한 사람은 거의 없었다. 심지어는 독일 공군도 영국의 레이더 보유에 경각심을 갖지 않았다. 당시 핵물리학과 마찬가지로 레이더 관련 지식은 기밀이 아니었으며 많은 사람들에게 알려져 있었다. 미국, 독일, 소련, 영국 등 다양한 나라의 학계에서 열정적으로 레이더를 연구했고 성공을 거두었다. 영국은 결코 다른 나라보다 혁신적인 레이더 기술을 가진 것이 아니었다. 그들은 그저 레이더를 실험실 밖으로 꺼내어 실용화했을 뿐이다. 영국인들은 레이더를 야외에 처음 가지고 나갔을 때 영국 공군의 폭격기를 상대로 실험해 보았다. 이후 영국은 실험과 시행착오를 통해 레이더로 장거리 조기 경보 시스템을 구축하는 방식을 배우게 되었다. 또한 과학자가 아닌 평범한 공군 장병들(나중에는 여군들에게도)에게 레이더 조작법과, 레이더 스크린에 나타나 진동하는 아무 뜻 없어 보이는 점과 곡선을 해석하는 법을 가르치게 되었다. 그리고 대규모 시스템을 가급적 빨리 완공할 계획을 세우게 되었다. 반면 독일에는 이런 것이 없었다. 미국에도 없었고 불쌍한 프랑스에도 없었다. 실제로 레이더의 부재는 1940년 5월 프랑스 공군의 패배 이유 중 하나로 꼽히고 있다. 프랑스에는 레이더도 없고 중앙 집중형 전투기사령부도 없었으며 남아도는 전투기를 운영할 전략도 없었다. 프랑스를 지원하기 위해 성능이 매우 우수한 허리케인을 보낸 것도 돼지 목에 금목걸이를 걸어 준 격이었다. 다우딩은 그런 꼴이 날 것임을 정확히 예견하고 있었다. 전투기의 성능이 아무리 우수해도 지상 레이더 기지와 전투기 관제가 없으면 색적 능력이나 전투기 전력 집중력이 제1차 세계대전 수준보다 나을 수 없었기 때문이다.

독일은 다우딩의 레이더 기지에서 나오는 전파를 분석하기 위해 악천후를 무릅쓰고 최후의 대형 비행선인 그라프 체펠린을 영국 해안선으로 날려 보냈으나, 그 작전은 실패하고 말았다. 영국 레이더 조작사들이 그라프 체펠린처럼 거대한 비행체를 놓칠 리 만무했고, 비행선이 다가오면 바로 레이더의 작동을 중지했던 것이다. 독일은 이러한 전파 신호가 지휘 통제 체계의 일부라는 점도 깨닫지 못했다. 체계의 정체를 숨긴 것은 레이더가 아니라, 휴 다우딩 경의 깔끔하고 철저한 사고방식이었다.

1936년과 1937년 내내 다우딩은 온 힘을 다해 영국 방위 전략의 토대를 쌓았으며, 거대한 3차원 조각 그림 퍼즐을 짜 맞추어 나갔다. 그는 사령관 자리에 앉자마자 벤틀리 프라이어리에 작전실을 설치하는 데 필요한 예산을 청구했고, 건축 설계사, 건설업자, 중앙 우체국(영국에서는 이곳이 전화선 설치 및 관리를 맡았다), 공무과 등을 찾아가서 영화 「미래」 촬영에나 필요할 법한 것들을 달라고 조르기 시작한 것이다.

케네디 우주 센터가 있는 케이프 커내버럴과 무수한 영화에서 로켓 발사 장면이 지겹도록 나오는 현대에는 다우딩이 요구했던 것들은 흔하다 못해 진부한 물건들이 되었다. 그러나 1930년대 중반에 그가 요구하는 것들은 매우 귀한 것들뿐이었다. 다우딩은 신속히 움직여 벤틀리 프라이어리의 대연회장을 새로운 종류의 전쟁을 치를 대규모 원형 극장으로 개조했다. 그리고 그 옆의 아름다운 원형 건물에는 전신 타자기와 전화 교환대를 들여다 놓았다. 그는 대연회장 바닥에 잉글랜드 남부 해안, 영국 해협, 유럽 북해안을 재현한 거대한 작전 상황판을 설치했다. 이 상황판에는 에든버러에서 프랑스 해안과 셸부르까지, 웨일스와 잉글랜드 경계에서 벨기에 동부까지의 지형이 모두 재현되어 있었다.[2] 상황판의 표면은 여러 개의 사각형 칸으로 나누어지고 각 칸마다 알파벳 문자 하나로 된 이름이 붙었다. 이곳이 바로 〈상황실〉이었다. 이 상황판 옆에는 10여 명의 젊은 남녀 공군 장병들이 둘러앉았다(이곳의 〈상황병〉으로 일할 공군 여성 병사들은 처음에는 전투기사령부 본부에서 근무하는 장교들의 부인 중에서 지원을 받아 충원했으나, 1939년에는 보통 청회색 군복을 착용한 공군 여성보조부대원으로 충원되었다. 이들은 후일 〈미녀 코러스〉라는 별칭을 얻게 된다). 이들 상황병들에게는 슈맹 드 페르(카드 게임의 일종)나 카지노 룰렛 게임에서 쓰는 것과 비슷한 카운터 한 박스, 그리고 룰렛 테이블에서 딜러가 쓰는 것같이 생긴 널빤지가 끝에 달린 긴 막대기가 지급되었다. 상황병은 모두 이어폰을 착용했고, 일부는 마이크도 착용했다. 상황병들 위에는 이른바 〈갤러리〉라고 불리는 장소가 만들어졌는데, 이곳에 배치된 장교들은 아래의 상황판의 변동 내용에 따라 각 전투비행단에 경보를 보내는 것이 일이었다. 갤러리에는 해군 연락 장교, 방공포대 및 탐조등 부대 본부에 연결된 직통 전화를 가진 육군 포병대의 고급 장교, 관측대, 경찰, 소방서, 그 밖에 공습 경보와 관련된 곳과 연결된 직통 전화를 가진 장교들도 배치되었다. 상황병들은 작전실에서 각 전투비행단, 해안의 레이더 기지, 지상의 관측대 등에서 정보를 받으며, 적의 공습이 최종 확인되면 적 공습 부대가 적국 해안을 떠난 시점부터 영국 해협이나 북해를 건너 4개 전투비행단 중 하나의 관할 공역에 들어올 때까지 예상 경로, 고도, 적기의 수 등을 나타내는 마커를 상황판에 올려놓고 그 위치를 실시간으로 바꿨다. 물론 독일 공군이 예측이 뻔히 가능한 직선 코스를 취할리는 없고, 영국 전투기의 주의를 진짜 목표에서 떼어 놓고 최대한의 혼란을 취하기 위해 양동 작전을 취하거나, 방향과 고도를 신속히 바꾸거나, 거짓 공격을 실시하는 등도 처음부터 예상하고 있던 바였다. 이 모든 것들이 상황판에 즉각 기록되고 분석되었다.

테이블 뒤, 갤러리를 마주한 벽에는 신호등이 줄줄이 늘어선 또 다른 대형 상황판이 있었는데 이 상황판의 별칭은 이른바 〈경마장 전광판〉이었다. 경마장에서 경기에 투입되는 경주마의 이름과 최근 승률을 알려주는 전광판과 비슷해서였다. 물론 이곳의 전광판은 각 전투비행대의 전투 준비 태세(대기 중, 출격 가능, 재급유 및 재무장, 비행 중)를 보여 주었다. 그리고 눈에 잘 띄는 곳에 대형 시계가 걸려 있었는데, 이 시계의 시계판은 시간대별로 다른 색으로 칠해져 있었다. 그걸 보는 상황병들이 적 공습 부대의 정확한 위치를 문자 그대로 실시간으로 정확히 파악하기 위해서였다. 항공기는 시속 300~450킬로미터로 비행하므로, 비행 중인 전투비행대는 2~3분 전의 적기의 위치가 아닌, 바로 지금의 적기의 위치를 알아야 했다. 또한 이들은 긴급 발진해 적기의 후상방에서 공격을 할 수 있어야 했다. 1938년부터 취역한 스피트파이어는 7,500미터까지 11분 안에 상승할 수 있었다. 그러므로 몇 분의 1초 내에 복잡하고 정밀한 수학적 계산을 해내야 이들이 요격에 성공할 수 있었다.

따라서 전투기사령부의 고급 장교는 갤러리 아래에 펼쳐진 작전 상황판을 흘깃 봐도 적 공습 부대의 수, 규모, 진행 방향, 출격 가능한 아군 비행대 수와 전투 준비 태세를 알 수 있었다. 또한 다우딩은 경험 많은 전투조종사들을 순번제로 상황병들 옆에 배속시켜 근무시킴으로서, 상황병들에게 조종사들이 할 수 있는 것과 없는 것, 그 외에도 상황병들이 알아야 할 것을 알려 주는 혁신적인 방식을 채택했다. 그 목적은 전투조종사들이 평생 전투기를 타본 적이 없는 젊은 여성 상황병의 명령을 절대 신뢰하도록 만드는 것이었다. 또한 상황실에 근무해 본 전투조종사 역시 이러한 시스템에 대한 신뢰를 갖고 원대로 복귀할 수 있었다.

또한 다우딩은 천재성을 발휘해 전투기 전력을 최대한 경제적으로 운용하는 시스템을 고안했다. 낭비가 심한 전투 초계 비행이나 적 편대에 대한 무작위적인 요격 시도, 구름 속에서 적기를 놓치는 일 같은 것은 일절 없었다. 적어도 항공전에 대해서만큼은 다우딩은 낭만주의자가 아니었다. 그는 오직 효율만을 추구했다. 적 공습 부대가 접근하면 진행 경로상에 있는, 가장 근접한 비행대가 최적의 타이밍을 노려 긴급 출동해 요격했다. 그래야 연료를 절약하고 전투에서 전력을 다해 싸울 수 있었다. 다우딩은 장래 독일군이 동시에 다양한 방향, 다양한 고도에서, 다양한 표적을 노리고 공격해 올 것을 예측했으며, 〈큰 그림〉을 작성해 요격을 할 장소와 시간, 전력을 판단하는 것만이 유일한 대응책이라고 믿었다. 그러한 판단을 통해 만들어진 이 체계 덕에 전투기사령부의 전력은 더욱 강화되었으며, 전투기사령부 본부가 전체 공중전을 더욱 확실히 제어할 수 있게 되었다(물론 이 점에 대해서는 후일 전투기사령부 내부에서도 엄청난 논란을 몰고 왔다).

당연히 정적인 공중전은 없다. 영국 공군이라도 영국 내의 모든 도시와 항구, 공장과 비행장을 지킬 수는 없었다. 그래서 영국 전투기들은 비교적 작은 규모의 편대로 움직여야 했다. 한 비행대가 탄약과 연료가 부족해 착륙하면 다른 비행대가 신속히 이륙해 그들의 전력 공백을 메우는 식으로 독일 공군에 지속적인 타격을 주어, 무시할 수 없는 손실을 입혀야 했다. 다우딩과 그의 반대자들은 영국 전투 기간 중에도 이 개념을 놓고 처절한 설전을 벌였다.

다우딩의 작전실은 야심 찼을 뿐만 아니라 실험적인 성격도 매우 강했다. 작전실이 완공되어 정상 가동되기 직전까지 다우딩은 벤틀리 프라이어리의 지하에 똑같은 작전실을 하나 더 지을 돈을 구하러 다니고 있었다. 기존 작전실이 독일의 폭격으로 부서질 경우를 대비해서였다. 그리고 날로 그 호전성을 더해 가는 독일의 외교 정책 때문에, 전투기에 대해 매우 비판적인 항공협의회의 견제에도 불구하고 그는 지하 작전실을 지을 수 있었다. 그가 만든 새 작전실은 철근 콘크리트로 지하 깊숙이 건설되었으며, 중앙 우체국이 가설하고 콘크리트 참호로 보호받는 무수한 전화선을 통해 외부와 연결되어 있었다. 이 시설은 적의 직격탄을 맞아도 안전했으며 영국 전투가 발발하기 불과 3개월 전인 1940년 3월부터 완전 가동 상태에 돌입했다. 이 체계는 영국 전투를 겪으면서 계속되는 실험과 시험, 실수를 밑거름 삼아 개량을 거듭해 나가며 그 가치를 입증해 보였다.

하지만 분명 훌륭한 전투기가 없었다면 이 모든 시설도 무용지물에 지나지 않았을 것이다.

램지 맥도널드 수상, 스탠리 볼드윈 수상, 네빌 체임벌린 수상의 공통점은 무엇일까? 영국식 표현을 빌자면 모두 〈벨트와 멜빵을 동시에 착용할 만큼〉 조심성이 많은 인물이라는 점이다. 만에 하나 벨트나 멜빵 중 하나가 끊어져도 바지는 흘러내리지 않는다. 항공성 대신이 영국의 방공 능력에 대해서 뭐라고 말을 하건 간에 항공협의회의 대답은 한결 같았다. 강력한 폭격기 전력을 건설해 폭격기의 타격 거리 내에 있는 어느 나라도 쳐들어올 생각을 못 하게 하는 것만이 가장 효율적인 방공 대책이라는 것이다. 1930년대 영국의 어느 정권도 그런 강력한 폭격기 전력 육성에 돈을 쓰려 들지 않았다. 설령 그런 전력이 있더라도 그 전력을 적극적으로 사용하려는 정권도 없었다. 그러나 비록 결과적으로는 쇠귀에 경 읽기가 되더라도, 공군 장군들의 경험에서 우러나온 의견을 깡그리 무시할 수 있는 정권 또한 없었다. 영국은 히틀러가 집권하면서 악화되는 유럽 상황에 신경이 쓰일 수밖에 없었다. 게다가 줄기차게 지원을 요청하는 프랑스도 짜증이 났다. 그래서 역대 수상은 항공성에 대중을 안심시키기 위해서라도 믿음직한 방공 계획을 내놓을 것을 주문했다.

항공성은 영국 공군의 기존 교리에 철저히 집착했다. 그러나 점점 신경질적이 되어 가는 정치가들을 달래기 위해 마지못해 최신형 전투기를 주문했다. 이찌 되었거나 군대의 주인이자 돈줄은 정치가들이었으니 말이다. 물론 그러한 행보는 처음에는 근본적인 전략 변화라기보다는 겉치레에 가까웠다. 정치가들과 대중을 달래면서 더 강한 폭격기를 많이 생산할 의도였던 것이다. 그리고 다우딩과 그 외 몇몇 선각자들 덕에 곧 전투기는 대중의 이목을 잡아끌고, 폭격기를 능가하는 급격한 기술적, 성능적 진보를 이루게 된다.

대중들은 항공전의 창세기부터 전투조종사들에게 매혹되어 있었지만, 그와 별도로 1920년대 후반과 1930년대에 걸쳐 속도에 열광해 있기도 했다. 영국 전투를 다룰 때 그 점을 놓쳐서는 안 된다. 모험을 즐기던 영국 부호 맬컴 캠벨 경은 유명한 블루버드 경주용 차를 타고 1924년부터 1939년 사이에 지상의 속도 신기록을 9번이나 갈아 치웠다. 또한 수상에서도 수중익선으로 속도 신기록을 4번이나 갱신하여 세계적인 유명 인사가 되어 있었다. 레이먼드 로위에 의해 디자인에 유선형 개념이 도입된 이후, 자동차, 기관차, 배 같은 움직이는 물건뿐 아니라, 심지어는 토스터, 라디오, 가구, 믹서 등 유선형이 그리 필요 없는 정물의 디자인에까지 유선형 개념이 도입되었다. 이러한 시대의 흐름은 보수적이던 영국 항공협의회에도 영향을 미쳤다. 그들은 당시의 영국 전투기가 여전히 동체는 천이고 착륙 장치는 고정식, 날개는 받침대와 와이어를 단 복엽식, 속도는 그들이 격추해야 할 폭격기보다 느리다는 아이러니를 묵과할 수 없었다. 그리고 1920년대와 1930년대 초반의 다른 나라 공군 전투기들도 이러한 관점에서 보면 별로 나을 것이 없었다.

또한 아이러니하게도 비록 군용기는 아니었지만 당시 세계에서 제일 빠른 항공기는 영국에서 만든 것이었다. 당대의 영국은 엄청난 돈과 기술이 필요하며 많은 사람들을 매료시켰던 수상기 경주 대회에서 단연 최고 실력을 보유하고 있었다. 전간기 시절, 격년제로 실시되던 슈나이더 트로피 경주에서 우승하는 것은 항공 산업을 가진 모든 나라의 숙원이었다는 점도 여기서 언급하지 않으면 안 된다(다만 여기서 제1차 세계 대전 이후의 독일은 예외였다). 그리고 시간이 흐를수록 독일은 외국에 자국에 항공 산업이 있다는 것조차 알리고 싶어 하지 않게 되었다. 슈나이더 트로피 경주*는 만인의 이목을 모으는 세계 최고의 속도 경주였다. 이 경주에 참가하는 수상기들은 아메리카 컵 경주용 요트만큼 아름답고 멋진 데다 값은 더욱 비쌌다. 그래서 항공기 제조사들은 제작 예산 대부분을 정부 지원금에 의존했다. 이 항공기들은 당시로서는 상상할 수조차

---

* 정식 명칭은 자크 슈나이더 수상기 경주였다.

없는 빠른 속도로 날아올랐다.

거대한 슈나이더 트로피는 나체의 날개 달린 요정인 비행의 여신이 파도에 키스를 보내는 모습이다. 이 트로피를 고안해 낸 자크 슈나이더 는 프랑스의 부유한 기업가 가문의 자제이자 초창기 항공 팬으로서, 지구 표면의 70퍼센트가 바다이므로 항공의 미래는 수상기에 달려 있다 고 믿고 있었다. 그의 믿음은 체펠린 비행선에 대한 믿음과 마찬가지로 1930년대 중반까지 유지되었다. 1912년에 슈나이더 트로피를 처음 받 은 곳은 프랑스 항공 클럽으로, 이들은 150마일(약 240킬로미터) 길이의 코스를 가장 빨리 날아 이 상을 받았다. 대회는 처음에는 연례 행사였으 나, 1928년부터 주최 측에 의해 격년제로 바뀌었다. 항공기 설계가 복잡 해지고, 세계 경제 위기가 심화되었기 때문이다. 대회에서 3회 연속으로 우승하는 나라는 트로피를 영구히 보유할 수 있었다.

1920년 중반이 되자 영국, 이탈리아, 미국이 대회의 유력한 우승 후보 가 되었다. 그리고 이 대회에 출전하는 가장 빠른 영국 비행기는 대개 수 퍼마린 항공 공업사의 젊은 수석 설계사인 레지널드 J. 미첼의 작품이었 다. 수상기에 주력하던 수퍼마린 항공 공업사는 사우샘프턴 근교에 있 었다. 미첼이 설계한 수퍼마린 S.5가 세계 수상기 및 육상기 속도 신기 록을 세우며 1927년 대회에서 우승한 것을 시작으로, 그가 만든 작고 날 씬하며 미래적인 금속제 단엽기들은 롤스로이스 엔진을 달고 1931년까 지 계속 슈나이더 트로피를 물어 왔다. 그 덕분에 영국은 슈나이더 트로 피의 영구 보유국이 되었다. 이 항공기들은 대회 우승과 동시에 세계 속 도 신기록도 세웠다. S.6 수상기는 1929년에 시속 357마일(약 574킬로미 터)을 냈다. 1931년 대회에서 영국이 슈나이더 트로피를 영구히 보유하 게 해준 S.6B는 시속 407마일(약 655킬로미터)을 냈다. 이 기록이 항력을 증대시키는 플로트 2개를 날개 아래에 장착한 수상기의 기록이며, 당시 강대국들의 전투기들도 시속 400킬로미터 이상을 내지 못했다는 점을 감안한다면 이는 실로 대단한 것이었다.[3]

영국 공군은 처음부터 미첼의 슈나이더 경주용 항공기에 관심이 아주 많았다. 무엇보다도 이들 항공기는 당대의 최첨단 항공 기술과 롤스로이스의 실험적인 최신 엔진의 실력을 검증하는 시험대였다. 롤스로이스는 슈나이더 트로피 경주 말기에 1,900마력 이상의 추력을 내는 엔진을 만들어 공급했다. 이는 당시의 군용기 엔진보다 3배 이상의 강한 추력이었다. 또한 영국 공군은 조심스럽게 규제를 철폐해 현역 장교들이 경주에 참가해 속도 기록을 낼 수 있게끔 했다. 수퍼마린 사는 1920년대 내내 정부 지원금과 영국 공군의 도움을 받아 가며 슈나이더 트로피 경주 팀을 조직해 출전시켰다. 그러나 정부 지원금은 1931년 경기가 개최되기 전에 폐지되었는데, 당시 영국의 열악한 경제 상황과 엄청난 실업률 때문이었다. 결국 대회 개최 직전 애국적이고 부유한 미망인이던 휴스턴 부인이 당시로서는 엄청난 금액인 10만 파운드를 자발적으로 기부했다. 이는 현재 미화 800만 달러와 맞먹는 가치다.[4]

1930년부터 1936년까지 항공협의회의 연구 개발 위원을 지낸 다우딩은 미첼의 항공기에 더욱 각별한 관심을 가졌다. 미첼은 현대적인 고속 단엽기 설계 제작에 따르는 문제 하나하나를 정면으로 대응했다. 그는 날개 떨림 현상을 해결하고, 접시 머리 리벳을 제작하였으며, 냉각기로 인한 항력 발생을 막기 위해 증발식 증기 냉각 파이프를 동체 측면 내부에 숨기는 등의 조치를 해냈다. 기묘하게도 미첼은 16세 때 증기 기관차 제작사인 스토크 온 트렌트 사에 견습생으로 입사한 것을 시작으로 업계에서 경력을 쌓았다. 언뜻 생각하면 증기 기관차는 항공기와는 닮은

면이 거의 없는 기계 같지만, 그는 증기 기관차를 다루면서 금속과 증기에 대해 모든 것을 배워 1류 엔지니어가 되어 갔다. 후일 레슬리 하워드가 만든 영화 「스피트파이어The First of the Few」에서 그는 가족과 함께 해안으로 소풍을 갔을 때 날아오르는 바닷새의 날개 모양을 보고 스피트파이어의 우아한 타원형 날개를 만든 사람으로 묘사된다. 그러나 그는 실제로는 빈틈없는 엔지니어로서, 새보다는 제도판과 계산자에 더 관심이 많은 사람이었다. 그는 항공 역학자들에게 완벽하고 유명하며 만들기도 극도로 까다로운 그 타원형 날개에 대해 이렇게 설명했다. 「그 날개 안에 기관총이 들어갈 자리만 있다면 타원형이건 아니건 상관이 없다네.」[5] 그는 수퍼마린의 모회사인 비커스 항공사 사장이 자신의 새 전투기를 스피트파이어로 명명했다고 말하면서 그 결정에 대해 이렇게 평했다. 「정말 바보 같기 짝이 없는 이름이로군.」[6]

슈나이더 트로피를 획득하고 세계 속도 신기록을 세운 수퍼마린 사와 미첼은 이제 대형 저속의 영국 공군용 쌍발 수상기를 만들어 주는 것보다 더욱 새롭고 돈을 벌 수 있는 사업을 찾아 나서기 시작했다. 이제 그들의 관심은 항공성이 1931년 10월에 요구 성능을 발표한 영국 공군용 신형 단좌 주·야간 전투기인 F.7/30에 쏠렸다. 항공성은 이 항공기의 요구 성능을 발표하면서 저익 단엽기 또는 추진식 항공기로 만들어 줄 것을 항공기 제작사들에 주문했다. 추진식 항공기란 엔진과 프로펠러가 조종실 뒤에 위치하여, 기체를 앞으로 〈밀어 주는〉 항공기를 말한다. 이 아이디어는 달리 보면 혁신적이었지만 어찌 보면 1914년에 등장한 이상하게 생긴 구닥다리 파먼 쇼트혼 항공기로 회귀하는 것처럼 보이기도 했다. 그러나 다행히도 대부분의 항공기 제작사들은 이를 무시했다.

미첼과 비커스 사는 기록 갱신용 항공기 설계에서 쌓은 경험을 올바르게 활용하고자 했다. 그러나 이상하게도, 미첼이 만든 꼴사나운 전금속제 갈매기 날개의 타입224 단엽기는 항공성의 요구 성능에 맞춰 만들어진 후보기 8대 중 제일 형편없는 성능을 보였다. 결국 항공성은 더욱 우수한 성능을 보인 구식 복엽기 글로스터 글래디에이터를 채택한다.*
타입224의 엔진은 롤스로이스 고샤크 엔진이었는데, 날개 앞단에 증발식 냉각기가 내장되어 있었다. 테스트 파일럿들은 항공기가 이륙하기도 전에 엔진 과열 경고등이 켜진다고 불평했고, 지상 요원들이 비행에서 돌아온 기체 날개에 손을 댔다간 그대로 화상을 입었다.

　미첼은 비평을 잘 받아들이는 인물은 아니었다. 심지어는 테스트 파일럿들의 비평도 수용하기 힘들어했다. 그는 결장암을 앓고 있었고, 그 병으로 인해 죽었다. 그러나 이번에는 다시 제도대 앞에 앉아서 기본부터 다시 시작할 마음을 먹었다. 1934년, 타입224가 실험 비행 중일 때 그와 비커스는 비커스 사의 예산을 들인 사설 벤처 방식으로 타입224의 재설계를 실시했다. 미첼은 갈매기형 날개를 폐지하고, 착륙 장치도 접는 식으로 바꾸었다. 조종실도 밀폐형으로 바꾸었다. 그 결과 매우 현대적인 느낌을 주는 사각형 날개와 앞쪽으로 치우친 조종실을 갖춘 전투기가 만들어졌다. 그러나 그는 아직도 고샤크 엔진과 증발식 냉각기에 집착하고 있었다. 외부에 냉각기를 설치하는 것보다 항력을 덜 발생시키기 때문이었다. 항공성도 이 설계에 관심은 있었으나 너무 깊이 빠지지는 않았다. 그래서 미첼은 이 설계를 개량했고, 이로 인해 스피트파이어가 모습을 드러내게 된다. 미첼의 설계에서 제일 혁신적인 부분은 사

---

* 제2차 세계 대전 개전 당시 글로스터 글래디에이터는 영국 공군에서 현역으로 쓰이고 있었으며, 성능이 우수했을 뿐 아니라, 대단히 효율적인 항공기였다. 일례로 1940년 몰타 방공전에서는 〈믿음〉, 〈소망〉, 〈사랑〉이라고 명명된 글래디에이터 3대가 최후까지 남아 임무를 수행했다.

각형 동심 튜브를 서로 연결하여 만든 날개보였다. 이 날개보는 가볍고, 매우 강하면서도 유연했다. 그 결과 스피트파이어의 날개는 비행 중 마치 새의 날개와도 같은 유연성을 확보해 조종사를 놀라고 기쁘게 했다. 이는 미첼이 증기 기관차 회사에서 일하면서 배운, 금속에 대한 감을 유감없이 보여 주는 사례였다.

이때 또 다른 사설 벤처 사업의 결과물이 등장했다. 추력 1,000마력 이상을 목표로 만들어진 롤스로이스 PV(사설 벤처의 약자를 땄다) XII 12실린더 배기량 27리터급 항공 엔진이 그것이었다. 참고로 독일의 메르세데스 벤츠 및 BMW에서 만들어 낸 다른 12실린더 항공 엔진들은 가장 큰 것이라도 배기량이 6리터에 불과했다. 고샤크 엔진보다 3분의 1 정도가 더 무거운 롤스로이스 PV XII 엔진은 미첼의 설계에도 영향을 주었다. 그는 늘어난 엔진 무게에 맞추기 위해 조종실을 뒤로 더 빼고, 날개를 더 얇고 넓게 재설계했다. 그는 매우 진하고 부드러운 연필을 들고, 다른 제도사들이 그려 온 설계를 슈나이더 트로피 경주용 비행기들처럼 조화롭고 균형 잡히고 우아한 멋진 모습이 되게끔 다듬고 또 다듬었다. 1935년 1월 드디어 스피트파이어의 특징을 이루는 우아한 날개 디자인이 완성되었다. 2정의 기관총과 착륙 장치 수납 기구가 들어가는 한도 내에서 가장 얇게 뽑아낸 이 완벽한 타원형 날개에 직선으로 된 부분은 단 한 군데도 없었다. 항공성은 이 설계도를 보고 감명을 받아 신형기 요구 성능도 이 설계에 맞춰 수정하기에 이르렀다. 당시 영국 정부는 독일의 실력을 얕잡아 보고 있었지만, 이미 항공협의회에서는 독일을 보고 위기의식을 느끼고 있었기 때문이다.

다우딩의 비호하에 신형 전금속제 독일 폭격기를 격추할 방법이 연구되었다. 공중전이 벌어질 속도를 계산해 본 결과 실전에서는 2초 이내의 사격으로 독일 폭격기를 격추해야 한다는 결론이 나왔다. 그러므로 스피트파이어가 이 짧은 시간 내에 충분한 화력을 퍼부으려면 .303구경 기관총이 양 날개 합쳐 최소 여섯 정, 가능하면 여덟 정까지(참고로, 불과 3년 전까지만 해도 전투기에 기관총이 두 정이면 충분하다고들 했다) 있어야 했다. 그러나 미첼은 당황하지 않았다. 현재 두 정의 기관총을 싣는 이 날개는 네 정을 싣도록 쉽게 개수할 수 있다고 말했으며 그는 신속히 설계를 변경, 그 말을 증명해 보였다. 또한 구조를 단순화시키기 위해 증발식 냉각기는 제거해 버렸다. 다우딩은 항공성의 요구 성능을 수퍼마린 스피트파이어에 맞게 고쳤다. 전투기사령부가 글로스터 글래디에이터 복엽기 배치를 기다리고 있고 스피트파이어는 아직 도면상에만 존재함에도 불구하고 1935년 6월 항공성은 스피트파이어 발주를 시작했다.

1936년 3월 5일 또는 6일(비커스 사의 수석 테스트 파일럿인 머트 서머스 대위의 기록에 의존한 것이라 정확한 날짜는 불명확하다), 스피트파이어의 시제품이 처녀비행을 실시했다. 그리고 3월 15일 다우딩이 시제품을 시찰했다. 미첼이 다른 사람들의 기대는 물론 자신의 기대치까지 뛰어넘는 물건을 만들어 냈다는 것은 명백했다. 그는 최대한의 속도를 내고자, 또한 이 전투기에 품고 있는 자부심을 표현하고자 롤스로이스의 엔지니어들에게 마치 자동차처럼 항공기 도막을 매끄럽게 마무리해 달라고 주문했다. 더비에서 도장공들을 파견해 이 항공기 표면을 연마하고, 그 위에 청회색 래커를 매우 두텁게 칠한 다음 자동차에 내는 것처럼 광을 냈다. 7월에 영국 공군 마틀샘 히스 기지에서 실시된 실용 시험 비행에서 이 항공기는 215미터를 활주해 이륙했으며 11분 내에 7,500미터 고도까지 상승했다. 그리고 9,000미터 고도에서 시속 563킬로미터로 비행했다. 무엇보다 중요한 사실은 조종이 간단하고 쉬우며 아무 결함도 없다는 점이었다. 항공성은 시험 비행을 하기도 전에 총액 139만 5,000파운드, 단가 약 4,500파운드에 항공기 310대를 주문했다. 기관총, 무전기, 계기판 등 관급 장비들은 제외한 금액이었지만, 이는 당시 사상 최대 금액의 항공기 구매 계약이었다.[7] 영국 공군 비행대에 스피트파이어 초도 생산분이 배치된 것은 1938년, 미첼이 42세에 결장암으로 숨을 거두고 1년이 지난 다음이었다.* 따라서 미첼은 그가 만든 항공기가 1940년 영국 방위의 대들보가 되는 것을 볼 수 없었다. 그러나 만약 그 모습을 보았다 하더라도, 그는 당연하게 받아들였을 것이다.

스피트파이어가 처녀비행을 한 해인 1936년은 히틀러가 라인란트를 병합한 해였다. 그리고 스피트파이어가 일선에 배치된 1938년에는 뮌헨 회담이 열렸다. 그러나 스탠리 볼드윈 정권 및 네빌 체임벌린 정권은 최소한 공군력만큼은 세평은 물론 독일의 예상을 뛰어넘어 강하게 육성시키고 있었다.

이상하게도 독일과는 달리, 영국은 한 종류의 전투기만 만들지 않고 투자를 분산, 두 종류의 매우 다른 전투기를 만들고 있었다. 스피트파이어가 개발될 당시 미첼의 라이벌 항공기 설계사인 호커 항공기 회사의 항공기 설계 기사 시드니 캠은 호커 허리케인이라는 전투기를 설계하고 있었다. 강단 있고 열정적인 성격의 캠은 1933년, 노후된 호커 퓨리 복엽기를 대체할 고속 단엽 전투기를 만들어 항공성의 이목을 끌어 보려 했으나 실패하고 말았다.[8] 허리케인의 중량, 단가, 실용성에 대해 반대

* 2003년 BBC 미들랜드 투데이에서 실시한, 〈역사상 가장 위대한 미들랜드인〉을 꼽는 인기 투표에서 레지널드 미첼이 1위를 차지한 것만 봐도 영국에서 그의 명성을 짐작할 수 있다. 미첼은 총 25퍼센트의 표를 얻었다. 2위는 17퍼센트의 표를 얻은 윌리엄 셰익스피어였다.

의견이 많았으나 호커 사는 이 프로젝트를 사설 벤처로 진행하기로 결정했고, 1935년 독일 항공업계의 급격한 발전에 위기감을 느끼고 있던 영국 항공성은 호커 사에 시제품을 제출할 것을 주문했다. 허리케인은 스피트파이어보다 제조가 쉬웠다. 캠은 기존의 퓨리를 출발점으로 삼았기 때문에 기체 외부 일부에는 여전히 천이 입혀져 있었고(이 때문에 천과 도프, 접착제를 사용해 항공기 외부를 수리하는 데 익숙한 지상 요원들이 쉽고 빠르게 기체를 보수할 수 있었고, 단가 또한 낮출 수 있었다) 엔진은 스피트파이어에 장착된 것과 같은 롤스로이스 멀린 엔진을 사용했다. 캠이 설계한 날개는 매우 굵고 튼튼했으며 네 정의 기관총과 착륙 장치를 수납할 충분한 공간을 갖추고 있었다. 착륙 장치는 동체 안쪽 전방을 향해 접히는데, 동체 바깥쪽으로 접히는 스피트파이어의 착륙 장치에 비하면 바퀴 사이의 간격이 넓어 매우 안정적이었다. 캠이 설계한 허리케인 날개 설계는 매우 튼튼해 20밀리미터 기관포 네 정 또는 40밀리미터 기관포 두 정을 장착할 수 있도록 개조할 수 있었다. 기관포를 장착한 허리케인은 북아프리카 서부 사막에서 대전차 공격기로 이름을 날렸다. 또한 날개에 폭탄을 탑재한 허리바머도 등장했다. 항공모함에서도 쉽게 이착함할 수 있었고 스키를 달고 노르웨이에서 운용할 수도 있었다. 허리케인은 스피트파이어보다 1년 앞선 1935년에 처녀비행을 했으며 조종하기가 매우 쉽다는 사실이 드러났다. 중절모를 쓰고 이 기체를 조종한 호커 사의 테스트 파일럿인 P. W. S. 벌먼은 조종석에서 내려선 후 캠을 돌아보며 이렇게 말했다. 「식은 죽 먹기군요. 30분만 가르치면 당신도 할 수 있겠어요.」[9]

1937년 양산형 허리케인이 영국 공군 비행대에 대량 보급되었다. 캠은 항상 날개를 더 얇게 설계하지 못한 것을 아쉬워했으나, 두꺼운 날개 때문에 불평을 한 조종사는 아무도 없었다. 허리케인은 생존성이 우수해 적의 맹렬한 공격을 받아도 조종사를 안전하게 착륙시켰고, 스피트파이어보다 속도와 고도는 떨어지지만 날개가 두껍고 넓어 기관총 사격시 탄착군이 안정적으로 형성되었다. 요컨대 날아다니는 기관총 발사대로서 적격이었다. 이 두 기종은 아무리 비관적으로 봐도 이미 1939년과 1940년에 Bf 109E와 호각의 성능을 갖추고 있었고 개량이 계속되면서 1945년까지 생산되었다. 다우딩은 이 두 전투기의 세부까지 꼼꼼히 신경 썼으며, 결국 치열한 싸움 끝에 항공성을 굴복시켜 1939년, 두 항공기의 조종실에 부착할, 빛의 굴절이 없는 적층식 방탄유리를 제작사에 주문하는 데 성공했다. 그는 또한 날개 속으로 엔진의 뜨거운 배기열을 뿜는 장치를 만들어 기관총이 고공의 차가운 기온에서 얼어붙지 않게 해달라고 주문했다.

　레이더와 전투기 통제 체계, 그리고 8정의 기관총을 장착한 두 종류의 단엽 전투기를 갖추게 된 다우딩은 이제 정치가들과 항공협의회가 방해만 놓지 않는다면 적과 충분히 대등한 조건에서 싸울 수 있었다.

4장

「언덕의 반대편」

웰링턴 공작[*]

북해 건너, 독일 공군의 지도자의 성향은 영국과 매우 달랐으며, 그 발전 방식 또한 매우 달랐다. 양국 공군의 차이는 매우 현저했다. 영국의 육해공군 중 가장 연혁이 짧았던 공군은 일종의 열등감에 시달리고 있었다. 따라서 그들은 허세를 부려 그 열등감을 만회하려는 성격이 강했다. 예를 들어 전쟁 후반기에 공군 대장 아서 해리스 경은 충분한 지원만 있으면 영국 공군 폭격기사령부만으로 전쟁에서 이길 수 있다고 믿어 의심치 않았다. 그리고 영국 공군에서 장교와 〈기타 계급〉 즉 사병 간의 관계는 상당히 껄끄러웠다. 이는 렌 데이턴의 책 『폭격기 *Bomber*』에 명확하게 나타나 있다. 1920년대 초기의 영국 공군의 모습을 다룬 T. E. 로런스의 유명한 책 『민트 구 *The Mint*』에서는 영국 공군의 특징이 잘 나타나 있다. 영국 육군의 근본에는 고유하게 내려오는 부대의 전통과 정체성이 있었다. 영국 해군의 경우도 일단 배에 탑승하면 누구나 똑같은

---

[*] 「모든 전쟁 행위는 무언가를 함으로써 자신이 알지 못하는 것을 찾아내려는 시도이다. 이를 나는.〈언덕의 반대편에 무엇이 있을지 생각하는 것〉이라고 부른다.」

위험 부담을 진다는 점에서 승무원 간에 끈끈한 유대감이 있었고, 이는 함상 군기에도 반영되었다. 그러나 그런 전통이 없는 영국 공군에서 장교와 〈기타 계급〉 간의 거리감은 3군 중 가장 컸다. 영국 공군의 사병들은 육군이나 해군의 사병과는 달리 자신들을 〈숙련공〉(이 표현은 공식 문서에서도 사용되었다)으로 인식했으며, 따라서 일반 기업의 노동조합이 정부에 대해 가지고 있는 오만한 태도를 군대에서도 유지하고 있었다. 그 중에서도 공군 하사관들은 보다 전문적인 기술을 갖춘 인원으로, 일반 기업으로 치면 노동조합 대표 정도의 지위를 가지면서 효율적으로 인사 관리를 중재했다. 숙련된 엔진 정비사가 8주간의 기초 군사 훈련을 받고 군화에 번쩍번쩍 광을 내서 자대에 배치된다고 〈장교들의 말을 잘 듣는 착한 사병〉이 될 턱은 없었다.

영국 공군 내에서도 조종사, 좀 더 넓게 보면 항공기 승무원을 우대하는 풍토는 배어 있었지만, 비행도 기술의 일종이었다. 영국 공군의 조종사 중 절반이 장교가 아니라 사병들이었다. 영국 전투 당시에도 전투조종사의 42퍼센트가 하사관 및 준사관들이었다. 또한 항법사, 폭격수, 항공 기관사, 통신수 인원 중 절반이 사병이었으며 기관총수는 전원이 사병이었다. 이들 사병 승무원들에게 전쟁은 공적을 세워 진급하고 출세할 수 있는 유일한 기회였다. 비행 임무 탓에 승무원들의 식사 시간은 불규칙했는데, 식사가 정해진 시간에만 나오는 장교 식당과는 달리 하사관 식당은 비교적 언제든지 식사를 할 수 있었기 때문에 비행 임무에 필요한 영양을 섭취하기 쉬웠다. 또한 독일군의 포로가 되었을 경우 장교 포로보다는 사병 포로가 비교적 덜 가혹한 처우를 받는다는 점도 한몫했다.

3군 중 가장 현대적인 첨단 기술군이라지만, 오래된 계급 의식은 영국 공군의 조직에까지 면면이 나타나 있었다. 그 좋은 사례가 이른바 보조비행대이다. 영국 공군은 신속한 전시 증편을 위해 3가지 완전히 다른 기구를 갖추고 있었다. 그중 첫 번째 기구는 영국 공군 예비군이었다. 이들은 단기 복무(4년), 또는 장기 복무를 마치고 제대한 예비역 공군 장교들로 이루어져 있었다. 두 번째 기구는 영국 공군 보조비행대였다. 이는 육군의 지방군 제도와 유사한 것으로서 모험심에 불타는 항공 팬들이 주축을 이루고 있었다. 일례로 보조비행대 중 가장 먼저 만들어진 축인 탱미어 기지 주둔 제601 보조비행대는 갑부인 웨스트민스터 공작의 아들 에드워드 그로스베너 경이 1924년에 화이트 클럽*의 바에서 창설했다. 이 부대의 조종사들은 시티**에서 일하는 부유한 주식 거래인이나, 와인 상인들이 많았기에, 이 비행대에는 〈백만장자 비행대〉라는 별칭이 곧 따라붙었다. 제615 보조비행대 역시 그만큼 특별했으며, 이 비행대에는 명예 공군 준장 윈스턴 처칠도 소속되어 있었다. 또한 옥스퍼드 대학 비행대 같은 부대도 있었다. 제601 보조비행대의 대원 중에는 W. M. L. 〈빌리〉 피스크가 있었는데, 그는 부유하고 사교적인 젊은 미국인 운동선수로, 1932년 레이크플래시드 동계 올림픽 봅슬레이 종목 금메달리스트였다. 그는 워윅 백작 미망인과 결혼한 세계적으로 잘 알려진 스키 선수이자 골프 선수였다. 4.5리터 배기량의 과급기를 장착하고 브리티시 레이싱 그린 색상으로 도색된 벤틀리를 몰고 다녔던 그는 1940년 8월 16일 전사함으로서 제2차 세계 대전에서 최초로 전사한 영국 공군 소속 미국인이 된다.[1] 보조비행대는 영국 공군 전투기사령부에 호방한 기운

---

* 1693년에 창설된 런던 신사들의 사교 모임 ― 옮긴이 주.
** 런던의 금융 거래 중심지 ― 옮긴이 주.

과 높은 사기를 몰고 왔다. 그것은 복장에서부터 나타났다. 보조비행대의 장교들은 튜닉 맨 위의 단추를 잠그지 않았으며 화려한 문양이 들어간 실크 스카프를 목에 느슨하게 감고 다녔다. 영국 공군의 기지 사령관들 중에는 마음에 들어 하지 않는 사람도 있었지만, 이런 복장은 보조비행대 소속이 아닌 조종사들, 심지어는 일부 하사관 조종사들 사이에서도 빠르게 퍼졌다. 그리고 마지막 3번째 기구로 영국 공군 의용예비군이 있었다. 이들은 엘리트 의식이나 눈에 보이는 화려함 면에서는 앞의 두 기구보다 뒤졌지만, 전국 단위로 공군 병을 신속하게 양성해 낸다는 야심찬 목표를 가지고 만들어진 기구였다. 제2차 세계 대전 초기에는 공군 보조부대의 대원들은 튜닉 옷깃에 황동으로 된 작은 A자를, 공군 의용예비군의 대원들은 V자를 달고 다녔다. 그러나 1940년 말부터 이런 구분은 철저히 시행되지 않았고 거의 사라졌다.

간단히 말해 제2차 세계 대전 당시의 영국 공군은 프로와 아마추어가 뒤섞인, 영국인들의 고루한 계급 의식이 반영된 전형적인 영국식 조직이었다. 그러나 영국 공군 조종사와 승무원들의 계급 의식은 육군의 정예보병연대와 기병연대보다는 좀 덜했고, 해군보다는 아주 많이 덜했다.

반면 독일 공군은 완전히 다른 방식으로 조직되었다. 적어도 표면적으로는 독일 공군이 더 강하고 현대적으로 보였다. 독일은 베르사유 조약에 의해 공군의 보유가 금지되어 있었지만, 나치당이 집권하기 이전인 1920년대부터 편법적이고 체계적으로 공군의 육성을 실시하고 있었다. 엄격한 독일제국군 사령관인 한스 폰 제크트 장군은 열렬한 공군 독립론자이기도 했다. 그는 독일 전역에 청소년 글라이더 클럽 창설을 지원했다. 그리고 유사시 군용기로 개수될 수 있는 〈민간용〉 항공기를 제작하는 독일 항공 회사들에 지원금을 대주었다. 그리고 루프트한자 항공사를 설립하고, 이 회사를 통해 독일 젊은이들에게 비밀리에 군용기 조종 교육을 시켰으며 이를 수료한 인원들에게는 소련에서 고등 비행 훈련을 시켰다. 1933년 1월 히틀러가 수상에 취임할 당시 독일은 이미 현대적인 항공 산업 기반은 물론 젊은이들을 조종사로 육성하는 전국적 조직 역시 가지고 있었다. 이제 그 기존 조직 위에 나치 문양을 달고, 최신예 군용기 생산에 돈을 투자하기만 하면 되었다. 물론 당시에도 괴링의 엄청난 실책은 분명히 드러났지만 누구도 그의 정력과 대중을 사로잡는 능력, 아무런 거리낌 없이 야심을 가급적 최대한 충족시키는 능력을 부인할 수는 없었다. 그는 히틀러 정권의 항공부 장관은 물론 여러 요직을 겸임하면서 죽어라 일하고 모든 관료주의적 장애물을 생략함으로써 하룻밤 사이에 독일에 막강한 공군을 선물해 주었다. 독일 공군에 대해 너무나 선전이 잘된 탓에, 그 위협적 실체가 드러나기 한참 전부터 이미 독일 공군은 각국의 경각심을 사고 있었다. 1935년 히틀러가 공군의 보유를 공식 선언할 때, 이미 대규모 공군을 육성하기 위한 인프라는 준비되어 있었다. 이때 괴링은 신생 독일 공군의 새 군복을 처음으로 입고 사람들 앞에 나타났다. 비만한 몸매에도 불구하고, 그는 아직까지 수수한 민간 항공사 조종사 복장을 입고 있던 부하 조종사들의 선망의 대상이 되었다.

아직까지는 전쟁보다는 허세를 부리는 것을 더 좋아하던 총통은 당시의 독일 공군에 만족했다. 그리고 독일 공군은 필연적으로 그렇게 될 수밖에 없었다. 군을 제대한 이후에도 평생을 〈예비역 육군〉답게 살아갔던 히틀러는 항공기나 군함보다도 전차와 야포를 더 좋아했다. 그는 전차와 야포에 대해서 엄청난 지식을 가지고 있었다. 그리고 근본적으로 그는 병기 설계의 문외한이었음에도 불구하고, 전차와 야포에 대한 그의 의견은 꽤 타당한 구석도 많았다(물론 중후 장대한 병기를 너무 좋아하기는 했다). 반면 그는 항공기 개발에는 거의 참견하지 않았다. 그리고 어쩌다가 훈수를 둬도 틀리는 경우가 많았다. 1930년대에는 항공기에 관한 것은 전적으로 괴링에게 맡겨졌다. 히틀러는 자신의 공군이 주변국을 공포에 떨게 하기를 바랐다. 그래서 그는 전투기보다는 폭격기에 더욱 흥미가 있었고 더 많은 폭격기를 보유하기를 바랐다. 그는 앞으로 적의 공중 공격을 막아 내야 할 상황이 오리라고는 예상치 못했다. 그러나 나중에 〈전략 폭격〉이라는 이름이 붙은 폭격 방식은 그의 흥미를 끌지 못했다. 독일 공군은 기본적으로 주변국에 대한 협박 수단이었으며, 만약 외교와 협박으로도 원하는 것을 얻어 내지 못할 경우 진격하는 독일 육군을 지원하는 항공 포병대로 쓰일 것이었다.

대량 생산된 것은 항공기뿐만이 아니었다. 독일 전역에 공군 기지가 건설되었으며, 그 기지들은 제3제국의 야망에 어울리는 화려하고 세련된 것이었다. 당시 대부분의 영국 공군 기지 건물은 목조 건물이었고, 목욕실은 밖에 있었고 주철로 된 코크스 난로로 난방을 했는데, 괴링이 세운 독일 공군 건물은 벽돌과 돌로 되어 있었으며 중앙난방 방식이었다. 사병들의 막사도 쾌적했으며, 장교용 막사는 더욱더 좋았다. 또한 식당은 매우 청결하고 조명이 우수했으며 안락했다. 장교 회관의 목욕탕은 크롬과 대리석으로 장식되어 있었으며 큰 벽난로와 가죽을 입힌 가구가 있었다. 독일 공군의 기지는 결코 황량한 초원 한가운데 성의 없이 지어진 느낌을 주지 않았다. 바람 부는 길과 소나무 숲 사이에 세워진 독일 공군 기지는 아주 멋지게 꾸며져 있었으며, 군 기지라기보다는 호화로운 건강 휴양지 같은 인상을 주었다.* 괴링은 자신에게 결코 돈을 아끼지 않았으며, 휘하 장병들에게도 아낌없이 돈을 썼다. 그 결과 공군은 육군과 해군의 질투의 대상이 되었다.

근본적으로 나치의 조직이며, 그것만으로도 그 실체가 분명한 독일 공군을 실제 이상으로 멋지게 보이려 할 의도는 없지만, 독일 공군은 분명 독일의 3군 중 가장 계급 의식이 덜한 곳이었다. 또한 어려서 히틀러 소년단에 가입했던 아리안 출신의 독일 중하층 젊은이들에게 가장 큰 신분 상승의 기회를 주는 군대였다. 영국 공군과 마찬가지로 독일 공군 역시 항공 스포츠에 매혹된 사람들이 많이 들어왔으며, 또한 사병 조종사들도 상당히 많았다. 독일 공군에서도 조종사, 폭격수, 항법사의 절반, 그리고 기관총수, 항공 기관사, 통신수 전원이 장교가 아닌 〈기타 계급〉이었다. 그러나 영국 공군과 분명히 차이가 나는 부분도 있었다. 영국 공군에서는 조종사에게 기장 직위를 주었다. 일단 항공기의 엔진이 시동되면 조종사는 계급과 상관없이 항공기 내에서 절대적인 명령권을 가졌다. 조종사가 하사관이고 항법사와 폭격수가 모두 장교인 경우라도 조종사의 명령을 들어야 했다. 그러나 독일 공군에서는 승무원 중 최선임자(조종사가 아니더라도)가 기장 자리를 맡아 절대적인 명령권을 가졌다. 또한 폭격기 기내 인원 배치도 차이가 났다. 독일 공군의 폭격기는 마치 전차처럼 승무원들이 가급적 가까이 붙어 앉게 설계되어 있다. 이는 그들의 사기와 자신감을 배양시키고, 또한 실전에서 부상을 당한 승무원

---

* 1952년 주독 영국 공군이던 필자는 함부르크 근교에 있던 구독일 공군 기지의 막사를 배정받았는데, 그 시설을 보고 놀라지 않을 수 없었다. 실내 목욕실과 샤워실이 있음은 물론이거니와, 화장실에 소변기 치고는 너무 작고, 높이 붙어 있으며, 화려한 장식이 된 세면기 비슷한 물건이 있는 걸 보고는 그게 뭔지 몰라 한참을 고민했다. 나중에 그 물건은 맥주를 너무 많이 마신 장병이 구토를 할 때 토사물을 받아 하수구로 배출하는 장치임이 밝혀졌다.

을 구호하고, 대체하기 쉽게 하려는 의도였다. 그 장점은 분명 있었지만 단점도 있었다. 적기에게서 한 번만 〈제대로〉 사격을 당해도 승무원 전원이 몰살당할 수 있었다. 그리고 기관총수가 기관총을 돌리려고만 해도 팔꿈치가 다른 사람에게 부딪쳤다. 또한 전방위 사격을 가할 수 있는 독립형 자동 회전식 기관총탑도 없었다. 그렇지만 독일과 영국 공군 승무원들의 훈련도는 비슷했으며, 특히 전투조종사들의 실력은 양국이 호각지세였다.

양국 전투조종사들의 전투력은 또한 계속 상승할 수밖에 없었다. 허리케인 및 스피트파이어와 마찬가지로 Bf 109 역시 계속되는 개량을 통해 종전까지 계속 생산되었고 무장도 처음 설계 때보다 계속 강해졌다. 조종사들과 마찬가지로, 전투기와 설계사들도 전쟁을 통해 매우 유명해졌다.

레지널드 미첼과 마찬가지로 빌리 메서슈미트도 선견지명을 가진 천재적 항공기 설계사였고, 시드니 캠처럼 비행기라면 어떤 종류든 달라붙었다(그는 종전 시까지 세계 최대의 수송기였던 6발 Me 323, 세계 최초의 실용 제트 전투기인 Me 262, 세계 유일의 로켓 전투기인 Me 163 등의 항공기를 설계해 다채로운 재능을 선보였다). 그러나 캠이나 미첼과 달리 그의 전투기는 공군의 신뢰와 인기를 단번에 얻지는 못했다. 그리고 그 전투기는 처음부터 제3제국의 정계, 특히 메서슈미트에게 적대적이던 정치인들과 떼려야 뗄 수 없을 만큼 깊숙이 얽혀 있었다.

1920년대 초에 메서슈미트는 바이에른에 항공기 제작 회사를 설립한다. 그리고 바이에른 주 정부의 지원금 및 독일 국방부의 비밀 지원금 또한 받게 된다.[2] 그의 경쟁자는 바이에른의 또 다른 항공기 제작 회사인 바이에른 항공기 공업사였다. 그러나 경기가 좋지 않아 심각한 재정 압박을 당하고 있던 바이에른 주 정부는 두 회사에 동시에 재정 지원을 해줄 여력이 되지 않자 1927년 두 회사를 강제로 합병해 버린다. 누구도 기뻐하지 않는 마지못한 결혼과도 같았다.

캠이나 미첼과는 달리 메서슈미트는 매우 뛰어난 항공기 설계사는 아니었다. 그는 큰 야망을 지닌 사업가에 가까웠으며 다른 사람들이 탈 비행기를 만들기 위해 제도대 앞에 틀어박히기보다는 비행기 생산으로 이익을 보는 것을 더 좋아했다. 강제 합병 이후 얼마 안 있어 그는 새 회사를 장악하고, 첫 인기 상품인 10인승 현대식 소형 초고속 여객기를 만들었다. 이 여객기를 발주한 곳은 신생 국립 항공사인 루프트한자였다. 루프트한자 항공사의 대표 이사 겸 조달부장은 앞서도 말한 에르하르트 밀히였다. 유대인 혼혈이든 아니든 간에(1927년 당시로는 이게 그리 중요한 문제는 아니었다), 그때나 그 이후나 밀히는 건방지고 간사하며 소신이 강한 인물로서, 적으로 만들었다가는 골치가 아파지는 인물이었다. 메서슈미트는 얼마 안 있어 밀히의 적이 되어 버리고 말았다. 그가 설계한 항공기가 1928년 시험 비행 중 추락해 버리자 밀히는 발주를 취소했다. 메서슈미트는 신속히 더욱 개량된 시제품을 선보여 발주를 회복했다. 그러나 계획이 늦어지자 밀히는 다시 발주를 취소시켰고 루프트한자 사가 준 계약금을 반환할 것을 요구했다. 이미 그때부터 이 둘 사이는 좋지 않았다. 바이에른 항공기 공업사는 시제품 두 대를 만드는 데 계약금을 다 써버렸기 때문에 그 돈을 반환할 수 없었고 1931년에 도산해 버렸다. 두 사람 간의 안 좋은 분위기는 더욱 무르익어 서로를 노골적으로 혐오하는 단계에 다다랐다. 이런 와중에 1933년 히틀러가 집권하면서 밀히가 괴링에 이어 독일 항공계 내에서 권력 서열 2위가 된 것은 메서슈미트에게 별로 좋은 소식이 아니었다.

미첼과 마찬가지로 메서슈미트 역시 기계적 문제에 대해 항상 간단하면서도 우아한 해결책을 추구했다. 하지만 사업상의 재능에 비할 바는 아니었다. 밀히는 재편된 메서슈미트의 회사가 타사의 항공기를 하청받아 만들도록 함으로써 이 문제를 해결하려 했지만, 메서슈미트는 한발 앞서 여러 종류의 혁신적인 훈련기 및 경수송기를 만들어 냈다. 밀히가 그 비행기들을 사서 독일 공군에 보급하지 않을 것은 분명해 보였기 때문에, 그는 해외 판매에 주력했고 루마니아에 훈련기 판매 계약을 체결하는 데 성공했다. 전쟁이 터지면 루마니아가 독일 편에 붙을지 안 붙을지도 모르는데도 밀히는 이를 반역죄로 간주, 게슈타포에 수사를 지시했고 이는 또 다른 위기를 불러왔다. 결국 괴링이 직접 둘 사이에 개입해 일을 잘 넘어가게 할 수밖에 없었다.

메서슈미트의 불행은 계속되었다. 그는 국제항공연맹이 개최하는 국제 관광 항공기 대회에 출품할 경주용 항공기를 설계했지만, 시제품 항공기 2대가 연이어 추락하고 말았다. 그러자 그는 계획을 바꾸어 루마니아에 팔았던 훈련기를 개조하여 접시 머리 리벳과 구조 패널을 장착함으로써 높은 강도를 갖춘 매끄러운 고속 전금속제 항공기를 만들어 냈다. 이 항공기의 이름은 Bf 108A로 기술 혁신적 요소로 가득했으며, 우아하고 빠르고 조종하기 쉬운 항공기였다. 이 항공기를 접한 사람들은 누구나 찬탄을 아끼지 않았으며, 항공기에서 눈을 떼지 못했다. 그 항공기는 앞으로 나타날 Bf 109의 축소판이나 다름없었다. 밀히의 참모가 Bf 108A를 조종하다가 추락, 사망한 사건 및 1934년 국제 관광 항공기 대회에서 폴란드 항공기에 패배한 것도 Bf 108A의 인기와 생명에 아무 악영향을 미치지 못했다. 이 항공기는 그 대회에서 가장 빠른 속도

기록을 냈으며, 처음에 그 항공기를 매우 비판하던 숙련 조종사 테오 오스터캄프도 나중에는 찬사를 보낼 정도였다. 오스터캄프는 후일 영국 전투에서 부하 조종사들에게 〈테오 삼촌〉으로 불릴 만큼 가장 인기 있는 독일 공군 지휘관이 된다.

1934년 독일 항공부는 독일의 여러 항공기 회사에 접이식 착륙 장치와 V-12 액랭식 항공기 엔진, 최소 2정의 기관총을 갖춘 전금속 1인승 단엽 전투기의 설계를 제출하라고 요청했다. 이 항공기의 요구 성능은 기관총 숫자만 제외하면 후일 허리케인과 스피트파이어로 발전하게 되는 영국 항공성의 F37, F34와 거의 같았다. 그러나 밀히는 바이에른 항공 공업사에는 일부러 설계 제출 요청을 하지 않았다. 괴링을 포함해 메서슈미트를 존경하던 많은 사람들은 밀히를 달래어 바이에른 항공 공업사에서도 설계를 받으라고 했다. 밀히는 결국 승낙했지만 바이에른 항공기 공업사가 자비로 작성한 설계를 〈개발 프로젝트〉로 제출한다는 조건을 달았다. 이는 이 설계가 채택되어도 양산은 다른 회사에서 한다는 뜻이었다. 이에 메서슈미트는 항공기 설계를 그만두고 교직에 진출하려고도 생각했으나, 결국 자존심을 접고 항공기 설계에 매달렸다. 그 항공기는 다른 회사에서 내놓은 설계를 가뿐히 능가할 정도로 뛰어나야 했다. 그는 밀히가 분명히 또 방해를 놓을 것도 알고 있었다.

생사가 달린 위기가 닥쳤을 때 최고의 능력을 발휘하는 사람들이 있다. 메서슈미트는 분명 그런 부류에 속하는 인물이었다. 그는 최단 시간 내에 새 전투기 설계를 뽑아냈다. 이 항공기는 신형 12실린더 엔진을 사용하는 항공기 중 가장 작고 가벼웠으며 전금속제였고 비숙련공의 손으로도 대량 생산이 가능하도록 설계되었다. 이는 비슷한 시기에 만들어진 포르셰 박사의 폭스바겐과도 일치하는 설계 철학이었다. 주 날개는 끝으로 갈수록 좁아지는 사각형이었으며, 날개 끝은 직각으로 마무리되어 있었다. 조종실은 밀폐식이었고 엔진실 내부에 기관총 2정, 그리고 너무나 혁신적이게도 프로펠러축에 20밀리미터 기관포가 내장되어 있었다. Bf 109에는 접시 머리 리벳이 박힌 매끈한 금속제 외피, 항공기의 기동성과 양력을 증대시키는 자동식 전연 및 후연 슬랫, 하나의 날개보로 지지되는 가장 얇은 날개 등 Bf 108A에 적용된 첨단 기술도 들어가 있었다. 이 항공기의 날개는 미첼이 설계한 스피트파이어의 타원형 날개만큼이나 혁신적이었으나 생산은 더욱 쉬웠다.

이 날개에는 찬사와 비난이 동시에 쏟아졌다. 이 완벽한 날개는 이 항공기 설계의 백미라고 할 만했다. 그러나 이토록 얇은 날개를 유지하기 위해서는 무게가 나가는 건 모조리 동체에 실어야 했다. 따라서 무장도 모두 조종사 앞쪽의 기체 전방에 실어야 하고, 착륙 장치와 착륙 장치 작동 메커니즘도 동체에 들어갔다. 날개로 뻗어 나가는 것은 바퀴 다리와 바퀴뿐이었다. 결국 무게가 나갈 만한 것이 아무것도 들어 있지 않은 이 날개로 체공 시 항공기 무게를 지탱하는 방식이었다. 때문에 메서슈미트 전투기는 바퀴 사이가 매우 좁았고, 지상에 주기했을 때 안짱다리처럼 보였다. 그래서 사용 기간이 오래되어도 활주 시에 사고 위험성이 상당히 높은 기종이라는 낙인이 찍혔다. 물론 비슷한 착륙 장치를 가지고 있는 스피트파이어 역시 정도는 덜했을지언정 이런 문제는 있었다. 얄궂게도 Bf 109 시제품의 엔진은 영국에서 수입한 롤스로이스 케스트렐 12실린더 엔진이었다. PV XII 엔진의 선조격인 이 엔진이 장착된 이유는 시제품 시험 당시 나와 있던 융커스나 다임러벤츠 사의 엔진이 독일 공군의 요구 조건을 충족시키지 못했기 때문이다.

이 항공기가 모습을 드러내자 많은 논란이 뒤따랐다. 조종사들은 이 항공기의 너무 얇은 날개와 섬세한 꼬리 구조물을 싫어했다.* 공중전에서 급기동을 하면 쉽게 부서질 것 같았기 때문이다. 그리고 마치 온실을 연상케 하는 캐노피도 불평의 대상이었다. 이 캐노피는 경첩이 달려 있어 오른쪽으로 열리게 되어 있었으며, 따라서 공중에서 뒤로 밀어 여는 것은 불가능했다. 그리고 조종사가 수동으로 조작할 수 없는 날개 슬롯도 불만거리였다. 그리고 항공기의 크기는 놀랄 만큼 작았다. 마치 메서슈미트가 필요 없는 부분은 모두 없애 버리기로 작심하고 설계한 것 같았다. 대부분의 사람들은 이 경쟁의 승자는 뻔하다고 생각했다. 밀히가 메서슈미트의 손을 들어 줄 리 없는 데다가, 대부분의 조종사들은 훨씬 튼튼한 하인켈 112(He 112) 항공기를 좋아했기 때문이다. He 112의 두터운 날개와 훨씬 넓은 바퀴 사이 간격은 척 보기에도 믿음직스럽고 강인해 보였다.

메서슈미트는 개량된 시제품을 계속 선보였다. 3번째 시제품에서는 롤스로이스 엔진 대신 융커스 유모 엔진이 장착되었다. 그리고 계속되는 테스트에서 이 항공기의 경쟁자는 하나밖에 남지 않게 되었다. 3개 경쟁사 중 아라도 사와 포케불프 사가 탈락했으며 He 112만이 남게 된 것이다. 밀히에게는 참으로 짜증 나는 노릇이었지만 메서슈미트의 전투기는 속도, 기동성, 상승력, 최대 작전 고도, 고속 급강하 성능 등 모든 면에서 He 112를 능가했다. 간단히 말해 전혀 비교가 되지 않았다.[3]

---

* 메서슈미트는 수평 꼬리 날개 보강용 외부 지지대를 사용했다. 영국과 미국의 항공병들은 이것이 너무 조심스러운 구식 방식이라고 비판했다. 그러나 시드니 캠조차도 허리케인 전투기 시제품에서는 수평 꼬리 날개를 보강하기 위해 두 개의 외부 지지대를 사용했다. 허리케인의 외부 지지대가 사라진 것은, 캠이 잠시 병원에 입원한 사이 부하 직원 한 사람이 지지대가 필요 없다고 판단, 제거했기 때문이다. 캠은 지지대가 사라진 것을 보고 격노했으나 지지대 없이도 꼬리 날개의 강도가 양호한 것을 보고는 마음을 고쳐먹었다.

제1차 세계 대전 당시 리히트호펜 비행대에서 괴링과 함께했던 전우인 에른스트 우데트는 당시 대령으로 진급해 공군 기술 부장으로 근무하고 있었다. 그는 메서슈미트 전투기의 열렬한 지지자가 되어 독일 공군 시험 센터인 레흘린에서 괴링에게 깜짝 시범 비행을 보여 주었다. 전투기의 호위를 받는 폭격기 편대를 Bf 109가 공격해 격추시키는 내용의 모의 전투 비행이었다. 괴링은 자세한 기술적 내용에 대해서는 별 관심이 없었으나 전직 전투조종사로서 Bf 109의 압도적인 성능을 두 눈으로 확인했다. 그 순간부터 He 112는 그에게 죽은 오리나 다름없었다.* 우데트는 뛰어난 조종사였다. 그리고 그 뛰어난 실력이 불행을 초래했다. 그는 비행은 시험 조종사에게 맡겼던 인내심 강한 다우딩과는 달리, 직접 비행기를 조종해 보고 그 성능을 판단하기를 좋아했다. 괴링의 관심을 더 많이 받기 위해 밀히와 경쟁하는 사이였다는 것도 우데트의 또 다른 불행이었다. 우데트와 밀히 사이의 불화는 우데트의 명성과 매력으로 인해 더욱 악화되었다. 우데트는 제1차 세계 대전 직후 독일 항공 초창기에 독일 방방곡곡을 순례하며 곡예비행을 벌였다. 또한 1920년대에 인기 있던 장르인 무수한 산악 및 항공 영화 촬영을 위해 비행을 했다. 우데트는 레니 리펜슈탈의 영화 촬영도 도왔으며(일설에는 둘이 애인 사이였다는 말도 있다), 또한 식도락가이자 동료 공군 고급 장교들에게 특징을 콕 찍은 캐리커처를 선물로 그려 주는 탁월한 만화가이기도 했다. 많은 재능은 그를 자만하게 만들었다. 우데트와 괴링 둘 다 구 독일제국의 최

---

* 독일 공군이 한 종류만이 아닌, 두 종류의 전투기를 가지고 있다고 믿게 하기 위해 He 112의 개발은 계속되었다. 이후 He 113으로 불린 시제품은 다양한 도색과 가짜 부대 마크를 달고 여러 차례 선을 보였다. 그 결과 영국 전투 당시 여러 조종사들이 He 113을 격추시켰다고까지 주장하게 되었다. 그러나 He 112/113이 전투에 투입된 일은 없었다.

고 훈장인 푸르 르 메리트를 받았지만, 우데트의 격추 기수가 괴링의 세 배에 달했다는 사실도 그의 삶을 지속시키는 데 별 도움이 되지 않았다. 옛 전우 우데트에 대한 괴링의 질투는 밀히의 적개심만큼이나 위험했고, 결국 우데트는 1941년 자살로 삶을 마감하고 만다.

개발에 얽힌 정치적 불화 및 개인 간의 암투에도 불구하고 독일 공군의 신형 전투기는 길어진 시험 기간 동안 별 문제를 보이지 않았다. 물론 어느 정도 문제가 노출되기도 했지만 그 정도는 혁신적인 고속기 설계에서는 모두 다 나타나는 것이었다. 다임러벤츠 사의 엔진이 융커스 사 제품을 이기고 초기 생산분에 장착되었으며 이후 이 엔진은 8년 동안 Bf 109의 엔진으로 쓰였다. 처음에 메서슈미트 박사는 항공기 엔진실 하부에 돌출된 턱형 냉각기를 붙였다. 그러나 다른 모든 전투기 설계자와 마찬가지로 그도 항력을 줄여야겠다는 생각에 사로잡혔고, 결국 양 날개 아래에 작고 공기 역학적으로 효율적인 냉각기를 마지못해 붙일 수밖에 없었다. 이는 그가 애당초 생각했던 군더더기 없는 깔끔한 날개에서 한 발짝 양보한 것이었다.* 프로펠러축에 20밀리미터 기관포를 설치하는 문제는 더욱 짜증 났다. 이 기관포는 빠르게 과열되고 탄 걸림이 잘 발생했다. 그리고 문제없이 발사된다 해도 그 반동으로 인해 생기는 진동은 위험한 수준이었다. 그래서 메서슈미트는 1941년에 등장한 Me 109G 에서부터야 프로펠러축 장착 기관포를 처음으로 사용할 수 있었다.** 따

---

* 미첼도 같은 문제로 고민했다. 그는 원래 스피트파이어에 접이식 냉각기를 붙여 이륙, 상승, 착륙 시에만 펴지게끔 할 생각이었다. 그러나 멀린 엔진의 열은 너무 높았기 때문에 그는 결국 정말로 마지못해 완벽한 타원형 날개의 부드러운 공기 흐름을 약간 희생하고, 오른쪽 날개 아래에는 냉각제 냉각기, 왼쪽 날개에는 오일 냉각기를 장착했다.

** 메서슈미트의 이름에 선전 효과가 있다고 생각했기 때문에 그가 만든 항공기는 이때부터 바이에른 항공기공업사의 약자인 Bf 대신, 그의 이름 약자인 Me라는 기호가 붙게 된다.

라서 그 이전의 Bf 109의 무장은 동체의 기관총 2정뿐이었다. 이는 상당히 부족한 무장이었으며, 영국 공군 전투기에 8정의 기관총이 장착된 점에 비하면 더더욱 부족했다. Bf 109의 화력을 늘릴 유일한 방법은 양 날개에 기관총을 1정씩 더 다는 것밖에 없었다. 영국 전투 당시까지만 해도 양 날개에 20밀리미터 기관포가 장착되지 못했다. 그리고 이 설계 변경으로 인해 메서슈미트의 완벽한 날개의 공기 역학적 성능은 약화되었다. 기관총 무게만큼 날개 무게가 늘었고, 또 기관총 탄약 수납공간을 확보하기 위해 날개 표면에 유선형의 혹을 붙여야 했기 때문이다. 항공기 설계자들은 원래 원하는 요구 성능을 내면서도 항력을 줄이기 위해 끝없는 줄타기를 벌인다. 추가 무장, 무전기 안테나, 냉각기 흡기구 등은 모두 항력을 증가시키고 속도를 떨어뜨린다. 그중에서도 최악은 외부 폭탄 장착대이다.

메서슈미트는 미첼이나 캠에 비해 매우 큰 이점이 있었다. 1936년 말부터 1937년 초까지 여러 대의 Bf 109 선행 양산형들이 비밀리에 스페인에 보내졌다. 콘도르 군단 소속 독일 공군 조종사들은 스페인 내전에서 이 전투기들을 타고 실전을 벌였다. 그 결과 귀중한 전훈을 얻을 수 있었다. 그중에는 전투에서는 날개 기관총이 꼭 필요하다는 것, 그리고 가급적 신속히 날개 기관총을 기관포로 바꿔야 한다는 것도 있었다.[*] 그 외에도 실전이 아니었더라면 알 수 없었을 여러 문제가 발견되어 시정

---

[*] 영국 공군 역시 20밀리미터 기관포를 실험 중이었다. 포탄 무게가 상당히 무거웠고, 또한 포탄이 폭발한다는 점 때문에 소총 구경 기관총탄보다도 전금속제 항공기에 대한 파괴력은 확실했다. 그러나 항공기에 장착 가능한 기관포들은 대부분 포구 초속이 낮았고 단위 시간당 발사 속도도 느렸다. 20밀리미터 포탄을 적기에 명중만 시킬 수 있다면 확실히 격추를 기대할 수 있었지만 발사 속도가 느렸기 때문에 숙달된 조종사만이 단 2초 내에 적기를 조준경에 잡고 기관포 사격을 가해 격추할 수 있었다. 때문에 1940년에 기관포 장착 항공기를 지급받은 영국 공군 비행대대 중 도로 기관총 장착 항공기로 바꿔 달라고 요구한 곳이 여럿 있었다.

될 수 있었다. 허리케인 및 스피트파이어와 마찬가지로 Bf 109 역시 처음에는 고정 피치 목제 프로펠러를 쓰다가 가변 피치식 3엽 금속제 프로펠러로 변경, 성능을 크게 증대시켰다.

요컨대 독일 공군이 영국 전투에서 사용한 주력 전투기인 Bf 109E는 잘 설계된 무서운 무기였고, 보는 시각에 따라서는 영국군보다 전투에 더욱 적합한 장비를 갖추고 있었다. 이는 스페인에서 쌓은 실전 경험에 상당 부분 기인한다. 게다가 다우딩은 추락 시 연료 탱크를 무사히 보존하는 데 신경을 쓰지 않았고 그 결과 화재를 막고 조종사의 사망이나 부상 확률을 줄여 주는 자동 봉합식 연료 탱크라는 신기술에 별 신경을 쓰지 않게 되었다. 게다가 영국 공군의 전투기 중 해상 추락 시 유용한 자동 팽창식 1인용 고무보트를 장비한 항공기는 하나도 없었다. 많은 영국 공군 조종사들은 영국 해협 상공에서 격추당할 시 생존 확률을 크게 높여 주는 구명보트를 타고 구조를 기다리는 대신, 그 차가운 물속에서 메이 웨스트 구명조끼에 의지해 개헤엄을 치며 구조대를 기다리는 수밖에 없었다.

다임러벤츠 엔진은 기화기 대신 연료 직접 분사 방식을 사용했는데, 이것 또한 Bf 109의 강점이 되었다. 검증된 기술에 매달리기 좋아하던 롤스로이스의 엔지니어들은 기화기 방식에 매달렸지만, 이 방식은 급강하 시에 원활한 연료 공급이 안 되는 경우가 생기는 결점이 있었다. 숙련된 영국 전투조종사들은 이 때문에 급강하하기 전에 비행기를 한 번 뒤집어 각 기화기의 플로트에 연료를 채웠지만, 아직 미숙한 부분이 있는 조종사들에게 격전 중 엔진이 갑자기 멈추는 일은 불쾌한 경험이었다.[4] 한편 다우딩은 평소처럼 고집스럽게 밀어붙인 끝에 항공협의회와 롤스로이스를 협박, 멀린 엔진에 옥탄가 100 항공 연료를 쓰게 했다. 독일 공군은 그보다 질이 낮은 옥탄가 87 연료를 쓰고 있었다. 이는 매우 중대하고도 위험 부담이 큰 결정이었다. 당시에 영국 내 정유소 중 옥탄가 100 연료를 생산할 수 있는 곳은 없었기 때문이다. 옥탄가 100 연료는 미국에서 수입할 수밖에 없었다. 이 때문에 1939년과 1940년에 걸쳐 영국 공군 전투기사령부는 재무성에서 쥐여 주는 예산과, 독일 U보트 함장들의 관용, 그리고 무엇보다도 어뢰 한 방만 제대로 맞아도 흰 빛을 일으키며 순식간에 배를 불태워 버릴 수천 리터의 옥탄가 100 연료를 싣고 용감하게 항해할 유조선 승무원의 용기에 연료 보급을 의존할 수밖에 없었다.* 영국 전투기에 미국산 옥탄가 100 연료를 쓰기로 한 결정은 전투 수행 능력을 향상시켜 연료 직접 분사 방식을 사용하는 독일 전투기의 우위를 상쇄할 수 있었다. 오직 다우딩과 같은 고집 세고 소신 있는 인물만이 비판적인 항공협의회와 재무성을 상대로 이런 성과를 얻어 낼 수 있었다. 또한 독일 공군과 마찬가지로 영국 공군은 초기의 전투 경험을 통해 조종석 후면에 방탄판을 부착하여 많은 조종사들의 생명을 구할 수 있었다.[5]

1939년 9월부터 1940년 5월까지 독일 공군에서 인기 있던 사람들은 공교롭게도 전투조종사가 아니라 슈투카 조종사들이었다. 전투조종사들은 이 시기에 하는 일이 거의 없었다. 대부분의 폴란드 전투기들이 지상에서 격파되어 버렸기 때문이다. 흉물스러운 융커스 Ju 87 슈투카 급강하 폭격기는 미 해군이 커티스 함재 급강하 폭격기로 실시한 시험을 보고 깊은 인상을 받은 우데트의 작품으로서 특유의 갈매기형 날개,

---

* 독일 공군 급강하 폭격기의 공격을 견뎌 내며 레이더 기지의 통나무집에서 전투기사령부 본부에 레이더 발견 내용을 보고하던 공군 여성보조부대의 젊은 여성 대원들과 마찬가지로 영국 공군의 연료 보급을 담당한 유조선 승무원들 역시 영국 전투의 숨은 영웅들이다.

고정식 착륙 장치를 통해 쉽게 알아볼 수 있었다. 전선 후방의 적 부대를 괴멸시키며, 도로를 따라 적의 군인과 피난민에게 공포를 전염시키는 슈투카는 순식간에 전차와 함께 전격전의 상징이자 독일 선전부 소속 기록 영화 제작자들이 아주 좋아하는 소품이 되었다(이 항공기가 강하할 때면 날개 아래 달린 사이렌이 귀청을 찢는 듯한 쇳소리를 냈는데, 이를 들은 지상의 사람들은 공포에 질렸다). 슈투카에 대한 우데트의 판단은 정확했다. 이 항공기는 값이 싸고, 조종하기 쉬운 데다가 매우 효율적인 무기였다. 무엇보다도 슈투카는 기동전을 치르는 독일 육군의 문제 중 하나를 해결해 주었다. 독일 육군의 중포 수송은 아직 대부분 말에 의존하고 있어 고속으로 전진하는 전차와 기계화보병부대를 따라잡을 수 없었던 것이다. 슈투카는 필요하면 언제든지 중포의 역할을 대신해 주었다. 실제로 프랑스군 최고 사령부는 1940년 5월에 독일군이 아르덴을 돌파할 거라고는 생각지 않았는데, 그 좁은 산길로 중포를 끌고 갈 방법이 없다고 보았기 때문이다. 그들은 독일군이 중포 대신 슈투카에 의존하여 아르덴 숲을 돌파, 뫼즈 강으로 진격할 거라고는 생각지도 못했다.

폴란드, 노르웨이, 네덜란드, 벨기에, 프랑스에서 전투조종사들은 슈투카 및 쌍발 폭격기 호위 말고는 거의 한 일이 없다. 적의 저항도 거의 없었다. 그들은 실전 경험을 통해 허리케인과 전투 시에는 훨씬 주의를 기울여야 한다는 것을 알았지만 프랑스에 배치된 허리케인은 너무 적었고, 산발적으로 운용되었다. 게다가 허리케인이 뜨는 비행장은 준비 상태가 부실한 비포장 활주로였고, 그들을 지원해 줄 레이더나 전투기 통제소도 없었다. 프랑스에 배치된 허리케인은 앞으로 잉글랜드 남부 상공에서 독일 공군이 맛보게 될 뜨거운 맛을 미리 보여 주지 못했다. 영국 전투가 개시되기 전까지 양국은 상대방을 현실적으로 볼 기회가 없었다.

해협을 사이에 두고 양국은 만반의 준비를 갖추고 있었지만 클라우제비츠의 유명한 말처럼 〈전쟁의 안개〉는 아직도 짙게 드리워져 있었다.

5장
제1막: 됭케르크와 다우딩의 편지

    1940년 5월 프랑스군이 그렇게 빨리 무너질 거라 예상한 사람은 아무도 없었다. 히틀러는 더더욱 예상치 못한 일이었다. 이 예기치 못한 승리로 인해 독일 공군은 네덜란드와 벨기에, 더 나아가 북프랑스의 공군 기지를 사용할 수 있게 되어 순식간에 영국을 공격할 수 있게 되었다. 승승장구하던 지상전과 달리 항공전은 이제 막 벌어질 참이어서, 독일 공군은 병참 지원에 애로사항이 많았다. 영국 전투 최초의 진지한 접전은 배와 차량, 연료 저장고가 불타는 연기로 자욱하던 됭케르크의 흐린 하늘에서 처음 시작되었다. 당시 영국 육군은 됭케르크 마을과 해안을 확보하고 영국 해군 및 기타 〈작은 배들〉(구명정에서부터 동력 요트는 물론 휴일에 띄우는 유람용 증기선까지 포함된)이 병사들을 본국으로 철수시킨다는 계획이었다.

    이유는 알 수 없지만 히틀러는 기갑사단의 진격을 정지시키고 됭케르크의 영국군 돌출부 공격을 망설이며, 장군들의 반발을 뒤로하고 공군이 그 일을 할 수 있다는 괴링의 약속을 받아들였다. 당시 히틀러의 생각이

어땠는지 알기란 쉽지 않지만, 이 시점에 적어도 그는 됭케르크의 영국
군을 전멸시키는 데는 별 관심이 없었던 것 같다. 대신 그의 시선은 파
리와 머지않아 항복할 프랑스에 쏠려 있었다. 그는 프랑스가 항복하고
나면 처칠 정권이 퇴진하고, 대신 더욱 〈이성적인〉 인물이 이끄는 정권
이 등장해 독일과 평화 교섭에 임할 것이라고 믿어 의심치 않았던 것 같
다. 당대의 가수 그레이시 필즈가 부른 노랫말처럼 히틀러는 영국인들
이 〈죽어도 드러눕지 않을〉 거라고 생각했다. 이는 히틀러의 거만하고
허영심 많은 외무장관이자 성 제임스 궁전에서 주영 대사로 근무했던 리
벤트로프 역시 동의하는 바였다. 히틀러는 이 점에 의문을 표하는 괴링
에게 〈리벤트로프는 영국인들을 잘 알고 있어〉라고 말했다. 괴링은 시무
룩하게 대답했다. 「맞습니다, 총통 각하. 하지만 영국인들도 리벤트로프
를 잘 안다는 게 문제죠.」

　영국은 이제부터 어떠한 경우에라도 유럽 대륙의 일에는 관여해서는
안 된다는 것이 히틀러의 기본적인 요구 조건이었다. 영국 대륙원정군
이 야포와 중장비를 모두 버리고 쫓겨난 것은 그 첫 단계였다. 또한 히
틀러는 영국군을 됭케르크 해안에서 모두 죽이지 않음으로써 자신이 이
성적이며 자비로운 사람임을 영국인들에게 알리고 싶었을지도 모른다.
만약 그랬다면 그 시도는 실패했다.

　됭케르크 상공의 공중전이 지상에서는 보이지 않았다는 점 때문에 영
국 대륙원정군이 귀국했을 때 대륙원정군 및 영국 공군 장병들 간의 관
계는 매우 악화되었다. 양군의 장병들은 술집과 거리에서 무수한 주먹
다짐을 벌였다. 됭케르크 해안과 항구에 있던 장병들이 본 유일한 비행
기는 자신들을 향해 폭격과 기총 소사를 퍼붓는 슈투카뿐이었다. 사실
지상을 덮은 검은 연기 위에서는 영국 공군과 독일 공군이 처음으로 거

의 평등한 조건하에서 싸우고 있었다. 이곳은 영국 전투기 통제 본부와 레이더의 유효 통제 및 탐지 범위 밖이었기 때문에 양군의 수많은 전투기들이 떼를 지어 날아다니는 공중 난투극이 전개되었다. 처칠은 됭케르크 상공의 이 전투를 〈무인 지대의 전투〉라고 칭했는데, 매우 적절한 표현이 아닐 수 없다. 이 전투에 참가한 영국 전투기 대부분은 영국 공군 소장 키스 R. 파크가 이끄는 영국 남동부 주둔 제11 전투비행단 소속으로, 9일 동안 총 3,000번을 출격했다.

됭케르크 상공의 전투 이후 양군은 신속히 쓰디쓴 교훈을 얻게 되었다. 영국은 많은 시간과 노력을 들여 기관총 네 정을 실은 자동 회전식 총탑이 달린 전금속제 전투기를 개발했다. 이는 제1차 세계 대전의 2인승 전투기(〈날개 지주 하나 반짜리〉라는 별명으로 알려진 솝위드 전투기, RE-8 전투기 등이 있다)의 개념을 발전시킨 것이었다. 미첼도 이런 항공기의 설계 의뢰를 받았으나 다행스럽게도 항공성은 그의 설계 대신 볼턴 폴 항공사의 설계를 채택했다. 후일 디파이언트로 명명된 이 항공기의 외관은 현대식 전투기와 비슷했으나 전방 사격식 기관총이 없고, 조종석 뒤에 기관총 4정을 실은 커다란 자동 회전식 기관총탑이 달려 있었다. 조종사의 임무는 항공기를 안정적으로 비행시켜 이동식 발사대 역할을 하게끔 하는 것이었고, 기관총수의 임무는 적을 격추시키는 것이었다. 그러나 누구라도 예상하다시피 이 거대한 총탑이 발생시키는 중량과 항력 때문에 디파이언트는 속도와 기동성이 저하되어 Bf 109에 쉽게 격추되었다. 게다가 설상가상으로, 디파이언트가 피탄되어 탈출해야 할 경우 기관총수는 총탑을 회전시켜 기관총과 기체를 일직선으로 정렬시킨 후에야 탈출할 수 있었다. 안 그러면 탈출 해치가 유선형 동체에 막혀 나올 수 없었기 때문이다. 피격된 디파이언트에서 살아 나온 기관총수는 그리 많지 않았으므로, 이러한 특성은 디파이언트의 인기를 높이는 데 거의 도움이 되지 않았다. 이 기체는 얼마 못 가 전투에 쓰이지 않았다. 다우딩 역시 항상 느리고, 무겁고, 기관총이 여덟 정이 아니라 네 정밖에 없는 디파이언트에 비관적이었다. 그리고 항상 그렇듯이 이번에도 그의 판단은 옳았다.

독일에서도 역시 많은 시간과 노력을 들여 메서슈미트 Bf 110 전투기를 개발했다. 이 전투기의 개발은 괴링의 숙원 사업이기도 했다. 구축 전투기 개념으로 개발된 Bf 110은 날씬한 장거리 쌍발 대형 호위 전투기로서 승무원 2명이 탑승하는데, 무장은 기체 전방에 기관총 네 정과 20밀리미터 기관포 두 문, 그리고 기총수가 조작하는 후방의 기관총 두 정 등 강력한 무장을 갖추고 있었다. 하지만 기체 중량에 비해 추력이 모자랐고 단발 전투기에 비해 기동성도 모자랐다. 때문에 압도적으로 강한 무장에도 불구하고 조종사가 영국 전투기를 향해 기수를 마음대로 돌릴 수가 없었다. 따라서 Bf 110은 적기를 격추시키기는커녕, 적기의 만만한 사냥감이 되어 갔다. 게다가, 괴링에게는 불행하게도 이 전투기는 독일 공군 전력에서 상당한 비중을 차지하고 있었다.

적의 저항이 거의 없던 폴란드와 저지대 국가, 동프랑스에 지옥을 선사해 주었던 Ju 87 슈투카는 도로와 해안에 있는 적 병력에게 매우 효율적이고 무서운 무기였다. 그러나 이 느리고 못생긴 항공기의 고정 무장은 후방기총 1정, 전방 기총 2정뿐이어서 현대식 기관총 8정을 갖춘 영국 전투기에게 공격을 받으면 속절없이 당했다. 이는 독일 공군 최고 사령부에, 특히 우데트에게 큰 충격을 주었다. 이미 슈투카는 대량으로 생산되어 독일 공군의 전략에 중요한 비중을 차지하고 있는 상태였다. 적 전투기를 만난 슈투카가 과연 폭격을 할 때까지 살아남을지 자체가 심각한 문제로 대두되었다. 영국을 공격할 3개 항공함대에 슈투카가 대량으로 배치된 점을 감안할 때 이들을 전투에 투입하지 않을 수도 없었다.

독일 공군이 수적으로 우세했다는 점을 감안하더라도 그 수를 가지고 그렇게 고전할 리 없었다는 점을 본다면 됭케르크 상공의 공중전은 근본적으로 비긴 전투였다. 영국 전투조종사들은 Bf 109가 고도 5,400미터 이상에서는 허리케인보다 매우 우세하다는 것, 스피트파이어와 Bf 109는 전 고도에서 호각이라는 것, 영국 전투기들이 Bf 109보다 선회 반경이 작아 근접 공중전에서 더욱 유리하지만 Bf 109 또한 다임러벤츠 엔진의 정지를 막아 주는 연료 분사 장치 덕택에 고속 급강하하여 전투에서 이탈하는 것이 가능하다는 점 등을 빠르게 습득해 나갔다.[1]

독일의 전투조종사들 역시 영국의 스피트파이어와 허리케인이 독일기보다 운동성이 뛰어나지만, 영국 공군이 시대에 뒤진 융통성 없는 편대 비행을 전투 시에 고수하고 있음을 알게 되었다. 영국 공군의 기본 전투 단위는 〈빅〉이라 불리는 3대의 항공기가 이룬 V자 편대였다. 따라서 1개 비행대대 12대의 항공기는 4개의 빅을 형성했다. 그리고 대장기의 뒤를 따라 늘어선 4개의 빅은 2개씩 합쳐져 6대의 항공기로 이루어진 〈편대〉를 2개 형성한다. 이 비행기들을 이끄는 대장기는 보통 중대장기인 경우가 많으며, 적을 발견하면 〈텔리 호!〉* 라는 구령을 내려 알린다. 이 구령이 떨어지면 대대의 항공기들은 〈교본〉에 따른 공격 형태를 취하게 되는데, 각 빅이 적을 번갈아 가며 공격하고 공격이 끝나면 가급적 빨리 원래의 대형을 갖춘다.

그러나 스페인에서 실전 경험을 쌓은 독일 공군의 편대 대형은 달랐

---

* 영국 여우 사냥꾼들이 여우를 발견했을 때 외치던 구령이다. 독일 전투조종사들 역시 사냥 시 쓰던 전통 구령을 사용했다.

다. 그들은 슈밤이라고 불리는 4대 편대를 형성했는데, 영국군보다 훨씬 편대 구성이 느슨했다. 이 편대의 모습을 설명하자면 오른손 손가락 간격을 가급적 크게 벌려 쫙 펼쳐 보자. 거기서 세 번째 손가락 끝이 편대장기의 자리다. 둘째 손가락 끝은 편대장기의 후하방에 위치해 편대장기의 후방을 감시하는 호위기 자리다. 그리고 넷째 손가락과 새끼손가락이 각각 부편대장기와 그의 호위기의 자리이다. 대장기와 호위기로 이루어진 콤비, 즉 분대를 로테라고 부른다. 독일 공군은 영국 공군의 고급 장교들이 좋아하던 〈날개와 날개가 맞닿을 정도로 정밀하고 깔끔한〉 밀집 편대 비행을 쓰지 않았다. 대신 독일 공군 전투기는 항공기 간에 200미터 정도 거리를 두고 고도 역시 차이를 두고 날았다. 이렇게 하면 누구나 동료기를 볼 수 있었으며, 후방 시야를 동료기가 가리는 일도 없었다. 적의 공격은 언제나 위쪽에서 태양을 등지고 실시되기 때문에 이는 큰 이점이었다. 그들은 정밀한 편대를 유지할 필요가 없었으며, 대부분의 슈밤 편대장들은 정밀한 편대를 싫어했다. 이들은 들개 무리처럼 우두머리를 제외한 전원이 무리 가장자리에 나와서 문제점이나 기회가 있는지 상황을 살폈다. 그리고 공격 기회를 잡으면 뭉치고 적의 공격을 당하게 되면 흩어졌다. 슈밤은 항상 기동이 가능한 느슨한 상태로 유지되었기 때문에 독일 조종사는 영국 조종사처럼 옆 항공기와의 날개 간격을 신경 쓸 필요가 없이 자신에게 주어진 감시 영역만 감시하면 되었다. 영국군 전투조종사들은 전투에서 본 독일식 슈밤 편대 대형을 가리켜 부러움을 섞어 〈네 손가락〉 편대라고 불렀고, 영국 전투 말기가 되자 영국 공군도 이러한 편대 대형을 채택하게 된다.[2]

물론 실제로 공중전이 벌어지면 전투의 양상은 개 싸움이라기보다는 고양이 싸움에 가까웠다. 영국 공군 조종사들이 편대 비행에 사용하기 위해 열심히 공부했던 여러 가지 멋진 편대 모양들은 3차원 공간에서 기습 공격과 회피가 거칠고 빠르게 어우러지는 가운데 순식간에 사라져 버렸다(전쟁 이전의 영국 공군은 그런 격한 기동을 권장하지 않았다. 기동 자체도 위험할 뿐 아니라 기밀성이 부실하기로 악명 높았던 초기형 멀린 엔진은 이런 급기동을 하면 뜨거운 엔진 오일이 새기 때문이었다. 이 상태가 오래가면 시커먼 엔진 오일 때문에 마치 오리알 껍데기 색과도 비슷한 영국 공군기 하면의 연한 청록색 도장이 망가지게 된다. 그리고 무엇 하나라도 흐트러진 꼴을 못 보는 고급 장교들은 물론, 항공기의 성능 상태는 물론 외관 유지에도 큰 책임을 지고 있는 지상 요원들은 이런 사태를 결코 용납하지 않았다). 미숙한 조종사들도 오래지 않아 장시간 연사가 탄약 낭비일 뿐이며, 가장 적절한 시기에 최대 2초 동안만 목표에 조준을 유지하면서 사격을 가하면 충분하다는 것을 알게 되었다. 전쟁 이전에는 스피트파이어와 허리케인에 달려 있는 기관총 8정의 탄도가 항공기 앞 약 600미터 거리에서 모두 하나로 모아지도록 영점을 조절하는 것이 좋다고 여겼다. 이렇게 모아진 탄도의 모양을 탄도 원뿔이라고 불렀다. 다우딩은 휘하 전투조종사들의 사격술 수준이 낮다는 것을 잘 알고 있었지만, 그 수준을 높일 기회 또한 드물었다. 그래서 그는 마치 정원에 호스로 물을 뿌리는 것처럼 일부러 넓은 각도로 탄을 흩뿌려 그중 일부라도 적중하도록 했다. 프랑스에서 실전 경험을 치르자 탄도가 약 400미터에서 만나도록 조절하게 되었고, 영국 전투 초기의 일부 숙련 조종사들은 공식 지침을 무시하고 지상 요원들을 시켜 200미터 거리에서 탄도가 만나도록 기관총을 조절하게 했다.

독일군도 똑같은 것을 깨달았다. 그들 같은 경우에는 20밀리미터 기관포의 포구 속도와 발사율이 너무 낮았기 때문에 이런 선택을 할 수밖에 없었다.* 양국 공군의 전투조종사들은 교과서의 오류를 알아냈고, 가급적 적기 가까이 접근해서 사격을 하는 것이 더 낫다는 사실을 알게 되었다. 미국 독립 전쟁 때 싸우던 보병들은 〈적군 눈의 흰자위가 보일 때까지 사격을 해서는 안 된다〉고 교육받았다. 이는 7,500미터 상공에서 비행하는 전투기에도 유효한 전훈이었다. 그러나 시속 550킬로미터로 비행 중일 때 200미터라는 거리는 끔찍할 만큼 가까운 거리(100미터, 150미터는 말할 나위도 없다)이고, 두 항공기 사이의 거리가 줄어드는 만큼 충돌 위험은 극적으로 증가한다. 이렇게 짧은 거리에서 적을 정확히 조준해 2초간 사격을 가하려면 조종사는 강심장과 정확한 시력에 의지해 항공기를 적기를 향해 곧장 돌진, 사격을 가하고 나서 조종간을 앞으로 밀어 급강하해야 했다.

전 세계의 모든 조종사들은 훈련 시에 항공기를 〈여자처럼〉 조심스럽게 다뤄야 한다고 배운다. 이는 1914년 이래 모든 비행 교관들이 항상 쓰는 상투적인 표현이다. 그러나 전투에서는 살아남으려면 그야말로 젖 먹던 힘까지 다해 조종간을 밀어야 하고, 밑창이 두터운 묵직한 비행화를 신은 발에 온 체중을 실어 인정사정없이 조타 페달을 걷어차야 한다. 마치 술집에서 누군가와 생사를 건 결투를 벌이듯이 말이다. 게다가 항공기를 여자처럼 다루기에는 조종사의 손발이 얼어 오그라들어 있다. 7,500미터 상공의 기온은 영하 34도에 달한다. 게다가 조종실에는 난방이 되지 않았다. 다우딩은 고집불통인 항공협의회를 설득해 스피트파이어와 허리케인의 최종 설계 변경 시 엔진의 뜨거운 배기열을 기관총 약

---

* Bf 109E의 날개에 달린 2정의 MGFF 기관포(통칭 욀리콘, 장탄수 각 60발)은 노리쇠 폐쇄 상태가 아닌, 노리쇠 개방 상태에서 발사된다. 즉 기관단총과 마찬가지로 방아쇠를 당길 때 약실이 열려 있다는 뜻이다. 이 방식은 복잡하고 무거운 노리쇠 폐쇄 장치가 필요 없고, 또한 포열도 가벼우므로 중량 감소에 도움이 된다. 또한 과열 방지 효과도 있다. 그러나 포구 초속이 상당히 느려진다. 따라서 1940년의 Bf 109E의 날개 기관포는 포탄의 위력은 매우 강했지만 발사율과 포구 초속은 매우 미흡한 수준이었다.

실로 공급해 결빙을 막는 장치를 만드는 데 성공했지만, 그 배기열을 조종사에게 줄 필요는 없다고 여겼다.* 그러나 지상 8,000미터 상공을 시속 550에서 650킬로미터로 비행하면서 급기동을 선보이는 조종사들은 그 차가운 하늘에서도 땀이 날 지경이었다. 항공기가 횡전하고, 기체를 비틀고, 급강하를 할 때마다 계기의 바늘은 어지럽게 춤을 추었다. 조종사들의 팔다리는 급하게 바뀌는 중력 가속도에 따라 깃털처럼 가벼워졌다가도 금세 납처럼 무거워지기도 했다. 조종사들은 목이 뻐근해질 정도로 고개를 돌려 적기의 모습을 찾았다. 맨 처음 보일 때는 하늘 한가운데의 보일락 말락 한 작은 점에 불과하다. 그 작은 점은 투명 플라스틱제 캐노피에 붙은 먼지와 거의 구분할 수 없다. 그러다 한순간에 Bf 109의 뭉툭한 앞모습으로 변해 백미러 속에 나타나 영국기를 향해 동체와 날개에 부착된 기관총을 쏘아 대고 예광탄이 마구 스치는 것이다.

당시의 모든 항공기 조종 장치는 유압을 사용한 동력 보조 방식이 아니었다. 따라서 고속으로 비행할수록 조종간과 조타 페달에 큰 완력을 써서 조작해야 했으며, 영국 전투기보다는 메서슈미트가 더욱 조종하기 힘든 편에 속했다. 조종사가 강하, 선회, 공중제비, 횡전 등을 할 때면 조종 면에 가해지는 중력과 압축된 공기의 힘에 맞서 조종간과 조타 페달을 강하게 조작해야 했다. 전투는 가장 강인한 전투조종사들에게도 육체적으로 매우 피곤한 일이었고, 추위로 굳은 사지에서 온 힘을 짜내야

---

* 다우딩은 항공기가 이륙해 차가운 고공으로 재빨리 상승할 때 기관총구로 들어온 습기(빗물 또는 안개)가 약실을 얼려 버리는 것을 막기 위해, 지상 요원들에게 테이프로 기관총구를 봉하도록 지시했다. 이때 사용한 테이프는 오늘날의 연통 테이프와 매우 비슷했다. 영국 공군은 밝은 적색의 테이프를 사용했는데, 마치 적색의 사각형 휘장이 달린 것처럼 보였다. 기관총을 발사할 경우 총탄은 이 테이프를 뚫고 나간다. 무장사들은 기관총의 청소와 재장전이 완료된 후 마지막 순간에야 이 테이프를 붙였다. 이 테이프가 제대로 달려 있다는 것은 전투기의 전투 준비 완료를 알리는 신호가 되었다.

했다. 그리고 초인적인 주의력을 끊임없이 기울여야 했고 닥쳐오는 위험에 몇 분의 1초 만에 대처할 수 있어야 했으며 세상 어느 놀이공원의 탈것도 따라올 수 없을 만큼 급하게 변하는 중력 가속도와 속이 울렁대는 방향 변화에 견뎌야 했다. 조종사의 입은 호흡용 산소 때문에 보송보송하게 말라 있었다. 눈은 가솔린과 오일, 그리고 조종석 안으로 파고드는 배기가스 때문에 따끔따끔했다. 귀에 쓴 헤드폰을 통해 현재 상황을 알리는 소리, 지시, 경고, 그리고 고통과 절망의 비명 소리가 시끄럽게 계속 쏟아졌다. 무엇보다도 조종사는 대량의 고옥탄가 연료를 실은 연료 탱크 뒤에(메서슈미트의 경우는 연료 탱크가 조종석 후면과 하면에 있지만) 앉아 있었다. 여차해서 연료에 불이 붙으면 조종사는 순식간에 통구이가 되었다. 수백 발의 탄약 또한 전투기에 실려 있음은 말할 나위도 없었다. 그리고 태양 속에서 열아홉이나 스무 살 정도 먹은 다른 젊은이가 모는 전투기가 갑자기 튀어나와 조종사의 후상방에서 내리꽂히면, 조종사는 사냥꾼에서 사냥감으로 전락했다. 적기의 사격을 0.5초만 얻어맞아도 조종사는 전사하는 것이다. 적 조종사가 일을 제대로 했다면, 전사하는 조종사는 자신의 죽음에 놀라는 순간 적의 존재를 알아차렸던 것이다.

공중전에도 기사도성 일화는 많이 있다. 그러나 제2차 세계 대전의 전투조종사의 목표는 적기의 후상방으로 침투해 적기에게 들키기 전에 격추하는 것이다. 이는 제1차 세계 대전 때와 다르지 않다. 만약 적 조종사의 운이 좋아 접근하는 아군기를 백미러로 볼 수 있다면, 그는 급한 회피 기동을 하고, 급선회하여 아군기의 후미에 접근, 반격에 나서 아군을 격추할 것이다. 살아남은 전투조종사들은 피도 눈물도 없는 살인자들이었다. 그러나 그들이 진심으로 살인을 좋아했다는 것은 아니다. 살인은 어디까지나 그들의 업무일 뿐이었다. 그들은 살인이라는 유일하고 근본적인 목적 때문에 길고 힘든 훈련을 받은 것이고, 많은 이들의 정성과 시간을 들여 만든 비싼 전투기를 타고 있는 것이었다.

조종사가 순식간에 죽는 것은 매우 흔한 일이었다. 후대에 나온 표현이지만 공중전에도 가혹한 〈학습 곡선〉이 있었다. 작전 훈련 부대에서 훈련을 수료하고 전투비행대대로 배속된 조종사가 첫 5번의 전투 출격에서 살아남을 확률은 상당히 낮았다. 그러나 운이나 타고난 뛰어난 실력 덕분에 첫 5번만 무사히 견뎌 낸다면 이후 15회의 전투 출격에서 경험과 자신감을 쌓으면서 살아남을 확률이 기하급수적으로 높아졌다. 그러나 총 20회를 출격하고 나면 다시 숫자의 법칙이 지배하여 조종사의 생존 확률은 급감한다. 전투 경력이 없는 신입 조종사에게는 보통 가장 느리고, 낡고, 수리를 많이 받은 고물 비행기가 지급된다. 정비팀도 실력과 의욕이 가장 낮은 팀이 배정되고, 편대 비행 시 위치도 편대의 최후미, 즉 적기가 가장 쉽게 공격해 격추할 수 있는 위치에 배정하는 것이 관행이었는데, 이 때문에 신입 조종사의 생존률은 개선되지 않았다. 영국 전투가 절정이던 1940년 8월과 9월 사이에는 신입 조종사가 옷 가방을 풀고 대대원들에게 자기소개를 할 시간도 없이 전입 오자마자 바로 첫 출격을 했다가 격추당해 전사하는 경우가 비일비재했다. 기지 주임 준위는 죽은 조종사가 식당 앞에 내려놓고 간 옷 가방만 보고 옷 가방 임자가 기지에 다녀갔었다는 사실을 알아야 했다.

그러나 공중전에서 깔끔하게 즉사하는 경우만 있는 것은 아니었다. 조종석에서 산 채로 불에 구워지는 경우도 충분히 있었다. 지상 관제소에서 근무하던 많은 공군 여성보조부대원들은 헤드폰을 통해 들려오던 조종사들의 비명 소리를 아직도 잊지 못한다. 그들은 손에 너무 심한 화상을 입어 캐노피를 열지도 못하고 불타는 조종실에 갇혔던 것이다. 전투기는 원래 위험한 물건이었다. 풀림 방지핀이 빠졌다거나, 연료 주입구 뚜껑을 제대로 잠그지 않았다거나, 그 밖에 피로에 지친 정비사의 부주의한 행동도 적의 에이스 조종사만큼이나 아군 조종사를 확실히 죽일 수 있었다. 또한 산소 튜브에 이상이 있으면 산소 결핍 증세가 일어나 9,000미터 고도에서 의식을 상실하거나 무력감에 빠져 지면으로 추락할 수도 있었다. 또한 Bf 109와 스피트파이어는 바퀴 사이가 좁기 때문에 잘못 착륙하면 착지 시 항공기가 지면에서 공중제비를 넘은 다음 거꾸로 처박혀 화재를 일으킬 수도 있었다. 이륙 시 냉각기의 공기 흡입구에 새가 충돌하면 항공기가 추락해 지면에 충돌하여 폭발, 그 잔해를 50미터 거리까지 날려 댄다. 추락하는 비행기에서 낙하산 탈출을 할 경우 착지 지점이 바다 위일 경우도 많았는데, 물결에 떠밀려 가다가는 아군의 구조를 받지 못할 확률도 높았다. 특히 영국 조종사들이 이런 문제를 심하게 겪었다.[*]

스피트파이어와 허리케인, Bf 109 세 기종 모두 조종석은 매우 좁았다. 표준적인 신장과 몸 둘레를 갖춘 사람은 비좁다고 느낄 정도였다. 그중에서도 최악은 Bf 109였다. 이 항공기의 조종석은 단순히 좁은 정도가 아니라 밀실 공포증을 일으킬 수준이었다. 관 뚜껑처럼 옆으로 여닫는 금속제 프레임이 달린 무거운 캐노피를 닫으면, 키가 좀 큰 조종사의 경우 헬멧 꼭대기가 캐노피에 닿을 정도였다.[**] 그리고 이 세 기종 모

---

[*] 이상한 이야기이지만 독일은 해상 착수한 아군 조종사를 구조하는 조직과 장비 면에서는 오히려 해양 국가인 영국보다도 뛰어났다. 독일 항공기에는 자동 팽창식 구명정이 있었으며 승무원의 구명조끼에는 라임녹색 염료 통이 들어 있어 해상 착수 시 이것을 물에 풀면 구조용 수상기가 피구조자를 쉽게 발견할 수 있었다.

[**] Bf 109의 캐노피는 조종사 머리 후면 부위에 장갑판이 들어 있어 더욱 무겁고 관 뚜껑 같았다. 이 장갑판은 후방 시야를 가리는 역기능도 있었다.

두 캐노피의 폭이 평균적인 사람의 어깨 너비보다도 좁았다. 따라서 타고 있으면 마치 기체라는 덫에 걸린 느낌이었다. 이 때문에 탑승하기는 어렵고 비상 시 공중 탈출하기는 더욱 어려웠다. 다만 Bf 109의 경우 영국 전투기보다 탈출은 훨씬 용이했는데, 조종석 좌측의 적색 손잡이를 잡아당기면 마치 작은 온실처럼 생긴 캐노피 전체가 비행기에서 자동으로 이탈되었기 때문이다. 반면 영국 전투기는 양손으로 캐노피를 밀어야 열렸다. 하지만 영국 전투기에도 탈출용 보조 장치가 없는 것은 아니었다. 미첼은 스피트파이어의 조종석 좌측에 아래쪽으로 열리는 경첩식 문을 설치했고, 허리케인 역시 조종석 우측에 유사시 분리해 버릴 수 있는 대형 패널이 달려 있었다. 이런 장치 덕분에 영국 조종사는 비상 탈출 시 다리를 움직일 공간을 확보할 수 있었다. 세 기종의 조종사들 모두 비상 탈출 시 항공기를 거꾸로 뒤집어 좌석 벨트를 풀고 중력을 이용해 항공기에서 뛰어내리기 쉽게 하는 것이 보통이었다. 그러나 이는 조종 계통이 손상되었거나, 조종사가 부상, 또는 항공기에 화재가 발생했을 시에는 쉽지 않은 일이었다. 항공기를 거꾸로 뒤집어서 탈출하면 조종사가 중력에 의해 아래로, 또한 후류에 의해 뒤로 강하게 밀려 가므로 항공기 꼬리 날개에 부딪쳐 의식을 잃거나 사지를 절단당할 확률을 줄일 수 있었다.

물론 이 모든 것은 당시의 시대적 배경하에서 보아야 했다. 편안한 벽난롯가에서 손에는 찻잔을 들고, 무릎에는 조는 고양이를 올려놓은 채 앉아 있던 많은 노부인들이 독일군의 500파운드 폭탄에 직격당하고 흔적도 없이 사라져 갔을 것이다. 그렇다고 제2차 세계 대전 당시 누구나 군복을 입고 6,000미터 상공까지 날아올라 싸우다 죽어야 했다는 것은 아니다. 물론 훨씬 열악한 생활을 했던 전방의 육군 병사들이나 함상의 해군 병사들은 크게 분개하겠지만, 전투조종사들이 저녁마다 기지로 돌아와서 식당에서 식사를 하고, 개인 침대에서 잔다고 해서 하루 동안 3~4회의 전투를 치르러 다음 날 아침 일찍 출격하는 그들의 용기를 과소평가할 수는 없었다.

이러한 위험에도 불구하고 대부분의 전투조종사들은 전투 비행을 즐겁고 아드레날린을 돋우며 매우 격렬하고 흥미로운 일로 여겼다. 물론 그들의 비행은 전투의 공포에 질리기도 전에 끝나는 일도 많았으며, 비정한 숫자의 법칙이 조종사를 죽일 때까지 매일 반복되기도 했다. 조종사란 원래 모두가 젊고 강건하며 자신감 넘치는 사람들이지만, 그런 그들에게도 전투는 실로 끔찍하고 피곤하며 정신을 좀먹는 일이었다. 그리고 일부 조종사들은 계속되는 전투를 통해 조금씩 용기를 잃어 갔다. 영국 전투가 여러 주가 지나고 여러 달이 지나면서 계속되는 동안 조종사들은 끊임없이 죽어 나갔다. 하늘 높은 곳에서, 눈이 어지럽게 돌아가는 전투 와중에 혼자 남겨지는 경우도 흔했다. 게다가 탄약도 없고 연료도 부족하고 발밑에는 두껍게 구름이 깔려 지면이 보이지 않으면, 아무리 용감한 조종사라도 극도의 고독감과 무력감을 느끼기 십상이었다.

조종사들이 대단히 속성으로 양성되는 경우는 결코 드물지 않았다. 그 좋은 사례가 제프리 웰럼일 것이다. 그는 만 19세 생일을 3개월 앞두고 비행 훈련 학교 과정을 다 마치지도 못한 채 실전 비행대대에 배속되었다. 그전까지 전투기는 구경도 못했던 그는 비행대대에 가서 스피트파이어를 몇 시간 조종해 보고 바로 첫 실전에 투입되어 〈불의 세례〉를 받았다. 그는 자신에게 자문했다. 〈나에게 과연 충분한 용기가 있을까?〉 그리고 동료 조종사들이 이륙하는 모습을 보았다. 그가 젊은 날 첫 전투 경험을 기록한 책인 『새벽*First Light*』은 이 분야의 고전으로 생생하고 신뢰성 있는 기록이다. 그는 전투에 관련된 것이라면 아무리 작은 것도 놓치지 않고 적었다. 예를 들면 항공기 탑승 전 넥타이를 벗어 버리고 셔츠 칼라를 느슨하게 했는데, 그래야 뒤를 감시하기 위해 목을 계속 돌려도 목살이 옷에 쓸리지 않았기 때문이다. 그리고 새벽녘에 지상 요원들이 전투기 시동을 거는 소리를 들으면서 〈오늘은 우리 중에 누가 죽을까?〉 하고 생각했던 것도 회상한다.

처음으로 전투에 나선 그는 3,000미터로 상승하면서 산소를 점검했다. 그는 마음을 가라앉힌 조종사들이 잘하는 이런 작은 조작들을 충실히 수행했다. 그때 중대장이 지상관제관에게 소리치는 것이 무전을 통해 들렸다. 「탤리 호! 탤리 호! 육안 확인, 최소한 앤젤 15*. 숫자는 수백 대 이상!」 웰럼은 고개를 들고 먼 하늘에서 펼쳐지는 웅장한 장면을 보았다. 적기들이 마치 더운 여름날 오후의 모기떼처럼 몰려오고 있었다. 도르니에 폭격기 위로 Bf 109(영국 공군 장병들끼리는 〈도미〉라는 별칭으로 불렀다)가 날고 있었다. 웰럼은 이전에는 한자리에서 그렇게 많은 항공기를 본 적이 없었다. 그러나 그는 훈련받은 대로 따랐다. 예측 조준기를 켜고, 조종간의 기관총 안전장치를 해제했다. 프로펠러의 피치를 고속 비행 상태로 조절하고, 좌석을 최대한 낮게 조절했다. 그리고 벨트를 꽉 조였다. 그는 편대장의 스피트파이어에 찰싹 따라붙었다. 두 항공기의 날개 사이의 거리는 10미터도 되지 않았다. 두 항공기는 그 상태로 수많은 항공기들이 얽히고설켜 끔찍한 혼전을 벌이는 속으로 뛰어들었다. 웰럼은 독일기의 정면 하방에서 접근하여 공격을 펼치는 비행대대 동료

---

* 앤젤 15는 적기의 고도가 1만 5,000피트(4,500미터)라는 뜻이다.

들과 함께 자신을 향해 날아오는 예광탄 물결에도 개의치 않고 점찍어 둔 도르니에 폭격기에 온 신경을 모았다. 웰럼과 독일기 간의 접근 속도는 시속 800킬로미터에 달했다.

나는 침착하게 조준을 유지하다가, 지금이다 싶은 순간에 기관총 방아쇠를 당겼다. 기관총을 쏘자 난리가 벌어졌다. 총소리는 마치 마대 자루를 찢는 소리 같았다. 도르니에의 조종석 캐노피에 탄환이 명중해 폭발을 일으키고, 브라이언의 스피트파이어가 오일로 지저분해진 기체 하면을 보이면서 선회해 이탈하는 장면이 아주 순간적으로 보였다. 브라이언은 적기를 아슬아슬하게 피해 지나갔다. 나는 사격을 멈추고 조종간을 꺾었다. 적기가 나의 머리 위 불과 몇십 센티미터 위를 스쳐 지나갈 때 적기의 엔진 소리도 들을 수 있었다. 생각할 틈이 없었다. 고도는 900미터였다. 조종간을 뒤로 당겨 상승했다. G를 느끼면서 스로틀을 최대로 밀어 모든 항공기가 뿔뿔이 흩어져 뒤엉켜 싸우는 고도로 복귀했다. 계속 선회하라고, 잠시도 직선 비행을 하면 안 된다고 스스로에게 소리쳤다. 무선망은 고함 소리, 경고음, 기타 잡음들로 떠들썩했다. 전투에는 엄청난 힘이 들어갔다. Bf 109가 내 눈앞을 스쳐 지나갔다. 나는 사격을 가하면서 그를 따라잡았으나 허리케인 한 대가 내 앞에 끼어들었고 나는 비켜 줘야 했다. 뒤에서 예광탄이 날아와 가깝게 스쳐 갔다. 급선회를 하자 미처 보이지 않았던 Bf 109가 엄청난 속도로 급상승하는 것이었다. 나와 해안 사이에 지옥에서 튀어나온 박쥐처럼 He 111이 나타났다. 조종간을 앞으로 밀고 스로틀을 개방해 He 111의 꽁무니를 잡았다. 적의 반격은 아랑곳 않고 적기에 조준을 유지한 다음 다시 사격을 가했다. 이번에는 꽤 오랫동안 가했다. 명중을 확인했다. 적기의 후방 사수가 사격을 멈추었고 기수가 처지기 시작했다. 그 순간 내 기관총은 몇 발을 더 쏘고는 멈춰 버렸다. 탄이 바닥난 것이었다. 나는 급선회해서 자리를 떴다. 순간 마그네슘이 불타는 것처럼 눈부신 빛이 번쩍하더니 대폭발이 기체를 흔들었다. 내 전투기가 피격당한 것이었다. 그래……. 이렇게 죽는구나 싶었다. 어깨너머로 보니 내 기체 뒤 채 30미터도 안 되는 거리에서 Bf 109가 쫓아오고 있었다. 나는 온 힘을 다해 선회를 시도했다. 더욱더 급선회를 시도했다. 계기를 흘긋 보았다. 적기는 내 기체에 얼마나 큰 상처를 입혔을까? 시야가 검어지기 시작했다. G는 적어도 6G 정도 되는 것 같았다. 몸을 앞으로 숙이고 조타 페달의 연장부에 발을 뻗었다. 페달도 너무나 무거웠다. 너무나 큰 힘이 들었고 온몸에서 땀이 비 오듯 흘렀다. 독일 조종사는 나를 따라오려고 선회 반경을 좁히려 했지만 나는 그의 비행기가 나를 따라잡지 못하고 이탈하는 것을 확실히 보았다. 거봐, 안 된다니까. 우리는 혼신의 힘을 다해 극한까지 밀어붙였던 것이었다. 그는 선회를 멈췄다. 이제 어서 떨어지라고! 조종간을 뒤로 당겨 공중제비를 해 적기를 스쳐 보냈다. 그다음에 조종간을 중립으로 두고 기체를 뒤집으며 거의 수직으로 급강하를 시도했다. 스로틀은 최대로 열린 상태였고 속도는 엄청나게 붙어났다. 보조 날개가 무지하게 무거웠다. 나는 온 힘을 다해 조종간을 당겨 하강 상태에서 벗어나려 했다. 극단적으로 좋지 않은 상황에서 벗어나려면 극단적인 해결책이 필요하다. 기체는 내 말을 듣고 서서히 움직여 주었다. 결국 스피트파이어는 지면 바로 위에서 수평 비행으로 전환했다. 여전히 속도는 아주 빨랐다. 하늘은 맑았지만 여러 개의 연기 줄기가 흩어져 있었다. 다른 비행기는 전혀 보이지 않았다. 말로 표현은 할 수 없었지만 절절한 고독감을 느꼈다…….

차마 말로 표현할 수 없는 것을 표현해 낸 웰럼의 첫 전투 묘사는 매우 뛰어나다. 그는 영국 전투에서 살아남았고, 우수비행십자훈장을 받았다. 그리고 프랑스 상공에서 100회가 넘는 공중전을 벌였다. 또한 항공모함 함상에서 허리케인을 타고 이함해 적의 포위 공격을 받고 있던 몰타에 날아가 착륙, 거기서 전투에 참가했다. 그는 자신이 공중전에서 보고 배운 바를 다음과 같이 정리했다. 「목숨을 건 전투에서는 아무리 많은 훈련도 모자란다. 그러나 단 하나 가슴에 새겨 두어야 할 황금률이 있다. 절대로 20초 이상 수평 직선 비행을 해서는 안 된다. 그랬다간 죽는다.」

1940년 5월 26일부터 6월 4일 사이 됭케르크 상공에서 양군의 많은 젊은이들이 그 황금률을 배웠고, 그중 일부는 수업료로 자신의 목숨을 지불하고 말았다. 지상의 군인들이 어떻게 생각하든 전투기사령부는 됭케르크 철수의 성공에 매우 큰 기여를 했고,* 압도적인 적을 맞아 영웅적인 전투를 벌였다. 파크 소장의 제11 전투비행단 예하 전투기 200여 대는 무려 2개의 완전 편제된 독일 공군 항공함대를 맞아 됭케르크 상공에서 전투를 벌였던 것이다. 독일 공군은 프랑스와 저지대 국가를 공격한 이후 24일 동안 1,200대 이상의 항공기를 상실했으며, 영국 공군은 959대를 잃었다. 그러나 수는 적을지언정 이는 영국군에 더욱더 큰 상처였다. 손실된 항공기 중 477대가 다우딩의 금쪽같은 전투기였기 때문이다. 다우딩은 처음부터 프랑스에 전투기를 보내서는 안 된다고 주장했으나 결국 이런 악운을 예감하고도 마지못해 됭케르크에 전투기를 보냈다.

그러나 수상을 포함한 많은 사람들은 프랑스가 마치 1914년 파리를

---

* 이때 됭케르크를 철수한 병력은 약 33만 8,000명. 이 중 3분의 2 이상이 영국군이었다.

코앞에 둔 마른 전투에서 간신히 승리를 거두었을 때처럼, 서전의 고전에도 불구하고 살아남을 거라는 희망을 버리지 못했다. 마른 전투 때는 파리 택시들이 앵발리드 역에서 조제프시몽 갈리에니 장군 휘하의 병사들을 태우고 전선으로 제시간에 직행하여 프랑스를 구했다. 프랑스어는 잘하지 못했지만 열렬한 친불파 인사였던 처칠은 모든 상황이 너무나 명백했음에도 불구하고 워낙 낙관적이고 낭만적인 성품 탓에 프랑스의 완벽하고 치욕적인 군사 및 정치적 몰락을 처음에는 인정하려 들지 않았다. 처칠의 생애 대부분의 기간 동안 프랑스는 유럽 국가 중 유일한 영국의 동맹국이었다. 처칠은 제1차 세계 대전 때 프랑스의 참호 속에서 보병 대대를 지휘하기도 했다. 여러 프랑스 장군들과 결코 적다고 볼 수 없는 수의 프랑스 정치인들이 그의 친구였다. 따라서 처칠은 진심으로 프랑스를 위기 속에 내버려 둘 수 없었다. 그러나 다우딩에게는 이런 감정이 전혀 없었고, 수상이 품고 있던 환상에도 공감하지 않았다. 그는 마지노선이나 프랑스 육군이 독일군을 막아 줄 거라고 믿지 않았다. 프랑스 공군에는 더더욱 기대하지 않았다. 프랑스 공군의 장비와 훈련도는 빈약했으며 현대식 전투기도, 레이더도, 잘 조직된 전투기 통제 조직도 없다는 걸 알고 있었기 때문이다. 다우딩은 독일이 프랑스, 네덜란드, 벨기에 공군 기지를 점령하자마자 분명 영국을 공격할 거라고 생각했다. 그렇다면 영국의 생존은 다우딩 예하의 전투기에 달려 있었다. 따라서 전투기와 조종사를 프랑스에 보내는 것은 영국을 지킬 힘을 스스로 버리는 격이 된다. 그는 휘하의 허리케인이 독일군의 진격을 막거나 늦추거나, 프랑스 육군의 사기를 유지할 거라고 보지 않았다. 스피트파이어는 너무 수가 적었고, 프랑스에 보내기에는 너무 귀한 전투기였다. 프랑스에 배치된 영국 전투기들은 급조된 원시적인 비행장에서 이륙했으며, 그들을 유도해 줄 레이더나 전투기 통제 시스템도 없었다. 프랑스군에는 비행장을 보호할 현대적인 대공포도 없었다. 또한 영국 해협의 프랑스 측 항구와 비행장을 연결해 줄 길고 견고한 보급선도 없었다. 항구는 하나둘씩 독일군에게 점령당했고, 보급로로 사용하던 철도와 도로는 독일 폭격기의 최우선 표적이 되었다. 후퇴하는 프랑스군이 빚어낸 혼란 속에 연료, 장비, 탄약, 예비 부품은 필요한 곳에 거의 도착할 수 없었다. 따라서 영국 항공기와 조종사들은 아무 소득 없이 빠르게 낭비되어 갔다.

당연히 프랑스는 사태를 다른 관점에서 보았다. 고트 경의 영국 대륙원정군은 대규모 지상전의 전세를 바꾸기에는 중과부적이었고, 따라서 프랑스군이 홀로 싸우게 내버려 둔 채 어쨌든 됭케르크를 거쳐 영국으로 귀환했다. 부대 건제는 흐트러졌고 사기는 급속히 떨어졌다. 프랑스의 누구도 영국이 하룻밤 새에 수개 사단을 동원해 프랑스에 파견할 거라고 진심으로 믿지는 않았다. 하지만 영국에는 영국 해군 외에도 강력하고 현대적인 공군이 있었다. 극도의 위기에 처한 프랑스 정부는 영국이 공군을 파견해 프랑스 육군이 한숨을 돌리고 방어선을 구축할 틈을 주기를 바랐다.

8정의 기관총으로 무장한 허리케인은 전차 한 대도 격파할 능력이 없었지만, 프랑스가 가장 원했던 것은 전투기였다. 그 이유는 좀 더 철저히 탐구해 볼 필요가 있다. 이는 영국과 프랑스 정부 간에, 처칠과 다우딩 간에 큰 의견 충돌을 빚은 문제이기 때문이다. 영국과 프랑스는 무려 900년간에 걸쳐 서로 경멸하며 대립했고 전쟁을 벌였으며, 이로 인해 양국 간의 국민감정은 대체로 좋지 않았다. 영국과 프랑스가 군사 동맹을 맺은 것은 이러한 역사 속에서 비교적 최근의 평화로운 시기에 이뤄진 것이라고 할 수 있다. 프랑스와 영국이 크림 전쟁과 제1차 세계 대전에서 같은 편으로 참전했지만 양국 국민들이 서로에게 가진 편견은 좀처럼 수그러들지 않았다. 프랑스인들은 크레시, 아쟁쿠르, 트라팔가르, 워털루에서 패전한 기억을 잊지 못했고 영국을 〈불신의 알비온〉으로 부르며 의심했다. 영국인들 역시 프랑스인들을 〈개구리〉로 부르며 경멸했다. 이러한 국민감정은 양국군 고급 장교들 사이에서 제일 강했다. 실제로 제1차 세계 대전 이후 대영 제국의 방공망은 독일이 부흥하기 전까지는 프랑스가 가장 유력한 잠재 적국이 될 거라는 전제하에 건설되었다.

두 동맹국 사이의 이러한 오랜 적대 관계 때문에, 양국은 마치 사이 나쁜 부부처럼 상대방에게 겉으로는 우아하게 대하면서도 전혀 솔직하지 못했다. 따라서 프랑스 장성단과 프랑스군의 무능(물론, 그렇지 않은 사례도 소수 존재하긴 했지만*)이 뻔한데도 불구하고 영국은 그 점을 솔직히 말하지 않으려 했다. 영국의 대륙원정군 역시 질서 있는 후퇴와 운 좋은 철수라는 점을 빼면 프랑스군과 별로 다를 바가 없었기 때문에 프랑스군을 비난할 입장이 못 되었다. 다른 어느 나라에게도 뒤지지 않는다는 긍지로 무장하고, 제1차 세계 대전의 승리가 아직도 생생했던 프랑스 국민들은 프랑스군이 졸전을 펼치고 장군들이 실책을 저질렀다는 사실을 납득하기 힘들었다. 대신 그들은 독일 공군이 제공권을 잡았다는 사실

---

* 그 사례 중 하나로 프랑스 제4 기갑사단의 신임 사단장인 샤를 드골이 1940년 5월 28일 랑 근교에서 압도적인 전력을 보유한 독일군에게 대담하고 지속적인 반격을 펼쳐 얻어 낸 승리가 있다. 이를 통해 프랑스군이 기갑 부대를 공세적으로 운용할 경우 무엇을 할 수 있었는지가 증명되었다. 이 드문 승리로 인해 그는 이후 폴 레노에 의해 국방차관으로 임명되었다.

에서 패전의 이유를 찾았다.

　프랑스 정부와 장군들도 이를 문제시했다. 그러나 독일 공군은 프랑스 도시들에 대규모 전략 폭격을 가하지 않았으며, 슈투카는 도로를 기총 소사하고 급강하 정밀 폭격을 가하는 공중 포병대로만 썼을 뿐이다. 도로에 미어터진 프랑스 군인과 민간인 피난민들은 독일 슈투카가 나타나기만 해도 공포에 질렸다. 우데트는 Ju 87이 급강하할 때 악마의 비명소리 같은 소리가 나게 하는 사이렌을 장착, 그 소리를 듣는 적군에게 공포를 선물하자는 빈틈없는 아이디어를 내놓았다. 독일 공군이 프랑스에서 죽인 사람의 수는 제1차 세계 대전 당시 프랑스에서 발생한 사상자 수에 비하면 턱없이 낮았지만, 그 심리적 효과는 대단했다. 독일 공군에 대한 무서운 소문들이 퍼져 나가 정부를 마비시키고, 안 그래도 낮았던 군대의 사기를 떨어뜨리고, 민간인들을 겁에 질리게 했다. 바로 이 점 때문에, 영국이 전투에 제대로 참가하지 않았을 뿐 아니라 충분한 전투기로 프랑스 육군을 보호해 주지 않아서 프랑스가 졌다는 단순한 주장이 어디에서나 통하게 되었다.

　이 문제는 영국 국왕이 윈스턴 처칠에게 내각을 구성해 달라고 한 지 불과 5일이 지난 5월 15일 이른 아침에, 처칠과 폴 레노 간의 전화 통화에서도 이미 부각되고 있었다. 처칠은 침대에서 전화를 받았고 레노는 영어로 말했다. 「우리는 계속 지고 있습니다. 세당 인근 전선이 무너졌어요.」³ 그리고 레노는 파리로 가는 길이 뚫렸다고 경고했다.

　다음 날 네덜란드의 항복 소식을 들은 처칠은 파리로 날아가 레노와 프랑스 전시 내각 위원들을 프랑스 외무부에서 만났다. 이들의 만남은 얼핏 봐도 별로 즐거워 보이지 않았다. 처칠이 회의장 창밖을 보니 나이

먹은 공무원들이 정부 문서를 손수레에 실어서 외무부 정원의 모닥불 속으로 던져 넣고 있었고 그 연기가 하늘 높이 뻗어 오르고 있었다.[4] 프랑스군 참모총장 가믈랭 장군은 반격을 가할 전략 예비대가 전혀 없으며, 이 전쟁에 졌음을 시무룩한 표정으로 시인했다. 그러고 나서 그는 물론 그 자리에 있던 모든 프랑스인들은 영국에 더 많은 전투비행대를 보내 달라고 요구했다. 가믈랭은 독일 전차를 막을 방법은 전투기뿐이라고 말했다. 이러한 주장은 모든 영불 관계자 회의에서 끝까지 나왔지만 처칠은 이를 결코 인정하지 않았다. 가믈랭이 어떤 근거로 전투기가 전차를 막을 수 있다고 생각했는지는 알기 어렵다. 허리케인 마크 1은 폭탄 장착을 고려하지 않고 설계되었다. 따라서 그 조종사들 역시 지상 공격 훈련은 받지 않았다. 게다가 이 항공기의 .303구경 기관총 8정은 독일 전차의 장갑을 전혀 뚫을 수 없을 터였다. 프랑스에게는 영국 전투기보다는, 제1차 세계 대전에서 유용하게 써먹었던 유명한 75밀리미터 포를 다시 꺼내 쓰는 것이 더 나은 선택이었다. 이 포는 발사율이 높고, 포구 초속이 빠르며, 탄도가 평탄해서 당시 독일 기갑 부대의 주력을 이루던 2호 전차와 3호 전차를 충분히 격파할 수 있었다. 설령 영국에 전투기가 남아돈다 할지라도, 그 전투기로는 슈투카의 지원을 받으며 진격하는 독일 기갑사단을 막을 수 없었다. 그러나 가믈랭 장군, 레노 수상, 국방 및 육군장관 달라디에는 평소의 큰 견해 차이에도 불구하고 영국 전투기 문제에 대해서는 이상하게도 의견 일치를 보았다. 영국의 모든 전투기를 프랑스로 당장 보내 달라는 것이 그들의 일치된 주장이었다. 처칠은 정신을 못 차리는 레노와의 전화 통화가 끝나자 프랑스에 허리케인 4개 비행대대를 추가로 보내 주기로 했다. 프랑스에서 본 전면적인 패색과 곤경에 마음이 흔들린 그는 또한 영국 전시 내각을 설득해 추가로 6개 비행대대를 더 보내 주도록 얘기해 보겠다고 약속했다. 「프랑스의 요청을 거절해 망하도록 놔둔다면 역사에 오점을 남기게 될 것이오.」⁵ 처칠은 영국 대사관에 전보를 보내고, 그날 밤 늦게 레노의 아파트로 달려가 다음 날 10개 비행대대를 보내 주겠다고 말했다. 그때 레노는 잠옷을 입고 잠자리에 들었던 상태였지만, 처칠이 오자 일어나서 처칠을 맞이했다. 다만, 애인인 엘렌 드 포르테(혹자는 농담 삼아 이 여자를 당시 프랑스 정부의 유일한 〈진짜 사나이〉로 부르기도 했다)를 방문 뒤에 세워 놓아 대화 내용을 엿듣게 했다.

갈수록 어려워지고 악화되던 프랑스와 영국 정상 간의 회담이 긍정적인 방향으로 극적 타결되자 프랑스의 분위기는 크게 들떴다. 그러나 영국 해협 건너 영국에서 안 그래도 걱정 많던 다우딩 대장은 이 소식을 듣자마자 크게 놀랐고, 이 때문에 영국 수상과 전투기사령부 사령관 간에 그 해결이 매우 어려운 의견 충돌이 벌어지게 된다.

아마도 독일이 프랑스를 침공한 1940년 5월 10일부터 고령의 패배주의자 페탱 원수가 이끌던 프랑스 정부가 독일과 강화 조약을 체결한 같은 해 6월 22일까지의 기간 동안의 영국과 프랑스 정부 사이의 관계에 대해서만큼 자세히 서술된 역사 기록은 없을 것이다. 영어권 국가에서는 이 시기 동안의 비참한 사건을 기록함으로써 독자의 관점을 윈스턴 처칠의 관점에 일치시켰다. 어찌 되었든 처칠의 관점은 이 상황의 중심 역할을 했다. 그는 후손들의 의견에 상당히 신경을 써서 영국 측 주요 문서와 전보의 초안을 직접 작성했다. 그는 홀로 전쟁에서 승리자로 살아남아 당시의 이야기를 전했다. 그가 쓴 『제2차 세계 대전The Second World War』의 두 번째 권인 『그들 최고의 시간Their Finest Hour』에서는 거의

책 분량의 절반을 할애해 프랑스 패배를 다루고 있다. 아마도 그 부분은
『제2차 세계 대전』 전 6권 중에서 가장 극적이고 흥분되는 부분일 것이
다. 인간 역사를 통해 그릴 수 있는 빛과 그림자, 인간 감정의 미묘함으
로 가득 차 있는 이 부분은 에드워드 기번의 산문 스타일로 쓰인 셰익스
피어적 비극이었다.* 이는 처칠이 논쟁의 여지없이 대가임을 보여 주고
있다. 영국에서 그 사건에 관련한 사람들 거의 모두가 회고록이나 일기,
편지를 발간했지만 그중에서 현재까지도 가장 압권으로 남아 있는 기록
은 처칠의 기록이다. 당시에 처칠이 모두를 이끌었듯이 말이다. 즉 당시
는 〈그들〉 최고의 시간일 뿐 아니라, 〈처칠〉 최고의 시간이었다.

처칠이 〈그의〉 전쟁 역사를 서술할 때 매우 치밀하게 사건을 묘사해
표현하고(가끔씩 그렇지 못한 때도 있었지만), 자신의 문서를 교묘하게 편집
했음을 밝힌, 매우 크고 뛰어난 책이 한 권 있다.** 약 200만 단어 규모인
『제2차 세계 대전』 6권 전집에서 프랑스에 전투비행대를 보내려던 계획
이 다우딩의 반대에 부딪쳤을 때만큼 처칠이 자신의 입장을 변호하기
어려웠던 적은 없다. 노벨 문학상을 안겨 준 이 방대한 저서에서 아마
도 그 부분이 처칠이 자신을 향한 비난을 모면하고, 다우딩의 반대의 타
당성을 깎아내리려고 무리하게 애를 쓴 흔적이 드러나는 유일한 부분일
것이다. 또한 처칠이 수치심까지는 느끼지 않았더라도, 당혹감 정도는
느꼈을 것처럼 보이는 몇 부분 중 하나일 것이다.

왜 다우딩이 처음부터 프랑스에 전투기를 보내는 것에 극구 반대했

---

* 물론 형평성을 기하려면 프랑스 측 기록도 읽는 것이 좋다. 특히 드골과 레노의 회고록을 권한다.

** David Reynolds, *In Command of History*, Allen Lane/Penguin, London, 2004.

는지 그 이유를 알려면, 프랑스에 배치된 영국 공군의 규모와 작전 범위, 작전 목적을 생각해 봐야 한다. 프랑스와 독일 간에 전쟁이 벌어질 시 프랑스에 영국 대륙원정군을 보내는 것이 영국 정부의 방침이었고, 이 부대는 다소 내키지는 않지만 철저히 프랑스의 지휘하에 놓이게 된다. 총 9개 사단으로 구성된 영국 대륙원정군은 좌익에는 프랑스 제7군, 우익에는 프랑스 제9군을 끼고 프랑스 국경 지대의 최전선인 릴 지방을 중심으로 배치될 예정이었다. 그리고 독일군이 중립국인 네덜란드와 벨기에를 돌파할 경우 딜 강으로 진격해 루뱅과 와브르를 잇는 선을 확보할 계획이었다.* 그렇다면 영국 대륙원정군도 당연히 독자적인 항공 지원이 필요할 것이고, 그것을 위해 영국 공군은 영국 대륙원정군 영국 공군 구성 부대(워낙 긴 명칭이기에, 그냥 〈구성 부대〉로 줄여 말하는 경우도 많았다)를 편성했다. 이 부대는 관측 연락용 라이샌더 기 5개 대대, 블레넘 쌍발 폭격기 4개 대대, 허리케인 4개 대대로 구성되며 만약 필요하다면 허리케인 6개 대대가 더 증편될 수 있었다. 이 모든 항공기는 영국 대륙원정군 후방의 북프랑스 공군 기지에 주둔했다. 프랑스 공군의 취약성이 드러남에 따라 배틀 단발 폭격기와 블레넘 쌍발 폭격기 총 10개 대대, 허리케인 2개 대대로 구성된 전방 항공 타격군이 훨씬 북부인 아르덴 및 마지노선 후방에 주둔하여 프랑스군과 영국군을 위해 폭격 임무를 수행하게 되었다. 하지만 이 부대가 잘 어울리지 않는 항공기들로 구성되어 있었고, 북프랑스 전역에 띄엄띄엄 산재한 수십 개 공군 기지에 주둔했다는 점은 짚고 넘어갈 필요가 있다. 구성 부대와 전방 항공타격

---

* 프랑스군의 공격 계획 전체를 가리켜 딜 강의 첫 글자를 따 르 플랑 D(D계획)라고 불렀다. 그러나 프랑스 장교들은 이것이 절망적인 혼란 상태 정리 시도를 의미하는 프랑스어 débrouillard, 또는 너 자신이나 정리하라는 프랑스어 débrouillez-vous의 첫 글자를 딴 것이라고 농담을 했다.

군의 총지휘관은 공군 중장 A. S. 배릿이었다. 적어도 이론상으로는, 그는 필요하다면 영국의 폭격기사령부에 지원을 요청할 수 있었다.

마침 폭격기사령부 역시 다우딩이 허리케인을 프랑스에 보내기 싫어했던 것만큼이나 중형, 대형 폭격기를 프랑스의 연합군 지원에 투입하기 싫어했다. 그들은 그 폭격기로 독일 산업 요충지를 공격하는 것이 프랑스의 연합군을 지원하는 데 가장 적합하다고 생각했던 것이다.* 그것이 바로 1940년부터 1945년까지 끊임없이 울려 퍼진 〈전략 폭격〉의 주제가였다. 하지만 공군 장군들이 그렇게 줄기차게 전략 폭격을 주장했음에도 불구하고 대형 폭격기는 주간에조차 최전선 인근의 교량이나 교차로 같은 작은 표적을 정확하게 파괴하기가 힘들었으며, 그나마 야간에는 전혀 불가능했다. 또한 맹렬한 대공포 사격과 전투기의 공격을 받으면 살아남기 힘들었다.[6]

배릿 장군의 구원 요청에 응하기 싫어했던 폭격기사령부의 이러한 처지는 단 한 대의 허리케인도 프랑스에 보내기 싫어했던 다우딩의 심정에 비교할 바가 아니었다. 개전 이후 줄곧 다우딩은 구성 부대의 일원으로 전투기 4개 대대를 보내야 한다는 사실에 화가 났고, 〈만약 필요하다면〉 6개 대대를 더 보내야 한다는 문구를 읽고는 더욱더 화가 났다. 그도 항공 전력 수요가 그만큼 더 늘어날 것이라는 점을 알아차릴 눈치는 있었다. 따라서 그는 직접적으로, 또한 문서를 통해 항공협의회, 항공성

---

* 사실 그 당시에 폭격기사령부에는 독일의 전쟁 수행 능력에 심각한 피해를 줄 장비와 기술이 없었다. 그리고 1940년 5월 10일 이전에는 폭격기사령부의 독일 상공 작전은 선전 전단 살포로 제한되어 있었다. 그 이유는 프랑스가 독일의 보복 폭격을 두려워했고, 영국 정부 역시 히틀러를 자극해서는 안 된다고 생각했기 때문이다. 영국 공군이 독일 남서부 검은 숲에 폭격을 가하자고 제안하자 항공성 대신 킹즐리 우드 경은 화를 내며 이렇게 대답했다. 「거기가 사유지라는 거 알고는 있나? 그다음에는 에센(크루프 제철의 본사가 위치한 곳)을 폭격하자고 하지 그래!」

대신, 공군 참모총장에게 격렬하게 저항했다. 그러나 얻은 것은 아무것도 없었다. 다우딩을 까다롭고 비이성적이며 고정 관념에 사로잡힌 사람으로 여기는 세간의 시선만 굳힐 따름이었다. 또한 그가 대영 제국의 영공 방위를 위해 최소한 50개의 전투비행대대(나중에 이 숫자는 60개로 늘어나게 된다)가 필요하다는 점을 항상 분명히 해왔기에 이는 더더욱 화나는 일이었다. 그래서 그는 본국에 50개의 전투비행대대를 확보하지 않는 한 영국 대륙원정군에 4개 대대를 보내지 않겠다고 주장했다. 그러나 실제로는 필요한 비행대대 수의 절반도 확보하지 못한 상태에서 영국 대륙원정군에 4개 대대를 보내야 했다. 숙련된 국방 관료인 다우딩은 이제 어쩔 수 없음을 알았다. 그 부대들을 되돌아오게 할 방법은 이제 없었다.

또한 다우딩이 항상 설명하려 했듯이, 전투기와 그 조종사는 매력적이기는 하지만, 결국은 수많은 사람들이 참여하는 복잡한 방공 체계의 일부에 불과했다. 그 체계는 레이더 기지에서 작전 계획표를 작성하는 젊은 여군들, 전투기사령부 본부의 대형 상황판 위에서 마커를 옮기는 〈미녀 코러스〉들, 벤틀리 프라이어리와 전투비행단 지휘관 및 레이더 기지를 연결하는 지하 전화선을 설치하고 보수해 주는 중앙 우체국 전화 기술자들, 레이더망을 계속 유지하고 발전시키는 전문 기술자들, 철모와 망원경을 가지고 하늘을 지켜보는 민간 감시대원들, 관제사들, 또한 퀸 메리 호라는 별칭이 붙은 스캐멀 대형 트럭으로 부서진 허리케인과 스피트파이어를 지역 민간 수리 공장에 옮겨 신속히 수리 후 전열에 복귀하게 해주는 운전기사들로 이루어져 있었다. 이러한 사람들로 이뤄진 체계가 없다면 다우딩이 원한 50개 혹은 60개의 전투비행대대가 있더라도 영국은커녕 프랑스도 구할 수 없었다.

허리케인을 프랑스에 보내는 것은 영국의 피 같은 전력을 낭비하는 짓이며, 정치가들과 항공협의회는 그런 사태를 막을 용기도 없을 거라고 다우딩은 생각했다. 그 많은 허리케인과 조종사들을 전투기사령부에서 분리하여 적절한 정비 시설도 없는 급조된 비행장에 배치, 레이더 지원과 지상 관제도 해주지 못한 채로 전투에 투입하는 것은 전력 낭비 이상도 이하도 아니었다. 다우딩은 아무도 듣고 싶어 하지 않던 이 중요한 진실을 전력을 다해 전하려 했지만, 처칠은 그 말을 듣지 않았다. 어쩌면 수상으로서 적절한 판단을 내리기 위해 듣고 싶지 않았을지도 모른다. 다우딩의 주장은 분명 진실이었다. 그러나 불편한 진실이었다. 만약 처칠이 프랑스의 전쟁을 돕고자 했다면, 다우딩의 주장을 받아들일 여유 따위는 없었을 것이다.

일찍이 1939년 10월부터 다우딩은 공군 참모총장 시릴 뉴월 경과 심한 의견 대립을 벌여 왔다. 공군 참모총장은 다우딩이 유사시 프랑스에 신속히 전투기를 배치할 준비를 갖추길 원했다. 다우딩은 뭔가 수상한 낌새를 채고, 타협의 뉘앙스를 보여 주지 않고 단호하게 답했다. 「프랑스의 위기 중 상당 부분은 그들의 형편없는 요격 체계 때문에 벌어진 것입니다. 저는 오늘날까지도 그들이 내부 문제를 해결하기 위해 뭔가 했다는 얘길 들어 본 적이 없습니다.」 프랑스에 전투기를 많이 보내 주지 않으면 영국군이 프랑스에서 질 수도 있다는 뉴월의 생각과는 달리, 다우딩은 프랑스는 뭘 해도 질 나라이며, 충분한 전투기로 영국의 항구와 항공기 공장을 적에게서 지키고 영국 해협 상공의 제공권을 확보해야만 프랑스 패배 이후에도 영국이 살아남을 수 있다고 생각했다.

다우딩은 5월 10일부터 됭케르크 철수까지 불과 2주 동안 프랑스에서 벌어진 일을 보고 의견을 더욱 굳혔다. 프랑스 공군은 적을 타격할 능력이 전혀 없었고 실제로 적에게 타격을 입히려는 시도조차 하지 않았다. 또한 프랑스 파견 영국 공군 전력은 신속히 분쇄되었다. 전투 첫날만 하더라도, 진격해 오는 독일군을 폭격하러 출격한 페어리 배틀 폭격기 32대 중 13대가 격추당했고 나머지도 심각한 손상을 입었다(그나마도 독일군을 폭격하면 프랑스 여러 도시에 보복 폭격이 가해질 거라며 만류하던 가믈랭 장군을 뿌리치고 보냈던 것이었다). 알베르 운하를 가로지르는 교량을 폭격해 달라는 벨기에의 요구로 보낸 배틀 폭격기 부대는 전멸해 버렸다. 이 작전의 대가로 얻어 낸 것은 그 직후 추서된 빅토리아십자훈장 2개 말고는 없었다. 5월 14일이 되어서야 가믈랭 장군은 놀라운 속도와 예측 불허의 방향으로 진격하는 독일군에게 반격하기로 마음을 고쳐먹고, 영국 공군에게 뫼즈 강의 교량을 폭격해 달라고 요청했다. 그 교량은 공중 폭격을 명중시키기가 쉽지 않았고, 가장 확실한 방법은 교량에 폭발물을 설치해 폭파시키는 것이었지만 프랑스군은 교량 파괴를 소홀히 했다. 그런데도 배럿 장군은 가믈랭을 위해 무려 71대의 폭격기를 출격시켜 그 다리에 폭격을 가해 주었다. 그 폭격기 중 40대가 독일군에게 격추당했다. 이는 영국 공군이 그때까지 이 전쟁의 단일 작전에서 겪은 가장 높은 손실률이었다.[8] 그러나 교량에는 거의 피해가 없었으며 독일군의 진격은 불과 수 시간이 지연되었을 뿐이었다. 느리고 취약한 배틀 폭격기를 호위하러 허리케인이 출격했고, 무장이 부실한 블레넘 폭격기도 놀라운 성능을 보였다. 그러나 다우딩의 최악의 예언은 적중하고 말았다. 프랑스 주둔 영국 공군은 아무 성과도 올리지 못한 채 점차 소모되어 갔다. 수도꼭지를 틀어 놓은 듯 영국의 전력은 급속히 소진되고 있었지만 누구도 그걸 막았을 경우 일어날 정치적 후폭풍을 감당하려 하지 않았다.

독일군의 공격 초반에 이미 프랑스에는 허리케인 6개 대대가 있었고, 추가로 4개 대대가 더 파견되었다. 5월 13일, 독일군의 맹공격을 당하고 있는 프랑스, 네덜란드, 벨기에 정부의 허리케인 증파 요청을 들어줄지 말지는 이미 영국 정가에서 뜨거운 감자가 되어 있었다. 이 문제는 전시 내각에서 논의되었다. 항공성 대신은 아치볼드 싱클레어 경으로 바뀌어 있었다. 1916년 처칠이 플랑드르에서 왕립 스코틀랜드 보병 연대 제6대대장을 하던 시절 잠시 부대대장을 한 적이 있던 새로운 항공성 대신 아치볼드 싱클레어 경은 전시 내각에서 독일군에게서 영국을 방어하려면 60개의 전투비행대대가 필요하지만 현재 보유한 전투비행대대의 수는 39개뿐이라는 공군 참모단의 견해를 상기시켰다.

1948년, 당시의 사건에 대해서 자신만의 시각으로 기록을 하게 된 처칠은 자신을 프랑스와 공군 참모들의 의견 대립을 조절한 사려 깊고 현명한 사람으로 묘사했다. 그러나 당시에 처칠과 대면했던 사람들은 대부분 그를 극도로 완고하며 까다로운 거만하고 사나운 인물로 기억한다. 그러나 당시의 처칠은 문자 그대로 〈전 세계를 양어깨에 짊어진〉 신세였다는 것도 염두에 둘 필요가 있다. 네덜란드는 독일군에게 유린당해 오늘내일하는 상태였고, 네덜란드가 항복하면 얼마 못 가 벨기에도 그 뒤를 따를 것이었다. 그리고 프랑스군이 무능력하고 패배주의에 사로잡혔다는 징후는 너무나도 명백했으며, 그만큼 처칠도 그들을 매우 보기 싫어했다. 공군 참모총장은 시간을 벌기 위해, 즉 프랑스에 대한 전투기 증파를 연기해서 프랑스에 전투기를 더 보내 영국 국내의 전투기 수를 줄이기 전에 전투기사령부 사령관에게 그의 관점을 말할 기회를 주자고 신중히 제안했다. 그리고 다우딩은 전시 내각이 보내라고 강요하지 않는 한 프랑스에 추가로 허리케인 비행대대를 보낼 의사가 없다는 점도 지적했다. 즉 다우딩의 입장을 이전에도 많이 들어 잘 알고 있던 뉴월이 다우딩에게 책임을 전가한 것이다. 그리고 모두에게 다우딩이 프랑스에 대한 허리케인 증파를 반대한다고 알렸을 뿐 아니라, 그 내용을 기록으로 남긴 것이다.

뉴월이 전시 내각에 출석한 이유는 무엇보다도 처칠이 즉시 공군으로 독일을 폭격하기를 바랐기 때문이다. 물론 독일의 보복 폭격을 무서워한 프랑스 정부는 이에 끝까지 반대했다. 프랑스의 반대에도 불구하고 폭격기사령부로 루르를 폭격할지 여부는 5월 13일 전시 내각 회의에 출석한 처칠의 가장 중요한 사안이었다. 이는 또한 영국 공군의 가장 중요한 사안이기도 했으며, 이에 비하면 프랑스의 영국 전투기 증파 요구 및 그에 대한 다우딩의 반발은 뒷전이었다.

처칠과 여러 사람들, 심지어는 다른 이들보다 지식이 풍부한 뉴월까지도 폭격기사령부가 독일 중공업과 군수 산업의 심장부인 루르에 치명타를 가할 수 있다는 환상을 품고 있었다. H. G. 웰스가 예견하고 처칠도 1930년대 후반의 연설에서 예견한 전략 폭격으로 인한 대량 파괴는 폭격에 대해 논의하는 모든 사람들에게 아직도 영향을 미치고 있었다. 프랑스는 전략 폭격을 두려워했지만, 처칠은 오히려 그 때문에 더욱 더 루르에 폭격기를 보내 독일에 치명타를 먹이려고 했다. 그는 독일군이 영국에 보복 폭격을 가할 가능성은 별로 생각하지 않았다. 설령 보복 폭격을 가하더라도, 그 때문에 독일 공군의 전력을 주전장에서 분산시켜 프랑스군이 방어 태세를 굳힐 여유를 주고, 남부에서 반격을 개시해 전선의 독일군 돌출부를 절단할 기회가 생긴다고 보았다.

아마도 다우딩을 제외한 모든 사람들은 루르 폭격이 허튼짓에 불과하여, 그래 봤자 히틀러가 제정신을 차리고 무릎을 꿇는 일 따위는 결코 일어나지 않을 거라는 점을 아직 모르고 있었다. 영국 공군 폭격기사령부는 독일 산업에 심각한 타격을 가하는 데 필요한 항공기, 항법술, 과학 기술이 전혀 없었다. 영국 폭격기는 주간에는 너무 느리고 무장이 약해 독일 상공에서 살아남을 수 없었으며, 야간에는 설사 날씨가 맑다고 하더라도 목표까지 찾아갈 방법이 없었다. 다우닝가 10번지의 내각 회의실에 모여 앉은 수상과 주변 사람들에게 이 루르 폭격 건은 막중한 결과를 초래할 심각한 문제로 받아들여졌을 것이다. 오늘날 우리가 이 루르 폭격 문제가 다우딩의 전투비행대를 프랑스에 파견하는 문제에 비해 별로 중요치 않다는 것을 알고 있는 것은 그때로부터 시간이 많이 흘러 결과를 알고 있는 덕택이다.

다우딩이 전시 내각의 주요 지휘관 회의에서 자신의 주장을 펼친 것은 그로부터 이틀이나 지난 5월 15일의 일이었다. 아마도 그의 계급이 낮아, 처칠이 정한 우선순위에서 밀렸기 때문일 것이다. 대륙에서 쏟아져 들어오는 나쁜 소식 때문에 앞으로 영국 내 전투비행대 수가 더욱 줄거라는 다우딩의 근심은 더해 갔다. 5월 14일, 중립국 네덜란드를 건너 딜 강으로 향하던 B집단군의 진격 스케줄에 한 치의 지연도 허용하지 않았던 독일은 네덜란드의 미약하지만 끊임없는 반격에 직면하자 로테르담을 폭격해 네덜란드에 뜨거운 맛을 보여 주기로 결정했다. 유서 깊던 도시 중심가는 박살이 났고 건물 2만 채가 완파되었으며 1,000명이 사망하고 7만 8,000명의 이재민이 발생했다. 저항은 전혀 없었다. 그 전날 네덜란드 공군은 지상에서 괴멸되어 버렸고 로테르담에는 대공포가 없었기 때문이다. 독일 공군 조종사들은 아무 거리낌 없이 마치 폭격 훈련이라도 하듯 지상 수백 미터 상공에서 폭탄을 퍼부어 도시를 불지옥으로 만들어 버렸다. 네덜란드는 다음 날 항복했다. 프랑스는 자국이 이런 꼴이 날 것을 가장 두려워했다. 그러니 이들이 독일 폭격에 더욱더 강하게 반대한 것도 무리는 아니었다. 그러나 반대로 영국은 이를 보고 전략 폭격의 위력을 실감했다. 그리고 전시 내각은 루르를 폭격할 경우 민간인 사상자가 발생하면 어쩌나 하던 걱정과 망설임을 말끔히 지워 버렸다.

사실상 독일은 설령 원한다 하더라도 파리나 런던을 로테르담 꼴로 만들 능력이 없었다. 로테르담은 작은 도시였고 주변이 평야라 도로나 철도 지도만 있으면 쉽게 찾을 수 있었다. 그리고 적의 저항도 전혀 없는 데다가 독일 국경에서의 거리는 160킬로미터 이내였다. 또한 독일 공군 기지에서 출격한 폭격기의 전투 행동 반경 내에 가뿐히 들어오는 곳이었다. 게르니카와 마찬가지로, 로테르담 폭격은 어린애 손에서 사탕 뺏기만큼이나 쉬운 전투였다.

로테르담 폭격은 프랑스 정부에는 충격을, 독일 B집단군의 다음 진격로인 중립국 벨기에에는 엄청난 정치적 위기를 선사했다. 벨기에는 로테르담 폭격 이후 2주도 안 되어 항복했다. 브뤼셀에 남아 있던 영국 대사관 직원들은 이미 벨기에 국왕 레오폴드 3세의 태도를 심각하게 걱정하고 있었다. 그 직원 중에는 영국 의회 의원인 해군 대장 로저 키스 제독도 포함되어 있었다. 처칠은 오랜 친구이자 호전적인 성향의 키스를 벨기에 왕에게 사절로 직접 보냈다.

다우딩이 자신의 입장을 표명할 5월 15일 오전 10시의 전시 내각 주요 지휘관 회의는 의외로 선택된 인원들만 들어오는 작고 조용하며 정숙한 자리는 아니었다. 사람들이 끊임없이 뉴스와 정보를 가져왔고, 게다가 수상은 그 엄청난 권력에도 불구하고 항상 늦게 도착해 주의를 산란하게 했다. 그는 지난 24시간 동안 엄청나게 많은 일을 처리했다. 전날인 14일, 그는 독일군을 피해 영국으로 도피한 빌헤르미나 여왕과 네덜란드 왕가를 영접하러 다우닝가 10번지를 잠시 떠났다.* 15일 이른 아침에 그는 공포에 질린 레노에게서 온 전화를 받았다. 독일군이 세당을 돌파했다는 것이었다. 키스 제독은 벨기에 정부가 브뤼셀을 떠날 생각을 하고 있다는 소문이 들린다고 보고했다. 15일 오후에 처칠은 영국 수상으로서, 미 대통령 루스벨트에게 구축함 50척을 포함한 많은 것들을 지원해 달라는 내용의 긴 편지를 처음으로 써 보냈다.** 독일군의 놀라운 진격 속도, 점점 뚜렷해지는 프랑스군의 혼란과 분열, 패배주의가 모두의 가장 큰 관심사가 되었다.

회의는 뉴월이 출석하면서 시작되었다. 출석자 중에는 제1 해군경, 제국육군 참모총장, 처칠 수상의 군사참모이자 국방대신인 헤이스팅스 이즈메이 장군, 그 외에 수많은 부관들과 참모 장교들이 있었다. 회의는 10시 30분경 휴회되었다가 잠시 후 처칠이 출석하면서 다시 속개되었다. 그는 아침에 레노와 한 통화 내용을 얘기하며, 프랑스 수상이 전투기

---

* 빌헤르미나 여왕 일가의 이 행동은 타당하고 또한 애국적인 결정이었다. 빌헤르미나 여왕의 이웃인 레오폴드 3세는 애인 릴리안 바엘스(후일의 레티 공작 부인)와 함께 독일군 점령하의 브뤼셀에 남은 것 때문에 전쟁 이후 엄청난 비난과 퇴위 압력을 받았다. 행동의 자유를 지키려 영국으로 도피한 왕 중에는 노르웨이 국왕, 유고슬라비아 국왕, 그리스 국왕 등이 있다. 또한 폴란드, 벨기에, 체코슬로바키아, 프랑스(샤를 드골의 자유프랑스) 등은 영국에 망명 정부를 세웠다.

** 루스벨트 대통령은 처칠이 체임벌린 전시 내각의 해군 대신이던 1939년 9월, 처칠과의 편지 왕래를 시작했다. 처칠은 그와의 편지 왕래가 매우 친밀하고 개인적인 성질의 것이었다고 말했다. 이들이 주고받은 편지는 3권 분량의 전집인 *Churchill and Roosevelt: The Complete Correspondence*, Princeton University Press, 1984(Warren F. Kimball 편집)으로 묶여 나왔다.

10개 대대를 즉시 프랑스에 추가 파병해 달라고 요청했다고 밝혔다. 회의실 밖에서 기다리고 있던 다우딩이 공군 참모차장 리처드 퍼스와 함께 입장한 것이 바로 이때였다.

다우딩은 처칠과 구면인 사이였다. 1920년대 처칠과 T. E. 로런스, 거트루드 벨이 카이로 호텔에서 구 오스만 제국 영토 지도 위에 금을 그어 이라크를 만든 직후, 다우딩이 영국 공군 폭격기 4개 대대를 이끌고 이라크에 도착, 서로 싸우고 있던 수많은 부족과 종파들에게 폭격을 가함으로써, 돈을 많이 들여 대규모의 영국군과 인도군을 주둔시키지 않고도 이라크인을 확실히 침묵시킬 수 있다는 점을 보여 주었기 때문이다. 이들 부족과 종파들은 영국과 영국의 괴뢰 왕인 수니파의 하심 왕조에 대한 반감 이외에는 아무런 공통점이 없었다. 이후 그는 제2차 세계 대전이 벌어지기 전까지 처칠의 다루기 힘든 오만한 과학 자문 프레더릭 린드먼(후일 처웰 경이 됨)과 자주 의견 충돌을 빚었다. 다우딩은 린드먼과 처칠이 내놓은 어설픈 방공 이론을 도저히 받아들일 수 없었기 때문이다(예를 들어 레이더 개발이 아직 초창기일 때 린드먼은 전파보다는 적외선이 항공기 탐지에 더욱 효율적이라는 말도 안 되는 주장을 펼쳤고, 다우딩은 이에 맞서 싸워야 했다).

〈꼰대〉라는 별명이 말해 주듯이, 고집 세고, 뻣뻣하고, 따지기 좋아하고, 양보할 줄 모르는 다우딩은 평시 같으면 처칠이 좋아할 인물은 아니었다. 처칠을 존경하는 이들은 언제나 처칠이 남의 말을 잘 들어주는 사람이었다고 주장한다. 그 말도 완전히 틀린 말은 아니었다. 그러나 그가 남의 말을 들어주는 것은 어디까지나 논쟁에서 이기기 위함이었다. 따뜻한 인품과 탁월한 유머 감각 덕에 처칠은 인간적인 존경을 오래도록 받을 수 있었다. 그러나 다우딩에게는 그런 성품이 결여되어 있었다. 다우딩이 영혼의 존재를 확고하게 믿으면서 죽은 조종사들과 먼저 저세상으로 간 아내가 자신의 갈 길을 인도하고 있다고 생각했다는 점을 처칠이 모른 것은 그나마 다행이었다.

처칠은 다우딩이 불만을, 그것도 엄청난 불만을 품고 있었다는 점 역시 몰랐을 것이다. 우선, 다우딩은 자신이 분명 공군 참모총장 자리를 차지할 것으로 생각했으나 뉴월이 그 자리를 먼저 차지해 버렸다. 두 번째로 그는 자신이 말하는 〈무능한 공군 참모진〉들과 수년이나 싸워 왔으며, 그들이 전투기사령부의 요구를 무시한 사실을 문서화하여 그들을 협박해 왔다. 세 번째로 공군 참모진들 역시 다우딩의 전투기사령부 사령관 임기가 끝나는 1940년 6월 14일 이후 그를 가차 없이 제대시켜 버리겠다며 복수의 칼을 갈고 있었다(당시 영국 공군은 창군된 지 22년밖에 되지 않은, 영국의 3군 중에서 가장 젊은 군대였지만, 고급 장교들 사이의 경쟁의식, 상호 비방, 음모, 모함 등은 타군의 추종을 불허하는 수준이었다. 그리고 다우딩은 동료 장군들 거의 모두를 공격한 전과가 있었다). 싱클레어와 뉴월은 혹시나 모를까 싶어, 다우딩이 고집 세고 까다로운 인물이라는 점을 수상에게 미리 경고해 주었다. 그러나 다른 일들도 많이 진행해야 했던 그날 아침의 회의 자리에서는 그 점을 염두에 둘 수 없었다. 사실 공군 참모진들과 오랜 반목을 일으키며 불평만 늘어놓았던 다우딩 역시 이날만큼은 그런 것과 상관없이 해내야 할 임무가 있었다. 바로 수상이 제멋대로 행동하는 것을 막는 것이었다.[9]

사실 이 임무는 어떤 상황에서도 공군 대장 계급으로는 버거운 일이었다. 게다가 그 수상이 영국 정가가 낳은 인물 중 가장 두려운 인물로 꼽히는 윈스턴 처칠이라면 그의 마음을 돌리기란 거의 불가능에 가까웠다. 처칠은 하르툼의 키치너 원수를 시작으로 그때까지만 해도 가장 큰 존경과 두려움의 대상이던 제1 해군경 해군 대장 피셔 경, 더글러스 헤이그 원수 등 수많은 군 고급 지휘관을 박살 낸 경력이 있었다. 처칠은 관청 안에서건 밖에서건, 상대가 제복을 입었건 안 입었건 간에, 마음에 들지 않는 군사적 조언은 망설임 없이 물리쳤으며, 지위가 아무리 높은 군인이라 할지라도 스스럼없이 비판과 의견을 개진했다. 그는 아무리 상황이 좋더라도 자신이 내놓은 계획에 반대하거나 비판하는 걸 용납하는 사람이 아니었다. 그리고 1940년 5월 15일의 상황은 이보다 더 나쁠 수 없는 상황이었다. 간단히 말해 다우딩은 스스로도 깨닫고 있다시피, 섶을 지고 불속에 뛰어드는 격이었다.

그러나 그러한 상황 인식도, 그리고 테이블 저편 목제 팔걸이의자에 앉아 얼굴을 찡그리고 있는 처칠의 모습도 다우딩의 분명한 입장 표명을 막을 수는 없었다. 역사가들은 이 발표 모습을 엄청나게 미화해 왔다. 다우딩이 일어나서 전투기 전력이 적힌 차트를 수상의 앞에 들이밀며 몸을 굽혀 그 차트를 들여다보라고 요구했고, 연필을 꺼내 분주히 중요한 수치를 가리켜 가며 수상의 주의를 사로잡았다는 식으로 말이다. 그러나 당시 그 자리에 있었던 사람들은 그런 기록을 부정한다. 다우딩이 분노하며 연필을 테이블 위에 집어던졌다는 류의 이야기를 증명할 만한 믿음직한 근거는 어디에도 없다. 물론 다우딩의 기분이 그랬을 수는 있었겠지만 말이다. 다우딩은 용감한 사람이었지만, 무모하거나 예의 없지는 않았다. 그리고 천성적으로 그는 감정을 그대로 나타낼 줄 몰랐다. 그러나 확실한 것은 다음 두 가지 사실이다. 우선 다우딩은 첫 번째 의제인 루르 폭격 관련 토론에 상식인답게 끼어들어 루르 폭격 제안을 환영한다는 것을 밝히고, 독일의 보복에 대한 공포를 조리 있게 비판했다는 것이다. 왜냐하면 이 건은 하느냐 마느냐 하는 문제가 아니라, 사실상 언제 하느냐가 문제였기 때문이다. 그리고 두 번째 의제인 프랑스에 대한 전투기 증파에 대해서는 수상과 전시 내각 위원들에게 프랑스에 전투기를 더 보낼 시 발생할 위험에 대해 엄중하게 경고했다고 전해진다.*

다우딩이 얼마의 전투비행대대를 요구하는지는 이미 전날 열린 전시 내각 회의에서 뉴월이 제시한 바 있었다. 다우딩은 최소 50개의 전투비행대대가 있어야 하며, 가능하면 60개까지 필요할 거라고 보았다. 그러나 현재 보유한 전투비행대대 수는 46개뿐이었다. 수상은 이 중에서 무려 10개를 프랑스로 빼겠다는 것이었다. 그러나 5월 15일 회의에서 이건은 자세히 논의되지 않았다. 이날의 회의 시간 중 전투기 논의에 할애된 시간은 5분의 1 이하였으며, 회의의 핵심 주제는 루르 폭격 개시 여부였다.**

그러나 다우딩의 엄중한 경고를 접한 전시 내각은 전투기 문제의 중요성을 인식하기 시작했다. 사실 다우딩은 농담을 할 때도 엄숙한 태도를 취했던 사람이라 이는 별로 놀랄 일은 아니었다. 처칠이 뉴월에게 의견을 말해 보라고 하자 뉴월은 자신도 다우딩에 동의하며, 프랑스에 전투기를 증파해서는 안 된다고 생각한다고 말했다. 전시 내각이 그렇게 결정을 내리고 수상이 레노에게 그 사실을 전하게 되자 다우딩은 깊이 안도했다. 물론 그 사실을 전해 듣고 레노가 보였을 반응은 처칠도 감당하기 어려웠겠지만 말이다.

아마도 처칠은 당시 폭격 쪽으로 마음을 굳혔고, 다우딩도 처칠에게 뉴월의 예견만을 말해 주었기에, 수상은 회의에서 영국을 방어하려면

* 이즈메이 장군의 회고록에 나온 표현이다.
** 5월 15일 밤, 각종 쌍발 폭격기 100여 대로 구성된 영국 공군 폭격대가 루르를 폭격했다. 15대는 목표에 도달하지 못했으며 나머지 항공기들도 그리 심각한 손해는 입히지 못했다.

다우딩에게 단 25개의 전투비행대대만 주면 된다는 결론을 확고히(혹은 속 편하게) 내렸던 것 같다. 어찌 되었건 처칠은 이 25개 대대라는 숫자를 머릿속에 확 박아 넣었다. 전쟁 이후 이 일에 대해 기록할 때 처칠은 다우딩이 〈25개 비행대대가 최종 한계입니다〉라고 직접 말했다고 주장했다.[10] 그러나 이 숫자는 전시 내각 회의에서 거론된 바 없다. 그리고 다우딩도 죽을 때까지 처칠의 이러한 주장을 극렬 부인했을 뿐 아니라 나중의 기록에 들어간 이러한 어떤 억측도 부정했다.

처칠이 왜 25개 비행대대라는 숫자를 중요하게 생각했는가? 그것은 만약 25개 비행대대가 최소 한계라면 다우딩이 46개 비행대대를 갖고 있고 그 중 10개를 프랑스에 보낸다고 해도 여전히 영국 본토를 지키는 데 필요한 충분한 비행대대를 갖고 있다는 생각 때문이었다. 아마 그 때문에 처칠은 다우딩과 뉴월의 말을 참을성 있게 듣고서 전시 내각 결정에 서명을 하고, 이 건에 대해 〈심리 유보〉를 하자고 생각한 후, 프랑스에 대한 전투기 증파를 막을 필요가 없다고 생각했을 것이다. 다우딩의 생각이야 어찌 되었든 간에.

또한, 처칠 본인만 알 수 있는 문제이겠지만 그는 이 건에 대해 가급적 잘 경청하지도, 생각을 잘 요약 정리하지도 않았을 수 있다. 그렇다면 수상이 다우딩이 추가로 필요하다고 했던 25개 비행대대라는 숫자를 영국 영공 방위에 필요한 최소 숫자로 착각해 버렸을 가능성도 있다. 어찌 되었건 처칠도 우리 모두와 마찬가지로 듣고 싶은 것만 듣는 경향이 강했다. 그리고 그는 프랑스에 전투기를 증파하려던 자신의 결정이 다우딩의 요구와 합치되었다는 식으로 전쟁 이후 역사를 꾸며 낼 수 있었다.

처칠은 『제2차 세계 대전』의 제2권인 『그들 최고의 시간』에 엄청난 지면과 사고력, 글솜씨를 할애해 이 건을 다루었다. 그러나 그는 이번만큼은 독자들을 설득하는 데 실패했다. 다우딩이 25개 비행대대만으로 영국을 지킬 수 있다고 약속했다고 주장하는 것 외에는, 그가 프랑스의 전쟁을 지속시키고 영국을 지키는 데 온 힘을 다했음을 증명할 방법이 없었기 때문이다. 동어 반복이라는 오류를 잘 저지르지 않던 뛰어난 문장가였건 그도 이 건에 대해서만큼은 무수한 동어 반복을 하고 있다. 자신의 주장이 사실과 다르며 그도 그 점을 알고 있다는 증거이다.

일이 계속 진행되어 가면서 다우딩의 승리는 오래 유지되지 못했다. 다음 날 프랑스에서 괴로운 구원 요청과 함께 더욱 안 좋은 소식이 들어왔다. 실수로 인해 퍼진 이야기였지만, 독일군 기갑부대가 파리에서 하루 거리까지 진격했다는 소문이었다. 그리고 프랑스 주둔 영국 공군 사령관인 배럿 장군도 예하 전투비행대대들이 신속하게 각개 격파당하고 있으며, 연일 매 시간마다 다수의 전투기의 호위를 받는 폭격기 40대씩을 상대해야 한다는 것이었다. 압도적인 수적 열세에도 불구하고 탈진한 조종사들은 하루에도 네댓 번씩 출격을 강요당하고 있었다. 이러한 소식을 접한 처칠은 전시 내각의 결정을 무시하고 한꺼번에 6개 전투비행대대를 프랑스에 보내려고 했다. 뉴월은 이는 전날의 회의에서 다우딩이 보고한 현 상황과 맞지 않는다는 점을 지적하여, 이 숫자를 4개로 줄였다. 그러나 그날 늦게 처칠은 파리에 가서 프랑스 전시 내각 위원들을 만났다. 비관주의와 패배주의 분위기는 너무나도 강했다. 그날 밤 늦게 프랑스 주재 영국 대사관에 간 처칠도 〈그 무거운 분위기에 압도되었다〉라는 말을 남길 정도였다. 그리고 프랑스인들이 한 목소리로 영국 전투기가 부족해 자국 육군이 졌다고 비난한 것 때문에 마음이 심하게 괴로웠던 그는 영국 전시 내각에 전보를 쳐 프랑스에 보낼 전투비행대대 수를 기존의 4개에서 10개로 늘리라고 지시했다.[11]

다우딩은 전투기사령부 본부로 돌아오자마자 전시 내각이 했던 약속을 믿을 수가 없어졌다. 혹은 전시 내각 회의에서 나왔던 말 때문에 의심이 들기 시작했는지도 모른다. 다우딩은 요령 없는 사람이었다. 그는 동료 공군 장군들이나 정치가들을 한 치의 망설임도 없이 무자비하게 짓밟기도 했다. 그리고 가끔씩 너무나 둔해지기도 했다. 그러나 누군가가 자신을 속이려고 할 때 그걸 알아챌 만한 지각력은 있었다. 그는 뉴월을 믿지 않았다. 그리고 소중한 전투기를 프랑스에 보내지 않겠다는 처칠의 약속도 완전히는 믿지 않았다. 그는 자리에 앉아 그의 공군 인생에서 가장 중요한 편지를 쓰기 시작했다. 그리고 영국을 지키는 데 필요한 것들을 기록에 남기기 시작했다.

대륙에서 몰려오는 독일 침공군을 막는 본토 방공 전투기 부대를 건설하기 위해 필요한 것을 요청하는 중요한 임무를 띠게 되어 영광입니다.

(⋯⋯)

2. 저는 우리 군이 아직도 프랑스와 벨기에에서 승리하고 있다고 믿어 의심치 않지만, 그들이 질 가능성도 염두에 둬야 합니다.
3. 그럴 경우 유럽 대륙 전체가 독일의 손에 떨어지더라도 영국이 계속 싸워야 한다는 것을 부정할 사람은 없을 것이라 생각합니다.
4. 이를 위해 영국 본토 내에 필요 최소한의 전투기 전력을 유지해야 하며, 제가 전투기 전력을 적소에 배치할 수 있도록 항공협의회가 필요 최소한의 전투기 전력이 얼마인지 산정하고 통보해 줄 것을 요청합니다.
5. 항공협의회는 최근 영국 본토 방위에 최소 52개의 전투비행대대가 필요하

다고 추산했던 걸로 알고 있습니다. 그러나 제가 현재 보유한 전력은 36개 전투비행대대뿐입니다.

(······)

9. 그러므로 항공성은 본토 방위에 필요한 전투기사령부의 전력 계산을 어떤 사안보다도 중대하고 시급하게 판단 및 결정한 후, 언제쯤이면 그 전력을 공급 가능한지를 저에게 알려 주시고, 또한 프랑스가 아무리 긴급하고 끈질기게 구원 요청을 할지라도 영국 해협 너머로는 앞으로 단 한 대의 전투기도 보내지 않을 것임을 보증해 주시기 바랍니다.

10. 우리 나라에 충분한 전투기 전력이 있고, 해군 함대가 건재하며, 본토 방어 부대가 잘 조직되어 있다면 당분간은 우리 혼자서 전쟁을 해야 할지라도 언젠가는 우방국의 도움을 받을 수 있을 거라고 생각합니다. 그러나 프랑스의 상황을 진정시키기 위해 본토 방위 부대를 프랑스에 투입해 소모시켜 버린다면 프랑스의 패배와 함께 우리 나라 역시 돌이킬 수 없이 완벽하게 패배하고 말 것입니다.[12]

다우딩은 현 상황을 가장 과격한 언어를 사용해 가장 간결하게 표현했다. 그리고 다우딩이 〈또한 프랑스가 아무리 긴급하고 끈질기게 구원 요청을 할지라도 영국 해협 너머로는 앞으로 단 한 대의 전투기도 보내지 않을 것임을 보증해 주시기 바랍니다〉라는 표현을 쓴 대상이 누구인지도 너무나도 명백했다. 그의 편지를 받아 본 뉴월은 바로 태도를 바꾸었다. 이는 두 사람 간의 적대 관계를 생각해 볼 때 대단한 것이었다. 그러나 그것이 처칠에게 어떤 영향을 미쳤는지 판단하기는 힘들다. 처칠은 이 편지를 『그들 최고의 시간』에서 거론조차 하지 않았는데, 이 편지의 내용은 다우딩이 본토 방어는 25개 전투비행대대만으로 충분하다는 처칠 자신의 진술과 모순되기 때문이었다. 결국 처칠은 프랑스의 요구에 맞춰 더 많은 허리케인을 프랑스에 보내려 했으나, 아랫사람들의 반발과 경고는 심해져만 갔다. 결국 다우딩은 프랑스를 달래기 위해 잉글랜드 남부에 주둔한 허리케인을 프랑스의 급조된 공군 기지에 낮 동안에만 보내자는 의견을 내놓았다. 어느 안도 만족스럽지 않았다. 그리고 프랑스가 항복할 때까지 다우딩의 허리케인 재고는 줄어만 갔다.

『그들 최고의 시간』에서 처칠은 다우딩에게 아낌없는 찬사를 늘어놓았다. 너무 아낌없어서 이상할 정도다. 그러나 이후 다우딩의 말로를 생각해 본다면 그 찬사는 다우딩에 대한 혐오와 분개를 철저히 위장하기 위한 수단일 뿐이라는 것을 알 수 있다. 다우딩은 처칠에게 반항했고, 게다가 다우딩의 의견은 옳았다. 다우딩이 요구한 전투비행대대 숫자는 정확했으며 그는 거의 여유가 없는 전력을 가지고 전투에서 이겼다. 그는 전시 내각 회의에 출석하여 제대로 된 생각을 가지고 바른 말을 함으로써 영국 공군에서 더 이상 출세하지 못하고 말았다. 여기서도 처칠은 자신이 회의에 다우딩을 초청했다고 주장하여 사실 관계를 왜곡했다. 그러나 실제로는 다우딩 자신이 전시 내각 회의에 나가려고 하였다. 그는 영국 국왕의 도움에도 불구하고 원수 진급을 하지 못했으며, 이후 그 어떤 지휘관직도 맡지 못했다. 반면 그의 적들은 더 높이 진급했으며, 영국 전투의 승리를 이끌어 낸 다우딩의 전략을 대놓고 문제시하기도 했다. 마치 제2차 세계 대전의 가장 중요한 전투인 영국 전투에서 다우딩이 지기라도 한 것처럼 말이다. 그럼에도 불구하고 우리는 다우딩을 제2차 세계 대전에서 영국에 첫 승리를 안겨 주고, 침략자로부터 영국을 구한 사람으로 기억하고 있다. 그의 사령부인 벤틀리 프라이어리에는 다우딩을 기리는 청동 명패가 있다. 그 명패에 적힌 마지막 말은 이렇다.

그는 영국과 자유세계 사람들이
오늘날 생명과 자유를 누리는 데 큰 기여를 했다.[13]

그렇게 보면, 아무튼 그는 결국 끝까지 굽히지 않은 〈꼰대〉 다우딩이었다.

6장
제1라운드: 해협 전투

됭케르크에서 영국군 장병 25만 명 이상이 철수한 후 전쟁은 잠시 소
강상태에 접어들었다. 물론 모두가 다 쥐 죽은 듯 지냈던 것은 아니다.
바다에서는 영국 해군과 독일 잠수함대가 전투를 벌였고, 프랑스군은
항복할 때까지 독일군과 싸웠다. 공중에서는 독일과 영국 항공기들이
서로 마주칠 때마다 전투를 벌였다. 폴란드에는 유대인 강제 수용소가
들어섰고, 유대인들에 대한 빈번한 총격과 포그롬*이 실시되면서 후일
〈최종 해결책〉이라는 이름이 붙은 유대인 말살 정책의 첫 단계가 시작
되었다. 그러나 독일과 영국은 전쟁의 다음 단계가 바로 영국 전투가 될
것임을 알고 있었고 열성적이고 체계적으로 그 전투를 준비했다.

　독일은 우선 벨기에, 네덜란드, 룩셈부르크, 북프랑스에 대한 군사 및
정치적 지배 체계를 조직해야 했다. 그리고 독일 공군은 2개의 항공함
대를 새로 얻은 공군 기지로 이동 배치해야 했다. 이는 알베르트 케셀링

---

* 특정 인종 및 종교 집단에 대해서 벌어지는 조직적인 약탈과 학살 — 옮긴이 주.

장군의 제2 항공함대와 후고 슈페를레 장군의 제3 항공함대 예하의 항공기 약 3,000대, 그리고 항공기 유지와 운용에 필요한 모든 인원, 장비, 보급품을 모두 이동시키는 거대한 작업이었다(H. J. 슈툼프 상급대장이 이끄는 제5 항공함대는 영국 북부를 폭격하기 위해 노르웨이에 주둔했다). 영국 측에서도 프랑스에서 귀환한 전투기와 전투조종사들을 재편성하고, 5월 10일부터 됭케르크 철수 완료 시까지 손실한 항공기들을 보충해야 했다. 프랑스 전투에서 다우딩의 귀중한 전투기가 무려 453대나 전투 또는 사고로 손실되었다.

이 기간에 영국은 독일군의 침공에 대비했다. 의용지역방위대(얼마 안 있어 처칠에 의해 향토방위대로 개칭된다)가 구식 무기를 들고 남부 영국 마을마다 있는 마을 광장에서 훈련을 하고, 도로에는 급조된 장애물들이 들어서서 자동차광들을 짜증 나게 했다. 됭케르크에서 복귀한 병사들은 원 부대로 복귀하여 무기를 다시 지급받고, 영국 전역의 연대 보충대 연병장에서 번쩍이는 군화와 정모를 착용한 훈련 하사관과 주임 원사의 지도 아래 진짜 군인으로 다시 태어나고 있었다. 곧 영국 땅에서 전투가 벌어질 거라는 예상 때문에 수많은 아이들이 시골로 피난을 갔으며, 경우에 따라서는 대서양을 건너가기도 했다.* 벨기에에 수녀로 위장한 독일 공수부대가 낙하해 중요 거점을 점령하거나 폭파했다는 둥(이 소문 때문에 잉글랜드 남부에서 경찰들과 참견쟁이들이 수녀들을 꽤 괴롭고 당혹스럽게 했다), 독일군이 이미 영국 본토 침공을 시도했다가 실패하여 수천 구의 독

* 당시 7살이던 필자도 1940년 초가을 캐나다로 피난을 갔다. 함께 피난을 간 친구들 중에는 뛰어난 역사학자인 앨리스터 혼 경과 마틴 길버트 경도 있었다. 당시는 대도시가 한밤중에 독일 폭격기에 의해 잿더미가 되어 버릴 수 있다고 여겨지던 시절이었기 때문이다. 처칠은 볼드윈 및 체임벌린 수상 시절의 유산인 아이들의 대규모 피난을 개탄해 마지않았다. 수백 명의 피난민을 태운 시티오브베나레스 호가 영국 해안에서 수백 킬로미터 떨어진 곳에서 독일 잠수함의 어뢰 공격을 당하자 처칠은 국외 피난을 금지시켰다.

일군 시신들이 영국 해협 해안에 떠밀려 왔다는 둥, 독일군이 영국에 침공할 때 런던으로 가는 길을 알기 쉽도록 독일 스파이들이 해안에서 런던까지의 모든 전화선용 전신주에 금속제 표지판을 설치했다는 둥(사실이 금속제 표지판은 실은 전신주가 영국 중앙 우체국 재산임을 나타내는 표지판일 뿐이었다) 유언비어들이 빠르고 광범위하게 퍼졌다. 도로 표지판도 모두 철거되어 여행객들은 큰 불편을 겪었다. 새로 중장으로 진급한 정력적인 장군인 버나드 몽고메리는 독일군이 침공할 경우 자신의 부대를 관광버스로 움직이는 기동 예비대로 활용해야 한다고 주장하여 처음으로 수상의 이목을 끌었다.

루스벨트 대통령은 구축함 50척을 제공해 달라는 처칠의 요구를 정중히 거절했다. 미국은 됭케르크 철수 작전에 진심으로 찬사를 보냈지만, 사실을 말하자면 그 작전은 패배였고, 처칠은 그 점을 누구보다도 잘 알고 있었다. 아직까지는 영국을 지원하는 것은 무모한 도박이었다. 주영 미국 대사인 조지프 케네디는 영국이 살아남을 가능성은 지극히 낮다고 워싱턴에 보고했다.* 그리고 처칠이 뭐라고 떠들건 간에, 중립국들은 결정적인 순간 영국이 히틀러에 맞서 싸울 수 있다고 믿지 않았다. 영국은 미국제 구축함뿐만 아니라 소총, 탄약, 철강, 오일, 항공 연료, 각종 항공기 등의 미국제 전쟁 물자, 그리고 아르헨티나 쇠고기, 미 중서부 지방에서 나는 밀이 필요했다. 그리고 무엇보다도 이 모든 것들을 사오는 데 필요한 신용이 필요했다. 이 신용을 지키는 방법은 전쟁에서 이기는 것

---

* 이 보고에는 케네디의 영국 혐오가 깊이 새겨져 있다. 그는 영국이 질 것이고, 영국 공군은 믿을 수 없다는 말을 대놓고 하고 다녔다. 그는 독일 공군에게 폭격을 맞을까 두려워 가급적 매일 밤 런던 밖으로 떠났다. 역사학자 앤드루 로버트가 인용한 어느 영국 외무부 관리의 다음과 같은 우스갯소리에는 케네디의 비관주의가 여실히 드러나 있다. 〈조지프 케네디를 보기 전까지는 그래도 우리 나라에 희망이 있다고 생각했다.〉

말고는 없었다. 아무리 영웅적이고 성공적이었다 하더라도, 철수 작전으로는 냉철한 은행가와 사업가, 정치가, 재무 관료들의 지갑을 열 수 없었다. 영국 육군은 분명 아직은 세계를 감동시킬 승리를 얻어 낼 여력이 없었으며, 세계는 영국 해군의 승리는 당연한 일이라고 생각하는 경향이 있었다. 전 세계에 영국의 전투 의지를 보이고 승리를 얻어 낼 유일한 사람들은 다우딩이 〈병아리〉라는 별칭으로 부르곤 했던 젊은 전투조종사들뿐이었다. 그리고 당시 영국 전투조종사의 수는 1,000명을 간신히 넘는 수였다.

이러한 점을 고려할 때, 전 세계의 이목이 영국에 쏠려 있던 1940년 6월, 영국의 존망을 좌우하는 요소는 크게 다음 4가지였다. (1) 다우딩이 보유한 1,000여 명의 〈병아리〉들, (2) 전투 손실을 보충할 스피트파이어와 허리케인, 또한 롤스로이스 멀린 엔진의 일일 신규 생산량, (3) 다우딩 방공 체계의 효율성, (4) 다우딩이 세운 전략의 타당성.

이중 네 번째 요소는 다우딩과 그 반대자들 사이에 격렬한 논란거리가 되었다. 여기서 분명한 점은 심중의 생각을 타인들과 나누거나 공유하기를 꺼리는 다우딩의 성격이 논란을 키우는 데 한몫했다는 사실이다. 그는 독일군의 전력이 영국군을 압도한다는 것을 기정사실로 여겼고(이 점에서 그는 현상을 아주 정확하게 짚고 있었다), 대규모 공중전을 벌여 독일군이 영국 공군의 실제 전력을 추산하게 해서는 안 된다고 생각했다. 그의 방식은 솜씨 좋은 포커꾼의 방식과 비슷했다. 그는 독일군에게 허세를 부리고 실제로 가지고 있는 카드를 보여 주지 않으려는 생각이었다. 이를 위해 전투기사령부는 대대급 전력으로 독일 폭격기들에게 축차적인 소모를 강요, 장기 작전을 감당치 못할 정도의 손실을 주면서, 독일 공군이 전투기사령부의 전력을 실제 이하로 착각하게 하자는 계획을 세웠다.

그는 트라팔가르 전투나 워털루 전투에 비견될 만한 대 공중전을 원하지 않았다. 대신 그는 소모전을 수행하여 독일군들을 머리 아프게 하려 했다. 괴링의 턱없이 큰 자신감도 다우딩의 자산이었다. 그는 독일군이 영국 전투기사령부의 전력이 소진되어 간다고 착각하여 계속 항공기를 보내고, 자신은 그 항공기들을 요격해 복구 불능의 큰 손실을 입히기를 바랐다. 그는 또한 예하 조종사들이 전투기보다는 폭격기를 공격하기를 바랐는데, 폭격기는 제작 원가가 전투기보다 비싸고, 고도의 훈련을 받은 승무원이 4명(전투기는 1명뿐)이나 타고 있어 손실을 메우기가 그만큼 어려웠기 때문이다. 간단히 말해 다우딩의 전략은 독일군을 놀라고 당황스럽게 만드는 것이었다. 이것이 침공할 경우 인원과 장비 면에서 압도적인 우세를 보일 것이 분명한 독일군에 맞서기 위해 그가 마련해 둔 답안이었다. 무엇보다도, 그는 레이더와 지상 관제가 전투기사령부의 가장 중요한 자산이라는 점을 독일군에게 알리고 싶지 않았다.

다우딩에게는 불행한 일이지만 그의 전술은 톨스토이의 작품 『전쟁과 평화』에 나오는 실존 영웅 미하일 쿠투조프와 닮은 구석이 있다. 그가 무슨 생각을 하고 있는지는 항공성의 동료들이나 휘하 고급 지휘관들은 물론 거의 모든 예하 조종사들도 알지 못했다. 그의 목적은 독일 공군에 축차적인 소모를 가해 죽이자는 것이었지 그들이 영국을 폭격하지 못하게 막는 것이 아니었고, 그럴 만한 전력도 없었다. 그리고 그는 전투기 대 전투기의 공중전을 권하지 않았다. 그것은 인원과 장비의 낭비라고 생각했기 때문이다.

독일 공군이 북프랑스의 공군 기지를 차지한 후 영국 해협을 통과하는 영국 연안 호송선단에 소규모 공습을 벌이기 시작하면서 다우딩과 전시 내각 및 공군 참모들 간의 전략적 견해 차이는 분명해졌다. 독일은 우선적으로 새로 얻은 공군 기지에 슈투카를 배치해 둔 상태였다. 고정식 착륙 장치와 튼튼한 기체 구조를 갖춘 Ju 87은 유지 보수하기가 쉽고 설비가 미비한 비포장 활주로에서도 이륙이 용이한 데다가 독일 육군을 위한 공중 포병대 역할에 이상적인 항공기였다. 또한 적어도 이론상으로는 영국 해협을 따라 벨파스트, 리버풀, 카디프, 브리스틀, 런던 등지로 가는 소규모 영국 연안 호송선단의 연안 증기선과 구축함을 격침하는 데 이상적인 무기였다. 다우딩은 연안 호송선단 따위에 귀중한 전투기와 조종사를 소모할 바에는, 차라리 연안 호송선단이 전멸해 버리고 영국 철도에 좀 더 부담을 지우는 편이 낫다고 생각했을지도 모른다. 그러나 스페인 무적함대를 괴멸시킨 이후 현재까지 내려오는 영국인의 자존심은 그런 다우딩의 생각을 인정하지 않았다. 수상도 영국 해군도 영국 해협의 제해권을 독일 해군에게 내줄 생각은 없었다. 연안 호송선단이 무엇을 싣고 있건 간에(실제로 그들의 수송품 중 대부분은 석탄이었다) 독일군이 그들을 막게 내버려 둘 수는 없었다. 연안 호송선단의 저속 소형 기선에는 독일 항공기가 폭격하지 못하도록 긴 철사로 연결된 방공 기구가 장착되었다. 그러나 21척으로 이루어진 연안 호송선단에서 13척이 격침당하자 처칠은 약간의 과장을 섞어 이를 〈현재까지 해전사에서 일어난 일 중 가장 비극적인 사건〉이라고 칭하면서 앞서의 예방 조치가 전혀 쓸모가 없었다는 기록을 남겼다.[1]

독일 공군의 2개 항공함대가 새로운 공군 기지로 이동하면서, 이른바 〈해협 전투〉에 불이 붙었다. 독일 공군은 해협 전투를 자신들의 전력을 측정하고 향후 영국 전투에 대비해 장병들을 훈련시킬 좋은 기회로 여겼다. 얼마 안 가 Ju 88 같은 쌍발 폭격기들이 단발 Ju 87과 함께 폭격을 시작했다. 그리고 메서슈미트 전투기들도 공중 엄호를 제공했다. 초여름이 되자 영국 해협에서는 매일 굵직한 공중전이 벌어지게 되었다.

이는 다우딩의 골칫거리였다. 독일 공군 기지는 영국 해협에서 너무 가까운 곳에 있어서 영국의 레이더 조작사들이 제11 전투비행단 예하 전투비행대대에 조기 경보를 보낸다 해도 그 경보를 제대로 써먹을 만큼 충분한 시간적 여유가 없었고, 독일 폭격기들은 종종 레이더에 걸리지 않게 초저공으로 비행하는 경우도 많았으며, 영국 해안 마을을 폭격할 기회를 노렸다. 이를 막으려면 다우딩의 전투기들이 영국 해협 상공에서 전투 공중 초계를 하고, 전투는 저공에서 독일기와의 비조직적인 〈혼전〉(영국 조종사들의 표현이지만) 양상으로 퇴보할 수밖에 없었는데, 이는 다우딩이 가장 피하고 싶었던 혼란 상태였다. 처음에 슈투카는 만만한 먹잇감으로 보였다. 느린 데다가 급강하를 시작하면 고고도에서 공격해 오는 전투기에 취약하기 때문이다. 그러나 메서슈미트가 슈투카를 엄호해 주면서 영국 공군의 손실도 커지기 시작했다. 1940년 6월과 7월 두 달 동안 영국 공군 전투기사령부는 96대, 독일 공군은 227대의 항공기를 상실했다.[*] 연안 호송선단을 공격하는 독일 공군은 영국 공군보다 두 배가 넘는 항공기를 상실한 것이다. 그러나 다우딩이 원하는 것은 전력 증강이었지 석탄이나 지키다가 전력을 잃는 것이 아니었기에, 이러한 사실은 전혀 위안이 되지 않았다.

양국은 이 전투를 통해 귀한 전훈을 얻었다. 첫 번째로 해상 추락한 조종사를 구조하는 장비는 독일이 더욱 우월하다는 점이었다. 독일 항

---

[*] 이 책에서 필자는 독일과 영국의 전후 기록을 통해 확인된, 가급적 정확한 항공기 격추 대수를 인용하려 했다. 영국 전투 당시 전투기사령부의 전투기 중 격추 상황을 촬영해 주는 시네카메라를 장착한 항공기는 매우 드물었으며, 공중전의 혼란 속에서 한 대의 적기를 여러 아군기가 동시에 공격해 격추한 후, 저마다 그게 자신의 전과라고 주장하는 경우도 흔했다. 독일 공군 역시 자신들이 격추한 영국 항공기 수를 실제보다 과장했다. 양국의 선전·선동으로 인해 정확한 항공기 손실 수 집계에는 어려움이 따랐다.

공기 승무원들은 수상에 착수하면 자동으로 펴지는 고무보트에다 밝은 황색의 비행 헬멧, 물에 풀어서 아군 구조 수상기에 위치를 알리는 형광 염료 등을 가지고 있었다. 반면 영국 조종사들은 잉글랜드 남부 해안이 뻔히 보이는 거리에 떨어져도 구명조끼를 입고 바닷물에 떠밀려 다니다 저체온증으로 죽는 경우가 많았다. 공군 소장 파크는 결국 여러 대의 라이샌더 정찰기와 18척의 모터 보트를 조종사 구조 활동에 투입한다는 상당히 때늦은 결정을 내렸다. 그러나 바다에 추락한 공군 조종사들을 구조하는 활동에서 계속해서 독일 공군은 영국 공군보다 월등하게 우월한 장비와 효율성을 가지고 작전을 펼쳐 나갔다.

독일군은 무전 방수(傍受, 다른 사람에게 가는 통신을 우연히, 또는 고의적으로 수신하는 일 – 옮긴이)를 통해 영국 전투조종사들에게 지시를 내리는 영국 전투기 관제사들의 목소리를 듣고, 이를 통해 영국 전투기들이 직접 통제를 받는다는 사실을 알 수 있었다. 독일군은 이를 통해 영국 전투비행대대의 조직 구성이 너무나 국지적이고 경직되어 있어, 비행 중인 전투비행대대장들이 자신만의 전술적 판단을 내리기 힘들다고 판단했지만, 진실은 정확히 그 반대였다. 그리고 무엇보다도 그들은 영국 전체 방공 체계가 레이더에 의존하고 있다는 점을 몰랐고, 다우딩의 지속적인 감독을 받는 벤틀리 프라이어리를 정점으로 하는 중앙 집중형 체계를 갖추고 있다는 점도 몰랐다. 다우딩이 일부러 반격 규모를 줄였기에, 독일군은 영국의 전투기 전력을 실제보다 얕잡아 보았으며, 얼마 안 있어 전투기 전력이 바닥날 것이라고 예측했다.

영국 해협 상공의 공중전을 본 다우딩은 전략을 재검토할 기회를 얻었다. 독일 공군이 영국 해협의 프랑스 쪽을 장악하고 있는 현재, 전투기사령부가 처한 상황은 1938년이나 1939년과는 크게 달랐다. 북프랑스의 공군 기지는 런던과의 거리도 가까웠으므로 독일 폭격기들이 폭탄을 최대로 싣고 날아올 수 있었다. 게다가 노르웨이 주둔 슈툼프 장군의 제5항공함대 소속 폭격기 129대도 영국 폭격에 합류할 수 있었다. 물론 노르웨이와 영국 사이의 거리는 Bf 109의 항속 거리를 초과하기 때문에, 노르웨이에서 출격한 독일 폭격기는 전투기의 엄호를 받지 못한다는 약점은 있었다.

따라서 다우딩은 여러 가지 심각한 문제들에 직면하게 되었고, 이를 시정할 시간은 거의 없었다. 그 문제 중 맨 첫 번째는, 유사시 독일 공군이 북부 독일에서 발진하여 네덜란드 상공을 거쳐 서쪽으로 날아가 영국을 공격하리라고 생각했던 전쟁 이전의 가정이 틀리게 된 점이다. 그 대신 대부분의 공격은 벨기에와 프랑스에서 출발해 북쪽의 영국을 향해 날아오는 독일 공군기들이 맡게 될 것이었으며, 이 경우 비행 거리 또한 전쟁 전 예상보다 훨씬 짧아졌다. 따라서 이에 맞게 다우딩이 보유한 레이더의 탐지 범위를 확장하고 재설정하는 것이 불가피했다. 또한 노르웨이에서 출격해 잉글랜드 북부와 스코틀랜드, 특히 본토 함대의 모항을 노리는 독일 공군기들도 탐지가 가능해야 했다. 영국 본토를 독립적이지만 상호 지원이 가능한 여러 개의 전투비행단 관구로 나눈다는 계획도 손을 봐야 했다. 당시는 영국 본토를 4개 전투비행단이 나눠 맡고 있었다. 뉴캐슬 근교에 본부를 둔 제13 전투비행단이 북부를, 노팅엄 근교에 본부를 둔 제12 전투비행단이 미들랜드를, 억스브리지에 본부를 둔 제11 전투비행단이 사우샘프턴-베리 세인트에드먼즈 이남의 영국 남동부(런던 포함)를, 브리스틀 근교에 본부를 둔 제10 전투비행단이 잉글랜드 남서부와 웨일스를 맡고 있었다. 다우딩은 런던 지역에 독일 공군이 더욱 대규모로 공격을 가할 것으로 예상했으므로, 제11 전투비행단에 가장 많은 전투비행대대와 상공기, 공군 기지를 배정했다. 이 비행단의 단장은 수훈장과 우수비행십자훈장을 받은 뉴질랜드 출신 키스 R. 파크 소장이었다. 이들의 북부에 있는 제12 전투비행단은 3급바스훈장과 수훈장을 받은 트래퍼드 리맬러리 소장이 맡았다. 그는 에베레스트산을 오르다 사망한 국민적 영웅, 산악인 조지 리맬러리의 동생이었다. 호전적이고 독립심이 강한 지휘관이었던 리맬러리는 파크와 불편한 사이였고 결정적인 시점이 되자 다우딩에게 충성심을 보이지 않으며 다우딩의 지시를 거부하기까지 했다.

다우딩은 각 전투비행단 간의 경계선을 매우 신경 써서 정했다. 물론 그 경계선은 하늘에서 육안으로 보일 턱이 없었고 시속 500킬로미터로 달리는 조종사들은 그 경계선의 존재를 잊기 일쑤였다. 그러나 이 경계선은 다우딩의 방공 계획에 필요했고, 격전이 시작되면서 예하 조종사들이 그 경계를 무시하지 말아 주기를 바랐다. 다우딩은 이 점에서만큼은 순진하리만큼 낙관적이었다. 전투가 시작되면서 다우딩은 평생 받아 온 것 이상의 충성을 부하들로부터 받게 되었으며, 그럴 자격이 있었다.

「데일리 익스프레스」와 「이브닝 스탠다드」의 사주인 백만장자 비버브룩 경은 정력적이었지만 많은 사람들에게 신뢰받지 못하는 언론 재벌이었다. 그는 다른 모든 사람은 물론 왕과 왕비의 격렬한 반대에도 불구하고 처칠에 의해 항공기 생산 대신에 발탁되었다. 가까운 사람들에게는 비버(이블린 워의 소설 『특종Scoop』에서 「데일리 비스트」를 소유한 〈카퍼 경〉의 모델이 바로 비버브룩 경이었다)로 알려진 그는 처칠의 가장 친한 친구였고 처칠의 공적, 사적인 생활에 대해 조언을 해줄 수 있는 몇 안 되는 사람 중 하나였다. 그럴 만한 사람 중에는 브렌던 브래컨도 있었다. 처칠은 왕과 왕비의 더욱 큰 반대와 분노를 무릅쓰고 그를 공보성 대신에 앉혔다.* 비버브룩은 장난과 변덕이 심했고 예민하고 까다로우며 활기 찬 사람이었다. 또한 자신에게 맞는 것에는 한없이 다정하고, 자신에게 맞지 않는 것에는 한없이 가혹한 인물이었다. 또한 날카롭고 명랑한 유머 감각의 소유자로서 그 유머를 다른 사람들에게 아낌없이 사용했다. 그리고 세계 정상급의 심기증 환자이자 소문을 몰고 다니는 바람둥이였다. 그는 독재적으로 자신의 신문 제국을 운영했다. 윌리엄 맥스웰 에이킨은 캐나다 토박이로서, 순전히 명성 하나만 바라보고 비버브룩을 선택했다. 그는 제1차 세계 대전 이전부터 영국 정가 이면에 힘을 뻗쳐 왔으며 수상의 임명과 해임에 힘을 미치기도 했다. 그리고 그 과정에서 많은 돈을 벌었지만, 한편으로 무수한 적을 만들어 내기도 했다. 비버브룩과 브래컨(브래컨의 출신 성분은 다소 불분명하다) 두 모험가는 서민 출신으로 자수성가해 영국의 유력한 거부가 되었다. 때문에 네빌 체임벌린에게 거의 본능적인 충성을 바치던 골수 보수당원들은 이들을 〈조직폭력배〉라고 몰아붙였다. 앤서니 이든과 그 주변의 사람들 역시 〈처칠의 미소년들〉이라는 조롱 섞인 표현으로 불렀다.

비버브룩은 항공기 생산에 대해 아는 것이 없었고, 또한 건강이 좋지 않아 직무를 할 수 없다고 말했지만, 처칠은 그의 강력한 업무 추진력 하나만을 믿고 목표를 크게 밑도는 항공기 생산량을 끌어올리는 임무를 맡겼다. 이는 현명한 선택이었다. 비버브룩은 목표를 달성하는 방법

* 필자는 비버브룩 경을 여러 차례 만났다. 그는 알렉산더 코다의 친구이기도 하며, 알렉산더 코다와 마찬가지로 코트다쥐르의 화려한 빌라에서 시간을 보내는 것을 좋아했다. 훗날 브래컨 자작으로 불리우며 추밀원 의원이 된 브렌던 브래컨 역시 우리 일가의 친구였으며, 필자의 어린 시절 조언자와 대부 노릇을 해주었다. 비버브룩과 브래컨은 둘 다 정력적이고, 엄격하고, 재치 넘치고, 굳은 의지를 가지고, 자신감이 넘치는 사람들이었으며, 자기 이익을 희생해 가면서까지 처칠에 대해서는 절대적인 충성을 바쳤다.

을 알았으며, 당근과 채찍을 적절히 구사해 사람을 움직이는 법도 알았다. 그리고 그는 실제로 항공기 생산량을 크게 늘리는 데 성공했다. 물론 항공협의회와 항공업계는 건방지고 예의 없으며 사람을 혹사시키는 식민지 출신 신문사 사주의 손에 모든 종류의 항공기 생산을 맡기는 것에 크게 반발했지만 말이다. 비버브룩은 이때의 자신의 업적을 가리켜 기적이라고 불렀다. 우수한 홍보 전략이야말로 그가 가장 잘 알고 있는 것 중 하나였다. 그는 전투기사령부의 수요에 맞는 수의 전투기를 생산해 냈고, 부서진 전투기를 재생하거나 항공성이 처박아 둔 예비 부속을 사용해 새로운 전투기를 만들어 내는 묘기도 부렸다. 그러나 그의 가장 불가사의한 업적은 모든 면에서 정반대인 다우딩과 처음부터 완벽한 궁합을 자랑했다는 것이다.

그들 모두 아들이 전투조종사로 군에 가 있었고, 둘 다 매일 밤 아버지에게 살아 있다고 안부 전화를 했다(특히 맥스 에이킨은 나중에 중령까지 승진, 수훈장과 우수비행십자훈장을 받았다). 비버브룩은 자신과 마찬가지로 기존의 상식에 망설임 없이 도전하고 쓸데없는 회의와 위원회를 싫어하며, 방해하는 자는 모두 적이나 바보로 대하는 다우딩의 성격을 높이 평가했다. 기이하면서도 심오한 종교적 신념과 타인에 대한 낯가림, 현실에 뿌리를 둔 상식, 진지함, 상급 기관에 대한 불신 등 다우딩의 여러 특징은 대다수 영국 토박이들에게 부자연스럽고 불편한 감정을 일으켰겠지만 캐나다인 비버브룩은 이를 아주 자연스럽고 편안하게 받아들였다. 가끔씩 다우딩은 속세를 떠난 사람처럼 보였지만, 사람들을 놀라게 하고 권위를 무시해 오며 살아왔다는 점에서 비버브룩과 같았다. 따라서 두 사람은 처음 만나자마자 매우 협력적인 업무 관계를 맺게 되었다. 다우딩과 비버브룩은 의사 전달 계통이나 서류 작업, 항공성에 대한 통보

같은 것에 얽매이지 않고, 매일 밤 직통 전화를 통한 의견 교환에 가장 큰 우선순위를 두었다. 매일 저녁 비버브룩은 다우딩, 또는 파크 소장에게 전화를 걸어 내일 전투기가 몇 대나 더 필요하냐고 물었다. 파크 소장의 제11 전투비행단은 엄청난 인명 손실을 내고 있었으며, 다우딩은 예하 전투비행단장 중 파크를 제외한 그 누구에게도 애정을 주지 않았다. 그들이 요구한 수의 전투기는 다음 날 아침에 단 한 대도 빠짐없이 인도되었다. 그 전투기를 몰고 오는 사람은 항공수송보조부대의 젊은 민간인 여성 조종사들인 경우가 많았다.

리처드 허프와 데니스 리처즈의 책에는 처음으로 이 놀라운 기술 혁신과 항공수송보조부대 조종사를 접한 어느 항공 정비사의 반응이 실려 있다. 〈허리케인 한 대가 착륙해서 당직실 앞으로 활주해 왔다. 조종사는 엔진을 끄고 조종석에서 내려 당직실로 걸어 들어와 헬멧을 벗고 자기 머리카락을 만졌다. 우리 부대의 손실된 허리케인을 보충해 주러 날아온 그 아가씨는 많아 봐야 고작 19세 정도로 보였다. 믿을 수가 없었다!〉

다우딩과 마찬가지로 비버브룩 역시 위계질서를 무시했다. 그는 항공기생산성의 가장 중요한 요직에 매우 뛰어난 비즈니스맨들을 배치하고, 영국 공군 장교들이나 항공업계의 이른바 전문가들에게는 전혀 자리를 주지 않았다. 공장에서 출고된 새 전투기를 전투비행대로 보내는 임무를 항공수송보조부대의 여성 조종사들에게 맡기자는 것도 그의 아이디어였다.* 그는 자신에게 반항하는 자는 지위 고하를 막론하고 거칠게 대했다. 기술자나 정비사들과 함께 허리케인 및 스피트파이어의 증산과

---

* 항공수송보조부대는 1940년에 창설되었으며, 여성 조종사 166명이 배치되어 있었다. 이들은 스피트파이어에서부터 폭격기까지 모든 기체를 일선 부대에 보급했다.

멀린 엔진의 추력 강화를 논의할 때만큼은 아무리 중요한 사람이라도 밖에서 기다리게 했다. 그는 영국 공군에 필요하다고 생각하는 것을 만들어 주었을 뿐, 항공성에서 요구하는 것을 만들지 않았다. 그리고 그와 다우딩이 적재적소로 판단한 곳에만 제작한 물품을 보냈다. 이 두 사람은 마치 함께 일하기 위해 태어난 사람과도 같았다.

비버브룩은 다른 종류의 항공기 생산에 들어갈 예산을 전투기 생산에 돌리는 데 어느 정도만 성공했다. 그리고 기존 설계의 변경 및 개량을 끊임없이 요구하는 항공성의 의견을 물리치는 데도 어느 정도만 성공했다. 그러나 월간 항공기 생산량을 기존의 261대에서 약 500대로 늘리는 데는 완벽히 성공했다. 이는 절대 기적이 아니었으며 충분히 가능한 일이었다. 꼰대 다우딩과 마찬가지로 비버브룩은 허가를 얻기 위해 기다릴 사람이 아니었다. 방해되는 일이 있으면 바로 처칠에게 찾아갔고, 문제가 미국과 관련된 것일 경우 친구인 해리 홉킨스를 통해 프랭클린 루스벨트에게 알렸다. 실제로 그는 이 전쟁에서 매우 중요한 결정 가운데 하나를 내렸다. 그는 멀린 엔진을 대량 생산하자고 헨리 포드를 설득하려 했으나 포드는 이를 달가워하지 않았다. 그러자 협상에 지친 비버브룩은 바로 패커드 사로 제휴사를 바꾸어 멀린 엔진을 양산했다. 여기서 생산한 멀린 엔진은 기존의 부실한 앨리슨 엔진을 대신해 P-51D 머스탱에 장착되었다. P-51D는 이 엔진을 장착하면서부터 미국 최초의 실용 장거리 호위 전투기가 되어 1943년부터 미 육군 항공대의 주간 폭격을 완벽히 엄호해 주기 시작했다.

영국은 독일이 언제라도 침공 및 공중 대학살을 저지를 수 있을 거라고 생각했지만, 영국 해협 건너편의 독일은 침공을 약간 망설이고 있었다. 평소의 신중한 태도와 달리 밀히 장군은 영국군 병력이 됭케르크를 채 빠져나오기 전에 영국을 공격하자고 괴링에게 진언한 바 있었다. 독일 공군 내의 밀히의 라이벌 장성들은 그가 유대인 혼혈이라거나 사생아라고 떠벌리는 것을 넘어서서 그를 장군 제복을 입은 항공사 직원이라고 비웃었지만, 괴링에게 한 그의 제안은 대담하고 훌륭한 것이었으며 그의 말대로 했다면 작전은 성공을 거두었을 것이다. 그는 됭케르크의 영국군을 슈투카로 폭격해 봤자 그들 대부분이 무사히 해안을 떠날 것임을 단번에 깨닫고, 괴링에게 됭케르크는 완전히 잊어버리고, 영국군이 전열을 재정비할 기회를 갖기 전에 즉시 영국을 공격하라고 충고해서 괴링을 깜짝 놀라게 했다. 슈투카를 사용해 잉글랜드 남부의 전투기사령부 전방 기지를 격파하고, 도로와 철도 교통을 방해하며, 독일 공군 예하 최정예 공수부대를 Ju 52 수송기에 최대한 가득 태워 보내, 세심하게 선정된 영국의 주요 공군 기지에 투입, 그 공군 기지를 점령하자는 것이었다. 간단히 말해 영국이 아직 프랑스와 벨기에서 입은 피해에 정신을 못 차리고 있을 때, 대담하고 전례 없는 항공 기습 공격을 가해 영국에 해안 교두보를 확보한 다음 독일 육군과 해군이 영국 해협을 건넌다는 것이었다.

밀히가 자신의 생각을 강력하게 주장하며 압박해 오자 괴링은 경악했다. 그리고 훗날 대부분의 역사학자들은 이런 밀히의 주장을 실현 가능성이 상당히 낮다고 보았다. 그러나 이 제안은 잉글랜드 남부와 영국 해협 상공에서 일어날 독일 공군과 영국 공군 전투기사령부의 대결을 앞으로 10주 이상 가만히 앉아서 기다리자는 것보다는 훨씬 타당한 안이었다. 디데이 전날 밤에 실시된 영미 연합 공수 작전을 제외하면, 제2차 세계대전 당시 실시된 대규모 공수 작전의 대부분은 공격 측에 큰 피해를 초래했지만* 이 대담한 작전이 성공할지 또 누가 알겠는가? 5월 26일 열린 전시 내각 회의에서 핼리팩스는 무솔리니를 통해 히틀러에게 강화 조건을 문의하는 건을 주영 이탈리아 대사와 이야기했다고 말했다. 만약 당시 독일군이 잉글랜드 남동부의 켄트에 쳐들어왔다면 이날 회의에서는 다른 이야기가 오고갔을 것이다.

아무튼 괴링은 자신의 수중에는 공수사단이 1개밖에 없으며, 아직 프랑스에서 전투가 벌어지고 있는 마당에 육군도 전력을 분산시키기는 싫을 거라며 밀히의 말을 듣지 않았다. 밀히는 괴링의 몇 안 되는 측근 중 한 명이었고 모든 일에 대한 현실적인 판단을 내릴 줄 알았지만 자신의 보스를 지나치게 신뢰한 것이 화근이었다. 괴링은 대담하다는 평판을 좋아했지만 히틀러의 말이라면 무조건 들을 수밖에 없었고, 히틀러가 영국을 어떻게 처리할지 아직 정하지 못했다는 점도 누구보다 잘 알고 있었다. 7월 중순이 되어서야 히틀러는 일명 바다사자 작전의 계획을 진행할 것을 지시했다. 그 지시의 분위기는 체코슬로바키아 침공과 같은 이전의 대규모 군사 작전 때처럼 〈단칼에 해치워 버려!〉 하는 식이 아니었다(참고로 체코슬로바키아 침공 당시 히틀러는 이렇게 말했다. 「가까운 미래에 군사 작전을 통해 체코슬로바키아를 붕괴시킨다는 나의 결정은 바뀌지 않을 것이오!」). 대신 바다사자 작전 계획 지시에는 이런 말이 들어갔다. 〈영국은 현재 그들이 처한 절망적인 군사적 상황을 이해할 준비가 전혀 되어 있지 않아 보이므로, 나는 영국에 대한 상륙 작전을 준비하고 필요할 경우

---

* 1941년 독일 공수부대의 크레타 침공은 분명 성공이었지만, 상처뿐인 승리이기도 했다. 이 전투에서 너무나 큰 인명 손실을 입은 독일 공수부대는 이후 정예 경보병 부대로서만 운용되었다. 1943년 미국 공수부대의 시칠리아 전투 역시 결과는 참담했다. 그리고 1944년 가을 아른헴에 낙하한 영미 공수부대는 영웅적인 전투를 벌였으나 처참히 패하고 말았다. 이 전투는 동명의 영화로 만들어진 책 『머나먼 다리A Bridge Too Far』에 잘 묘사되어 있다.

이를 실시하기로 결정했다.〉

  이는 아무리 봐도 단호한 결의를 나타내는 외침은 아니었다. 처칠이 핼리팩스의 화평 제안을 기각한 이후에도 히틀러는 영국을 침공하기보다는 영국이 먼저 화평을 제의하거나 내각이 교체되기를 기다리고 있었던 듯하다. 무려 6주 동안 말이다. 영국 해협 상공의 전투가 지나치게 과열되지 않고 처칠이 더 이상 허리케인을 프랑스에 보내지 않는다면, 이러한 전쟁의 일시 정지 상태는 다우딩이 전투기사령부 전력을 강화하기에 가장 좋은 시간이었다. 그리고 프랑스 정부가 끝없는 패배의 늪에 빠져 파리를 버리고 프랑스 시골의 싸구려 호텔과 시청을 전전하며 후퇴를 거듭하자, 정 많은 친불파인 처칠도 다우딩의 표현을 빌면 〈1분이라도 빨리〉 허리케인 전투기의 프랑스 증파를 막지 않을 수 없었다.

  이러한 외부의 위기에도 불구하고 다우딩 본인의 상황은 전혀 좋아지지 않았다. 그의 사령관 임기가 끝나는 날은 1940년 7월 14일이었다. 그리고 다우딩은 무수한 고난에 저항하면서 그날을 맞이했다. 1937년, 그는 60세가 되는 1942년까지 공군에 복무할 수 있다는 약속을 받았다. 그러나 불과 1년 후인 1938년, 그는 전투기 사령관직을 내어놓고 제대하라는 지시를 받았다. 그러다가 그의 후임자로 내정된 사람이 항공기 사고로 부상을 입자 그의 퇴직은 1년간 마지못해 유예, 1939년 6월에 공군을 제대하라는 지시를 받았다. 엎친 데 덮친 격으로 항공성의 누군가가 언론에 그가 예정보다 훨씬 앞당겨 제대할 거라는 거짓 정보를 흘려 다우딩은 큰 상처를 받았다. 그 이후 다우딩의 제대일은 1939년 연말로 늦추어졌고, 다시 한 번 구두 지시를 통해 1940년 3월 말로 늦추어졌다. 그러나 최후의 순간, 그의 숙적인 뉴월은 그를 제대 예정일 하루 전날에 불러 7월 14일까지 더 복무하라고 지시했다. 제대 불과 하루 전에야 이런 말을 하다니, 분명 의도적으로 벌인 무례한 짓이었다. 그러나 다우딩은 자존심을 억누르고 자리에 계속 남았다. 그는 허영심 강한 사람이 아니었다. 그러나 그는 영국 공군 중의 누구도 자기만큼 전투기 사령관직을 제대로 수행할 수 없으며, 그가 구축한 체계를 이해할 수도 없다고 생각했다. 그는 자신의 제대 문제에 관해 뉴월과 공군 참모진에게 격식은 차리되, 갈수록 성가시고 일방적이며 격렬한 행동으로 대응했다. 그리고 항공성 대신과 공군 참모총장이 진정으로 그를 신임하고 있는지를 상황에 맞게 따졌다. 다우딩이 공군 내의 골칫덩이로 취급되고 있으며 동료 장군들 대다수가 다우딩에게 반기를 들고 있다는 것은 명백했다. 다우딩 역시 자신의 군 생활 마지막이라고 생각했던 시점에 이러한 일이 벌어지고, 그 통보조차 은밀하고 비열하게 전화로 이루어졌다는 점에서 상관을 신뢰하기 어려웠다. 거부권을 행사하고 마지막 순간에 의사를 변경할 여지를 활짝 열어 둔 것이다.

다우딩은 이 모든 것에 침묵으로 응수했던 것으로 보인다. 이는 그의 적들보다 훨씬 더 위엄 있는 태도였다. 그리고 이러한 암투로 인해 자신의 일을 그르치지 않도록 했다. 그는 불만을 입 밖에 내는 적이 없었으며, 부당한 처우를 받는 것을 언론에 흘려 공개적으로 내놓지도 않았고, 장군들 사이에 벌어지는 경쟁을 전혀 모르고 있던 전투조종사들과 전투기사령부의 장병들에게 자신이 처한 상황을 알리지도 않았다. 그는 술자리에서 장병들과 격의 없이 이야기하는 류의 지휘관과는 정반대 유형의 지휘관이었던 것이다.

다우딩은 철저한 현실주의자였다. 그리고 5월 15일 전시 내각 회의에서, 프랑스에 전투기를 증파하는 것이 잘못이라고 말한 자신의 발언을 수상이 좋아하지 않는다는 것도 알고 있었다. 전시 내각 회의에 출석해서 자신의 입장을 설명했다간 나머지 군 생활이 위험해질 수 있다는 것 역시 잘 알고 있었다. 다우딩은 그 회의 이후의 처칠과 자신에 대해 나중에 이렇게 털어놓았다. 「우리 두 사람이 친해질 기회는 전혀 없었다네.」 그나마 이것도 완곡한 표현이었을 것이다. 많은 역사학자들은 처칠이 자신의 의견에 대립한 다우딩을 존경했다고 말하고 있다. 그러나 그보다는 다우딩의 관점이 진실에 더 가까운 편이었다. 처칠은 자서전에서 자신의 모습을 교묘히 위장하고 있지만, 실제로는 그는 그 사건을 잊지 않았고, 자신과 항공성 사이에 의견 충돌이 벌어졌을 때 수상에게 도움을 청할 수도 없고, 도움을 청하지도 않은 다우딩을 용납하지 않았다.

여전히 다우딩의 퇴임일은 7월 14일로 잡혀 있었고, 이대로라면 그 자신도 잘 알고 있다시피 자신이 혼신의 힘을 기울여 육성한 전투기사령부와 영국 공군이 적의 침략으로부터 조국을 구하러 나가기 직전에 제대하게 될 터였다. 얄궂게도 다우딩의 제대 예정일 불과 2일 전, 히틀러는 오랫동안 보류해 오던 명령서, 즉 바다사자 작전 계획을 최고 속도로 진행하라는 문서에 서명했다. 수상은 이를 알고, 직접 인사에 개입해 다우딩의 임기를 그해 10월까지로 연장시켰다. 물론 그 과정에 혼란과 불화가 없었을 리는 없다.

어찌 되었든, 결전이 벌어지기 직전에 사령관을 해임하는 것은 전례가 거의 드문 일이니까 말이다.

7장

제2라운드: 스파링

영국 전투 생존자들의 뇌리 속에 1940년 여름의 하늘은 너무나도 아름다운 모습으로 남아 있다. 날씨는 따스하고 평온했으며, 하늘은 파랗고 맑게 개어 있는 완벽한 날씨였다. 적어도 영국과 그 인근에서는 그 정도면 완벽한 날씨라 할 만했다. 잉글랜드 남부 전역에서, 해안 근처에 살던 주민들은 독일군의 침공에 대비해 피난을 갔다. 10만 마리의 양들도 더 안전한 목장을 찾아 북쪽으로 피난을 갔다. 그동안 병사들은 참호를 파고, 토치카를 건설하고, 독일군 상륙이 예상되는 지점에 기관총과 야포를 조준한 채로 경계를 늦추지 않았다. 독일군 상륙 시 전투기사령부의 전방 공군 기지는, 다우딩다운 간결한 표현을 빌면 〈총력을 다해 최대한 오랫동안〉 적으로부터 지켜 내야 했다. 항공기를 모두 소개시킨 다음에 영국 공군의 지상 병력들은 가용한 무기를 가지고 비행장 방어 병력에 합류해 최후의 순간에는 공군 기지의 활주로, 장비, 건물을 파괴해야 할 것이었다.

다우딩의 골칫거리 중 하나는 레이더에 나타난 적기의 고도를 믿을 수 없다는 문제가 개선되지 않고 있다는 점이었다. 레이더 시스템의 이러한 결함은 널리 알려져 있었다. 3차원 공간에서의 높이 측정 문제를 해결하려 과학자들은 수개월간이나 매달렸지만 성과는 거의 없었다. 그 때문에 날씨가 맑을 경우 관측대가 레이더를 보조하기도 했다. 이들은 지상에서 쌍안경을 이용해 적기를 관측한 후, 삼각법을 이용해 적기의 고도를 알아내었다. 그러나 적기가 멀리 떨어진 해상에서 대형을 형성하거나, 구름 위로 접근하면 고도를 알 방법이 없었다. 다우딩은 독일군도 영국 공군 폭격기사령부와 비슷한 폭격 고도를 사용할 거라는 논리적인 가설에 의존했다. 영국 공군의 폭격 고도는 때마다 다르지만 보통 3,600미터 이하였다. 왜냐하면 당시만 해도 모든 영국 폭격기에 신뢰성 높은 산소 공급 및 난방 장치가 없었기 때문이다. 이러한 예측은 합리적이었다. 최신형 Ju 88을 제외하면 독일 폭격기들은 이러한 장치들에서 영국 폭격기보다 별로 나을 것이 없었고 Ju 88도 나름대로의 다른 문제를 안고 있었다. 다우딩은 독일 폭격기의 최대 고도는 4,500미터 정도이지만 독일 호위 전투기들은 분명 더 높은 고도를 날 거라고 예측했다. 그래야 폭격기를 요격하러 상승하는 영국 전투기에 대해 속도 우위를 획득할 수 있기 때문이다.

결전의 날이 다가옴에 따라 전투기사령부는 독일 폭격기의 진행 경로와 속도, 공습 때마다 나타난 적기의 숫자, 그리고 지상 관측대의 확인이 없이는 믿을 수 없는 레이더 측정 적기 고도 등으로 예측하여 큰 그림을 그렸다. 시스템은 완벽하지 않았다. 근본적으로 그렇게 만들 만한 시간적 여유가 없었기 때문이다. 하지만 나중에 밝혀지듯이 그러한 시스템만으로도 충분히 만족할 만한 결과를 가져오게 된다.

다우딩의 더 큰 걱정거리는 다른 곳에 있었다. 그는 예하 지휘관들이 전투조종사들이 높은 고도에서 날고 있는 독일군 전투기에 정신이 팔려 그 아래 폭격기들은 간과하는 경우가 생겨서는 안 된다고 생각했다. 제1차 세계 대전 당시 〈폰 리히트호펜과 날아다니는 서커스단〉의 전통을 잇는 전투기 대 전투기의 전투는 다우딩에게도 저항할 수 없는 유혹이었다. 그러나 전투기보다는 폭격기가 더욱 가치 있는 표적이었고, 영국군의 목표는 독일 폭격기의 폭격을 막는 것이었다. 요컨대 그는 휘하조종사들이 무절제한 자유 전투가 아닌 기율과 통제가 유지된 전투를 벌이기를 바랐다. 그러려면 독일군을 막아 내는 것만큼이나 힘든 많은 문제들을 해결해야 했다.

다우딩의 휘하에는 스피트파이어와 허리케인이 도합 700대,* 방공 기구가 1,400대 있었다. 방공 기구는 지상과 철사로 연결되어 있는데, 저공비행하는 독일 항공기, 특히 Ju 87 급강하 폭격기의 비행을 방해하는 위험 요소였다. 그리고 육군 중장 프레더릭 파일 휘하의 대공포, 탐조등 4,000대가 있었다. 파일이 가진 중포 중 상당수는 노후화되어 있었다. 특히 40밀리미터 기관포 같은 자동 화기 전력은 극도로 취약했다. 영국의 모든 도시와 항구, 공장, 공군 기지를 빠짐없이 지키기에는 턱없이 부족한 전력이었다. 전쟁 이전 영국군 참모본부에서는 대공포 4,000문이 필요하다고 추산했고, 영국 전투 직전의 추산치는 8,000문이었다. 그러나 파일 중장이 실제로 보유한 대공포는 2,000문에 불과했다. 그러나 파일 중장 예하 대공포의 존재와 발사음은 포 주변의 모든 사람들에게 심리적 안도감을 주었다. 그리고 대공포와 탐조등 조작에 지원한 사람들

* 영국 전투 당시 다우딩 휘하의 전투기 중 3분의 2 정도가 허리케인이었다. 그러나 스피트파이어가 워낙 깊은 인상을 남긴 탓에 독일 승무원들은 허리케인을 격추했을 때도 무조건 스피트파이어를 격추했다고 주장하곤 했다.

중에는 국왕 조지 6세의 장녀이자 왕위 계승 후계자인 엘리자베스 공주를 위시하여, 수많은 귀족, 작가, 시인, 화가, 지식인 등 다양한 사람들이 끼어 있었다.

히틀러는 됭케르크 때와 마찬가지로 다시 한 번 망설였다. 그 결과 뜻밖에도 다우딩은 한숨 돌려 예하 전력을 점검하고 통합할 시간을 얻게 되었다. 다우딩의 전투기들은 4개 주요 전투비행단으로 편제되어 있었는데, 그중 비교적 약한 비행단은 잉글랜드 북부와 스코틀랜드를 지키는 제13 전투비행단, 잉글랜드 서부를 지키는 제10 전투비행단이었다. 그리고 비교적 강한 비행단은 미들랜드 산업 지역을 포함해 가장 넓은 지역을 지키는 제12 전투비행단, 적의 공격이 가장 빈번할 것으로 예상되는 잉글랜드 남부와 런던, 독일군의 상륙이 예상되는 해안을 지키는 제11 전투비행단이었다. 이 중 최강은 파크 소장이 이끄는 제11 전투비행단으로서, 25개의 전투비행대대(캐나다 공군 및 폴란드 공군 전투비행대대 각 1개 포함)를 보유하고 있었다. 파크의 강력한 경쟁자이자 야심가였던 리맬러리 소장의 제12 전투비행단은 19개 전투비행대대(폴란드 공군 전투비행대대 4개, 체코 공군 전투비행대대 2개 포함)를 보유하고 있었다.

6월 말경 다우딩 예하의 전투조종사는 1,300명 남짓했다. 대부분이 영국인이었고 전투 경험이 있는 인원은 극소수에 불과했다. 전투가 진행되면서 전투기사령부는 영국 해군 항공대에서 56명의 함상 전투조종사를 데려왔다. 또한 다우딩 예하 전투조종사 중에는 오스트레일리아인 21명, 뉴질랜드인 102명, 캐나다인 90명,* 남아프리카인 21명, 로디지아인(백인) 2명, 자메이카인(백인) 1명, 아일랜드인 9명, 미국인 7명, 폴란드

* 이 캐나다인 중에는 국경을 넘어 캐나다 공군에 입대, 영국 전투에 참전한 미국인들도 있었다. 미국인의 영국 공군 복무를 극구 막으려 했던 주영 미국 대사 조지프 케네디는 이 사실을 알고 대경실색했다.

인 141명, 체코인 86명(이 중 조종 하사관 요세프 프란티세크는 영국 전투 기간 중 영국 2위의 에이스가 된다), 벨기에인 29명, 프랑스인 13명, 팔레스타인 출신 유대인 1명이 있었다.[1]

제609 전투비행대대에는 화려한 전적의 미국인 3명이 근무하고 있었다. 이들은 소련의 침공에서 핀란드를 구하고자 핀란드 공군에 자원입대한 사람들로서, 핀란드가 스탈린에게 항복하자 헬싱키를 탈출, 갖은 고생 끝에 프랑스로 갔다. 그리고 프랑스가 지게 되자 간신히 영국 해협을 건너 영국으로 왔다. 이들은 점심시간에 항공성 인근의 술집에서 마지막 남은 돈을 다 쓰고는 그 자리에 있던 동정심 많은 영국 공군 준장과 술을 마시며 자신들의 이야기를 털어놓았다. 그러자 그 준장은 다음 날 자신에게 연락하라고 했다. 다음 날 이들은 영국 공군에 입대했고, 군복을 살 돈도 지급받았다. 캘리포니아 출신의 〈레드〉 토빈 소위는 비행 학교 학비를 벌기 위해 MGM의 스튜디오에서 심부름꾼으로 일했다. 〈쇼티〉 키오 소위의 키는 불과 147센티미터밖에 되지 않았다. 영국 공군에서 키가 제일 작은 조종사인 그는 낙하산 밑에 팽창식 베개 두어 개를 깔고 앉아야 허리케인 조종석의 전방 시야를 확보할 수 있었다. 마이애미 출신의 스턴트 조종사인 〈앤디〉 마메도프 소위는 자신의 비행기로 전국을 돌며 공중 곡예를 했다. 이 세 사람 중 종전될 때까지 살아남은 사람은 없었다.[2]

영국 전투가 공식적으로 종료될 무렵, 다우딩 휘하 전투조종사 중 3분의 1 이상이 전사, 중상, 실종 등으로 사상자가 된다. 영국 전투를 소재로 한 현대 소설에서는 전투기사령부를 외국인 지원자들과 용병들로 가득한 낙천적인 다국적군으로 묘사하는 경향이 있다. 그러나 폴란드 비행대대, 체코 비행대대, 캐나다 비행대대를 제외하면 외국인들은 상대적으로 극소수였고, 그나마 대개 영어권 국가 출신이었다. 조종사들 중 절대 다수가 중산층 출신의 영국인이었고, 또한 아주 젊었다. 그들의 사기가 얼마나 높았을지는 굳이 말할 필요도 없다. 학교를 졸업하자마자 스피트파이어 또는 허리케인 전투기 조종석에 앉게 된 그들 대부분에게 영국 전투는 일생일대의 모험이었다.

영국 전투에서 독일군의 주목적은 전투기사령부를 격파하는 것이었지만, 다우딩의 뛰어난 전술 덕택에 그들은 결코 독일군이 바라던 대로 괴멸되지 않았다. 다우딩은 카드 게임을 하지는 않았지만, 마치 뛰어난 포커 선수처럼 자기 손에 있는 패를 숨기는 데 뛰어났다. 다우딩은 항상 조종사가 부족하다고 불평했지만 실제로는 전투의 중요한 시기인 4개월 동안 휘하 조종사는 1,456명에서 1,727명으로 늘어났다. 그리고 일일 투입 가능한 전투기 숫자는 약 700대로 일정하게 유지되고 있었으며 일선 비행대대에 공급되는 전투기의 총수는 매월 평균 약 1,000대에 달했다. 전투가 절정에 달하던 8월과 9월, 항공기 보관대에 있던 즉각 실전 투입 가능한 신조기 숫자는 심하게 줄어들어 수상을 놀라게 했다. 그러나 영국 해협과 잉글랜드 남부 상공에서 영국 공군을 몰아내어 독일군의 상륙을 가능케 하겠다던 괴링의 호언장담에도 불구하고, 독일 공군은 결코 영국 공군을 무릎 꿇게 만들 수 없었다.

영국 전투는 마치 다윗과 골리앗 간의 공중전으로 묘사되는 경향이 강하다. 물론 여기서 골리앗은 독일 공군이다. 물론 영국을 공격한 3개 항공함대의 가동 폭격기 수는 1940년 8월 10일 당시 약 1,000대 정도로 상당히 많은 축에 속한다. 그러나 그들을 호위해 줄 단발 전투기의 숫자는 영국 공군기보다 그리 많은 것도 아니었다. 당시 독일 공군의 가동 Bf 109는 805대였는 데 반해, 다우딩이 가진 허리케인과 스피트파이어는 모두 합쳐 749대였던 것이다. 독일 공군의 Bf 110 중(重)전투기역시 전투기이기는 하지만, 유용한 전력으로 보기는 힘들었다. 실전에서 이들은 살아남기 위해 단발 Bf 109의 호위를 받아야 할 지경이었다.*261대의 Ju 87 급강하 폭격기도 영국 전투에서는 거의 무용지물이었다.[3]

조종사 전력 면에서 보자면, 독일 측이 분명 우세했다. 영국과는 달리독일 공군 장군들은 술집에서 외국인 조종사들을 모집해야 할 필요가없었다. 우선 1933년부터 비밀리에 진행되어 온 조종사 훈련 덕택에 많은 예비 조종사 자원을 확보하고 있었다. 그리고 극우 민족주의를 강조하던 나치 독일의 특성상 공군 장병은 자신이 아리아인 혈통임을 입증할 수 있는 순수한 독일인, 혹은 오스트리아인이 아니면 안 되었다. 영국공군은 자의 반 타의 반으로 백인이기만 하면 유럽인이건 미국인이건,식민지인이건 가릴 것 없이 전투기에 태웠다. 그러나 독일 공군의 항공승무원은 순수한 독일인이 아니면 안 되었다.**

독일 공군의 전투조종사 숫자는 영국 공군 전투기사령부의 전투조종사 수와 거의 비슷했다. 그러나 머릿수만으로 모든 것을 판단해서는

* 양국 공군의 공식 항공기 보유량은 세 가지 범주에서 볼 수 있다. 우선 서류상 그 부대가 보유하고 있어야 하는 항공기의 총수를 나타내는 〈편제 대수〉이다. 그리고 특정일에 그 부대가 실제로 가지고 있는 항공기의 총수인 〈전력 대수〉라는 범주가 있다. 그리고 완벽히 정비 점검을 받아 즉시 실전 투입이 가능한 항공기의 총수인 〈가동 대수〉라는 범주가 있다. 역사학자들은 이 세 가지 개념이 별 차이가 없는 것처럼 마구혼동하고 있다. 그러나 이 범주 중 중요한 것은 가동 대수뿐이다. 정비 또는 수리 중인 항공기, 부속의 망실로 비행할 수 없는 항공기는 작전에 투입할 수 없기 때문이다. 예를 들어 1940년 8월 10일 영국을 공격하는독일 공군의 3개 항공함대의 Bf 109 편제 대수는 1,011대였다. 그러나 전력 대수는 934대, 가동 대수는 805대뿐이었다.

** 독일 인종법에서는 친할아버지와 외할아버지 중 한 사람이라도 유대인인 사람은 유대인 혼혈로 분류되었다. 이런 사람들은 병역 의무가 있기는 했지만, 진급은 하사관까지로 제한되었고, 항공 승무원이나 잠수함 승무원과 같은 엘리트 병과에도 지원할 수 없었다. 게슈타포는 이들 유대인 혼혈을 완전한 유대인으로간주해 강제 수용소로 보낼 것을 주장했지만 독일군은 이에 끝까지 저항했다. 독일군도 인종주의에서 자유로울 수는 없었지만, 이들 유대인 혼혈들을 다 빼앗겼다간 그만큼 병력 자원이 줄어들기 때문이었다.

안 된다. 전투의 대부분이 잉글랜드나 영국 해협 상공에서 벌어졌던 탓에 여기서 격추된 독일 조종사는 낙하산 탈출을 하더라도 독일로 돌아올 수 없었던 반면, 영국 조종사들은 낙하산 탈출이나 불시착을 무사히 하기만 하면 당일 원대로 복귀해 다시 전투에 참가할 수 있었다(항공기의 경우에도 비슷한 이점이 있었다. 비버브룩 경이 고안한 매우 정교하고 효율적인 격추 항공기 회수 및 수리 체계 덕택에 영국의 민간 수리창은 격추된 영국 항공기를 신속히 회수해 수리 재생하는 것은 물론, 독일 항공기까지 회수해 새 항공기 제작을 위한 자재로 활용했다). 물론 독일도 전사하거나 포로가 되어 손실된 조종사를 바로 보충하는 것은 가능했으나, 대부분의 경우 고참 조종사의 자리를 갓 항공 학교를 졸업한 신참 조종사로 메워야 했다. 영국과 독일의 사정이 전혀 달랐던 것이다.

이와 같이 독일의 인원이나 장비 손실은 그것으로 〈끝〉이었지만, 영국은 반드시 그렇지만은 않았다. 이는 영국에 대한 전면적 공습을 계획할 때 괴링을 비롯해 독일 공군의 그 누구도 심각하게 고려하지 않았던 요소였다. 반면 다우딩은 이 점을 그답게 매우 논리적이고 정확하게 꿰뚫어 보았다. 바로 이 점 때문에 그는 파크 소장의 제11 전투비행단을 시켜 됭케르크 상공에서 독일 공군기와 적극적인 전투를 벌이게 할 생각이 없었으며, 이 비행단을 영국 해협 해상의 석탄 운반선 호위에 사용할 생각도 별로 없었던 것이다. 다우딩은 석탄 운반선 호위는 영국 해협이 아직도 영국 것이라는 것을 독일에 알리는 것 이상의 의미가 없다고 보았다. 영국 해협에서 전투기가 격추당하면 잔해를 회수할 방법은 없으며, 해협에 낙하산 탈출한 영국 조종사를 구조할 방법도 마땅찮았다. 무엇보다 영국 조종사들에게는 독일 공군이 독일 조종사들에게 갖춰 준 팽창식 구명보트, 형광 염료, 노란색 비행 헬멧이 없지 않은가.

다우딩은 군센 고집과 논리적인 성품 탓에, 감정에 따라 움직이는 사람들이 놀랄 만한 주장도 서슴지 않고 내는 경우가 많았다. 다우딩은 백색 바탕에 선명한 적십자 마크가 붙은 독일 He 59 인명 구조용 수상기가 제네바 협정에서 규정한 보호 대상이 아니라는 결론을 내렸다. 이 수상기는 영국 해협에서 추락한 항공기 승무원들을 구조하는 작업을 벌이고 있었고, 구조된 승무원들은 자대로 복귀하자마자 다시 영국 전투에 투입되곤 했다. 또한 이 수상기들은 영국 수송선단의 위치와 진로를 파악해 무전 송신하고 있다는 의심을 받고 있었다. 그는 전투기사령부에 이들 수상기들을 보이는 대로 격추하고 해상에서 구조 활동을 벌이고 있는 경우에도 기관총 사격을 가하라고 지시했다. 이처럼 너그럽지 못한 다우딩의 지시에 영국 조종사들은 크게 놀랐고 독일인들은 분개했다. 이 때문에 독일군은 잠시 동안 선전전에서 승리를 거두는 듯했지만, 결국 He 59의 몸체에서 적십자 마크를 지우고 위장 도색을 한 후 스바스티카와 검은색 철십자 마크, 기관총을 장착할 수밖에 없었다.

독일군은 영국 상공에서 낙하산을 타고 탈출하는 영국 조종사들에게 기관총 사격을 가할 수 있었으며, 이는 제네바 협정에 저촉되지 않았다. 영국 조종사들은 원대에 복귀해 다시 독일군을 공격할 수 있기 때문이다. 그러면 영국 땅에 낙하한 독일 조종사는 어차피 포로가 될 테니까 영국 조종사들은 낙하하는 독일 조종사에게 사격을 가해서는 안 되는가? 이것 역시 독일과 똑같은 방식으로, 즉 영국 공군기들도 낙하하는 독일 조종사에게 사격을 가하는 식으로 대처하라고 지시하는 것은 오직 다우딩만이 가능한 발상이었다. 다우딩의 동료들은 이것이 너무나 비인도적이며 말도 안 된다고 비난해 댔다. 그러나 그것은 그들이 다우딩만큼 제네바 협정을 철저하고 냉정하게 읽어 보지 않아 정확한 결론을 내리지 못했기 때문이었다. 실제로는 양국의 조종사들 중에 극소수만이 낙하산 탈출하는 적 조종사에게 의도적으로 사격을 가했다. 시속 500킬로미터로 비행하는 상황에서는 낙하하는 사람이 아군인지 적군인지 구분하기가 거의 불가능했기 때문이다. 다우딩 역시 그것이 가능하리라고 보지 않았다. 그는 주어진 질문에 명쾌하고 딱 떨어지는 해답만을 원했을 뿐이었다. 그것은 일종의 정신 수련이었다. 그러나 그의 답은 정가와 공군의 친구들조차도 만족시키지 못했다. 심지어는 수상도 낙하하는 조종사를 물에 빠진 선원에 비유하면서 다우딩의 판단에 이의를 제기했다.[4] 또한 휘하 조종사들 중 소수 사람들도 다우딩이 정신이 이상해진 게 아닌지 의심할 정도였다.

7월 3일, 전투기사령부 본부에서 열린 전술 회의에서 공군 대장 다우딩과 제12 전투비행단장 리맬러리 소장 사이에 잠재되어 있던 갈등이 노골적으로 드러났다. 독일군의 침공 이전, 독일 공군이 전투기사령부 예하 공군 기지를 공격하는 시간적 길이에 대해 다우딩과 리맬러리는 견해 차이를 보였다. 또한 다우딩은 예하 전투비행단장들이 비행대대들을 매우 잘 통제하고, 적 전투기와 폭격기 중 어느 것을 공격할지를 정확히 알고 명령할 것을 기대한다고 말했다. 그는 전투조종사들이 비교적 저고도를 비행하는 폭격기 전력이 아닌 적의 호위 전투기 공격에 집착해서는 안 된다고 말했다. 간단히 말해 다우딩은 전투비행단장들이 잉글랜드 상공에서 자유 전투를 벌이지 않기를 바랐던 것이다. 예하 전투비행단장들은 전투비행대대들을 정확히 사용하고, 충분한 예비 전력을 확보하며, 상호 원조하고, 무엇보다도 다우딩의 명령에 따라야 했다. 다우딩은 파크 소장은 자기가 일일이 지시하지 않아도 잘할 사람이라는 것을 알고 있었다. 그리고 제10 전투비행단과 제13 전투비행단의 구역은 다가올 전투에서 변방이었다. 때문에 위와 같은 발언은 분명 리맬러리를 겨냥한 것이었다.[5]

리맬러리 외에도 다우딩의 골치를 썩게 했던 장군은 많았다. 다우딩은 이미 야심 차고 추진력이 강한 숄토 더글러스 공군 소장과 충돌을 빚은 바 있었다. 더글러스는 항공성의 교육 훈련 및 신장비 구매차장이었으며, 볼턴 폴 사의 디파이언트 항공기 구매 및 .303구경 기관총보다 더욱 파괴력이 높은 20밀리미터 기관포 구입 등에 관여했다. 건장하고 호전적이며 공격적인 전직 전투조종사이자 명망 높은 더글러스 가문의 자손인 그는 다우딩과 정반대의 인물이었다. 더글러스의 아버지인 앨프리드 더글러스 경은 퀸즈베리 9대 후작이었으며, 오스카 와일드의 동성애 애인이기도 했다. 또한 앨프리드 더글러스 경은 복싱 시합 규칙의 대중화에 힘썼으며 와일드의 몰락을 초래하기도 했다.

디파이언트에 대한 다우딩의 판단은 옳았으나, 그 결과 그는 항공성 내에 단 한 명의 친구도 만들 수 없었다. 그리고 20밀리미터 기관포의 경우 역시 다우딩은 시험을 거친 두 가지 유형의 기관포 모두에 별다른 인상을 받지 못했다. 그는 4정의 기관포가 8정의 기관총보다 반드시 더 나은 결과를 가져오리라고 확신하지도 못했다. 다우딩은 장기적으로 전투기에 기관포를 다는 것이 필요하다고 보았다. 그러나 그가 가장 중시한 요건은 신뢰성이었는데, 아직까지 신뢰성 면에서 그를 만족시키는 기관포는 없었다. 단기적인 관점에서 봐도 그는 무장을 바꾸어 스피트파이어와 허리케인의 생산에 차질을 빚고 싶지 않았다. 항공성 관리들은 이러한 다우딩의 조심스러운 태도를 새로운 생각에 대한 열정이 부족하다며 이를 그의 나이와 고집, 괴벽 탓으로, 심지어 직접 비행기를 몰아 본 지가 너무 오래되어서 그렇다고 수군대기 일쑤였다.

이 시점에서 다우딩이 그의 몰락에 핵심적인 역할을 하고, 또 그로 인해 많은 것을 얻게 될 두 사람과 자신 사이에 이미 존재하던 적의를 알고 있었는지 현재로서는 알기 힘들지만 그는 성격상 이러한 문제에 아무런 관심과 걱정도 기울이지 않았을 것이고, 이를 해결하려고 노력했을 가능성은 더더욱 낮다. 어찌 되었든 공군 참모총장마저 이미 그의 적이 되어 있는 상태였고 5월 13일 프랑스에 허리케인을 증파할 경우 발생할 위험에 대해 직언을 한 여파로 비록 눈에 띌 정도는 아니었지만 수상인 처칠도 그에게 적대감을 가지고 있을 가능성이 매우 높았다. 다른 사령관이라면 리맬러리를 자기편으로 끌어들이기 위해 직접 노력하거나, 최소한 자기 말을 듣게라도 했을 것이며(아이젠하워가 나중에 이런 걸 잘했다), 공군 장군 치고는 상당히 자아가 강하며 허영심이 많고, 다루기 힘들지만 두터운 인맥을 가지고 있는 숄토 더글러스를 구슬렸을 것이다. 그러나 다우딩은 이런 종류의 일에는 형편없었고, 그런 일을 벌인 경험도 없었다. 동료 공군 장성들과 한담을 나누는 모습을 그에게서 기대하기는 어려웠다. 그렇기 때문에 그가 끝없이 계속되는 음모에 가담한다는 것은 더더욱 있을 수 없었다.

그가 알고 있는 것은 전투에서 이기는 방법뿐이었다. 그리고 그는 1936년 이후로 그 이외에 아무것도 생각하지 않았다.

영국 해협 건너편에서 독일 공군은 노르망디와 브르타뉴에 새로 얻은 공군 기지에 진주했다. 독일의 전략은 아직 불분명한 상태였다. 히틀러의 침공 결정을 기다리고 있었다. 독일 해군은 예인선, 강 바지선, 해상 바지선 등을 모아 대규모 침공 함대를 조직했다. 하지만 역사학자들은 이 함대의 효율성을 낮게 평가한다. 이 함대는 됭케르크 철수 시 급조되어 독일 공군기의 맹폭격을 받으면서도 25만 명이 넘는 영국군을 집으로 돌려보낸 기선, 모터 요트, 구명정, 템스 강 유람선, 예인선, 어선으로 이루어진 영국 함대보다도 그 효율이 떨어진다는 것이다. 그래도 됭케르크 철수에 동원된 작은 배들에 비하면 독일 해군의 예인선과 바지선 함대는 분명 대단했다. 특히 됭케르크 이전까지 영국을 침공할 기회는 보이지 않았기 때문에, 이들이 아무 사전 준비도 없이 급조되었다는 점을 감안한다면 말이다. 영국과 미국이 노르망디 상륙 함대를 조직하는 데는 무려 4년이나 걸렸지만, 독일인들은 이를 불과 3개월도 안 되어 해내려 하고 있었다.

독일군을 방해하는 것은 상층부의 태만과 낙관적 사고였다. 히틀러는 프랑스에서 얻은 완벽한 승리에 취해 있었고 영국에서 언젠가는 핼리팩스 경이나 로이드조지가 전화를 걸어 화평을 제의할 거라고 믿어 의심치 않았다. 그리고 괴링 역시 파리에서 자신과 부하 지휘관들에게 쏟아지는 끝없는 찬사와 특진을 즐기고 있었다. 그러나 그 아래에서는 참모 장교들이 즉흥적으로 만들어진 침공 계획상의 문제점을 해결하고, 일단 영국 땅에 병력이 상륙한 이후 승리하기 위해 필요한 전략을 세우느라 과로에 시달리고 있었다. 게다가 작전 진행 시간표도 불명확했고 육해공군 모두를 하나로 묶어 끌고 나갈 정력적인 단일 사령관(나중의 아이젠하워 같은)도 없었다.

7월 3일이 되자 히틀러의 인내심은 급작스럽게 바닥을 보였다. 그날 영국 해군 중장 제임스 서머빌 경이 이끄는 소함대가 프랑스령 모로코의 오랑 근처 메르 엘 케비르 군항에 나타났던 것이다. 서머빌 함대는 장술 제독이 이끄는 현지의 프랑스 함대에게 영국군의 군항, 또는 카리브 해의 프랑스 항구로 갈 것을 요구했다. 또한 이에 응하지 않을 경우 6시간 내로 군함을 자침시킬 것도 요구했다. 프랑스 함대에는 전함 2척과 강력한 신예 순양 전함 〈묑케르크〉와 〈스트라스부르〉 등이 있었다. 장술 제독이 영국군의 요구 중 어느 것도 받아들이지 않자 서머빌 제독은 국왕으로부터 〈어떤 수를 써서든 프랑스 함대가 독일 또는 이탈리아 손에 넘어가지 않게 하라는 지시를 받았다〉고 프랑스 측에 침통하게 전했다.[6] 그날 하루 종일 협상이 진행되었으나 장술 제독은 끝까지 영국 측의 요구를 거절했다. 그리고 몇 분 후인 오후 5시 53분, 서머빌 제독은 사격 개시를 명령해 프랑스 함대를 격파했다. 이 전투에서 프랑스 해군 장병 1,200여 명이 전사했다.

이집트 알렉산드리아와 포츠머스, 플리머스 등에 정박해 있던 프랑스 군함은 영국 해군에 의해 점거되었고, 다카르에 정박해 있던 프랑스 전함 1척은 소각되었다. 비록 과거의 우방국을 상대로 벌인 일이었지만, 영국 함대의 건재함을 보인 이 사건을 하원에 보고하면서 처칠은 눈에 눈물을 머금고 다음과 같이 말을 맺었다. 「그러므로 프랑스 함대의 상당부분이 현재 우리 수중에 떨어졌거나, 또는 활동 불능 상태, 적어도 독일의 손이 미치지 않는 곳에 있습니다. ……우리의 행동에 대한 판단은 자신 있게 의회에, 우리 나라에, 미국에, 세계와 역사에 맡기는 바입니다. ……우리 영국이 독일 및 이탈리아 정부와 협상을 취할 의도와 창구가 조금이라도 있다는 류의 거짓 소문은 이번 행동으로 인해 영원히 잠재워질 것입니다. 우리는 이 전쟁을 온 힘을 다해 수행하지 않으면 안 됩니다.」[7]

이는 히틀러와 핼리팩스, 로이드조지가 오랫동안 바라던 화평에 대한 영국의 응답이었다. 처칠은 매우 극적인 방법으로 영국 해군력과 전투

의지를 드러내 보인 것이었다. 그는 수상이 된 이후 처음으로 소속 당원들의 아낌없는 박수갈채를 받았다. 박수갈채에 보수당도 합세했다. 5월 10일부터 처칠이 수상이기는 했지만 그때까지 처칠이 아무리 멋지고 인상 깊은 전시 연설을 해도 보수당원들의 마음은 네빌 체임벌린에게 가 있었으며, 체임벌린에게 더욱 진심 어린 박수갈채를 보냈다. 그러나 이번에 사자는 울부짖었을 뿐만 아니라 앞발을 세차게 휘둘러, 대영 제국은 프랑스와는 달리 결코 패배를 모르는 강력한 제국이라는 점을 전 세계에, 특히 백악관에 거침없고 도발적인 옛 방식으로 알렸다. 또한 영국은 어떤 대가를 치른다 해도 절대 적에게 평화를 구걸하지 않을 것이며, 적에게 줄 것은 15인치 함포의 포탄뿐임을 분명히 했다. 이 메시지를 가장 잘 알아들은 곳은 독일의 베를린이었다.

7월 13일 히틀러는 결국 바다사자 작전 계획을 승인했으며, 작전 시행일을 8월 15일로 정했다. 그리고 독일 공군에는 그날이 오기 전에 영국 공군 전투기사령부를 격멸할 것을 지시했다. 하지만 그는 아직까지도 영국 침공에 전심을 쏟고 있지 않았다. 즉 영국을 침공할 것인지 말 것인지에 대해 아직 마음 한구석에는 망설임이 있었던 것이다. 그러나 영국 침공은 이제 더 이상 이론 단계가 아니었다. 충분한 계획이 있었고, 예정일이 있었고, 자세한 지도도 있었다. 그리고 첫 공격을 날리는 것은 괴링의 몫이었다.

여전히 느긋하던 제국원수(괴링 단 한 사람을 위해 만들어진 계급으로, 원수 바로 위의 계급이었다)가 예하 항공함대 사령관들을 만나 본 것은 7월 20일이 되어서였다. 그날 사령관들은 직접 고안한 전략을 가지고 괴링의 바로크풍 영지인 카린할(사랑하던 첫 아내의 이름을 땄다)로 찾아왔다. 이제 히틀러는 하루라도 빨리 행동을 취하고 싶어 했지만, 육군과 해군의 침공 준비가 의외로 느리게 진척되고 있다는 것을 알고는 침공일을 9월 15일로 연기했다. 또한 공군의 전면 공격은 8월 5일부터 실시하도록 했다. 침공 개시 결정은 어디까지나 총통 권한이었으며, 침공은 영국 공군이 괴멸된 이후에야 가능하다는 점을 암시한 것이다.

이에 대해 두 가지 관측이 있었다. 우선 첫 번째로 이렇게 복잡하고 큰 작전을 수행하는 군대는 면책 조항이 너무 많으면 안 되었다. 즉 공격일이 언제인지 확실히 정해져야 하고, 쓸데없는 각종 전제 조건, 부가 조항, 예외 조항 등이 있어서는 안 된다는 것이다. 두 번째로는 5, 6, 7월은 영국 해협을 건너기 가장 좋은 시기였다. 왜냐하면 날씨도 좋고 낮이 가장 길기 때문이다. 1944년 아이젠하워는 노르망디 상륙 시기를 5월 초에서 6월 초로 연기해야 했다. 그리고 필요하다면 7월로 연기할 각오를 했다. 그러나 그도 날이 짧고 폭풍이 불 확률이 매우 높아지는 9월은 상륙에 최악인 시기라고 보았다. 원수로 진급한 밀히가 괴링을 통해 히틀러를 설득, 됭케르크 철수 직후에 영국 침공 작전을 실시했다면, 아무리 어설프게 급조된 작전이었더라도 영국 측의 방어 태세 부족과 좋은 날씨에 힘입어 성공했을지도 모른다. 그러나 9월 15일을 침공일로 잡은 것은 바다를 모르는 사람만이 할 수 있는 선택이었다. 따라서 이는 바다 전문가들인 독일 해군 제독들의 맹렬한 반발을 사지 않을 수 없었다.

간단히 말해 히틀러는 수영복 차림으로 해안에 서서, 바다에 발가락을 넣어 보고도 뛰어들지 말지를 결정 못 하는 사람과도 같았다. 전면 공격을 연기하고 있던 독일 공군은 대신 연속적인 소규모 공격을 영국 해안 마을과 항구에 가해 영국의 방공 능력을 시험코자 했다. 7월 15일 독일 공군은 군사적 가치는 거의 없는 곳인 요빌을 폭격했고, 16일부터 18일까지는 악천후로 폭격을 못 하다가(나중에 그들이 겪을 시련의 전주곡이었다) 19일까지는 좋은 날씨에 힘입어 도버를 폭격했다. 그리고 20일부터 7월 말일까지는 도버 지역에 몰려 있는 선박들을 폭격했다. 7월 한 달 동안 독일 공군은 145대의 영국 항공기를 격추했으나 270대의 독일 항공기를 손실하기도 했다. 완벽한 승리와는 거리가 멀었다.* 물론 이 상황은 전투기사령부의 승리라고 보기도 힘들었다. 독일 공군은 소수의 편대를 지어 저공으로 침투해 영국 해안을 공격함으로써, 그들 자신도 몰랐겠지만 영국 레이더 조작사가 전투비행대대에 조기 경보를 할 시간적 여유를 빼앗고 있었다. 독일기의 모습이 레이더에 나타나 봤자 때는 이미 너무 늦는 것이었다. 하지만 다우딩은 독일 공군기들이 대편대를 지어 내륙을 공격하면 이야기가 달라진다는 것을 알고 있었다. 다우딩을 비판하는 이들은 그가 전투기를 대규모로 긴급 출격시켜야 대규모 독일 공군기들의 〈코피를 터뜨릴 수 있다〉고 생각했다. 그러나 다우딩은 이런 전투를 원하지 않았다. 그가 바라는 방식은 독일 공군이 전투기사령부의 전력을 실제 이하로 오판하게 하고, 독일이 폭격기에 대한 비중을 높이게 만들어, 계속되는 소모를 강요함으로써 언젠가는 독일 공군의 전력을 괴멸 상태로 몰아넣는 것이었다. 그는 휘하의 전투기들이 큰 손실을 입는 것을 원하지 않았다. 특히 해상에서는 더욱더.

당시 독일군은 정확히 다우딩이 원하는 대로 생각하고 있었다. 그들은 영국 전투기를 비교적 적게 접하게 되자 전투기사령부의 전력이 형

* 필자는 영국 전투의 일일 세부 자료를 다음 두 곳에 의존했다. 우선 『영국 공군 영국 전투 일지*The Royal Air Force Battle of Britain Campaign Diary*』이다. 이 책은 매일의 날씨, 영국 전투기 손실, 영국 공군 및 민간인 인명 피해, 독일 공군의 폭격으로 입은 피해 등이 정확하게 나와 있다. 그러나 독일 공군의 피해에 대해서는 정확하지 못하다. 그리고 데릭 우드, 데릭 뎀스터가 쓰고 영국 반슬리의 펜 앤 소드 밀리터리 클래식 출판사가 1961년에 펴낸 『한계 상황*The Narrow Margin*』이라는 책이다. 이 책은 전후 독일 측 기록 분석을 통해 거의 정확한 독일 측 항공기 손실 정보를 싣고 있다.

편없다고 믿게 되었다. 괴링도 영국 전투기의 숫자가 300~400대밖에 안 된다는 보고를 받을 정도였다. 따라서 언젠가 본격적인 전면 공격을 가하게 되면 영국 공군을 거뜬히 전멸시킬 수 있다고 믿게 되었다. 독일군은 자신들이 영국 내륙에 대규모 공격을 가할 때야말로 레이더와 다우딩의 중앙 집중형 전투기 통제 체계가 효과를 발휘하리라고는 생각지 않게 되었다. 아니, 더 정확히 말하자면 그들은 그런 것들에 거의 신경을 안 쓰고 있었다.

8월 처음 며칠간 구름은 낮았고 보슬비가 내리거나 뇌우가 쏟아졌다. 그 결과 전투기사령부에 일대 공격을 가해 괴멸시키기 위해 4일 정도 연속으로 이어지는 맑은 날씨를 기다렸던 괴링은 〈아조레스에서 다가오는 고기압대〉만을 하염없이 기다려야 하는 상황에 놓이게 되었다. 작전 암호명은 〈공격하는 독수리〉라는 거창한 이름이었다. 〈독수리의 날〉이라는 이름이 붙은 작전 결행일은 8월 5일로 예정되어 있었지만, 안개가 작전을 방해했다. 5일 당일은 영국 해협 상공에서 사소한 전투만 벌어져 독일 항공기 6대, 영국 항공기 1대만이 격추되었을 뿐이었다. 8월 6일과 7일은 독일 항공함대가 대공격을 준비하느라 분주했던 탓에 그리 큰일 없이 지나갔다. 8월 8일에는 Bf 109의 호위를 받는 Ju 87 슈투카 부대가 영국 해협 수송선단에 대공격을 실시했다. 그러나 이 공격의 결과 슈투카가 영국 전투기에 취약하다는 사실이 다시 한 번 입증되고 말았다. 이날 투입된 독일 항공기 중 31대가 격추당했고 영국 항공기의 손실은 19대였다. 그러나 이날 독일 공군은 영국 전투기 49대를 격추했다고 주장했고, 영국 공군 역시 독일 항공기 60대를 격추했다고 주장했다. 이는 다우닝가 10번지의 사람들을 기쁘게 해주었지만, 양측의 격추 전과 주장이 얼마나 사실과 동떨어져 있는지를 잘 보여 주는 사례였다. 독수리의 날은 이제 8월 10일로 옮겨졌다. 그러다가 10일 당일이 되자 악천후로 또다시 연기되었다. 그리고 8월 11일에는 영국 해협 상공에서 대규모 공중전이 벌어졌다. 이는 독일 폭격기들이 포틀랜드를 폭격하는 동안, 도버 상공으로 많은 영국 전투기를 끌어내어 Bf 109로 기습 공격하려는 의도였다. 하루 종일 이어진 치열한 전투의 결과 양군은 비슷한 손해를 입었다 독일기 38대, 영국기 32대가 격추되었다. 영국은 알지 못했지만, 괴링이 바라 마지않던 아조레스의 고기압 날씨가 이날 처음 나타나기 시작한 것이다. 이것이 8월 11일의 가장 중요한 사건이었다. 독수리의 날은 8월 13일로 서둘러 연기되었고, 12일에는 영국군의 방어 체계를 약화시키기 위해 영국 공군의 전방 기지와 레이더 기지를 처부술 계획이었다. 묘하게도, 8월 12일은 영국 상류 사회에서도 매우 중요시하는 〈영광의 8월 12일〉, 즉 뇌조 사냥철이 시작되는 날이었다.

제국원수 괴링은 평소에 일찍 일어나는 사람은 아니었다. 그러나 8월 12일만큼은 새 지휘봉을 잡고, 제3 항공함대 사령관 슈페를레, 제2 항공함대 사령관 케셀링, 그 외 군복을 번지르르하게 차려입은 참모들을 대동하고 아침 7시에 시작되는 작전을 지켜보았다. 분위기는 매우 낙관적이었다.

8월 12일은 앞으로 일어날 일을 대충 짐작하게 해주었다. 날씨는 맑았다. 그리고 독일 공군기들은 엄청난 수로 몰려왔으며, 전략도 매우 잘 짜여 있었다. 그러나 형편없는 정보력, 지나친 낙관주의와 정찰 결과의 잘못된 분석이 전략 수립에 좋지 않은 영향을 미쳤다. 독일 폭격기들은 맨스턴, 호킨지, 림 등의 전투기사령부 예하 해안 공군 기지에 융단 폭격을 가했다. 독일 공군은 이들 모두가 완파되었다고 기록했지만, 이들 공군 기지 대부분은 다음 날 다시 가동되기 시작했다. 큰 피해를 입었지만,

삽과 불도저만 있으면 어떻게든 복구가 가능했다. 그리고 엄청난 양의 폭탄이 주변 들판에 떨어졌지만, 인근 농가들은 농작물 말고는 별다른 피해를 보지 않았다. 레이더 기지에 가한 집중 공격은 성공했어야 했다. 독일 급강하 폭격기들은 겉보기에는 쉽게 부술 수 있을 것 같지만 하늘에서 맞히기는 거의 불가능한 레이더 탑을 중점적으로 공격했다. 사실상 독일 공군은 보다 공격하기 쉬운 작전 센터와 기획실에 집중해야 했다. 이들이 없다면 레이더 탑은 있으나 마나기 때문이다. 그리고 실제로도 작전 센터와 기획실의 방어가 더욱 약했다. 그럼에도 독일 공군은 여기를 중점적으로 폭격하지 않았다. 대부분의 레이더 기지는 독일군의 폭격을 당하고도 정상적으로 운영되었다. 그리고 레이더를 조작하는 공군 여성보조부대의 젊은 여성들은 적의 폭격을 당하는 와중에도 뛰어난 용기와 냉정함을 보이며 임무를 계속하여, 그들을 거기 보낸 다우딩의 판단이 틀리지 않았음을 입증해 보였다. 공군 여성보조부대에서 첫 전사자를 낸 그날 이후 젊은 공군 여군이 남군만큼의 일을 해낼 수 있다는 데에 의심을 품는 사람은 없었다.

레이더 기지와 전투비행단, 지휘정보상황실을 연결하는 전화선을 콘크리트로 포장해 땅 속 깊이 파묻자던 다우딩의 결정은 처음에는 항공성의 맹비난을 받았지만, 결과적으로 돈을 투자한 만큼의 가치가 있었다. 그날 해가 저물 때쯤 독일은 70대의 영국 전투기를 격추했다고 주장했지만 실제 영국 항공기 손실은 22대뿐이었으며, 독일 항공기 손실은 31대였다. 폭격으로 기능이 마비된 레이더 기지는 한 곳뿐이었으며, 모든 전방 공군 기지가 독일의 예상을 뛰어넘는 짧은 시간 내에 기능을 회복했다. 8월 12일의 마지막 사건은 독일군이 셰익스피어의 생가가 위치한 스트래트퍼드 어폰 에이번에 야간 폭격을 가한 것이었다. 이 지역은 전투기사령부에게 전략적인 중요성을 가진 곳은 아니었지만 말이다. 다음 날의 공격을 위한 선제공격으로, 전투기사령부 예하의 전투기들을 공격하고, 그들의 눈과 귀 역할을 하는 레이더 기지를 격파하기 위해 실시된 이날의 공격은 결과적으로 무위로 끝났으나, 독일 공군 최고사령부는 이 공격으로 소기의 성과를 거두고, 전투기사령부를 궁지로 몰아넣었다고 믿어 의심치 않았다. 독일 공군으로서는 그렇게 믿을 수밖에 없는 이유가 있었다. 그들은 영국의 전투기 대수가 300대밖에 되지 않는다는 전제를 세웠기 때문에, 그중 70대를 격추하고, 해안 공군 기지 여러 곳과 레이더 기지 2개소를 완파해 버렸으면 그걸로 다음번의 대공격을 위한 예비 공격은 충분히 성과를 거두었다고 본 것이다. 그러나 그런 생각은 진실과는 아주 거리가 멀었다.

하지만 영국 측의 입장에서 볼 때 그날의 피해는 실제 이상으로 크게 보였다. 독일군이 레이더 기지를 공격했다는 것은 그들이 레이더 기지의 중요성을 알고 있으며, 앞으로 레이더 기지를 집중 공격할 의도가 있는 것으로 해석되었다. 그리고 전방 공군 기지에 대한 공격이 비효율적이었다고는 해도 그것으로 매우 큰 손해를 입었으며, 독일군이 어디를 공격하면 좋을지 잘 아는 것으로 판단되었다. 다우딩은 레이더 기지와 공군 기지에 대해 독일군이 집중 폭격을 가하고, 그 폭격의 강도와 정확성이 높아지는 사태를 가장 두려워했다.

처칠이 다우딩에게 13일부터 독일군의 대공세가 실시될 거라고 알려주지 않았더라면, 다우딩은 12일을 실질적인 대공세의 시작일로 여겼을 것이다. 그만큼 12일의 전투는 격심했다. 다우딩은 아직 〈울트라〉* 정

---

* 독일의 암호 기기 에니그마를 해독하기 위한 작전의 암호명 – 옮긴이 주.

보를 받는 사람은 아니었다.* 하지만 블레츨리의 암호 해독 팀은 폴란드 정보부의 활약에 힘입어 독일군 에니그마 암호기의 비밀을 이미 풀어 놓고 있었다. 그 덕분에 베를린에서 제2, 제3 항공함대에 보내는 명령을 읽을 수 있었고, 다음과 같은 괴링의 오만한 일일 명령도 볼 수 있었다.

제국원수 괴링이 전 부대에게 알린다.
독수리는 공격한다! 영국 공군을 하늘에서 완전히 몰아내라.
히틀러 만세![8]

---

* 그는 처칠의 직접 지시로 10월 16일부터 울트라 정보를 받게 되었다(Martin Gilbert, *Finest Hour*, p 849).

8장
공격하는 독수리: 1940년 8월

짐은 왕다운, 그것도 잉글랜드의 왕다운 마음과 용기를 가졌소.

짐의 나라에 쳐들어오려는 천박하고 경멸스러운 자, 그가 파르마 공작이든

스페인 왕이든,

유럽의 다른 어느 나라 왕이든 한번 그렇게 해보시오.

— 엘리자베스 1세가 1588년 8월 18일 틸베리에서 한 연설

위험이 따르지 않는 전쟁은 없다고 생각하게.

— 1588년 8월 슬루이스 마을에 포위된 로저 윌리엄스 경이 레스터 백작에게 보낸 편지에서[*]

독일 공군은 1940년대 당시의 최첨단 기술로 무장하고 있었다. 물론
그들은 그 뛰어난 기술에도 불구하고 계속 영국의 숨은 카드인 레이더
의 가치를 경시하고 있긴 했다. 그러나 어떤 의미에서 보면 1588년 7월

---

[*] 로저 윌리엄스 경은 셰익스피어가 쓴 『헨리 5세』의 등장인물 중 플루엘렌 대위의 모델이 되었다고 전
해진다.

29일, 130척으로 이루어진 스페인 무적함대를 이끌고 영국 해협에 쳐들어와 처음 보게 되는 육지인 콘월의 리자드 반도를 지나친 메디나 시도니아 공작과 다를 것도 없었다. 악천후가 일상인 영국에서는 날씨가 전투의 승패를 가르는 중요한 요소가 되며, 1940년대 역시 그 점은 다를 바 없었던 것이다.

펠리페 2세의 야심 찬 영국 정복 계획은 메디나 시도니아가 대함대로 영국 해협의 영국 함대를 괴멸시킨 후, 스페인령 네덜란드 항구 앞바다에서 당시 유럽에서 가장 강한 군대였던 파르마 공작 예하 군대와 상봉하는 것이었다. 이후 메디나 시도니아의 함대는 파르마 군대를 평저선에 태우고 잉글랜드 본토에 상륙시켜 가톨릭 신앙을 회복시킨다는 작전이었다. 스페인 무적함대는 작지만 날쌘 영국 군함들과 영국 함장들의 탁월한 지휘력, 그리고 홈그라운드라는 이점에 밀려 패배했다. 그러나 스페인의 패배 원인 중에서 날씨도 빼놓을 수는 없었다. 메디나 시도니아의 작전 최종 단계에는 꾸준히 불어오는 남서풍, 맑은 날씨, 고요한 바다가 필요했다. 그러나 이 중 어느 것도 계속 존재하지 않았다. 안개가 깔린 영국 해협의 거친 바다에서 헤매던 무적함대는 하나둘씩 뿔뿔이 흩어져, 결국 영국 땅에는 가보지도 못하고 암초, 여울, 급류, 모래톱, 높은 조수의 차 등에 하나둘씩 희생되어 갔다.

그로부터 352년이 지난 후, 1940년의 괴링 역시 똑같은 문제를 겪고 있었다. 잉글랜드 남부에 위치한 전투기사령부의 공군 기지와 허리케인, 스피트파이어, 롤스로이스 멀린 엔진 생산 공장에 폭격으로 충분한 타격을 주려면 쾌청한 날씨가 오래 이어져야 했다. 날씨가 좋은 날은 그만큼 독일 공군에게 유리한 날이었다. 반면 비가 오거나 안개가 끼거나 구름이 낮게 낀 날은 영국 공군에 유리한 날이었다. 다우딩 예하의 전투비행대대들이 휴식을 취하고, 파괴된 시설을 보수하고, 항공기를 정비할 수 있었기 때문이다. 1588년의 날씨는 오늘날까지도 잘 알려져 있다. 날씨는 당시에도 양군에게 중요한 요소였다. 모든 함장들은 일지에 바람의 변화와 방향까지 적는 등 날씨를 매우 꼼꼼히 기록했다. 이와 마찬가지로 영국 전투의 모든 사건을 적은 일일기록 역시 그날의 날씨 기록부터 시작했다. 16세기의 해군 수병들과 마찬가지로 20세기의 공군 장병들에게 날씨는 전투에 가장 중요하면서도 예측하기가 어려운 단일 요소였다. 물론 메디나 시도니아 시대 이후 기상학은 큰 발전을 이루었지만 언제나 들어맞는다는 보장은 없었고, 날씨를 제대로 예보하지 못하면 엄청난 결과가 초래될 수도 있었다.

그 점을 보여 주기라도 하듯이 〈공격하는 독수리〉 작전의 개시일인 〈독수리의 날〉은 대실패로 끝났다. 제2, 제3 항공함대의 총전력으로 대공세에 나선다는 작전 목표와는 달리 이 작전은 대혼란과 대재난으로 시작되었다. 영국 공군은 그날의 날씨를 〈대체로 맑지만 이른 아침에 안개가 끼고, 일부 지역에는 보슬비, 영국 해협에 구름 약간〉으로 기록했다. 아마도 안개, 보슬비, 구름이 있는 날씨를 〈대체로 맑다〉고 표현할 수 있는 기상관은 전 세계에 오직 영국 기상관뿐일 것이다. 같은 날씨를 예보한 독일 기상관들의 반응은 영국과는 정반대였다. 그들에게 이런 날씨는 독수리의 날을 연기시켜야 할 만큼 지독한 날씨였다. 참을성이 없던 괴링도 작전 연기에 동의했고, 공격을 날씨가 비교적 좋아진다는 오후로 연기했다. 그러나 유감스럽게도 아침 시간의 공격을 취소한다는 괴링의 이 지시는 이미 새벽에 항공기를 이륙시킨 일부 예하 부대에는 전달되지 않았다. 나폴레옹이 〈명령했다가 취소하면 질서가 사라진다〉라는 말로 표현한 상황의 완벽한 사례였다. 또한 괴링이 지휘관으로서는 너무나 서툴고 독단적인 인물인 탓도 있었을 것이다. 이렇게 명령 전달에 차질이 온 이유는 명확하지 않다. 독일군의 통신 체계에 이상이 있었기 때문일지도 모르고, 아니면 영국군이 〈무작정 밀어붙이기〉라고 부르는, 일단 공격이 정해졌으면 취소 명령이나 기타 악조건이 있어도 계속 강행하려는 판단 때문일 수도 있다. 그러나 이유야 어찌 되었든 제2 폭격비행단* 소속의 강인하고 유능한 제1차 세계 대전 참전 조종사인 요하네스 핑크 대령 예하의 도르니에 17 폭격기 74대는 구름 속에서 자신들이 호위할 폭격기를 놓친 호위 전투기들 상당수가 공격 취소 명령을 받고 회항한 다음에도 계속 목표로 날아갔다. 즉 이는 나폴레옹이 경고한 군사적 혼란 상황이었다.

독일 공군의 독수리의 날 작전 계획은 독일인답게 철저하고 정확하게 짜여 있었다. 모든 참가 부대의 정확한 이동 시간과 방향까지 모든 세부 계획이 사전에 전부 짜여 있었으며 운에 맡기는 것은 하나도 없었다. 이는 혼란 상황을 가급적 피하려는 걸작 작전 계획이었다. 그러나 그 계획 수립에 인간의 실수나 일기 예보 실패 등은 계산에 들어가 있지 않았다. 인간의 실수는 예를 들면 마지막 순간에야 충동적으로 작전을 연기한 괴링의 행동이라든지, 전투기용 주파수와 다른 주파수로 맞춰진 무전기용 수정 발진기를 일부 폭격기에 장착했다든지 하는 것 등이다. 당연하게도 전투기와 폭격기의 무전 주파수가 서로 다를 경우 양자 간 통신이 불가능했다.

그날 드러난 더욱 심각한 문제는, 독일 측이 빈약한 정보에 의지해 이

---

* 독일군의 비행단은 영국군의 비행단과 거의 유사한 편제이며, 동일 기종 항공기 120대로 완편된다. 그러나 1940년 당시 완편된 독일 비행단은 드물었다. 폭격비행단은 폭격기, 전투비행단은 Bf 109 전투기, 구축 전투비행단은 Bf 110 쌍발 전투기, 급강하 폭격비행단은 Ju 87 급강하 폭격기로 이루어져 있었다.

정밀한 계획을 짰다는 것이다. 독일 공군의 정보참모 요제프 슈미트는 상관에게 유용한 목표 관련 정보가 아닌, 상관이 듣고 싶어 하는 정보만 들려주는 데 더욱 능숙한 인물인 것 같았다. 어찌 되었든 이 작전의 목표는 전투기사령부를 격멸하는 것이었다. 민간 표적을 의도적으로 폭격하거나, 민간인들 사이에 공포를 불러일으키는 것은 작전 목표에 없었다. 이는 독일 공군이 바르샤바, 로테르담, 그해 가을에 영국 대도시에 가한 폭격, 1942년부터 종전 시까지 영국 폭격기사령부가 독일 대도시에 가한 지역 폭격과는 완전히 다른 것이었다. 그리고 독일군의 폭격 목표는 이 작전 목표에 맞게 세심히 선정되었다.

작전 목표가 이러한데도, 광범위한 지역의 여러 표적에 대한 공격 계획이 전투기사령부에는 거의 피해를 입히지 못한 것은 실로 놀라운 일이다. 영국은 전투기사령부 예하 공군 기지는 물론, 전투기 생산 공장, 전투기사령부 본부, 심지어 날씨 좋은 날에는 프랑스에서 쌍안경으로도 보이는 레이더 기지의 위치를 숨기는 데 별로 신경을 쓰지 않은 것처럼 보였다. 독일 공군이 필요한 정보는 이미 전쟁 이전부터 여행 가이드북, 영국 국립지리원에서 펴내고 어떤 서점에서나 구할 수 있던 기가 막히게 자세한 지도, 뉴스, 심지어는 지역 전화번호부에서 다 찾을 수 있었다. 전쟁 전 런던 주재 독일 공군 무관이 휴일에 국립지리원의 지도와 셸 모터리스트의 자동차 여행 지도, 그리고 조류 관찰용 망원경을 차에 싣고 잉글랜드 남부를 드라이브했더라면, 숙련된 스파이의 도움 없이도 전투기사령부의 주요 목표물 대부분의 위치를 알 수 있었을 것이다. 실제로 주영 일본 무관은 전투기사령부 공군 기지 근처의 골프장에서 정기적으로 골프를 치면서 도쿄에 전투기사령부 전력에 대해 정확한 정보를 보고하기도 했다. 하지만 제1 교도비행단(숙련된 교관 조종사들을 중심으로 시범 비행을 보이기 위해 편성된 엘리트 부대) 소속 Ju 88 폭격기 120대가 좋은 기상 환경에서 잉글랜드 남부 사우샘프턴 지역에 한 시간에 걸쳐 폭격을 가했음에도 부순 것은 롤리 자전거 공장, 픽퍼드 가구 창고, 냉동 고기 창고였을 뿐 스피트파이어를 생산하던 비커스 수퍼마린 공장은 멀 쩡했다. 이는 그날 벌어질 전투의 향방을 암시하는 일종의 전조였다. (버 밍엄 근교의 캐슬 브롬위치에는 스피트파이어 생산을 보조하는 더욱 큰 두 번째 공 장이 있었다. 그러나 이 공장에서는 생산에 차질이 벌어졌는데, 그 이유는 이곳의 공 장주가 비버브룩 경과 사이가 좋지 않은 오만한 너필드 경이었기 때문이다. 즉 1940 년에는 사우샘프턴 공장이 스피트파이어의 주 생산지였다.*) 울스턴의 스피트파 이어 공장에 대해서는 비밀이 거의 없었다. 그 공장은 크고 찾기 쉬우 며, 시 지도에도 보기 좋게 표시되어 있고, 사우샘프턴 전화번호부에도 등재되어 있었다. 따라서 이론상으로는 이 공장을 파괴하기 위해서라면 제1 교도비행단도 희생시킬 수 있다고 누군가는 생각할 법도 했다.

핑크 대령의 예하 폭격기들은 슈미트의 참모가 잘못된 정보를 전달한 탓에 전투기사령부 공군 기지가 아닌 해안 사령부를 폭격했다. 게다가 핑크 대령 이외에도 회항 명령을 듣지 못한 사람들은 많았다. 제54 전투 비행단은 오디햄과 판보로의 영국 공군 기지를 폭격했다. 그러나 이 두 공군 기지는 전투기사령부의 것이 아니었다. 그리고 제54 전투비행단을 지원하기 위해 출격한 Bf 110 쌍발 전투기 중 대부분은 구름 속에서 제 54 전투비행단을 놓치고, 그들의 목적지에서 무려 80킬로미터나 떨어

---

* 이는 스탠리 볼드윈과 네빌 체임벌린 시절의 매우 야심 찬 전국적 공업 프로그램의 결실 중 하나였 다. 이 프로그램의 내용인즉슨, 육해공군의 가장 중요한 무기는 주 공장 외에도 보조 공장을 하나 두어 생 산함으로써, 전시 생산량을 늘리고, 주 공장이 폭격을 당할 시에도 보조 공장에서 무기를 생산하게끔 하는 것이었다. 유화론자들은 이런 점에서도 그들의 정적 및 독일인들의 생각보다 한발 앞서 나가고 있었던 것 이다.

진 해안 휴양 도시 본머스 서쪽에 나타났다. 이들은 영국 전투기들의 요격을 받아 엄청난 피해를 입었다. 아침나절, 회항 명령을 받지 못했거나 무시했던 독일 항공기들은 아무것도 해내지 못한 채 불평만 늘어놓으며 기지로 복귀했다. 그중에서도 핑크의 불평 소리는 제일 높았다. 전투기 지원도 없었고, 영국의 레이더 기지 역시 그 전날 모두 격파되었다는 호언장담에도 불구하고 너무나 잘 움직여 독일 비행기들을 귀신같이 찾아냈기 때문이다. 핑크 예하의 폭격기 중 5대가 격추당하고, 많은 수가 파손되었다. 제54 전투비행단은 항공기 4대를 잃었으며, 제2 구축 전투비행단 소속 Bf 110도 1대 격추되었다. 날씨가 좋지 않아 시야가 나빴음에도 불구하고 파크 소장 예하의 영국 공군 전투비행대대들은 아무 문제 없이 독일 항공기들을 발견했다. 핑크를 비롯한 많은 독일 공군(물론 슈미트는 제외하고)은 이에 충격을 받았고, 매우 불안해하며 더욱 철저한 정보를 요구했다. 제2 폭격비행단의 손실이 5퍼센트(영국 공군 폭격기사령부에서는 수용 가능한 손실로 여기는 비율이었다) 미만이었음에도 불구하고 핑크가 크게 분개한 것은 주목할 만하다.

분명 핑크는 다른 많은 독일 공군 장병들과 마찬가지로 12일의 폭격에서 전투기사령부의 전력이 크게 손실되었을 거라고 가정하고 있다가, 예상을 뛰어넘는 수의 영국 전투기가 등장해 자신을 너무 쉽게 찾아냈다는 사실에 놀랐을 것이다. 그리고 더욱 재수 없게도 핑크를 공격한 영국 조종사는 제74 전투비행대대 소속 아돌프 〈세일러〉 말란 대위였다. 억센 남아프리카인인 그는 영국 전투의 에이스 중 가장 열정적이고, 많은 전과를 거두었으며, 또한 지적인 인물이었다. 말란은 공중전의 십계명이라는 글을 쓰기도 했는데, 이 글은 포스터로 만들어져 공군 기지의 분산 대기실에 게시되었다. 그 제1계명은 〈적 조종사 눈의 흰자위가 보일 때까지 기다려라〉였다.* 또한 핑크는 전투기사령부에서 딱 2대 보유하고 있던, 기관총 대신 20밀리미터 기관포를 장비한 허리케인 중 1대의 공격을 받았다. 그 허리케인의 조종사는 제151 전투비행대대 소속 로딕 리 스미스 대위였다. 스미스는 기관포를 매우 좋아했다. 기관포는 기관총보다 총도 탄약도 크고 무거우므로 허리케인의 속도와 기동성을 해쳤다. 그러나 스미스는 기관포라면 원거리에서 더 강한 타격을 가할 수 있다고 생각했으며 그 점을 입증하려고 했다.

그날 아침의 전투는 혼란스러웠지만, 영국 공군 전투기사령부는 전날 독일 공군으로부터 야심 찬 공격을 당했음에도 큰 피해를 입지 않았고, 이는 다우딩이 공들여 만든 정밀한 레이더 및 중앙 집중형 전투기 관제 체계가 전투에서 핵심적인 역할을 한다는 것을 알려 주었다. 독일군은 신호 정보 수집을 통해 모든 영국 레이더 기지가 가동 중임을 알았다. 물론 영국은 폭격을 맞아 수리 중인 위트 섬의 벤트너 레이더 기지에서도 가짜 레이더 신호를 보내는 등의 위장 전술을 구사하기는 했다. 그러나 이를 진지하게 받아들인 독일 공군 최고 사령부 인원은 한 사람도 없었다. 아마도 케셀링 원수가 호화로운 전용 열차 아시아 호를 타고 온 분노한 제국원수 괴링과, 더욱 분노한 핑크 대령을 처리하느라 그런 데 신경 쓸 여력은 없었기 때문일지도 모른다.

케셀링은 괴링과 그 주변 사람들을 아라스까지 쫓아 보내고 핑크도 진정시키려 노력했다. 그리고 약속대로 오후가 되자 기상 상태가 좋아졌다. 하늘은 맑아지고, 태양이 모습을 드러냈다. 따라서 아무 일도 없었다는 듯이 독수리의 날 작전은 오후에 진행하기로 결정되었다.

---

* 말란은 무엇보다도 이 제1계명을 특히 강조했다. 제10계명은 〈빠르게 들어가 세게 때리고 빠져나오라〉라는 것이다.

공중전의 십계명

제1계명: 적 조종사 눈의 흰자위가 보일 때까지 기다려라. 확실히 조준한 후 1, 2초간의 연사로 끝내야 한다.

제2계명: 사격 시에는 다른 것은 절대 생각하지 말고, 온몸을 긴장시키고, 양손은 조종간을 잡고, 조준기에 집중하라.

제3계명: 항상 주위를 철저히 경계하고, 게으름 피워서는 안 된다!

제4계명: 고도가 높을수록 유리하다.

제5계명: 항상 선회하여 적과 마주하라.

제6계명: 결정은 즉각적으로 내려라. 가장 좋은 전술을 생각하지 못하더라도 빨리 움직이는 것이 좋다.

제7계명: 전투 공역에서는 30초 이상 수평 직선 비행을 해서는 안 된다.

제8계명: 급강하 공격 시에는 다른 편대기를 위쪽에 남겨 두어 망을 보게 하라.

제9계명: 주도권, 저돌성, 비행 군기, 팀웍은 공중전에서 매우 중요하다.

제10계명: 빠르게 들어가, 세게 때리고, 빠져나오라!

숫자만으로 전쟁에 이길 수 있다면, 독일군의 전력은 실로 대단했다. Ju 87과 Ju 88 도합 197대가 다수의 전투기 호위를 받으며 사우샘프턴 지역을 폭격하러 나섰다. 동쪽에서는 역시 다수의 Ju 87이 전투기 호위를 받으며 칼레와 볼로뉴 사이로 영국 해협을 건너 켄트 주 로체스터의 쇼트 항공기 공장과 메이드스톤 근교의 영국 공군 데틀링 기지를 폭격할 것이었다. 그러나 이번에도 독일군 정보기관은 잘못된 정보에 기초해 일을 벌였다. 독일 공군은 사우샘프턴의 비커스 수퍼마린 공장을 그냥 지나치고, 로체스터의 쇼트 항공기 공장에 맹폭격을 퍼부었다. 그러나 이 공장은 폭격기 공장이었지, 전투기 공장이 아니었다. 영국 공군 데틀링 기지도 전투기사령부 것이 아니라 해안사령부 것이었다. 영국 공군 앤도 버 기지 공격 역시 잘못된 정보에 기초했다. 슈투카 급강하 폭격기는 그 기지를 전투기사령부의 주요 기지인 미들윌로프 기지로 착각하고 공격 했던 것이다. 기지의 장교 식당이 직격탄을 맞고 부서졌지만, 정작 활주 로보다는 근처의 골프장에 더 큰 피해를 입혔다. 늦은 밤에는 소수의 He 111이 버밍엄 인근의 너필드 항공 공업사를 폭격해 〈상당한〉 피해를 입 혔다. 그리고 영국 공군 장병들은 독일군의 정확한 야간 폭격 실력을 보 고 놀랐다. 그러나 그 피해도 쉽게 복구할 수 있는 것이었다. 그날의 영 국 공군 기록을 인용해 본다. 〈오늘 우리 나라 상공의 적기 활동은 현재 까지 일어난 것 중 최대 규모이다.〉 그러나 그들이 영국군에 미친 손해 는 놀라울 만한 것도 아니었고 치명적이지도 않았다. 이날 전사한 사람 은 영국 공군 장병 12명, 민간인 23명에 불과했다. 독일 공군의 피해는 항공기 38대였다. 영국 공군은 전투기 13대. 지상 주기된 폭격기 10대를 잃었다. 이날 전사한 영국 공군 전투조종사는 불과 3명뿐이었다.[*]

양군은 또 전과를 확대 해석했다. 영국 공군 조종사들은 이날 78대의 독일 항공기를 확인 격추하고, 33대를 미확인 격추, 또한 최소 49대를 파손시켰다고 주장했다. 또한 독일 공군도 영국보다 더욱더 전과를 확 대 주장하고, 이를 라디오 베를린을 통해 방송한 다음, 위풍당당한 독일 공군 행진곡인 「영국을 폭격하라」를 내보냈다.

양군 모두 똑같은 문제를 안고 있었다. 전투가 과열되고, 고속으로 구

---

[*] 물론 3명뿐이라는 말은 어디까지나 상대적인 관점에서 본 것이다. 전사는 모두 비극이기 때문이다. 그 러나 영국 공군이 916대의 항공기를 동원해 192회의 초계 비행을 실시한 이날 전투에서 사망이 3명뿐이었 다는 것은 분명 매우 인명 손실이 적은 것이다. 그리고 이는 이날 발생한 영국 공군 인명 손실의 4분의 1에 불과하다.

름 속을 들락날락하다 보면 영국의 전투조종사와 독일 전투조종사, 폭격기 기관총 사수들은 한 건의 적기 격추를 놓고 모두 자신들의 것이라고 주장하거나, 파손 피해를 입은 적기를 격추된 것으로 착각하거나, 복귀가 가능한 적기를 파손된 것으로 착각하는 경우가 많았다. 예를 들어 어느 독일군 기관총수는 타고 있던 폭격기가 심한 총격을 입어 양 엔진에서 연기를 뿜어내자 낙하산 탈출을 시도했다. 그런데 낙하산을 타고 내려오면서 보니 타고 있던 폭격기의 연기가 그치고, 다른 승무원들을 태운 채 구름 속으로 사라지는 것이었다. 결국 그는 영국 땅에 떨어져 전쟁이 끝날 때까지 포로로 지내야 했다. 정보 장교들은 매우 엄격한 기준(특히 독일군의 격추 판정 기준은 영국군보다도 엄격했다)을 사용해 격추 주장의 진위 여부를 판정했지만 지나치게 낙관적이고 과장된 전과 보고는 이 전투의 피할 수 없는 특징이었다. 그럼에도 전투조종사들은 정보 장교의 판정에 크게 반발했다. 이러한 사정은 기관총을 쏠 때마다 표적을 촬영하는 날개 장착형 소형 시네카메라인 〈시네건〉이 도입되어 보편화될 때까지 계속되었다. 격추한 적기의 숫자를 세는 것보다는, 손실된 아군기의 숫자를 세는 것이 양국 모두에게 더욱 쉬운 일이었다. 조종사 식당의 빈 의자 개수를 세거나, 활주로 위에서 배정받은 항공기가 돌아오기만을 하염없이 기다리는 정비반원의 수만 세도 되기 때문이었다.

핑크와는 달리 괴링과 예하 지휘관들은 기쁨을 감추지 못했다. 요제프 슈미트의 추산대로 영국 공군 전투기사령부의 전력이 300~400대 선이라면, 불과 이틀간의 전투에서 이들 전력의 3분의 1 내지 4분의 1을 격파하고 주요 전투기 공장 1개소와 전투기사령부 공군 기지 여러 곳을 사용 불능으로 만들었다는 계산이 나왔기 때문이다(그러나 그날의 전투가 끝났을 때도 영국 공군 전투기사령부는 아직 647대의 항공기를 갖고 있었다).[1] 모든 독일 공군 전투 지휘관들은 비교적 소수의 영국 전투기와 조우했다고 보고하고 있었다. 허리케인과 스피트파이어의 성능이 아무리 우수하더라도(그 성능의 우수성을 부인하는 자는 아무도 없었다) 독일 공군이 접한 이들의 숫자는 별로 많아 보이지 않았다. 독일군의 관점에서 볼 때, 다우딩 전투기사령부는 됭케르크와 프랑스에서 입은 손실로 전력이 크게 줄어든 것으로 판단되었다. 12일 레이더 기지들에 가한 공격은 기대에 못 미치는 소득을 올렸지만, 급강하 폭격기들이 종국에는 이 기지들을 끝장낼 거라는 사실을 의심하는 자는 아무도 없었다. 12일과 13일에 공세를 며칠 더 이어 나간다면 틀림없이 바닥을 드러낼 것이라고 본 것이다. 이제 날씨가 좋기를 바라면서 강하게 공격하는 일만 남았을 뿐이었다. 매우 까다롭고 비판적이며, 유능한 육군 참모총장 할더 상급대장은 베를린에서 영국 공군 기지 8곳이 실질적으로 완파되었고, 독일과 영국의 항공기 손실 비율이 전 기종 통틀어 1 대 3, 전투기의 손실 비율은 1 대 5라는 보고를 받았다. 이로서 공군은 육군이 바다사자 작전을 개시하기 위한 필요조건을 충족시켜 준 것이었다. 영국 침공을 찬성하지 않았던 할더의 입장에서 이는 별로 반가운 소식은 아니었다. 물론 그가 이 보고 내용을 믿었을 경우에 말이지만.

물론 벤틀리 프라이어리에서 때때로 공중전 진행 상황을 알기 위해 사무실을 떠나 상황판을 기웃거리던 얼음같이 냉정한 다우딩은 독일군이 이토록 기뻐한다는 사실을 알지 못했으며, 이후로도 절대로 몰랐다. 그는 영국 공군의 손실이 전투기 13대, 전투조종사 3명에 불과하다는 점에 기뻐하지 않았다. 그리고 그는 벤트너 레이더 기지의 피해를 알고 매우 괴로워했다. 이는 독일군이 마음먹고 한두 개소의 레이더 기지를 집중 공격할 경우 전투기사령부의 레이더 탐지망에 구멍을 내고, 그

구멍을 통해 상당한 횟수의 공습을 영국군이 알아채지 못하게 가할 수 있다는 의미였기 때문이다. 그러나 그는 폭탄이 떨어지는 와중에도 임무를 수행하다 전사한 벤트너 기지 공군 여성보조부대 대원들의 비범한 용기에 흐뭇한 감정을 드러냈다. 그는 적의 공격에 맞선 공군 여성보조부대를 진심으로 자랑스럽게 생각한다는 내용의 개인 통신문을 보냈다. 적의 급강하 폭격을 당하는 와중에도 두려움 없이 임무를 수행한 여군들의 대담함 말고도 그를 기쁘게 한 것은 또 있었다. 파크 소장은 명령받은 대로 한 번에 1~2개 대대만을 전투에 보냈다. 물론 희생이 크게 따랐지만 이 때문에 적은 전투기사령부의 실제 전력을 알아채지 못했다. 레이더 기지와 비행단 작전실, 전투기사령부 본부의 상황실, 비행 중인 개별 전투비행대대 간의 연결이 거침없이 잘 이루어진 것은 더욱 중요한 사실이었다.

다음 날은 반전이 이루어진 듯한 날이었다. 그날의 날씨는 몇몇 곳에만 작게 맑은 하늘이 비치는 구름 많은 날씨였으며 해협 상공 역시 구름이 많았다. 이는 기본적으로 공격자에게 유리하고, 방어 측에는 불리한 날씨였다. 독일군은 그날 하루 동안 끊임없이 들락날락하며 잉글랜드 남부 전역에 소규모 공습을 가했다. 영국은 이날의 공습 목적이 무엇인지 알기 힘들었다. 11개소의 영국 공군 비행장이 폭격을 당했지만, 하사관 식당이 폭파되어 버린 영국 공군 시랜드 비행장을 빼고 심각한 손상을 입은 곳은 한 곳도 없었다. 철도도 거의 무작위로 폭격을 당했지만 그 손실은 쉽고 빠르게 복구되었다. 지상에서는 영국 공군 4명과 민간인 12명이 전사했으며, 공중전에서는 전투기사령부 예하 항공기 8대가 격추당하고 조종사 4명이 죽었다. 독일 공군의 손실은 항공기 19대였다. 제55 폭격비행단장 슈퇴클 대령이 이날 전투에서 전사했다. 이전과 마찬가지로 14일 독일군의 손실은 Ju 87 슈투카 급강하 폭격기에 편중되었다. 대담하고 숙련된 조종사가 조종할 경우 슈투카는 500파운드 폭탄을 놀랄 만큼 정확하게 투하할 수 있었지만, 속도가 너무 느려 영국 전투기의 좋은 밥이 되었다. 게다가 슈투카는 수직으로 급강하하려면 다이브 브레이크를 펼쳐 속도를 늦춰야 안전하게 강하할 수 있었고, 목표 폭격 후 급상승하는 과정에서 다시 속도를 잃었다. 제2, 제3 항공함대 예하의 급강하 폭격비행단은 항공함대의 주 전력 중 하나였지만, 그들을 영국 폭격에 계속 투입하는 게 과연 옳은지 의심스러워하는 목소리가 이미 높아지고 있었다.

레이더 기지들에 집중 공격을 가했다면 독일 공군은 많은 소득을 얻었을 것이다. 하지만 많은 공군 기지에 대한 소규모 공격을 가해 어느 기지에도 심각한 타격을 입히지 못한 그날의 공격은, 가랑비에 옷 적시는(몽고메리가 좋아하는 표현이지만) 식으로 전력을 낭비한 거나 다름이 없었다. 방공 기구 8대가 격추당하고 구드원 등대선 1척이 격침되었지만 이들은 전투기사령부의 중요한 자원도, 독일군의 공격 정신을 자극하는 표적도 아니었다. 14일 야간의 적의 공습은 매우 미미했고 영국 공군은 이날 밤의 적 활동이 매우 미미하다고 적었다. 이때 시랜드 인근에서 He 111 폭격기 1대가 대공 포화에 격추되었다. 이는 하사관 식당을 부순 것에 대한 보복인지도 몰랐다.

14일 독일군의 공격은 12, 13일에 비교해서 적은 규모였지만, 그러나 이를 두고 독일 공군의 결의가 약해졌다고 보기는 무리였다. 괴링이 원하던 완벽한 날씨는 8월 15일에 찾아온다고 예보되었다. 따라서 3개 항공함대 전체가 전투기사령부에 최후의 일격을 가할 준비에 매달렸다.

전투 기간 내내 독일군이 보여 준 전술 감각은 남다른 면이 있었다.

이들은 상당한 수의 Bf 109 전투기 편대를 먼저 미끼로 보내 영국 전투기가 폭격기 편대를 공격하지 못하게 했다. 이 계획은 성공을 거두지 못했다. 다우딩은 독일군이 이 방법을 쓸 것을 정확히 예측했고, 파크는 제11 전투비행단 예하 전투비행대대의 통제를 철저히 유지했기 때문이다. 15일 독일군은 유사한 전략을 구사했지만 이번에는 규모가 훨씬 컸다. 사실상 15일의 전투는 항공전의 짧은 역사에서 가장 거대한 전투가 될 것이었다.

이날 독일군은 참모 장교들이 좋아하는 전법, 즉 대규모 항공 전력을 이용한 협공을 구사할 생각이었다. 그것도 처음으로 슈툼프 장군이 이끄는 덴마크 및 노르웨이 주둔 제5 항공함대까지 포함된 3개 항공함대 전력 전체를 동원해서였다. 제5 항공함대가 영국 북부의 목표를 공격하는 동안, 프랑스, 네덜란드, 벨기에에 주둔한 더욱 규모가 큰 2개 항공함대가 잉글랜드 남부의 전투기사령부 공군 기지를 공격, 제12, 제13 전투비행단이 제11 전투비행단을 지원하러 오지 못하게 한다는 것이었다. 그러나 이 전략에는 독일인들이 알아채기 힘든 약점이 있었다.

베를린의 생각과는 달리, 제12 전투비행단은 애당초 제11 전투비행단에 큰 지원을 펼치는 곳이 아니었다. 또한 제13 전투비행단은 너무 북쪽에 위치해 제11 전투비행단을 효과적으로 지원해 줄 수 없었다. 여기에는 파크 소장과 리맬러리 소장 간의 악감정도 한몫했다. 파크는 언제나 리맬러리를 싫어했으며, 그가 지원 요청에 언제나 늑장을 부리고 마지못해 응답한다는 점을 눈치챘다. 실제로 리맬러리는 7월 3일 전투기사령부에서 내린 다우딩의 지시를 의도적으로 무시했다. 그리고 파크는 제12 전투비행단 항공기들이 지원을 하러 와도 제11 전투비행단 지상 관제사들의 지시를 무시하고, 켄트 주 상공을 제멋대로 날아다녀 관제사들을 헷갈리게 한다는 느낌도 받았다. 파크는 지원을 잘 해주지 않는 리맬러리의 이런 태도를 조용한 방법으로 문제 삼았으나, 리맬러리는 독일군의 생각과는 달리 제11 전투비행단 공역에 예하 전투비행대대를 보낼 생각이 없었다.

리맬러리는 제11 전투비행단이 화려한 활약으로 영광을 독차지하고 있는 것을 시기했고, 결국 다우딩의 전술과 그에 집착하는 파크 모두 완전히 틀렸다는 결론을 냈다. 다우딩은 제11 전투비행단이 독일군과 전투할 시 제12 전투비행단이 남쪽으로 내려와 지원하라고 제안했으며, 이 제안은 8월 15일 현재 문서화된 명령으로 내려와 있었다. 그러나 리맬러리는 이런 다우딩의 지시를 특히 못마땅하게 여겼다. 이러한 명령은 그와 예하 조종사들에게 수동적이고 보조적인 역할을 주는 것이라고 생각했다. 또한 그는 불과 1개 대대 전력으로 적기를 쫓아다니는 것보다는, 훨씬 대규모, 즉 단일 지휘관의 지휘를 받는 3~5개 대대 규모의 항공기로(후일 이러한 구성을 〈빅 윙〉이라고 부르게 된다) 해협 상공에서 독일군을 공격하는 것이 훨씬 낫다고 여겼다. 그는 이런 생각을 혼자서만 담아 두고 있지 않았다. 항공성에 있는 다우딩의 적들은 리맬러리의 의견을 신속히 전파했고, 멋지게 미화했다.

다우딩의 신중한 전법과 정반대인 리맬러리의 이론은 전투기사령부 내에 이른바 〈빅 윙 논쟁〉을 불러일으켰다. 제12 전투비행단은 전투에서 차지하는 비중에 비해 모든 영광과 박수갈채를 제11 전투비행단에게 뺏기고 있었고, 제12 전투비행단 조종사들은 이에 분노했다. 리맬러리의 태도에는 그들의 분노와 시기가 반영되어 있었다. 다우딩은 과중한 책임으로 인해 피로한 상태였으나 예하 두 주요 지휘관 사이의 반목을 모르는 바는 아니었다. 하지만 파크와 리맬러리를 동시에 본부로 불러 불화를 진정시키는 것 외에는 방법이 없었다. 둘 사이의 중재에 실패한 것은 그가 전투에서 저지른 가장 큰 실책이었다.*

오래된 시기와 질투 등 지휘관 간의 개인적인 문제도 이 논쟁의 큰 원인이었지만, 파크가 빅 윙에 반대하는 가장 크고 솔직한 이유는 그의 감정이 아니라 경험에 근거해 있었다. 그 많은 수의 항공기들이 편대를 구성하려면 너무 많은 시간이 걸렸던 것이다. 빅 윙을 구성하려면, 서로 다른 기지에서 출격한 각 비행대대가 최소 속도로 상승, 정해진 고도의 정위치로 올라가 다른 비행대대를 찾아야 했다. 그다음에 밀집 편대 대형까지 짜려면 너무 시간이 많이 걸려 전세를 바꾸기 힘들었던 것이다. 영국 항공기들은 레이더 조작사들이 독일군 항공기를 탐지 및 추적, 고도 및 예상 목표 지점, 적기의 수 등을 판단하고 난 후에야 움직일 수 있었는데, 이 계산에 걸리는 시간을 단축시킬 방법이 당시로서는 없었다. 따라서 파크는 공습의 진행 상황에 맞춰 비행대대를 하나씩 출격시켰고, 빅 윙 구성에 쓸 시간은 없었다. 이것이 그의 의견이었고, 무엇보다 다우딩의 의견이었다.

빅 윙 이론의 가장 열렬한 지지자는 리맬러리의 제12 전투비행단 예하 부대인 덕스퍼드 기지 주둔 제242 전투비행대대의 대대장 더글러스 바더 소령이었다. 바더는 전투기사령부의 많은 경쟁자들 가운데서도 가장 열정적이고 의지가 강하며, 거칠고 까다로우며 소신을 굽히지 않는 지휘관이었다. 그는 영국 공군에서만큼이나 독일 공군에서도 존경받는

---

* 다우딩을 결국 전투기사령부 사령관직에서 물러나게 한 원인에는 이른바 〈빅 윙 논쟁〉, 그리고 프랑스에 대한 전투기 증파에 반대한 데 따른 처칠의 미움이 한몫했다. 그러나 이제부터 살펴보듯이 독일군의 대규모 야간 폭격을 효과적으로 요격하지 못한 것이 그가 사임한 가장 큰 원인이었다.

인물이었다. 바더는 평생을 전설적인 인물로 살아갔다. 영국 전투에 참전한 양국의 조종사 중에서 전기 영화가 만들어진 사람은 그 혼자뿐이었다. 케네스 모어가 바더 역을 맡아 연기한 이 영화는 폴 브릭힐의 바더 전기 『하늘에 다다라Reach for the Sky』에 기초해 만들어졌다. 이 책은 오늘날까지도 인쇄되어 팔리고 있으며, 이 책의 요약본은 한때 영국 학생들의 필독서였다. 바더는 마치 신이 점지해 주기라도 한 듯한, 완벽한 영국 공군 전투기 부대 지휘관이었다. 그는 탄탄한 영국 중산층 집안 출신이었으며, 그의 선조들은 3대에 걸쳐 인도 주둔 영국군 및 공직에서 복무해 왔다. 바더는 또한 충분한 학식을 갖추고 있는 훌륭한 인물이었으며, 뛰어난 운동선수이기도 했다. 기운차고 멈출 줄 모르는 그의 열정은 모두에게 전염되었다. 그는 또한 헌신적이고, 지칠 줄 모르고, 두려움을 모르는 사람이었다. 그는 참을성이 부족했고, 논쟁을 좋아했으며, 권위에 잘 도전했다. 또한 거친 권투 선수이며, 상대팀에게 두려움을 심어 주는 럭비 선수, 타고난 조종사, 뛰어난 명사수이기도 했다. 샌드허스트 소재 영국 육군 사관학교에 해당하는 크랜웰의 영국 공군 사관학교 생도 시절, 그는 모든 면에서 최고였고, 1930년 차석으로 졸업했다. 그의 생활 기록부에는 〈용감하고, 유능하지만 고집 센 생도〉라는 말이 적혀 있었다. 이 수식어는 후일 많은 사람들이 바더의 특징을 설명할 때 쓴 말이었다. 그리고 나중에 〈건방진〉이라는 수식어도 따라붙었다.

전투비행대대에 배속받은 그는 활기 넘치는 많은 조종사들 중 하나로 묻힐 뻔했다. 그러나 브리스틀 불독 항공기로 지면 근처에서 곡예비행을 벌이다가 날개 끝이 지면과 충돌, 추락하는 바람에 그는 양다리에 중상을 입었다. 여러 차례의 힘든 수술 끝에 그는 한쪽 다리를 완전히 잃고, 남은 다리도 무릎까지만 남고 말았다. 바더가 살아야겠다는 의지를 잃어 가고 있을 때 복도 밖에서 간호사가 이렇게 말하는 것을 들었다. 「시끄럽게 하지 마. 이 병실에 계신 환자분은 지금 중태야.」 그때 바더는 살아남기로 결심했다. 그리고 의족을 착용해 걷는 법을 익혀야겠다고 굳게 다짐했다. 처음부터 목발 사용을 거부하고, 바로 의족부터 착용한 것은 전형적인 그다운 결정이었다. 그러나 그의 조종사 생명은 이미 끝이 났고, 그는 영국 공군을 제대한 후 결혼했다. 그리고 골프를 배워 뛰어난 골프 선수가 되었고, 테니스와 스쿼시도 쳤다. 또한 낡은 스포츠카도 다시 몰기 시작했다. 그러다가 제2차 세계 대전이 발발하자 다시 공군에 입대하러 항공성으로 갔다. 신체검사를 담당하던 나이 든 준위는 바더가 온 것을 보고 고개를 절레절레 흔들더니 이렇게 말했다. 「다시 오실 줄은 알고 있었습니다만, 이번에는 무슨 일이신지요?」 바더는 이렇게 말했다. 「이번에는 항공 신체검사에 합격할 것 같아서 다시 찾아왔다네.」 충격을 받은 준위는 이렇게 대답했다. 「아무리 그래도 A.1.B 등급은 못 드립니다. 절대로요.」[*2]

그러나 1939년 당시 영국 공군은 단 한 사람의 조종사라도 더 필요한 상황이었다. 그들은 국왕령에는 양다리가 있어야 조종사가 될 수 있다는 조항이 없다는 것을 알아냈다. 그렇다면 두 다리가 없는 바더도 훌륭한 조종사가 될 수 있었다. 곧 그는 영국 공군 중앙 비행 학교에 가서, 자랑스럽게도 〈조종 능력 매우 우수〉라는 판정을 받았다. 됭케르크 상공에서 그는 독일 공군의 Bf 109를 격추하는 것으로 첫 격추 기록을 세웠다. 바더는 당시를 이렇게 회상한다. 〈조종간과 페달을 거칠게 다뤄…… Bf 109 한 대를 전방에 놓고 발사 버튼을 눌렀다. 적기의 조종석 바로

---

* A.1.B 등급은 항공기 탑승에 적합한 신체검사 등급이다.

뒤에서 하얀 연기가 뿜어져 나오더니, 조종석 주변에서 주황색 불꽃이 터지고 마치 블로우토치처럼 기체 후방으로 불꽃이 뻗어 나왔다.〉³ 그 날 오후 그는 He 111 폭격기에 사격을 가해 후방 기관총수를 죽였다. 며 칠 후 그는 진급해 제242 전투비행대대의 지휘관이 되었다. 그 비행대대 는 프랑스 곳곳을 전전하며 패배의 쓴맛을 본, 고집 센 캐나다인들로 이 루어져 있었다. 대대원들은 새 지휘관으로 다리 없는 장애인이 온 것을 자신들에 대한 모욕으로 여겼다. 바더는 대대원들의 그런 마음을 불식시 키기 위해 가장 가까운 곳에 있는 허리케인에 탑승해 예전에 자신의 다 리를 앗아 갔던 지면 근처에서의 공중 곡예를 다시 선보였다. 당시 그는 전투기사령부에서 가장 저돌적인 조종사로 이름이 알려져 가고 있었고, 프로펠러 피치가 제대로 조정되지 않은 스피트파이어로 무리하게 이륙 을 시도하다가 사고를 낸 후 리맬러리 소장의 눈에도 띄게 되었다. 귀중 한 스피트파이어를 손실시켰음에도 불구하고 리맬러리는 〈참 바보 같은 짓을 했군. 그렇잖은가?〉⁴ 하고 말하는 것 이상 책망을 하지 않았다. 이 후 두 사람은 계급 차이가 매우 큼에도 불구하고 유례없이 절친한 친구 가 되었다. 매우 내향적이었고, 어떤 때는 속세를 초월한 듯한 다우딩과 달리, 분명 이 두 사람은 매우 추진력이 강했고, 또한 매우 외향적이었다. 그러나 바더가 리맬러리의 『오델로』에서 이아고 역할을 맡은 것 역시 사 실이었다. 그리고 의도했든 그렇지 않았든 간에 바더는 리맬러리 내부의 최악의 것들을 이끌어 내고 말았다. 바로 그의 야망, 항공성 내부에서 음 모를 저지르기 좋아하는 성격, 부하 조종사들과 함께 유명인이 되고 싶 다는 욕심, 다우딩의 지시에 맞춰 움직여야 하고, 식민지 뉴질랜드 출신 파크 소장 따위에 밀리는 처지에 대한 불만 등이었다. 바더는 처음부터 빅 윙을 결성해 독일 공군과 수적으로 동등한 전투를 하기를 원했다. 또한 그는 4개 전투비행단을 가르는 엄격하고 인위적인(전투조종사의 관점에서 봤을 때) 지리적 구분을 좋아하지 않았다. 지상 관제사들이 쉴 틈 없이 해대는 정밀한 지시에 조종사들이 따라야 하는 것도 못마땅했다. 게다가 그 관제사들은 땅 위도 아닌 지하 깊숙한 곳에 있지 않은가. 그리고 공군 여성보조부대원들이 적기에 대한 정보를 선별해 전해 주는 것도 못마땅했다. 그는 리맬러리에게 빅 윙 체계가 효율적임을 납득시키려 들었다. 그것은 전혀 어려운 일이 아니었다. 우선 바더의 주장에는 강한 설득력이 있었다. 또한 영리한 리맬러리는 이 전술 논쟁을 통해 파크는 물론 다우딩도 이길 수 있다는 점을 꿰뚫어 보았다. 긴 소모전 대신 대규모의 전력을 한 번에 투입해 적에게 큰 타격을 입힌다는 것은 처칠 수상이 매우 좋아할 만한 공격적인 사고방식이었던 것이다. 물론 싸움에서 이기고 있던 쪽은 다우딩이었지만, 항공성 내부에 있던 다우딩의 적들은 그의 전술이 너무 조심스럽다고 생각했다. 그리고 다우딩과 여러 차례 불화를 겪었던 숄토 더글러스 소장은 다우딩이 너무 늙었고 전투기에 탑승해 본 지 너무 오래돼서 저 따위 전술을 쓰는 거라고 확고한 결론을 내렸다.

따라서 제12 전투비행단이 남쪽의 제11 전투비행단에 증원 병력을 파견하고 있으므로, 덴마크와 노르웨이에서 출격한 제5 항공함대로 미들랜드 및 잉글랜드 남부를 공격하면 이 증원 병력 파견을 저지할 수 있을 거라고 본 독일 공군의 예상은 완전히 틀렸다. 여기에 슈툼프의 폭격기들이 Bf 109의 항속 거리 및 연료 탑재량 부족으로 인해 긴 거리를 호위 없이 날아가야 한다는 점 역시 문제를 더욱 악화시켰다.

8월 15일에 실시된 독일군의 대공격은 그 거대한 규모에도 불구하고 기대 반 불안 반이었다. 선전에서 괴링은 블랑네로부터 도버의 흰색 절벽으로 날아가는 항공기를 군용 망원경으로 보며 현장 지휘한 것처럼 나와 있다. 그러나 실제로 그는 자신의 거대한 사냥터인 카린할에서 독일 공군 고위 지휘관 전체를 모아 놓고 회의를 벌이고 있었다. 거기 온 사람 중에는 케셀링 원수와 슈페를레 원수도 있었다. 하지만 이들은 그 당시 카린할 보다는 자신들의 항공함대 지휘소에 있었어야 하는 사람들이었다(슈페를레는 파리에서 괴링만큼이나 호화롭게 생활했다. 반면 케셀링은 가급적 영국에서 가까운 블랑네 지하에 비교적 검소한 지휘소를 차려 놓고 거기서 일했다. 케셀링을 존경하는 사람들은 이 지휘소를 가리켜 〈성산〉이라고 불렀다). 괴링은 어느 때든지 불평이 심했지만, 이번에는 폭격기, 특히 슈투카 및 그가 자랑해 마지않던 Bf 110 구축 전투기의 손실 책임을 전가할 희생양을 찾고 있었다. 결국 괴링은 휘하의 전투조종사들을 그 희생양으로 삼았다. 독일 공군 전투조종사들이 영국 공군 전투기사령부의 스피트파이어, 허리케인과의 영광스런 전투에 정신이 팔린 나머지 폭격기 호위라는 본연의 임무를 등한시하고 있다는 것이었다. 괴링이 놀라울 정도로 태도를 빠르게 바꾸고 짜증을 낸 것은 그가 총통에게 지키기 힘든 약속을 했기 때문만은 아니었다. 당시 그는 이미 파라코데인에 중독되어 있었다. 그의 집안 곳곳에는 파라코데인 알약이 가득 담긴 베니스식 골동품 커트 글라스가 있었고, 그는 거기서 파라코데인 알약을 한 움큼씩 꺼내 집어먹었다. 그뿐만 아니라 대부분의 나치 고위 지도자들이 이런 약물 중독 증세를 보이고 있었다. 약을 먹지 않으면 휘하 장군들이나 조종사들에게 성질을 주체하지 못하는 이런 모습은 다우딩이라면 상상조차 하기 힘든 것이었다.

카린할에서 괴링은 휘하의 대단히 우수한 두 전투조종사인 아돌프 갈란트와 베르너 묄더스에게 금장조종사휘장을 수여하면서, 전투에서 전투기가 수행해야 할 역할에 대해 떠들어 댔다. 그는 전투기는 폭격기에 밀착해 철저한 호위를 펼쳐야 한다고 주장했다. 그러자 두 조종사는 Bf 109와 폭격기의 고도 및 속도 차이 때문에 그건 불가능하다고 반박했다. 폭격기 호위의 최선책은 전투기의 속도를 줄이는 것이 아니라, 폭격기보다 훨씬 높은 고도를 날면서 속도와 고도의 우위를 유지하고, 폭격기를 공격하러 상승하는 영국 전투기에게 급강하 공격을 펼치는 것이었다. 그러자 그는 조종사들에게 엄청나게 화를 내며 자신의 의견을 강요했다. 괴링은 호위 전투기가 폭격기 승무원의 가시거리 내에 있기를 바랐다. 그러나 갈란트와 묄더스는 폭격기 승무원들이 전투기가 보이지 않으면 낙담해 사기가 꺾일지는 모르지만, 그렇다고 전투기가 폭격기 승무원의 가시거리 내에 있으면 폭격기 호위를 위해 사실상 아무것도 할 수 없다는 점을 납득시키려 했다. 속도와 고도는 전투조종사의 가장 중요한 무기이다. 이것을 포기해 버리면 폭격기 손실을 막지도 못한 채 전투기만 손실하게 되는 것이다. 그러나 최고의 조종사들의 조언도 땀을 흘리며 화를 내고, 언성을 높이는 제국원수의 귀에는 전혀 들리지 않았다.

갈란트는 당시는 물론 현재까지도 가장 유명한 제2차 세계 대전 독일 조종사이다. 그의 격추 대수는 총 104대였다. 독일 글라이더 학교 졸업생인 그는 신생 독일 공군의 조종사가 되었고, 1935년에 추락 사고를 당한 후 부상으로 얼굴 모양이 크게 변했다. 부상으로 납작해진 코와 굵고 시커먼 콧수염, 항상 입에서 떠나지 않는 굵고 긴 시거는 매우 멋지면서도 강인한 인상을 주었다. 그는 심지어 비행 중에도 언제나 담배를 피울 수 있게 Bf 109 조종석 내부에도 담뱃갑과 재떨이를 장착했다. 추락 사고로 인해 그는 좌측 시력을 거의 상실했는데, 그래서 그는 신체검사에 통과해서 조종 임무에 복귀하기 위해 친구를 통해 복사한 시력 검사표를 입수한 다음 그걸 밤새 외웠다고 한다. 갈란트는 독일 콘도르 군단의 일원으로 스페인에 파견되어 실전 전투 기술을 익혔고, 1940년 8월 당시의 격추 전과는 17대였다. 그는 이 공로로 독일 전투조종사들이 〈양철 넥타이〉라고 부르던 기사철십자훈장을 받았다. 양철 넥타이로 불리는 이유는 이 훈장이 목에 걸어 착용하는 방식이었기 때문이다(목에 거는 끈으로는 간혹 여성용 가터벨트도 쓰였다). 그는 한쪽 시력을 잃었음에도 불구하고 용기와 체력, 정신력, 뛰어난 사격술, 생존과 사냥에 필요한 본능 등 위대한 전투조종사가 갖춰야 할 모든 자질을 갖추고 있었다. 실제로 그는 1940년 5월 초 하루에 3대를 격추시킨 적도 있었으며, 격추당해 영국 해협에 2번 착수해 구조되기도 했다. 또 그는 지적이고 솔직하며, 유능한 지도자였다. 그는 여러모로 바더와 똑같은 인물이었다. 이들은 둘 다 서로를 존중했으며 다른 사람이라면 비행을 그만뒀을 큰 부상을 입고도 조종을 계속했다. 바더가 결국 프랑스 상공에서 격추당해 독일군의 포로가 되었을 때 갈란트는 그를 위해 오찬을 베풀고, Bf 109의 조종석에 태워 주기도 한 후 독일 본국의 포로수용소로 보냈다.

1940년 당시 묄더스는 갈란트의 가장 큰 라이벌이었다. 그러나 그는 갈란트보다 훨씬 지적인 인물이었으며, 많은 적기를 격추시키는 것보다는 신전술 개발에 더 관심이 많았다. 독일 전투기의 기본 편대 대형이자 여러 나라에서 많이 모방한 슈밤 대형도 그의 작품이었다. 그는 자신을 제1차 세계 대전 당시 독일 공군의 위대한 조종사였던 오스발트 뵐케 대위와 비교하는 것을 좋아했다. 뵐케는 그가 개발한 각종 공중전 전술은 오늘날까지도 쓰인다. 타고난 전투조종사이자 냉혈한인 전설적인 붉은 남작, 리트마이스터* 만프레트 폰 리히트호펜 남작처럼 허세를 부리는 역할은 갈란트에게 맡겨 둔 채 묄더스는 전술 개발에만 매진했다.

괴링은 폭격기 밀착 호위를 거부하는 휘하의 두 스타급 조종사들의 말에 격분했다. 하지만 괴링도 전직 전투조종사로서, 그들의 말이 옳다는 점을 인정해야 했다. 두 조종사들도 훈장을 수여받고 진급했음에도 불구하고 기분이 그리 좋지는 않은 채로 카린할을 떠났다. 원기 왕성한 갈란트조차도 독일의 전쟁 수행을 〈뒤집혀 꼭대기를 지면에 박은 상태로 간신히 균형을 유지하는 피라미드〉에 비유할 정도였다. 그 피라미드의 꼭대기는 영국 해협 상공에서 싸우는 수백 명밖에 안 되는 독일 전투조종사들이었다. 하지만 이는 영국에도 꼭 들어맞는 상황이었다. 이 전쟁의 승패와 조국 영국의 명운 역시 영국 전투조종사들의 어깨에 달려 있었다. 갈란트는 리히트호펜의 말을 떠올렸다. 「전투조종사들은 할당된 공역 내에서는 자유롭게 움직여야 한다. 그러다가 적을 발견하면 공격해서 격추해야 한다. 그 외에 다른 것은 일체 필요 없다.」 평시에는 의견을 피력할 때 조심스러워하던 갈란트조차도 이번만큼은 과감히 괴링 앞에서 리히트호펜의 말을 인용했다. 재미있는 것은 리히트호펜의 전사 후 그의 비행대대인 〈날아다니는 서커스단〉의 지휘권을 인계받은 사람이 다름 아닌 괴링이었다는 점이다.

두 독일 공군 원수와 기타 고위 지휘관들은 분노한 괴링의 잔소리를 더 오래 들어야 했다. 괴링의 분노에 당당한 지휘관인 슈페를레 원수조차도 움츠러들 정도였다. 슈페를레는 냉정하고 위압적이며, 키가 매우 크고 체중이 136킬로그램이나 나가던 거구의 사나이였다. 그 덩치와 용

---

* 제1차 세계 대전의 독일 육군에서 기병대의 대위를 지칭하던 호칭. 기병대가 사라지면서 사라진 호칭이다.

모 탓에 독일 공군 내에서 그의 별명은 〈외눈 안경의 코끼리〉였다. 케셀 링과 슈페를레는 전투조종사는 아니었기에, 이들은 폰 리히트호펜의 말을 괴링 앞에서 인용하지는 않았다. 그러나 영국 전투의 가장 중요한 날에 독일 공군 수뇌부가 전쟁터에서 무려 수백 킬로미터나 떨어진 자리에서 전략을 논의하고, 과민하고 변덕스러운 괴링의 기분을 맞춰 주느라 쩔쩔맸다는 것은 참 우스운 일이었다.

일기 예보와는 달리 그날 아침부터 날씨가 완벽히 좋지는 않았고, 게다가 영국 해협 상공에 안개까지 껴 있다는 점 때문에 괴링은 더욱더 화가 났다. 독일 공군 지휘관들이 카린할에서 초호화판 아침 식사를 하고, 금색 청동 상감 처리가 된 회의용 테이블에 앉을 동안 아침의 공격이 취소되었다. 그러나 10시경이 되자 날씨는 언제 그랬냐는 듯이 좋아졌다(영국 공군 기상관들은 고기압 덕택에 맑고 따스한 날씨가 찾아왔다고 기쁘게 보고했다). 그리고 제2 항공함대 사령관이 회의를 위해 공석이었던 탓에, 일개 대령 하나가 작전 속행을 지시했다. 독일 공군의 가장 중요한 날, 주요 지휘관들을 명령 계통도, 심지어는 전화도 없는 베를린의 회의실에 가둬 놓은 것은 괴링의 또 다른 실수였다.

오전 10시 30분경 독일 항공기들이 영국 해협 상공에 집결하기 시작했다. 그 수는 너무 많아 영국 레이더 조작사들이 추산하기 힘들 정도였다. 드디어 영국 공군 전투기사령부를 격멸하는 날이 시작된 것이었다. 그리고 이날 영국 공군 전투기사령부는 거의 전멸할 뻔 했다. 100대가 넘는 적기가 오전 11시 도버 해안을 건너왔고, 12시에는 70대 이상이 더 건너왔다. 그리고 오후 2시 30분에는 200대 이상이 건너왔다. 오후 늦게는 각각 300대와 400대, 그리고 초저녁에는 70여 대가 또 건너왔다. 이들 항공기의 공통된 목적은 전투기사령부의 공군 기지와 레이더 기지를 파괴하는 것이었다.

12시 직후, 독일 제5 항공함대 소속 약 150대의 항공기들이 잉글랜드 북부를 공격했다. 이는 제12, 제13 전투비행단이 제11 전투비행단을 지원하지 못하게 하려는 협공의 일환이었다. 그날 하루 종일 약 1,000여 대의 독일 항공기들이 잉글랜드 남부와 북동부에서 전투를 벌였다. 이들의 수를 세던 관측대원들과, 지상에서 이를 보던 구경꾼들에게 끝이 보이지 않을 만큼 많은 적기가 질서 정연하게 편대를 유지하면서 몰려오는 이 모습은 엄청난 장관이었다.

H. G. 웰스의 『미래의 모습』, 또는 그 책의 영화판인 「미래」를 본 사람이라면, 그 작품에서 예견한 미래가 드디어 실현되었다고 느꼈을 것이다. 그 작품들에서 예견한 대로 화창한 여름의 영국 상공을 배경으로 적 폭격기의 대편대가 떠 있었으니 말이다. 그러나 사람들은 그 모습을 보고 두려워하기보다는, 감탄하며 빠져들었다. 그리고 항공전에 대해 지식이 있는 사람이라면 폭격기보다 훨씬 위에서 갈지자로 기동하며 전투를 벌이는 전투기들이 내뿜는 비행운*도 눈에 들어올 터였다. 어떤 사진사도 이 장관 전체를 필름에 담을 수 없었다. 당시의 흑백 필름으로는 이 멋진 모습을 제대로 찍을 수도 없거니와, 필름 속에서 항공기의 모습은 찾기조차 힘든 작은 점으로 보일 뿐이니 말이다. 그러나 이를 보고 감동한 여러 화가들은 이날 지상에서 본 웅장하고 아름다운 전투의 풍경을 캔버스 위에 옮겨 놓았다. 그런 작품 중에 가장 유명한 것은 뛰어난 현대 화가인 폴 내시가 그린 「영국 전투」다. 그는 제1차 세계 대전의 참호와 무인 지대를 가장 실감 나고 무섭게 그린 화가로도 유명하다. 「영국 전

---

* 고공을 비행하는 항공기의 날개 끝에서 발생하는 흰색 수증기이다.

투」는 현재 런던의 제국전쟁박물관에 보관되어 있다. 내시는 밝은 색을 사용하여 캔버스 위에 원근감과 공간감을 드넓게 펼치며 지상 8,000미터 상공에서 벌어지는 격렬한 대전투를 묘사했다. 이 그림은 레이디 엘리자베스 버틀러가 그린 「워털루에서 돌격하는 왕립 스코틀랜드 그레이 연대」만큼이나 강한 애국심을 불러일으키는 아이콘이 되었다.

당시 고개를 들어 먼 하늘에서 벌어지는 이 전투를 본 사람들은 전투 치고는 조용했다고 회상한다. 그도 그럴 것이 대부분의 전투는 소리가 들리지 않을 만큼 먼 곳에서 벌어지고 있었으니 말이다. 그리고 항공기가 기관총과 기관포를 사격할 때 폭포처럼 떨어지던 탄피가 햇살을 받아 반짝이던 모습도 기억한다. 당시 아이들은 탄피를 절대 줍지 말라고 배웠다. 윈스턴 처칠은 가끔 공중전을 보러, 그리고 공군 기지를 시찰하러 도버에 가기도 했다. 도버는 그가 좋아하는 장소였다. 육해군의 반발에도 불구하고 처칠은 1918년, 도버에 해군 함포와 야포를 보관했다가 유사시 프랑스 해안의 독일군 거점에 사격을 가할 수 있도록 했기 때문이다. 그러나 이날만큼은 그는 런던 교외의 억스브리지 공군 기지에 있는 파크 소장의 제11 전투비행단 사령부 작전실에서 이 엄청난 위기를 목격하고 있었다.

전략적인 관점에서 봤을 때, 이날 독일군의 시작은 좋지 않았다. 영국 공군의 전투기 전력이 200대 선으로 줄어들었을 거라는 요제프 슈미트의 낙관적인 예상과는 달리, 영국 공군 전투기사령부는 9월 15일 오전 9시 현재 가동 전투기 672대를 보유하고 있었다. 이 중 스피트파이어는 233대, 허리케인은 361대였다. 적기가 1,000대가 넘는다는 점을 감안하면 이는 그리 많은 수는 아니었으나, 괴링의 예상치보다는 많았다.

또한 협공의 북익을 맡은 제5 항공함대의 폭격기들이 노르웨이와 덴마크에서 출격, 북해를 건너는 장거리 비행 끝에 뉴캐슬-선덜랜드 지역과 제13 전투비행단의 공군 기지를 폭격했지만, 그들이 제12, 제13 전투비행단에 입힌 피해는 크지 않았고, 다우딩에게도 그리 큰 위협이 되지는 못했다. 게다가 독일군에게는 유감스럽게도 다우딩은 반대에도 불구하고 레이더망을 북쪽으로 확장시킬 것을 강하게 주장해 온 터였다. 때문에 노르웨이에서 출격한 독일 제26 폭격비행단의 He 111 폭격기 65대와 그들을 호위하는 제26 구축 전투비행단 Bf 110 34대, 그리고 덴마크에서 호위기 없이 출격한 제30 폭격비행단의 Ju 88 폭격기 50대는 이미 영국에서 멀리 떨어진 바다에 있을 때부터 포착되고 있었을 뿐더러, 이들을 호위하는 단발 전투기도 하나 없다는 것까지 이미 파악된 상태였다. Bf 109의 호위가 없다면 폭격기와 Bf 110은 제13 전투비행단의 좋은 먹이에 불과했다. 게다가 독일군의 예상보다 훨씬 북쪽까지 커버하는 다우딩의 레이더망 덕분에 적기의 이동 상황이 훤히 보이므로 기습이라는 요소도 사라졌다. 실제로 대부분의 영국 전투기는 독일 항공기들이 영국 땅에 올라오기도 전에 이미 그들을 요격하러 체공 중이었다.

제13 전투비행단의 조종사들은 전투에 참가하지 못해 분해했지만, 다우딩은 잉글랜드 남부의 손실을 보충하기 위해 제13 전투비행단의 전력을 파견하지 않았다. 이 전투를 통해 그의 판단이 옳았음이 밝혀졌다. 해안으로 접근하는 엄청난 수의 독일기를 본 영국 조종사들은 흥분했다. 너무나 적기가 많은 나머지 한 성질 급한 지상 관제사가 애크링튼 기지에서 출격한 제72 전투비행대대의 임시 대대장 테드 그레이엄 대위에게 이렇게 물었다. 「적기가 보이나요?」 그레이엄은 약간 말더듬이 증세가 있었는데, 그 증세는 흥분으로 인해 더욱 심해졌다. 「물론이죠. 적기가 보보보보여요! 어떻게 해해해야 하하할지 새새생각 중이에요!」[5]

적기를 상대하는 데는 그다지 기발한 전략이 필요 없었다. 결국 그레이엄은 제72 전투비행대대 및 같은 기지에서 출격한 제79 전투비행대대, 그리고 더 북쪽에서 출격한 제605 전투비행대대와 캐터릭에서 출격한 제41 전투비행대대를 데리고 정밀한 편대 비행을 하고 있는 독일 제26 폭격비행단의 하인켈 기 65대에게 측면 공격을 가했다. 호위 전투기가 없으므로 급기동을 할 필요도 없고, 태양을 등에 지고 급강하를 해야 할 필요도 없었다. 오직 목표를 선택한 후 근거리에서 사격을 하면 되었다. 마치 물통 속에 든 고기를 향해 작살을 내리꽂는 것만큼이나 쉬웠다. 다음은 어느 영국 조종사의 회고이다. 「훈 놈들(독일군을 경멸하여 부르는 속칭) 비행기 두 대가 공중 분해되는 것을 봤지요. 우리는 적을 철저히 공격했고, 적의 편대는 해체되어 돌아갔습니다.」 대부분의 폭격기들은 폭탄을 바다에 버렸다. 「바다는 그놈들이 버린 폭탄 때문에 마구 출렁였죠. 마치 무수한 고래 떼가 튀어나와 숨을 내뿜는 듯했습니다.」

Bf 110의 사정은 더욱 안 좋았다. 연료는 모자라고 스피트파이어와 허리케인으로 이루어진 영국 공군 4개 비행대대의 맹공격을 받으며 이들은 귀로에 올랐다. 이들이 엄호해 줄 폭격기들은 이미 폭탄을 버리고 엉망진창이 된 편대로 귀환 길에 오르는 중이었으며 폭탄을 버리지 않고 영국 땅에 떨어뜨린 항공기들도 선덜랜드의 가옥 10여 채를 파괴하는 전과를 올렸을 뿐이었다.

그보다 조금 남쪽에서는 덴마크에서 출격한 50여 대의 Ju 88이 스피트파이어 1개 대대, 허리케인 1개 대대, 성능이 좋지 않은 디파이언트 1개 대대, 느리고 덩치 큰 블레넘 쌍발 전투기 1개 대대의 공격을 당했다. 이들 독일 폭격기들은 브리들링튼의 가옥 몇 채를 파괴하고, 영국 공군

드리필드 기지(이 역시 전투기사령부 소속 기지는 아니었다)의 격납고 여러 채와 구형 휘틀리 폭격기 10대를 파괴했으나 투입 전력의 10분의 1이 넘는 피해를 입었다. 결국 이날 제5 항공함대는 He 111 8대, Ju 88 8대, Bf 110 8대를 손실하면서도 영국군에 입힌 피해는 경미하기 그지없었다. 특히 전투기사령부의 중요 표적은 하나도 격파하지 못했다. 또한 제5 항공함대와의 전투에서 손실된 영국 전투기는 하나도 없었다. 중파된 채로 귀환했거나, 귀환 길에 추락한 독일 항공기는 계산하지 않더라도, 이날 폭격기와 쌍발 전투기의 손실은 투입 전력의 10퍼센트에 달하는 엄청난 것이었다. 이는 영국 공군 폭격기사령부에서 납득할 수 있는 손실 비율인 5퍼센트의 두 배나 되었다. 이로 인해 제5 항공함대는 두 번 다시 주간에 대규모 공격을 시도하지 않았다.

어떻게 봐도 다우딩에게 그리 호의적인 사람은 아니었던 처칠마저도 이 전투에 대해 이렇게 말했다.

> 선견지명을 가지고 전투기사령부를 이끈 다우딩 대장은 큰 찬사를 받아 마땅하다. 그리고 남부에서 수 주간 벌어진 처절한 전투에도 불구하고 북부에도 전투기 전력이 필요함을 강조하고, 필요한 만큼의 전력을 확보한 혜안에 더욱 큰 찬사를 보내지 않을 수 없다. 이 전투에서 뛰어난 지도력을 보여 준 다우딩은 진정 병법의 천재답다.[6]

물론 이 글은 영국 전투가 끝난 지 8년 후에 작성된 것이다. 당시만 해도 영국 전투는 제2차 세계 대전에서 영국인이 겪은 사건 중 가장 감격스러운 사건이라는 점을 아무도 부인하지 않았다. 그리고 처칠은 자신이 다우딩을 철저히 지지해 주었다는 점을 알리고, 다우딩을 정적으로부터 결국 지키지 못한 점은 숨기고 싶어 했다. 그러나 그런 배경을 감안하더라도 저 글에 나타난 처칠의 판단은 분명 진실이다. 8월 15일 부족한 자원으로 독일군을 멋지게 속여 넘긴 다우딩의 지도력에 대해 그 누구도 처칠보다 더 정확한 판단을 내릴 수는 없을 것이다. 리맬러리, 숄토 더글러스, 더글러스 바더가 다우딩에 대해 아무리 비판하더라도 말이다.

북동부에 대한 독일군의 공격은 비록 실패했지만, 그 몇 시간 전에 남부에 가해진 공격은 침착한 다우딩조차도 동요시킬 만했다. 제5 항공함대의 공격과는 달리, 이번 공격에는 다수의 Bf 109가 호위기로 동행했다. 그리고 이번 공격은 중요한 표적을 향한 것이었다. 오전 10시경 호킨지, 림의 전방 공군 기지는 100대가 넘는 Ju 88의 공격을 당했다. 림은 이 공격의 피해로 3일간 기지 기능이 완전히 마비되었다. 수도와 전기 공급도 끊겼으며 기지 의무실도 직격탄을 맞고 파괴되었다. 또한 도버, 라이, 포어니스의 레이더 기지에 전기 공급이 끊기는 바람에 이들 기지의 운영이 불가, 방공망에 구멍이 생겼다. 또한 영국 전투기 2개 대대는 더욱 많은 수의 Bf 109에 압도당했다. 영국 공군 맨스턴 기지는 Bf 110의 기총 소사를 당해 상당한 피해를 입었고, 독일 항공기 제1파가 철수할 무렵, 제2파 공격이 또 벌어지고 있었다. 잉글랜드 남부 전역의 전투기 사령부 기지가 공격을 당했다. 공격에 참가한 독일기의 수는 너무 많아, 레이더 화면상에서 그 수를 명확히 파악할 수 없는 빛의 덩어리로 보일 정도였다. 모든 사람이 다우딩이 칭찬했던 공군 여성보조부대의 레이더 조작사들만큼 적의 포화 앞에서 태연한 것은 아니었다. 맨스턴을 포함한 전투기사령부의 여러 공군 기지에서는 일부 지상 요원들이 방공호를 파고 그 속에 숨었다. 이는 독일군의 폭격 강도를 생각해 보면 그리 놀랄 일도 아니었다. 영국 공군 마틀샘 히스 기지에는 Bf 109와 Bf 110 전투기가 대단히 명중률 높은 저공 폭격을 가했다. 이 새로운 방식의 공격을 당한 마틀샘 히스 기지는 기지 기능이 마비되었다.

그러나 잉글랜드 남부의 제11 전투비행단은 사투를 멈추지 않았다. 조종사들은 임무를 마친 후 곧장 또다시 날아올랐다. 원래 기지가 폭격으로 파괴된 조종사들은 비상 활주로에 착륙했다. 그리고 기진맥진한 채로 조종석에 앉아 휴식을 취하는 동안 역시 기진맥진한 지상 요원들이 신속하게 항공기에 탄약과 연료를 재공급했다. 파크 예하 조종사들 대부분이 새벽 이전에 분산 배치되어 있었고, 자신들의 출격 회수, 격추 기수를 셀 틈도 없이 싸웠다. 이들은 분산 대기실에서 미지근한 구운 콩과 뜨겁고 달콤한 차로 허기를 달래고, 잠을 잘 시간이 있다면 낙하산을 베개 삼아 전투기 옆에서 잠이 들었다. 영국 전투에 대한 책을 쓴 리처드 콜리어는 8월 15일에 함께 비행했던 사람들 중 일부의 이름을 자신의 책에 적었다.

에드워드 메인 준위, 영국 공군의 고참, 40세 나이로 전투조종사 중에서는 최연장자. 휴 퍼시, 케임브리지 대학 졸업생, 그리스에서부터 실전 경험을 쌓음. 뉴질랜드인 민디 블레이크, 수학 박사 학위 소지자. 2차 방정식을 풀듯이 공중전을 함. 히데바라드 영주의 자가용 비행기 조종사 출신. 데릭 부아텔칠, 랜디 매트슨, 아르헨티나 출신, 스페인인과 인디언 혼혈. 자니 브라이슨, 캐나다 등반가 출신. 아이네아스 맥도널 소령, 글렌게리 가문의 공식 지도자. 로스앤젤레스 출신의 레드 토빈. 앤디와 쇼티, 미국 출신의 곡예비행사.

물론 이들은 예외적으로 매력적인 인물들이었다. 파크 예하의 조종사들 대부분은 학교를 갓 졸업한 평범한 영국 젊은이들이었다. 장교 조종사이든 하사관 조종사이든 모두 피곤하고 가끔씩은 두려움에 꼼짝 못하는 일도 있지만, 그래도 흥분해서 나오는 아드레날린과 결코 지지 않겠다는 원초적인 욕구로 스스로를 지탱해 나가는 사람들이었다. 그들 중 많은 전투를 경험한 고참들은 극소수에 불과했다. 그러나 경험 원칙에 따라 볼 때 3번의 전투에서 살아남은 사람은 전투조종사로서의 타고난 본성을 가지고 있거나, 아니면 운수가 억세게 좋거나 둘 중 하나였다. 그리고 전투에서 이기려면 실력보다 운이 더 중요했다.

리처드 힐러리는 옥스퍼드 대학을 졸업한 지식인이었지만 곧장 제603 전투비행대대의 스피트파이어 조종사가 되었다. 그는 전투에서 큰 화상을 입고도 살아남아, 제2차 세계 대전의 영국 공군을 다룬 가장 유명한 책인『최후의 적*The Last Enemy*』을 썼다. 그는 이 책에서 8월 15일 첫 전투에 대해 이렇게 묘사하고 있다.

우리는 5,400미터 상공에서 우리보다 150미터 위 상공에서 날아가는 기수가 노란 Bf 109 20대와 마주쳤다. 우리 비행대대 전력은 8대에 불과했다. 적기가 우리를 향해 강하하자 우리 비행기들도 일렬종대로 그들을 향해 상승했다. 편대장인 브라이언 카베리는 기수를 내렸다. 나는 선도기에 탄 나치 조종사 역시 기관총을 겨누기 위해 조종간을 앞으로 밀 거라 생각했다. 거의 동시에 브라이언은 조종간을 당겼고, 나머지 우리는 그를 따라 급상승하면서 왼쪽으로 선회했다. 불과 2초 만에 적은 우위를 잃었다. 브라이언이 적 선도기에 사격을 가하는 모습을 보았다. 적 조종사는 사격을 당하자 기체를 뒤집었고, 나는 그 적기를 격추할 기회가 왔음을 알았다. 나는 자동적으로 페달을 걷어차 기체를 좌로 밀어 좋은 각도를 잡은 다음 적기의 경로를 예측,* 기관총 방아쇠를 당겨 4초 동안 연사를 가했다. 적기가 내 눈 앞을 스쳐 지나갈 때 8줄기의 예광탄 줄기가 적기를 향해 빨려 들어갔다. 아주 잠시 동안 적기는 하늘에 미동도 없이 멈춰 서 있는 것 같더니 화염을 위로 뿜어내며 사라져 갔다. 적기를 격추시키고 처음 든 감정은 만족감이었다. 그러고 나서 이러한 행위는 본질적으로 공정한 일이라는 생각이 들었다. 그는 죽었고 나는 살았다. 그러나 그 반대가 되었을 수도 있다. 그리고 그 역시 공정하다고 볼 수 있는 것이다.[7]

8월 15일 많은 젊은이들이 대대 본부에서 자기 침대 시트 한 번 갈아 보지 못하고, 다른 이에게 술 한번 사보지 못하고, 어떤 경우에는 자기 옷 가방을 열어 보지도 못하고 죽었다. 격추당하자 낙하산 탈출을 했던 한 조종사는 불현듯 자신이 영국 해협을 향해 떨어지고 있음을 깨닫고 새로 산 수제화가 물에 젖어 망가지는 사태를 막고자, 신발을 벗어 구두끈을 사용해 두 짝을 하나로 묶은 다음, 아직 땅 위에 떠 있을 때 지면을 향해 집어던졌다. 그런데 며칠 후 그는 놀라지 않을 수 없었다. 그가 던졌던 신발이 종이로 잘 포장되어 배달되어 왔기 때문이다. 다른 어느 영국 조종사는 부상을 당한 채로 역시 부서진 비행기를 활공시켜 구름 속을 통과해 영국의 밭이라고 생각되는 곳에 불시착시켰다. 그런데 그는 두 독일 병사가 다가와 자신을 부서진 비행기에서 정중히 끄집어내 주

---

* 날아가는 새를 사냥할 때는 절대 새 자체를 조준해서는 안 된다. 새의 이동 경로 앞부분을 조준해야 한다. 이는 새 사냥꾼들의 상식인 동시에 전투조종사들의 상식이기도 하다. 다만 전투기의 경우는 새보다 속도가 훨씬 빠르고, 거리가 더 멀 뿐이다. 예측 사격 시에도 전투조종사는 적기 자체를 조준하는 것이 아니라, 자신이 쏠 총탄이 적기에 명중할 위치에 사격을 가한다. 이 위치를 계산할 줄 아는 능력은 전투조종사 및 항공기 기관총수의 필수 능력이기도 하다. 또한 본문에는 4초 동안 사격을 가했다고 나와 있다. 그러나 이는 경험 많고 신중한 조종사들이 탄약 소비 속도와 기관총 과열 속도를 감안해 정한 사격 시간인 2초보다 두 배나 더 긴 것이다.

는 것을 보고 크게 놀랐다.

정오에 Bf 109 몇 대가 맨스턴을 다시 폭격해 스피트파이어 2대를 지상 격파했고, 오후 일찍 각각 100대, 150대 이상의 독일기가 참가한 두 번의 대공격이 있었다. 파크 휘하의 전력은 4개 대대뿐이었고, 얼마 안 가 3개 대대를 더 보충받았지만 그래도 전력이 모자랐기 때문에 항공기들을 상당한 범위 내에 엷게 분산시켜야 했다. 영국 조종사들은 자신들보다 2~3배나 많은 적을 상대로 싸워야 했다. 파크가 지원 병력을 끌어온 곳은 서부의 제10 전투비행단이었다. 그러나 적의 수적 우세는 여전히 대단했다. 그리고 서식스에서 켄트까지 독일 항공기들은 어디서나 나타났다. 독일 공군은 로체스터의 쇼트 브라더스 항공기 공장을 대파시켰다. 이 공장은 영국 공군 폭격기사령부가 처음으로 보유한 4발 중폭격기인 쇼트 스털링이 생산되던 곳이었다. 이 공장의 피해는 막대했지만, 다행히도 전투기사령부에는 아무 문제가 되지 않았다. 이 공격에 참가한 독일기들이 퇴각할 무렵 두 차례의 공격이 더 벌어졌다. 총 250대의 독일 항공기들이 아일오브와이트 상공을 거쳐 날아와 전투기사령부 기지들을 폭격했다. 특히 전날에도 폭격을 당했던 미들월럽 기지는 이번에도 폭격을 당했다. 그리고 파크는 여기에 11개 비행대대로 맞섰다. 이 전투에 참전한 조종사 중 전직 벨기에 공군 조종사인 J. 필리파르 중위는 그날 하루 동안 3대의 Bf 110을 격추하는 전과를 올렸다. 그 외에도 독일군은 4개 레이더 기지에 공격을 가했다. 이는 독일군도 레이더 기지의 중요성을 알아차리고 있다는 뜻이었으나, 레이더 기지는 공중 폭격으로 파괴하기 힘들다는 점 또한 다시 한 번 입증하고야 말았다. 레이더 기지를 공중에서 발견 및 파괴하는 것은 볏짚 속에서 바늘 찾기나 다를 바 없었다.

오후 내내 전투가 이어지다가 하루가 끝나 갈 무렵 70대가 넘는 독일 항공기들이 비긴힐과 켄리의 전투기사령부 공군 기지를 공격하기 위해 영국 해협을 건너오고 있었다. 2개 영국 전투기 대대의 공격을 받은 독일 항공기들은 흩어졌다. 이들 중 일부가 켄트 주 웨스트몰링에 있던 비행장을 공격했지만, 가장 중요한 공격은 Bf 109와 Bf 110으로 구성되어 저공 정밀 폭격을 전문으로 하는 제210 시험비행대의 공격이었다. 이들은 켄리의 영국 공군 기지를 표적으로 삼았다. 이 비행대의 지휘관 발터 루벤스되르퍼 대위는 독일 공군 내에서 가장 용맹하고 헌신적인 폭격 전문가였다. 그는 비행하면서 사전에 외워 두었던 영국의 철도를 이정표 삼아 도로 표지판의 글자와 놀란 행인들의 얼굴이 보일 만큼 저공으로 비행했다. 그는 마지막까지 북쪽으로 날다가 다시 기수를 돌려 전혀 예기치 못한 방향에서 켄리의 비행장을 공격하기로 마음먹었지만, 그만 건물이 빽빽하게 들어선 부도심 지역 상공에서 길을 잃고 말았다. 그러다가 그의 눈에 격납고, 활주로, 항공기들이 보였다. 이 기지는 사실 영국 공군의 크로이든 기지였지만 수십 미터 상공에서 시속 400킬로미터로 비행하다 보면 어느 기지나 다 비슷하게 보였다. 결국 루벤스되르퍼는 부하들에게 이 기지를 폭격하라고 지시했다.

이는 어떻게 봐도 길을 잘못 든 폭격이었다. 크로이든은 1939년까지 런던의 주요 민간 공항이었다. 아직 항공 여행이 대중화되지 않았던 당시, 크로이든 공항에는 화려한 여객 터미널과 대형 여객기에 걸맞은 장대한 활주로가 있었다. 여기서 이륙한 여객기들은 유럽 내 대도시들과 세계 곳곳에 있는 대영 제국의 여러 도시를 향해 날아올랐다. 현재 이공항에는 여러 개의 전투비행대대가 주둔하고 있었으며 누가 봐도 정당한 군사 목표였다. 그러나 설령 군사 목표물이라 할지라도 히틀러의 지시 없이는 런던을 폭격할 수 없었다. 괴링은 이 방침이 자신의 것인 양예하 지휘관들에게 전달하면서, 위반하는 자에게는 엄청난 벌칙이 기다리고 있을 것이라고 으름장을 놓았다. 이는 독일의 국내 정치 문제 때문이었다. 전쟁이 시작된 이후 이제껏 독일은 적의 공격을 받지 않은 상태였으며, 히틀러와 괴벨스는 만약 독일이 폭격을 당할 경우 어떻게 대처해야 할지 자신이 없었다. 히틀러와 괴벨스 박사, 그리고 대부분의 나치당원들은 독일이 폭격을 당할 경우 국민들의 사기가 크게 저하될 것을 우려했다. 총통은 폭격의 효과와 당시 영국 공군 폭격기사령부의 전력을 실제 이상으로 과대평가하고 있었다. 괴링은 자신의 막강한 독일 공군이 있는 한 독일에는 단 한 발의 폭탄도 떨어지지 않을 것이라고 호언장담했다. 그러나 독일 정부의 누구도 윈스턴 처칠이 수상으로 있는 한 런던이 폭격당하면 영국은 어떤 형태로든 반격할 거라고 믿어 의심치 않았다.

히틀러가 런던 폭격을 망설인 원인에는 국내 정치 문제를 넘어 그 심층에 외교와 세계 전략 문제가 놓여 있었다. 그는 〈좋은 영국인들〉이 처칠과 〈그의 친구들〉을 내쫓고 정권을 장악하면 영국은 협상 테이블에 나올 것으로 믿고 있었다. 여기서 말하는 〈좋은 영국인들〉이란 영국이 이 전쟁에서 졌다고 생각하여, 화평 조건을 이성적으로 논할 생각을 갖춘 사람들을 말한다. 히틀러는 런던을 폭격하면 이 〈좋은 영국인들〉이 겁을 먹고, 처칠의 입지를 강화시켜 줄 것이라 걱정했다. 괴링 역시 영국을 다루려면 인내와 끈기가 필요하다고 생각했다. 그는 나름 소신껏 외교 활동을 펼치고 있었는데, 비록 비효율적이긴 했지만 유럽 내의 여러 중립국 수도에는 괴링이 파견한 첩보원들이 무수한 아마추어 민간 평화 협상가들의 활동을 지시하고 지원하고 있었다.

실수에서 비롯된 일이긴 하지만, 크로이든 공항을 폭격하기로 한 루벤스되르퍼 대위의 용단은 불행하게도 이러한 정책에 위배되는 것이었다. 분명 크로이든 공항은 그레이터 런던에 포함된 지역이었다. 그의 실책은 목표물 확인 실수에 그치지 않았다. 루벤스되르퍼의 비행대는 폭탄을 떨어뜨리기 직전에 마침 공항 상공에 있던 허리케인 9대의 공격을 받았다. 이 허리케인들은 크로이든 공항이 모기지인 제111 전투비행대대 소속이었다. 제210 시험비행대 항공기들은 갑자기 출현한 이들 영국기에 놀라 흩어졌고, 이때 상당수의 독일 조종사들이 폭탄을 아무렇게나 투하했다. 이들이 떨어뜨린 폭탄은 현재 사무용 건물과 쇼핑몰이 들어서 있고, 교통 체증이 심한 크로이든 부도심의 벽돌집과 튜더식 가옥들을 박살내 70여 명의 런던 민간인들을 살상했다. Bf 110 항공기들은 상승해 원형진을 구성, 제111 전투비행대대의 허리케인을 막으려 했으나, 얼마 안 있어 비긴힐 기지에서 출격한 제32 전투비행대대의 전투기들이 크라이든으로 날아왔다. 제111 전투비행대대의 애견인 갱스터와 많은 지상 요원들이 폭격으로 전사했으나, 이 부대의 무장사들은 지상에서 직접 만든 삼각대에 기관총을 장착, 독일기들을 사격했다. 독일 공군의 저공 비행 전문가인 루벤스되르퍼는 서리와 서식스의 그림 같은 풍경 위를 거의 집 지붕에 스칠 듯한 고도로 날아 도피를 시도했다. 결국 그가 탄 항공기는 근처 소읍에서 격추당했고, 그를 포함한 탑승자 전원이 전사했다. 히틀러는 크로이든 폭격 소식을 듣고는 크게 놀라고 또한 분노했다.

카린할에서 자신들의 사령부로 복귀한 케셀링과 슈페를레의 귓전에는 제국원수의 경고가 아직도 생생하게 메아리치고 있었다. 그 경고는 제국원수를 거쳐 전해진 히틀러의 말이라는 것 또한 의심할 수 없었다.

그날의 전투에 민감하게 반응한 거물급 정치인은 히틀러뿐만이 아니었다. 런던 다우닝가 10번지에서 오전 내내 벌어지던 내각 회의는 수상에게 전달되는 대공습 소식으로 인해 중간중간 맥이 끊어졌다. 결국 회의가 종료되었을 때 처칠과 육군대신 앤서니 이든은 회의실에 남아 이제까지 들은 산만한 소식을 꿰어 맞춰 큰 그림을 그려 보려고 했다. 엄청난 숫자로 몰려오는 독일 공군 앞에 파크가 모든 전력을 남김없이 털어 넣어 맞서고 있는 듯했다. 이것은 분명 위기였다. 이든은 〈결국 처칠은 자신은 전투기사령부 본부로 가보겠다고 말했고, 나는 육군성으로 돌아갔습니다. 우리 둘 다 그날이 이 전쟁에서 가장 중요한 날일 줄은 모르고 있었지요〉라고 이때를 회상했다.

처칠은 못마땅한 기분으로 다우딩의 본부에 도착했다. 미국 기자들이 잉글랜드 남부 전역을 왕래하며 격추당한 독일 항공기의 수를 집계하고, 영국 공군이 독일기 격추 전과를 과장하고 있다는 결론을 냈던 것이다. 그들의 주장은 우리도 알다시피 사실이었고 수상도 그것을 잘 알고 있었다. 그러나 그는 미국 기자들을 구태여 다른 방식으로 설득시킬 필요가 없다고 비판했다. 그는 현재 항공성 대신인 아치볼드 싱클레어 경에게 이런 편지를 썼다. 싱클레어 경은 제1차 세계 대전에서, 보병 대대장이던 처칠 휘하에서 부관으로 근무한 옛 전우이기도 했다. 「우리 조종사들이 격추 기수에 대해 거짓말을 하지 않는다는 점을 미국인들에게 알리기 위해서 미국 기자들을 전투비행대대로 데려오는 것은 정말 비위 상하는 일이오. 우리는 이에 훨씬 더 냉정하고 조용하게 대응할 여유가 있다고 나는 생각하오.」[8] 수상이 이 문제를 꺼내자 다우딩은 전혀 잘못이 없다는 듯한 태도로, 평소처럼 냉정하고 사려 깊게 이렇게 말했다. 「독일인들이 주장하는 영국기 격추 대수가 사실이라면, 이미 독일군이 영국 땅에 진주했어야 할 것입니다.」[9]

다우딩이 잉글랜드 북부에 전투기 전력을 유지하기로 용단을 내린 덕택에 그곳을 공격하려던 독일 공군이 100대 이상 격추당하거나 격퇴당했다는 소식은 수상마저도 기쁘게 했다. 그는 다우닝가 10번지로 돌아와서 암 수술을 받은 후 집에서 요양 중이던 네빌 체임벌린에게 전화를 걸어 이 소식을 알렸다. 처칠의 나이 어린 개인 비서인 존 콜빌은 당시를 이렇게 회상했다(그는 얼마 안 있어 영국 공군에 지원 입대했다). 〈나는 체임벌린 씨가 저녁을 먹던 도중 기분 상하는 일이 있어 쌀쌀맞은 상태라는 것을 알았다. 그러나 이번의 전투 소식을 듣고, 처칠이 자신을 신경 써준다는 것을 알고는 금세 기분이 좋아졌다. 처칠은 작은 것으로도 사람의 기분을 좋게 만드는 재주를 갖고 있었다. 나는 처칠에게 말했다. 「추밀원 의장(당시 체임벌린의 내각 내 공식 직함)께서는 수상 각하의 말씀을 듣고 매우 기뻐하십니다.」 그러자 처칠은 이렇게 대답했다. 「당연히 그래야지. 오늘은 역사상 가장 위대한 날이니까 말이야.」〉[10]

그날 하루 동안 영국 공군은 161대의 독일 항공기를 확인 격추하고, 61대를 미확인 격추했다. 그리고 58대에 손상을 입혔다고 발표했다. 이 대가로 34대의 영국 항공기가 격추당하고 18명의 조종사가 전사 혹은 실종되었다. 그러나 영국이 실제로 격추한 독일 항공기는 75대뿐이었다(그렇다고 해도 손실 비율은 2대1이 넘는다). 독일 공군은 영국 항공기 101대를 격추했다고 주장했다. 이는 실제 손실의 3배나 되었다. 이때쯤이면 호텔과 클럽에서 사설 마권업자들과 짐꾼들은 영국 공군이 격추한 독일기 숫자를 놓고 마치 스포츠 이벤트처럼 돈내기를 했다. 그리고 신문 팔이 가판대에는 새 신문이 들어오자마자 그날의 전적을 적은 게시판이 커다랗게 걸렸다.

어떻게 보든 이날은 영국의 승리, 아니 다우딩이 준비한 전략의 승리였다. 그의 목표는 전력을 비교적 온존한 상태로 두는 것이었다. 마치 1812년 나폴레옹에 대항했던 쿠투조프 장군과도 같은 방식이었다. 쿠투조프 장군은 보로디노 전투 이후 모스크바를 내주었다고 맹렬한 비판을 받았으며 심지어는 러시아 황제에게도 모욕을 당했다. 그러나 그는 겨울의 추위와 기아가 몰려오고, 모스크바를 초토화하면 프랑스군도 퇴각하지 않을 수 없다는 것을 알고 있었다. 그리고 그는 그때가 오면 나폴레옹을 격퇴할 수 있도록 휘하의 전력을 보존해 두었다. 다우딩 역시 가을이 되어 독일군이 침공을 단념할 때까지 꾸준히 독일 전투기를 쏘아 떨어뜨리는 것 외에는 영국을 구할 방법이 없었다.

한편 독일군은 전투기사령부의 전력이 계속 유지되는 것은 물론 자신들이 엄청난 손실을 입자 충격을 받았다. 이에 괴링은 두 가지 결정적인 명령을 내렸다. 첫 번째로 이제 전투기들이 영국 상공으로 자유롭게 날아가 적기를 찾아 격추해서는 안 되며, 항상 폭격기를 밀착 호위해야 한다는 것이었다. 그리고 두 번째로 레이더 기지에 대해 지속적인 공격을 가했음에도 불구하고 그것들 중 어느 것도 사실상 무력화되지 않았으므로, 레이더 기지를 목표 목록에서 배제했다.

그러나 이것보다 더욱 중요한 명령이 있었다. 앞으로는 장교는 항공기 승무원으로 복무해서는 안 된다는 것이었다. 이는 숙련된 장교의 손실을 줄이기 위한 방책이었다.

어쨌든 하루가 저물어 가고 있었다. 그날 더 이상 영국 공군 전투기사령부가 파멸의 낭떠러지에 걸려 있다고는 볼 수 없게 되었다. 그러나 독일 공군의 공격은 그 강도와 빈도를 더욱 높여 매일같이 이루어질 터였다. 노르웨이와 덴마크 주둔 제5 항공함대의 잔여 전력이 네덜란드, 벨기에, 프랑스에 주둔한 두 항공함대를 지원하기 위해 몽땅 투입되었던 것이다.

얼마 후면 양국 모두, 가장 치열하면서도 잔혹한 전투를 치러야 할 것이었다.

9장
최악의 고난: 8월 16일부터 9월 15일까지

독일 공군은 15일에 입은 큰 피해에도 불구하고, 하루도 공습을 거르지 않았다. 다음 날인 16일, 250여 대의 독일 항공기가 영국 공군 비긴 힐 기지를 폭격하러 정오에 템스 강 어귀에 나타났다. 그러나 이번에도 이들의 폭탄은 런던 부도심에 떨어졌을 뿐이었다. 이들의 폭격을 당한 곳 중에는 유명한 윔블던의 테니스 클럽도 있었다.

날씨는 따뜻하고 맑았으며 영국 해협 상공에는 약간의 안개만 있었다. 공격 측에는 이상적인 날씨였다. 이날에는 기념할 만한 일이 3건 있었다. 우선 제249 전투비행대대의 J. B. 니컬슨 대위가 전투기사령부 인원 중에서는 최초로 빅토리아십자훈장을 받았다. 그는 화상을 포함해 심한 부상을 입었음에도 불구하고 Bf 110 1대를 격추한 후 낙하산 탈출했다. 그러나 탈출한 이후에 그를 독일 공군 조종사로 착각한 향토방위대원에게 구타당해 또 부상을 입었다. 두 번째 일은 제601 전투비행대대의 W. M. L. 〈빌리〉 피스크 소위가 독일 급강하 폭격기와 전투를 벌인 후 영국 공군 탱미어 기지에 불시착한 것이다. 피스크 소위는 1928년

생모리츠 동계 올림픽과 1932년 레이크플래시드 동계 올림픽에 미국 봅슬레이 팀 주장으로 출전한 운동선수 출신으로, 용맹한 데다가 부자였다. 그는 이때 입은 화상으로 이틀 후 숨졌다. 그는 이 전쟁에서 전사한 최초의 미국인이 되었다. 현재 세인트폴 대성당에는 피스크 소위를 추모하는 명패가 있다. 그 명패에는 〈목숨을 바쳐 영국을 구한 미국 시민〉이라고 적혀 있다. 세 번째 일은 런던 외곽의 억스브리지에 있는 파크 소장의 제11 전투비행단 본부 작전실에 윈스턴 처칠이 방문한 역사적인 사건이다.

제602 전투비행대대 〈글래스고 시〉 소속의 22세 스피트파이어 조종사 나이절 로즈 소위가 그 전날 스코틀랜드 상공에서 겪었던 일은 그 외에도 다른 많은 젊은 조종사들이 겪었다. 그날 로즈 소위는 처음으로 전투를 겪고, 그 내용을 부모님께 편지로 써 보냈다. 〈우리 6명은 4,800미터 상공에서 초계 비행 중에 50대가 넘는 독일 항공기와 만났답니다. 그때 저는 처음으로 사격을 해보았습니다. 적을 3번 공격했습니다. 세 번째 공격 때 저는 호위기 조종사와 함께 수직 급강하를 했고 1,800미터 상공에 빽빽하게 깔린 구름층에 도달할 때까지 기수를 올리지 못했답니다. 정말로 흥분되는 일이었지만 그때 무슨 일이 있었는지 떠올리기는 싫습니다.〉[1]

전날 너무 힘을 많이 쓴 탓인지, 독일 공군이 영국 상공에 다시 집결한 것은 그날 오후 중간쯤이었다. 포츠머스 지역과 영국 공군 탱미어 기지를 목표로 3번의 대공습이 가해졌다. 나이절 로즈는 탱미어 기지에서 이 폭격 장면을 목격하고, 마치 자신이 W. E. 존스가 쓴 소설에 나오는 주인공 조종사 제임스 비글스워스라도 된 듯이, 그 장면을 다음과 같이 부모님에게 편지로 써서 보냈다. 〈이 모든 장면은 너무나도 장엄합니다. 보고 있으면 엄청난 스릴을 느낍니다.)[2] 또한 혼처치와 데브덴을 향해 170여 대의 독일 항공기가 접근 중이었다. 그날 오후 내내 전투기사령부 예하 공군 기지는 350대가 넘는 독일 항공기의 공습을 받았다. 잉글랜드 남부와 남동부에서 격전이 이어졌고, 다우딩의 가장 중요한 공군 기지 중 하나인 탱미어 기지는 독일 공군에게 거듭 난타당했다. 폭탄구덩이와 땅속 깊이 파고들어 간 시한폭탄에 의해 활주로는 곰보가 되었다. 주기 중이던 항공기들도 다수 파괴되었으며 격납고와 정비 공장에는 불이 났다. 의무실과 장교 회관도 직격탄을 맞았다. 계속되는 폭격에 지상 요원들은 공포에 떨어야 했지만, 폭격 와중에도 여성 자원봉사대의 차량이 달려와 차를 나눠 주자 힘을 얻었다.

괴링의 레이더 기지 무시 명령에도 불구하고 벤트너의 레이더 기지는 폭격으로 다시 기능을 상실했다. 그리고 오후 늦게까지 인원과 장비가 정수보다 한참 모자란 파크 소장 예하의 모든 전투비행대대는 맹렬한 전투를 계속했다. 억스브리지에 수상과 함께 동행했던 수상의 군사참모이자, 국방대신(수상이 새로 만든 보직)이던 헤이스팅스 이즈메이 장군은 이 장면을 잊지 못했다.

그들은 오후 내내 격전을 벌였다. 비행단 내의 모든 전투비행대대가 예비대 없이 전투 중인 경우도 있었다. 지도 테이블에는 새로운 적기들이 계속 해안을 건너오는 것이 표시되었다. 두려움에 현기증이 날 지경이었다. 해가 지고 전투가 종료되자 우리는 차를 타고 수상의 지방 관저인 체커스로 갔다. 처칠의 첫마디는 이것이었다. 「내게 말 걸지 말아 주게. 이렇게 감동한 적은 없었네.」 5분 정도 있다가 그는 다시 입을 열었다. 「전쟁의 역사에서 이렇게 많은 사람들이 이렇게 적은 사람들에게 이렇게 큰 빚을 진 적은 없었네.」 그 말은 내 머릿속에 낙인처럼 찍혀 도저히 잊을 수 없었다. 나는 집에 돌아가 그 말을 아내에게 똑같이 해주었다.[3]

4일 후 하원에서 전쟁 상황에 대한 긴 연설을 할 때도 처칠은 이 말을 또 했다. 영국 전투에서 싸운 영국인의, 영국 공군의 투혼을 나타내는 이 말은 이후 많은 사람들의 머릿속에 영원히 기억되었다. 처칠의 이 말은 트라팔가르 전투를 앞두고 넬슨 제독이 남긴 말인 〈조국은 모든 장병이 책임을 완수하기를 바라고 있다〉 또는 웰링턴이 워털루에서 한 말인 〈근위병들이여, 일어서서 돌격하라〉 같은 말들만큼이나 영국인의 애국심을 강하게 자극했다. 그 결과 영국 전투에서 싸웠던 사람들은 영원히 〈적은 사람들〉로 기억되었다.

그날 영국 공군은 적기 75대를 확인 격추. 29대를 미확인 격추, 41대를 파손시켰다고 주장했다. 영국 공군의 손실은 전투기 14대와 조종사 8명이었다. 또한 영국 공군 지상 요원 16명과 민간인 72명도 전사했다. 독일 공군의 실제 항공기 손실은 45대에 불과했지만 양군의 격추 교환 비는 3 대 1이나 되었다. 그리고 격추당한 독일 항공기의 대부분은 다인승 폭격기들이었으므로 대체 불가능한 숙련된 항공 승무원 손실이라는 관점에서 보면 양군의 손실 비율은 12 대 1에 가까웠다.

8월 17일 역시 안개가 적고 구름이 드문드문 끼어 있었다. 역시 독일군에게 좋은 날씨였다. 그러나 영국 조종사들은 완전히 기진맥진했음에도 불구하고 항공기 옆에서 일광욕을 하거나, 카드놀이를 하거나, 판돈 없이 크리켓을 하기도 하면서 기다렸다. 만약 소수의 독일 항공기(대개 정찰기인 경우가 많았다)가 나타나면 그것은 영국 해협 너머에서 또 한 번의 대규모 공격이 준비 중이라는 뜻이었다. 그날 하루 종일 다우딩은 프랑스에서 형편없는 졸전을 보인 경폭격기 비행대대(저속에 성능 나쁘기로 악명 높은 페어리 배틀 항공기로 무장)와 육군 협동 비행대대(육군을 지원하는 공군 소속의 비행대로, 역시 성능이 나쁜 웨스트랜드 라이샌더 항공기로 무장)의 조종사들을 전투비행대대로 넘겨 달라고 항공성에 졸라 댔다. 그러나 공군 참모진은 독일 육군이 상륙해 올 경우 그들이 필요하다며 난색을 보였다. 지난 9일 동안 전투기사령부의 조종사 손실은 156명이었다. 그에 비하면 작전 훈련 부대에서 양성하는 신규 조종사 수는 한참 모자랐다. 손실 조종사의 3분의 1 정도밖에 메워 줄 수 없었던 것이다. 결국 다우딩은 항공성을 설득해 각 경폭격기 비행대대와 육군 협동 비행대대별로 5명씩 지원을 받아 전투기사령부로 데려오는 데 성공했다. 또한 해군 항공대에서도 56명의 조종사를 끌어오는 데 성공했다. 1940년의 영국 공군 전투비행대대를 찍은 사진에 해군 복장의 조종사가 많이 보이는 것도 바로 이 때문이다. 그러나 이는 그가 필요로 하던 인원에 비하면 아직도 크게 모자랐다. 전투기 공급은 비버브룩 경 덕분에, 그리고 손상된 전투기를 밤새워 고치고, 재사용 불능의 항공기에서도 부품을 뜯어와 새 항공기를 만드는 식(훗날 미 육군 항공대는 이를 동류 전용이라고 불렀다)의 계획 덕분에 상당히 여유가 있었다. 그러나 조종사 공급은 분명 부족했고 이는 심각한 위협이었다. 경폭격기 비행대대, 육군 협동 비행대, 해군 항공대에서 실무 경험을 쌓은 조종사라 할지라도 바로 전투에 투입할 수는 없었고, 작전 훈련 부대에서 2~3주 동안 기종 전환 훈련을 받아야 했다. 게다가 그 정도의 훈련을 받는다고 이들이 금세 전투기 조종의 베테랑이 될 수는 없었다.

17일은 거의 소모적으로 저물어 갔다. 잉글랜드 남부 전역의 공군 기지 사령관들은 폭탄 구덩이를 메우느라 바빴다. 육군의 폭발물 처리반도 파견되어 불발탄을 제거했다. 그러나 불발탄 제거는 가장 위험한 일이었다. 독일인들은 폭탄 제조 기술이 대단히 뛰어났고, 폭탄에 시한식, 진동 감지식 신관을 장착했다. 따라서 착탄한 후 폭발하지 않은 폭탄(당시 군대에서는 이를 unexploded bomb, 즉 UXB라고 불렀다)이라고 해도 모두가 다 불발탄은 아니었다. 상황의 세부를 잘 꿰뚫어 보던 처칠은 중장비 부족으로 복구공사가 지연되고 있는 것을 알고는, 폭격 맞은 공군 기지에 적절한 중장비를 갖춘 기동대를 급파해 폭탄 구덩이를 없애는 한편, 또한 가짜 폭탄 구덩이를 만들어 적기의 눈에 비행장이 사용 불능인 것처럼 보이게 하라고 지시했다. 그러나 당시 공군 장병들과 민간인 노동자들이 주로 이용하는 작업 수단은 삽이었다. 그들은 투덜거리며 일을 하다가 가끔씩 여성 자원봉사대의 차량에서 보급 나오는 차를 대접받곤 했다.

8월 18일 일요일 새벽은 맑았다. 영국 공군의 기상관들은 이날 아침에는 맑겠지만 이후부터 구름이 끼겠다고 예보했다. 이때까지도 요제프 슈미트는 영국 공군 전투기사령부의 전투기 숫자가 200대를 넘지 않는다고 보고하고 있었다. 그러나 다우딩의 작성한 기록에 의하면 이날 아침 그는 가동 기체 706대를 가지고 있었다. 이 중 스피트파이어가 228대, 허리케인이 396대였다. 다우딩과 파크는 외국인 조종사들은 가급적 예비대로 돌리기를 희망했지만, 체코인으로 구성된 제310 전투비행대대는 결국 작전 태세를 갖추었다. 외국인 조종사들의 조기 실전 투입을 반대했던 가장 큰 이유는 이들 대부분이 영어를 듣지도 말하지도 못한다는 것이었다. 이는 항공 관제사들 뿐 아니라, 이들이 속한 부대의 영국인 대대장들에게도 큰 문제였다. 그리고 이들은 비행 군기도 형편없었다. 물론 고의로 그런 게 아니라 영어로 된 구령을 못 알아들어서 그랬다는 변명거리는 있었지만 말이다. 그리고 이들 외국인 조종사들은 체코어, 프랑스어, 폴란드어로 너무 쓸데없는 무전 대화를 많이 했다. 그러나 외국인들을 전투에 투입하기로 한 다우딩의 결정은 결국 옳았다. 체코인 조종 하사관 요세프 프란티세크는 1940년 10월 8일 추락 사고로 사망하기까지 17대를 격추하여 영국 전투 당시 전투기사령부 통산 제2위의 에이스가 되었다. 캐나다인으로 구성된 1개 전투비행대대도 작전에 투입되었으나, 폴란드인으로 구성된 2개 전투비행대대는 여전히 예비대로 남아 있었다. 그러나 8월 18일 시점에서 다우딩은 209명의 조종사가 모자랐다. 그는 이를 크게 걱정하지 않을 수 없었으며, 처칠 또한 여러 주 동안 고민이 컸다. 그렇게 된 데에는 항공성의 계산치가 계속 바뀐 탓도 있었다. 그는 계속 오산을 저지르고 있는 항공성에 대한 불만을 항공성의 대신 아치볼드 싱클레어에게 털어놓은 적도 있었다. 싱클레어는 「비행기가 있는데도 조종사가 없어 놀려 둔다면 슬프지 않겠소?」[4]라는 언급을 한 적이 있는데, 이는 다우딩도 공감해 마지않는 바였다. 비버브룩 경이 전투기 생산을 획기적으로 개선한 것에 비한다면 영국 공군의 조종사 훈련 체계는 변화를 거부하고 있는 거나 마찬가지였다. 이는 항공성의 정책에 기인하는 바가 컸지만 다우딩과 숄토 더글러스 간의 견해 차이 탓도 있었다. 그 외에도 다우딩은 동료들과 많은 의견 충돌을 벌인 탓에, 영국 역사상 가장 중요한 전투에서 싸워 승리하고 있음에도 불구하고 항공성의 동료들은 그에게서 등을 돌리고 있었다.

그때까지만 해도 영국 공군의 조종사 훈련 제도는 평시와 다를 바 없이 운영되고 있었다. 그리고 늘어나는 조종사 수요에 맞추기 위해 훈련 시간을 대폭 감축한 탓에 많은 어린 조종사들이(평균 연령이 17세였다!) 스피트파이어나 허리케인을 불과 몇 시간밖에 조종해 보지 못하고 실무 부대에 배치되었다. 심지어 그들은 예측 조준기 사용 방법이나, 예측 사격 방법도 배우지 못했다. 물론 과거라면 실무 부대에서 신참 조종사들을 가르칠 여유가 있었다. 그러나 1940년 여름에는 누구도 그들을 가르칠 시간을 낼 수 없었다. 당시 신참 조종사들이 실무 부대에서 받는 훈련이란, 피로에 지치고 성질을 버럭버럭 내는, 나이도 그들보다 몇 살 많지도 않은 편대장이 탄 전투기의 뒤를 따라다니며 몇 시간 정도 비행을 하고, 착륙 전에 바퀴를 펴는 법이나 확실히 배우는 정도가 고작이었다. 신참 조종사들에게 항상 뒤를 조심하고, 대장기 뒤에 찰떡같이 들러붙어 비행하며, 20초 이상 수평 직선 비행을 하지 않도록 가르치는 데 신경을 쓰는 사람은 아무도 없었다. 그러니 안 그래도 서툰 신참의 첫 임무 비행은 악몽으로 기억될 수밖에 없었고, 그것도 물론 살아남을 경우에 한해서나 할 수 있는 말이었다. 전투비행대대에 배치된 신참 조종사는 첫 임무 비행에서 편대 내 위치를 유지하는 데만 온 신경을 쓴다. 그러다가 무전기에서 대대장이 〈후방에 독일군! 우선회하라!〉라고 지시할 때 조종간을 너무 늦게 조작하게 되면 순식간에 독일 전투기에 포위당하고 만다. 설령 기적이 일어나 독일기들이 그를 무시하고 스쳐 지나간다고 해도 다른 비행대대원들이 어디 갔는지 모른 채 6,000미터 상공을 홀로 날 수밖에 없게 되는 것은 더욱 두려운 상황이다. 공중에서는 모든 일이 몇 분의 1초 만에 일어난다. 그리고 신참 조종사의 기대 수명은 보통 분 단위로 따지는 편이 나았고, 운이 좋아도 시간 단위로 따져야 했다. 고참 전투조종사들은 하나같이 비행대대에 새로 전입 오는 신참 조종사가 독일군보다 더 무섭다고 말했다. 처칠이나 다우딩은 몰랐겠지만, 독일 공군의 현장 지휘관들도 베를린의 독일 항공부에 똑같은 불평을 해대고 있었다.

나중에 8월 18일 하루의 전투만을 다룬 단행본(『영국 전투: 최악의 날*The Battle of Britain: The Hardest Day*』)이 나올 정도로 그날의 전투는 길고 격렬했다. 그러나 당시 다우딩은 물론 어느 누구도 그렇게 될 줄은 몰랐다. 그날 독일 공군은 갑자기 전술을 바꾸었다. 이날에는 여러 비행장에 분산 공격을 하는 대신, 다우딩의 가장 중요한 공군 기지 2개소(비긴힐, 켄리 기지)에 2개 항공함대의 전 전력을 투입했다. 이들은 이른바 〈구역〉 공군 기지였다. 영국 공군의 전투비행단은 여러 구역으로 나뉘는데, 제11 전투비행단과 제12 전투비행단은 각각 6개씩의 구역으로 나뉘어 있었다. 그리고 각 구역별로, 구역을 통제하는 큰 공군 기지가 하나 있고, 그 아래에 작은 전방 공군 기지가 여러 개 있는 식이었다. 구역 공군 기지는 보통 4개의 전투비행대대를 보유하고 있었으며 이 중 2개 대대가 전방 공군 기지에 배치되어 있었다. 비긴힐 기지의 전방 공군 기지는 그레이브젠드, 맨스턴 등이었으며, 켄리 기지의 경우는 크로이든 기지를 전방 공군 기지로 두고 있었다. 이렇게 하는 이유는 계란을 한 바구니에 모두 몰아 담지 않는 이유와 정확히 똑같았다. 구역 공군 기지가 공격당해 기능이 마비될 경우 모든 전투기가 뜨지 못하는 사태를 막기 위한 것이었다.

이 구역들은 하늘에서 보면 대충 자른 파이 조각처럼 생겼다. 파이 조각의 뾰족한 끝은 런던 외곽, 뭉툭한 끝은 영국 해협을 향하고 있었다. 구역 공군 기지는 런던 외곽에 위치하고 있었다. 따라서 비긴힐 기지와 켄리 기지는 해협을 건너 잉글랜드 남부를 건너 런던으로 가는 일직선 길 위에 위치하고 있는 것이었다. 때문에 런던을 효율적으로 공습하거나 침공하려면 이들 기지를 무력화하지 않으면 안 되었다. 독일군도 이 사실을 잘 알고 있었다. 그러나 그들은 구역 작전실에 대해서는 모르고 있었다. 구역 작전실은 억스브리지에 있는 파크 소장의 제11 전투비행단 본부 작전실의 축소판이라 할 만했다. 이 구역 작전실은 공군 기지의 격납고, 연료 저장고, 활주로, 심지어는 항공기보다도 더욱 중요한 표적이었다.

관측대와 레이더 기지에서 수집한 정보가 이들 구역 작전실을 통해 벤틀리 프라이어리에 있는 다우딩의 본부로 흘러들어 간다. 벤틀리 프라이어리에서는 각 비행단 본부에서 알 필요가 있는 내용만을 신속히 선별해 구역 본부로 전송한다. 그 덕분에 구역 지휘관들은 전술 구상에 매진할 수 있는 것이다. 이론상으로 이런 체계는 유연하지 못하고 지나치게 중앙 집중적인 것처럼 보였다. 그러나 실제로는 각 구역과 구역 소속 전투비행대대가 적의 위협에 대처하는 방식을 고르는 데 거의 무한대의 자유를 주고 있었다. 또한 정확한 정보를 일관적인 형식에 맞춰 가급적 많이 실시간으로 주고 있었다. 이는 초 단위로 시간을 재고 적기의 대수, 고도, 방향, 거리, 적기를 만날 수 있는 비행 방향 등을 즉시 알기 원하는 비행 중인 대대장들에게 매우 중요한 요소였다.

이 정보를 말해 주는 사람은 구역 지상 관제사와 예하 대원들이었다 (영국 공군에서는 이들 대원들을 〈계원〉이라고 불렀는데, 그중 상당수가 젊은 여자들이었다). 그러면 이 정보는 어떻게 만들어지는가? 벤틀리 프라이어리의 공군 여성보조부대원들이 헤드폰으로 수신한 정보에 의거해 독일군의 공격 상황에 대한 〈큰 그림〉을 나타내는 지도 테이블의 상황을 계속 바꾸어 가면, 전투기사령부 관제사가 그 모습을 정보화시켜 전투비행단 관제사에게 전달하고, 전투비행단 관제사는 구역 지상 관제사에게 전달하는 것이었다. 제11 전투비행단의 관제사는 후에 자키 클럽 사무장이 되는 월러비 드 브로크 경 혼자뿐이었다. 그의 선명하고 힘 있고 또박또박한 목소리, 그리고 평정심은 전투기 관제사에게 필수적인 것이었다. 처칠의 목소리와 평정심을 가지고 처칠을 비난하던 사람들도 드 브로크 경에게는 찬사를 보냈다. 아무튼 이 모든 것은 튼튼하게 매설된 전화선 덕분에 가능했다. 지난 1937년 지하 깊숙이 전화선을 파묻고 콘크리트로 보강해 폭격에도 끄떡없게 하자던 다우딩의 고집이 옳았다는 것이 거듭 증명되는 순간이었다.

편의 시설이 부족한 전방 공군 기지의 생활은 더욱 큰 구역 공군 기지의 생활에 비하면 고달팠다. 그들은 구역 공군 기지의 위성에 불과했고, 전방 공군 기지 중 제대로 된 식당이나 건물 등 편의 시설을 제대로 갖춘 곳은 극소수에 불과했다. 아무튼 전방 공군 기지이든 구역 공군 기지이든, 조종사들은 아침부터 저녁까지 〈분산 대기실〉에서 일과를 보냈다. 분산 대기실은 공군 기지에 세워진 목제 막사였는데, 시설이 열악한 전방 공군 기지의 경우는 위장 무늬를 칠한 트레일러로 대신하는 경우도 있었다. 분산 대기실은 뛰어갈 경우 항공기까지 1분이 채 걸리지 않는 곳에 세워졌다. 조종사들은 B급 근무복(당시 영국 공군에는 전투복이 지급되지 않았다)위에 메이 웨스트 구명조끼를 상시 착용했다. 이 구명조끼는 신속하게 입기가 쉽지 않았으므로, 평소에 입지 않았다가는 비상 출격시에 어쩔 수 없이 놔두고 가기 일쑤였기 때문이다. 그리고 종아리 높이까지 오는 검은색 비행화도 착용했다. 비교적 군기가 느슨했던 전방 공군 기지에서는 근무복 안에 흰색 롤넥 스웨터를 입기도 했다. 그러나 구역 공군 기지의 지휘관들은 이런 관습을 용납지 않고, 항상 근무복 안에 셔츠와 넥타이를 착용할 것을 강요했다. 영국 공군 장병들은 지위고하를 막론하고 구역 공군 기지 지휘관을 보통 〈그루피〉로 불렀는데, 이는 공군 대령을 의미하는 〈그룹 캡틴〉이라는 말의 약자였다. 그러나 물론 공군 기지 지휘관 면전에 대고 〈그루피〉라는 호칭을 쓸 수는 없었다. 부자나 운동선수 출신의 조종사들이 많았던 공군 보조비행대에서는 목에 실크 스카프를 감고, 군복 맨 위 단추를 열어 놓는 것이 통례였다. 전쟁 이전부터 공군에 복무했던 고참 정규 조종사들 중 일부는 시드콧이라는 비행복을 착용했다. 개방형 조종석 시대의 유산인 이 비행복은 원피스 형태이며, 캔버스지와 유사한 소재로 된 두툼한 물건이었다. 지퍼와 주머니, 덮개도 많이 달려 있었다. 보통은 낙하산을 항공기의 좌측 주익이나 꼬리 날개 위에 올려놓는 것이 조종사의 첫 일과였다. 그래야 긴급 출격 시 낙하산을 쉽게 챙기고 조종석에 오를 수 있었다. 조종석에 탑승하기 전에 낙하산을 착용할 시간은 없었다. 대신 조종사들은 주익 위로 뛰어오르면서 낙하산을 조종석 위에 던져 놓고(낙하산은 좌석 쿠션 역할도 한다), 낙하산을 깔고 앉은 다음 즉시 낙하산의 벨트를 착용했다. 보통은 지상 요원이 조종사가 안전벨트를 착용하는 것을 도와주곤 했는데, 좌석 안전벨트는 낙하산 벨트와 혼동되지 않도록 일부러 조종석 테두리에 늘어뜨려 놓았다. 조종사는 산소마스크와 비행 고글이 부착된 비행 헬멧을 착용하고, 마이크와 헤드폰 코드를 연결한다. 그러고 나서 오른손 집게손가락을 펼쳐 허공에 크게 돌리는데, 이것이 지상 요원에게 엔진 시동을 지시하는 수신호이다. 조종사가 분산 대기실을 뛰어나와 항공기를 이륙시키기까지는 채 1분도 걸리지 않는다(일단 항공기가 비행을 시작하면 조종사는 전투를 시작하기 전에 좌석을 낮춰 예측 조준기가 잘 보이게 하고, 고속에서 급기동을 펼칠 때 몸이 좌석에서 이탈하지 않도록 안전벨트를 조였다).

분산 대기실은 조종사들의 사적인 공간이었다. 마치 클럽과도 같았다. 이곳에서는 계급보다는 모인 사람들이 조종사라는 것이 더욱 중요했다. 물론 여기서도 하사관과 장교 사이의 신분 차별이 없는 것은 아니었다. 그러나 이곳만큼 조종사들 간에 평등하게 지낼 수 있는 곳은 달리 없었다. 이곳의 분위기는 운동장의 선수용 탈의실과 기숙 학교의 낡고 어지러운 방을 합쳐 놓은 것 같았다. 방 안에는 여기저기서 주워 온 가구들이 어울리지 않게 놓여 있었다. 낡아 빠진 큰 팔걸이의자나 쥐가 튀어나올 것 같은 낡아 빠진 소파 위에서는 항상 조종사 또는 그의 애견이 잠을 자고 있었다. 그 외에도 빅터 축음기, 레코드판 한 무더기, 묵은 잡지와 신문, 트럼프 카드, 체스판 등이 있었고, 벽의 옷걸이에는 우비와 비행복이 지저분하게 걸려 있었다(그 옷들 중 상당수는 전사한 조종사의 것이었다). 유리창에는 공습을 당할 경우 유리가 깨지는 것을 막기 위해 테이프가 발려 있었다. 그리고 가장자리가 너덜너덜해진 보급판 책들도 여러 권 있었다. 가장 인기가 좋았던 책은 표지에 섹시한 금발 머리 미녀를 내세운 제임스 하들리 체이스의 야한 하드보일드 스릴러물인 『미스 블랜디시No Orchids for Miss Blandish』였다. 〈제인〉이라는 또 다른 가슴 크고 섹시한 금발 미녀가 나오는 책도 인기가 좋았다. 그 유명 캐릭터는 「데일리 미러」의 만화란에서 항상 벌거벗거나 찢어진 옷을 걸친 채 나오곤 했다. 수상을 포함한 많은 사람들은 제인을 영국 군인들의 사기를 올려주는 일등 공신으로 여겼다. 방 안에는 시가와 파이프 담배 연기가 자욱했다. 그때는 누구나 담배를 피우는 것이 당연시되던 시대였고, 조종사들 역시 흡연과 음주가 건강에 좋지 않다는 사실을 몰랐다. 대기실에는 반드시 읽어야 하는 코르크 재질의 게시판도 있었는데, 항상 주의 사항, 명단, 경고문 등이 잔뜩 붙어 있었다. 또한 그날 임무에 투입되는 항공기와 조종사 명단을 적은 칠판도 있었다. 천장에는 기종 식별 교육용 독일 공군기 모형이 먼지를 잔뜩 먹은 채로 매달려 있었다. 따뜻한 여름철에는 조종사들이 캔버스를 씌운 접의자를 구해 와 야외에 놓고 거기 앉아 담배를 피우며 비행 대기를 했다. 풀밭 위에 누워서 대기하는 사람도 있었다. 대기실 문 앞에는 전화기가 달린 책상이 하나 있었는데, 공군 병사하나가 거기 앉아서 근무를 서고 있다가 전화가 울리면 전화 내용을 조종사들에게 전달해 주었다. 그 병사의 전화기가 울릴 때면, 조종사들은항상 긴장했다. 물론 전화 내용 중에는 〈곧 차(茶)를 가지고 온답니다〉 같은 내용이거나 기타 일상적인 업무들, 또는 타 부서에서 걸려 오는 전화, 예를 들면 서류를 제출하라든가, 검열을 실시하겠다는 등의 〈평범한〉 것들도 많았다. 그런 전화로 판명되면 조종사들은 곤두선 신경을 달래며하던 일을 계속하면서도, 언제 〈긴급 출격〉을 알리는 전화가 올지 모른다는 스트레스를 견뎌야 했다. 어떤 조종사들은 날카롭고 큰 전화벨 소리가 울리기만 해도 무조건 대기실 밖으로 달려 나가 비행기에 탑승하려고 하기도 했다. 그 외에도 많은 조종사들이 수년 동안 전화벨 노이로제에 걸려 살아갔다.

이미 독일군에게 노출된 몇몇 전방 공군 기지의 경우 일출 시 적어도 1개 편대 분량의 전투기들이 사람을 태운 채로 출격 대기 상태를 유지해야 했다. 그런 경우 조종사들은 조종석에 불편하게 앉아 대기하면서 출격 지시를 기다렸다. 영국 해협 비치헤드의 등대에서 비긴힐 공군 기지까지는 불과 100킬로미터, 항공기로 날아갈 경우 15분이 안 걸리는 거리였다. 독일 폭격기가 해협 상공을 초저공으로 비행해 오면 레이더 조작사들은 적절한 요격 시기를 놓칠 때까지 이들을 발견하지 못하는 경우도 있었다.

물론 독일군도 이 점을 잘 알고 있었다. 따라서 저공 침투는 18일 전투의 주요 전술이 되었다.* 전투기사령부의 가장 중요한 기지 2개소를 정밀 타격하기 위해 케셀링 원수의 제2 항공함대 소속 폭격기 승무원들은 평소보다 훨씬 자세한 내용의 정보 브리핑을 받았다. 독일 정찰기들이 촬영한 켄리 및 비긴힐 기지의 사진이 주어졌고 조종사와 폭격수들은 폭격해야 하는 정확한 위치를 지시받았다. 폭격기 승무원들은 주어진 20×25센티미터 크기의 유광 정보 사진이 너무나도 선명한 데 놀랐다. 그 사진의 품질이 매우 뛰어나다는 데 반론을 제기하는 사람은 없었다. 브리핑 장소에서 모든 승무원들은 그 사진을 꼼꼼히 살펴보고, 내용을 머릿속에 외운 후에 다음 사람에게 전해 주었다.** 사진 속에는 모든 건물이 또렷이 나타나 있었다. 그리고 폭격기, 특히 급강하 폭격기 승무원들은 모두 각자의 특정한 목표와, 정성스럽게 작성된 접근 경로를 배정받았다. 이날의 공격은 쌍발 폭격기의 대규모 폭격과 급강하 폭격기의 정밀 저공 폭격, 그리고 영국 전투기가 독일 폭격기를 공격하지 못하도록 대규모 전투기 소탕전을 벌일 독일 전투기의 공격 등 3박자가 어우러질 예정이었다. 이 중 저공 폭격은 영국이 눈치채지 못하게 실시되어야 했고, 그러면 영국 공군 전투기사령부는 전력을 양분해 비긴힐과 켄리에 가해지는 동시 공격을 막아야 하는 처지가 된다. 급강하 폭격기들은 문자 그대로 폭격기의 동체가 집 지붕을 스칠 듯한 저공에서 날아, 영국의 도로와 철도 지도를 참조하여 길을 찾고, 영국 전투기

---

* 앨프리드 프라이스의 책 『영국 전투: 최악의 날』은 8월 18일 공중과 지상에서 벌어진 전투의 상세가 분 단위로 적혀 있다. 그 책은 이 책의 집필에 매우 귀중한 참고 자료가 되었다.

** 독일 공군은 사진 정찰에 보통 일반 폭격기 및 Bf 110 쌍발 전투기를 사용했다. 그러나 첨단형 고공 디젤 엔진 정찰기인 Ju 86P를 영국 상공 정찰에 사용했다는 기록도 있다. 이 항공기의 작전 고도는 1만 1,400 미터 이상으로, 영국 전투기의 비행 고도를 능가하는 수준이다. 또한 한 대당 무게가 90킬로그램 정도 나가는 카메라 두 대를 장착하고 있으며, 여압식 조종실에 승무원 2명이 탑승한다.

에게 발견되거나 격추당하지 말 것을 요구받았다. 동시 공격 계획은 비긴힐에 He 111 60대, 그리고 켄리에 Do 17, Ju 88 총 48대가 공격을 가하는 것이었다. 비긴힐에는 재래식 고공 폭격이 가해질 것이었지만, 켄리에 가해질 폭격은 여러 단계로 나뉜 훨씬 복잡한 것이었다. 우선 공군 기지의 주요 시설에 대한 고공 급강하 폭격이 실시된다. 그다음에는 공군 기지의 활주로와 방어 체계에 고공 폭격이 가해진다. 그러고도 남은 잔적들에 대해서는 초저공 폭격이 가해질 것이다. 이 공격의 정확한 타이밍과 접근 경로는 공군 기지 주변의 영국 전투기와 대공포를 기습 및 제압하기 위해 극도로 정밀하게 짜여졌다.

그러나 당시 독일 공군이 몰랐던 것 두 가지가 있었다. 우선 독일 공군 정보 계통의 어느 누구도 비긴힐 및 켄리 기지 구역 작전실의 정확한 위치를 몰랐다. 그곳만 파괴한다면 파크 소장의 제11 전투비행단의 모든 전투기를 사실상 마비시킬 수 있는데도 아무도 그걸 몰랐다. 심지어 독일군은 각 구역마다 구역 작전실이 하나씩 있다는 것도 몰랐고, 구역 작전실은 지하 전화선을 통해 비행단 작전실, 전투기사령부 작전실로 차례차례 연결되어 있다는 것도 몰랐다. 또한 레이더 기지에서 얻은 정보가 계통을 거쳐 구역 공군 기지로 전달된다는 점도 몰랐다. 그런데 놀랍게도 모든 구역 공군 기지의 작전실은 목조 건물이었으며, 그것도 지상에 노출되어 있었다.* 안전 시설이라고 해봤자 방폭벽이 고작이었다. 그 점은 다우딩을 괴롭게 했다. 그러나 전투 이전에도 이 시설을 지하로 옮길 시간은 없었다. 그리고 전투가 이미 시작된 현재 그럴 여력은 없었

---

* 켄리 기지의 구역 공군 기지 작전실이 격파되는 상황에 대비해 1.6킬로미터 내에 있는 인근 케이터럼의 케이터럼 하이스트리트에 있는 빈 정육점을 대체지로 삼았다. 굳이 이곳을 고른 이유는 이 위로 지역 전체를 연결하는 중앙 우체국의 지하 전화선이 지나다녔기 때문이다.

다. 그런데도 구역 공군 기지에서 제일 중요한 이 표적이 지상에, 그것도 무방비로 서 있다는 사실은 독일 전략가들에게 알려져 있지 않았다.

켄리 기지에는 다른 것도 있었다. 바로 낙하산과 케이블을 발사하는 발사기 6대가 있었다. 이들은 회전하지 않는 탄약unrotated projectile의 머리글자를 따서 UP, 또는 낙하산과 케이블 장비parachute and cable device의 머리글자를 따서 PAC 등의 이름으로 불렸다. 이 장비는 처칠이 가장 아끼던 비밀 병기였다.* 이는 오랫동안 그의 과학 자문으로 지냈던 친구인 프레더릭 린드먼 교수의 작품이었다. 린드먼 교수는 후일 차월 경에 임명받지만 주변 사람들과 수상에게는 그냥 〈교수〉로 불렸다. 교수와 다우딩은 과거 여러 과학적, 기술적 현안에 대해 서로 첨예한 대립각을 세우던 사이였다. 특히 UP 같은 경우, 영국 공군과 육군 포병들은 모두 이를 시간과 돈의 낭비로 여겼다. 그러나 처칠은 도버에 거포를 설치할 때처럼 완강하게 고집을 부려, 결국 다우딩의 반대에도 불구하고 켄리 기지에 시범 설치를 하게끔 했다. 처칠은 당시 다우딩에 대해 이렇게 기억한다. 「다우딩은…… 새로운 아이디어를 잘 받아들이는 사람은 아니라는 평이었지요.」⁵ 마치 루브 골드버그 또는 히스 로빈슨이 만들어 낸 것같이 엉뚱함의 극에 달한 듯한 이 UP라는 무기 체계의 작동 원리는 다음과 같았다. 일단 로켓이 발사되어 180미터 상공까지 날아간다. 로켓은 그러고 나서 작은 낙하산을 전개하는데, 150미터 길이의 굵은 와이어 케이블을 적 급강하 폭격기 정면에 드리운다. 이 케이블에 적기가 걸리면 와이어 아랫부분에 있던 작은 낙하산이 전개된다. 이렇게 하여 적기

---

* 처칠의 또 다른 비밀 병기로는 적 전차에 점착 폭탄을 던지는 장비(이 장비는 성공적인 결과를 거두지 못했다), 그리고 적 항공기 근처에만 가도 터지는 근접 신관도 있었다. 근접 신관은 제2차 세계 대전에서 연합군이 사용한 가장 경이로운 병기로 이름을 날리게 된다.

의 날개를 절단하거나 기타 구조적 손상을 입히지 않아도 적기를 추락시킬 수 있다는 발상이었다. 이 기구는 제1차 세계 대전 때 처음 쓰인 방공 기구를 더욱 발전시킨 물건이었다. 방공 기구는 케이블을 매달고 지상 150미터 상공에 머물면서 적기가 저공비행하지 못하게 하는 물건으로, 제1차 세계 대전 당시에는 영국 전역의 주요 지역에 방공 기구 1,500개가 운용되었다. 그러나 눈에 잘 띄므로 피해 가면 그만인 방공 기구가 수동적인 방어 기구인 데 반해, UP는 훨씬 공격적인 도구였다. 어찌 보면 이는 독일군을 상대로 치사한 속임수를 쓰기 좋아하는 처칠 수상의 성향과도 잘 어울렸다. 그리고 이 장비는 이론적으로는 주야간을 가리지 않고 독일 항공기들을 추락시킬 수 있었다. 그러나 문제는 확률이었다. 공군 참모부는 눈에 띄는 효과를 거두려면 엄청난 수의 UP가 필요할 거라고 말했다. 마치 짚단 속의 바늘을 찾으려고 짚단을 마구 허공으로 집어던져도 시원찮은 거나 마찬가지이다. 하지만 처칠이 바쁜 업무의 와중에 급히 기록한 UP의 성능에 대한 여러 수치, 그리고 일부러 바쁜 일정을 비우고 실망스런 결과로 끝난 UP의 시험을 보러 간 사실을 감안한다면 UP는 수상의 마음을 사로잡아 내릴 마음이 들지 않게 만드는 흔들 목마였음이 분명하다.

흔히 그랬듯이, 기상관들은 이번에도 틀렸다. 날씨는 처음에는 예상대로 거의 맑았다. 그러나 독일 항공기들은 8월 18일 이른 아침에 출격하자마자 회항하지 않으면 안 되었다. 목표 상공에 안개가 끼여 저공 공격이 불가능했기 때문이다. 따라서 폭격기 승무원들은 신관을 장착한 폭탄을 만재한 채로 착륙할 수밖에 없었는데, 이는 결코 쉬운 일이 아니었다. 아무튼 착륙한 독일 항공기 승무원들은 정오 직전까지 장비도 벗지 못하고 긴장한 상태로 항공기 근처에서 대기하다가, 정찰기가 목표 상공의 안개가 걷혔다고 보고하자 다시 항공기에 탑승, 시동을 걸었다.

독일 정찰기들을 요격하기 위해 소수의 영국 전투기가 긴급 출격, 독일기 1대를 격추했으나 대부분의 영국 조종사들에게 그날 아침은 평화로웠다. 그들은 점심 역시 평화롭길 바랐다. 그러나 정오가 되자 영국 레이더 조작사들은 뭔가 큰일이 벌어지고 있다는 것을 알게 되었다. 그리고 12시 45분경 이들은 총 350대의 독일 항공기들이 6개의 그룹을 지어 프랑스를 떠나 영국 해안으로 몰려오고 있다고 전투기사령부에 보고했다. 다만 이때 독일군이 실제로 보낸 항공기 숫자는 폭격기 108대, 전투기 150대로, 영국군의 관측보다 100대 가량 적었다. 당시의 레이더는 적기의 수를 파악하는 성능이 그리 좋지 못했다는 점을 감안하자. 350대든 250대든 파크 소장은 예하 전투비행대대들을 출격시켜 이들을 막아야 했다.

독일 공군에도 문제는 있었다. 단 2개의 표적을 공격하기 위해 10여 개 공군 기지에서 출격한 다수의 항공기들이 다양한 고도 및 속도 영역에서 복잡한 공격 편대를 구성하는 것은 의외로 힘든 일이었다. 날씨는 전반적으로 좋았지만 칼레 상공 1,800~3,000미터 고도에는 구름이 많았기 때문에 일부 폭격기들은 길을 잃고, 전투기들도 그들을 찾을 수 없는 상황이 벌어지기도 했다. 이번의 공격은 대단히 잘 계획된 것이었지만 성공하려면 다양한 요소가 완벽히 일치해야 했는데, 공중에서는 그러기가 힘들었다. 60대의 독일 전투기가 도버에서 켄리, 비긴힐에 이르는 총 64킬로미터 길이의 공역에서 폭격기 편대가 도착하기 전 영국 전투기를 소탕하고, 나머지 전투기들은 폭격기를 직접 엄호하는 계획이었다. 영국 공군 켄리 기지에는 우선 주요 건물에 급강하 정밀 폭격이 집중적으로 가해질 것이었고 그다음에는 재래식 고공 폭격으로 활주로를 격파, 최후의 일격인 초저공 정밀 폭격으로 모든 잔적들을 소탕할 계획이었다. 이 꼼꼼하게 계획된 공격이 모두 끝나는 데는 10분이면 충분했고, 그 이후 켄리 기지는 연기 뿜는 폐허로 변하고 말 것이라고 독일군은 생각했다. 또한 동시에 He 111 60대가 고공에서 비긴힐을 폭격해 기지 기능을 마비시킬 것이었다. 독일군은 두 개 비행장을 동시에, 그리고 빠른 속도로 공격할 것이고 또한 충분한 수의 전투기 호위를 받고 있기 때문에 영국 전투비행대대의 전력을 충분히 압도 및 분산시킬 수 있을 거라고 생각했다. 적어도 서류상으로는 이만큼 확실한 계획이 없어 보였다.

그러나 9개 대대에서 출격하는 스피트파이어와 허리케인의 수가 약 100대라는 변수를 집어넣으니 이 계획의 확실성은 바로 사라져 버렸다. 이 전력은 요제프 슈미트가 추산하고 괴링이 믿고 있던 다우딩의 총 잔여 전력 중 거의 절반에 해당했다. 파크는 이들 전력을 반으로 나누어 한 무리는 켄리와 비긴힐 북동부, 다른 한 무리는 템스와 도버 방어에 투입했다. 그리고 독일군은 모르고 있었지만 파크는 탱미어 기지에 예비대로 3개 대대를 더 가지고 있었으며 더 필요할 경우 6개 대대까지 더 지원받을 수 있었다. 게다가 Do 17로 이루어진 제9 폭격비행중대장은 주력 부대와는 다른 비행 경로를 배정받았다. 주력 부대가 영국 해안을 넘는 곳보다 훨씬 더 동쪽에 있는 비치헤드를 통해 영국 해안을 넘어 켄리에 저공 공격을 가하라는 것이었다. 이는 결과적으로 그날의 작전이 제대로 풀리지 않게 한 또 다른 변수가 되었다. 중대장 요아힘 로트 대위는 항공기 프로펠러 후류가 바닷물 위에 항적을 남길 정도로 저공으로 침투했다. 그들이 영국 땅으로 접근해 비치헤드의 하얀 벼랑을 보니, 그 위에는 영국군의 관측대 초소가 떡하니 버티고 있는 것이었다! 그때 마침 그 관측소에는 종군 사진 기자가 있었다. 그는 독일 공군기들이 나타나자 브라이튼 북부의 작은 마을 루이스 주민들이 숨기 위해 달리는 모습을 평범한 라이카 카메라로 찍었다. 어떤 사람은 쇼핑백을 들고 달리고 있었고, 또 어떤 사람은 놀라 하늘을 보는 모습이 찍혔다. 독일 항공기 승무원들은 도로를 달리던 사이클 주자들이 자전거를 버리고 길 옆 도랑에 숨는 것을 볼 수 있었다. 독일 공군기들의 고도가 워낙 낮았기 때문에 비치헤드 주둔 관측대는 독일기를 올려다보는 것이 아니라 사실상 내려다봐야 했고, 독일기가 고도 0 상태에서 해안을 돌파했다고 보고했다. 그리 심한 과장도 아닌 것이 로트는 사우스이스에서 블레칭글리의 철로를 따라 비행하면서 고도를 15미터로 유지했기 때문이다. 물론 언덕이나 전선을 피하기 위해 조금씩 상승해야 하는 경우도 있었지만, 그래도 대단한 항법술이었다. 시속 400킬로미터로 고도 15미터를 유지하면서 비행하려면 대단한 집중력이 필요하다. 그러나 로트가 목표에서 10킬로미터도 안 떨어진 블레칭글리를 지났을 때, 그는 마땅히 보여야 할, 연기를 뿜는 공군 기지가 자신의 눈앞에 보이지 않는다는 사실을 깨달았다.

작전 초기의 혼선과 프랑스 해안 상공에 깔린 구름 때문에, 로트의 항공기들은 켄리 공군 기지를 제일 먼저 폭격해야 할 형편이었다. 계획대로라면 그들이 가장 나중에 폭격해야 했는데도 말이다. 독일 공군 조종사들은 자신들이 초저공으로 비행해 레이더를 피해 왔으니까 괜찮을 거라고 생각했지만, 이미 관측대에서 그들의 존재를 보고한 덕분에 켄리 기지에서는 그들을 위한 화끈한 환영 행사가 벌어질 것이었다. 켄리도 다른 모든 구역 공군 기지처럼 철저한 방어 태세를 갖추고 있었다. 우선 모든 구역 공군 기지에는 육군의 보병 분견대가 상주하고 있었다. 잘 훈련된 보병이라고는 말할 수 없는 영국 공군 지상 요원들이 상륙한 독일 육군에 대적하기는 힘들 것이라는 사실은 처칠만 제외한다면 누구나 인정할 일이었기 때문이다. 켄리 기지의 경우 스코틀랜드 근위병 연대 병사들이 배치되어 있었다. 스코틀랜드 근위병 연대는 근위병 여단 예하 5개 연대 중 하나였으며, 영국군에서 가장 유서 깊고 명성 높은 부대 중 하나였다. 또한 이 공군 기지에는 영국 육군 포병대가 운용하는 화력이 뛰어나고 발사 속도가 빠른 대공포(보포스 40밀리미터 속사포), 다수의 대공 기관총, 또한 공군 병사들이 조작하는 형편없는 UP 발사기도 있었다. 경보가 울리자마자 얼마 되지 않아 적기가 나타났지만 켄리, 비긴힐, 크로이든 기지는 잔여 전투기 전부를 긴급 출격시켰다. 또한 안내 방송을 통해 모든 인원에게 대피할 것을 지시했다. 그러나 켄리 기지 작전실의 남녀 장병들만은 철모를 착용하고 정위치를 지켰다. 그리고 상황병들이 지도 위에 있는 자신들의 공군 기지 위치에 공습 상황을 알리는 마커를 옮기는 모습을 보자, 그들은 곧 시작될 폭격을 상상하며 긴장했다.

로트의 저공 폭격으로 3개의 격납고와 다른 많은 건물들이 파괴되었고, 작전실의 전력선이 잠시 파괴되었다. 그러나 로트 비행대가 치른 대가는 비쌌다. 그는 예하 항공기의 절반을 잃고, 자신도 공격을 당해 탑승기의 조종사와 함께 큰 화상을 입고, 켄리 근교 들판에 불시착한 후 포로가 되었다. 어이없게도 말썽 많은 UP가 로트의 항공기를 떨어뜨리는 데 도움을 주었다. 로트 탑승기의 조종사는 공군 기지의 북서쪽에서 밝은 오렌지색의 불줄기를 매달고 UP가 발사되자, 그걸 피하려고 급상승했는데, 덕분에 보포스 포 사수들이 로트 탑승기를 정조준해 사격할 수 있었다. 다른 독일 항공기는 눈앞의 장애물을 피하려고 날개를 흔들다가 날개가 UP의 와이어에 걸렸다. 그 UP는 낙하산이 펴지지 않은 채 미끄러졌고, 그 모습을 본 승무원들은 의아한 표정을 지었다. 세 번째 UP는 임무를 훌륭하게 수행, 도르니에 폭격기 한 대를 근처의 가옥에 추락시켰다. 폭발이 일어나, 참관인 자격으로 탑승했던 대령 1명을 포함한 탑승자 전원이 사망했다.

UP는 공중과 지상에서 모두 사람들을 놀라게 했다. 독일 조종사들은 UP를 보고 낮에도 이상한 불꽃놀이가 화끈하게 열리고 있다고 생각했다. 그리고 지상의 영국 군인들은 UP가 일으킨 수많은 낙하산의 대군을 보고 독일군이 침공에 앞서 공수부대를 강하시키고 있는 거라고 생각했다. 그 결과 향토방위대나 농부들은 그날 격추당해 낙하산 탈출을 한 영국 전투조종사들을 독일 공수부대로 오인하고 산탄총을 겨누었다. 그 경우, 조종사의 입에서 유창한 영국식 영어가 나온다면 간단히 신원을 밝힐 수 있었으나 영국식 영어를 못하는 폴란드인, 체코인, 심지어 뉴질랜드인 조종사의 경우 그런 방법은 별 도움이 되지 못했다.

저공 폭격은 수 분 만에 끝났다. 우습게도 로트 대위가 얼굴과 손에 큰 화상을 입은 채, 조종사와 함께 포로가 되어 영국 공군 켄리 기지에 도착했을 때 제1파 공격대가 켄리 기지에 폭격을 가했다. 폭격을 피해 대피했던 어떤 공군 여성보조부대원은 그때를 이렇게 회상한다. 「우리 참호 뒤 45미터 정도 거리에 있던 격납고가 폭발했어요. 모든 것이 맹렬히 불타고 그 연기가 시커먼 장막을 이루어 오른쪽으로 흘러가고 있었지요.」 한동안 들리는 소리라고는 격납고가 불타는 소리와 이따금씩 폭발하는 산소 실린더의 폭발음밖에 없었다. 그리고 나서 고공에서 켄리와 인근 마을을 맹폭격하는 도르니에 폭격기 27대와 호위 전투기를 향해 영국군의 대공포가 불을 뿜었다. 제1파로 켄리 기지를 공격하기로 되어 있었던 Ju 88 쌍발 급강하 폭격기들은 켄리 기지가 하늘에서 보이지 않자 이 기지가 완파된 것으로 생각하고, 대체 표적인 영국 공군 웨스트몰링 기지로 갔다. 공격은 모두 합쳐 8분밖에 걸리지 않았다. 격납고와 건물이 불타고 있었고 활주로는 폭탄 구덩이로 곰보가 되어 있었다. 그리고 영국 공군 기지와 민가의 화재를 진압하기 위해 출동한 수많은 소방차들 때문에 길이 막힐 지경이었다. 독일군은 큰 손실을 입었지만 켄리 기지 파괴라는 목표는 달성했다고 판단했다. 그러나 켄리 기지가 다시 작전 가능 상태에 돌입한 것은 불과 2시간 후였다. 작전실은 빈 정육점으로 옮겨 갔고, 활주로가 복구되었으며 화재도 진압되어 가는 중이었다. 영국 공군의 전사자는 12명이었으며, 육군과 공군, 민간인의 부상자 수는 엄청나게 많았다. 그러나 켄리 기지는 그날이 가기 전에 다시 살아났다.

비긴힐에는 60대의 He 111이 재래식 고공 폭격을 가했으나 폭격의 효과는 미미했다. 대부분의 폭탄이 비행장을 벗어나 근처 숲이나 들판에서 터졌으므로 별 피해가 없었다. 그러나 독일 항공기 승무원들은 그 폭발과 연기를 보고 비행장이 파괴된 것으로 착각했다. 하지만 영국 공군은 독일 폭격기들이 철수하자마자 신속히 비행장을 복구했다. 아마도 비긴힐 기지 전투에서 가장 기억에 남는 순간은, 한 공군여성보조부대 상사가 독일 불발탄을 해체한 사건일 것이다. 그녀는 전투에서의 용맹함을 인정받아, 영국 전투 중 공군 여군으로는 두 번째로 무공훈장을 수여받았다. 그 외에도 이날 공군 여군 1명과 해군 여군 2명이 전투 중의 용맹한 행동으로 상을 받았다. 남군 중에서도 육군 소위 1명과 사병 5명이 상을 받았다. 그날은 공군 남녀 지상 요원들이 전투조종사만큼이나 영웅적인 활약을 보여 준 날이었다. 독일 항공기들은 켄트와 서식스를 거쳐 해협 쪽으로 퇴각하면서 영국 전투기의 맹공격을 받았다. 이날 양 군의 손실은 매우 컸다.

하지만 그날의 전투는 이제 시작에 불과했다. 제2 항공함대 소속 항 공기들이 기지로 복귀하는 순간 슈페를레 원수의 제3 항공함대 소속 항 공기들은 세느 강 서쪽의 기지를 출격해 포츠머스와 아일오브와이트 인 근의 고스포트, 포드, 소니 섬을 폭격하러 날아갔다. 운이 없었던 켄리 기지 저공 폭격대 조종사들은 귀환해서 UP, 즉 수수께끼의 불꽃놀이와 하늘에 걸린 케이블에 대해 보고했지만, 아무도 그 말을 믿어 주지 않았 을 뿐더러 조롱하기까지 했다.

이날에는 영국에 대한 단일 공격으로는 사상 최대 규모의 Ju 87 슈투 카가 동원되었다. 호위 전투기도 최소 157대가 동원되었다. 그러나 이 야심 찬 공격에도 몇 가지 결함은 있었다. 우선 이전의 전투에서 슈투카 는 영국 전투기의 공격에 무력하다는 것이 증명되었다. 그리고 영국 제 11 전투비행단을 수적 우세로 굴복시키려면 슈투카 폭격이 켄리 및 비 긴힐 기지 공격과 거의 동시에 진행되어야 했지만, 실제로는 무려 30분 의 시차를 두고 진행되었다. 따라서 파크 소장은 이 황금 같은 시간을 이용해 전투비행대대에 재급유 및 재무장을 시킨 후, 슈투카에 맞서 싸 우러 보낼 수 있었다. 그리고 세 번째 결함은 독일 정보당국의 실책이었 다. 슈투카로 공격당한 3개 기지 중에 전투기사령부의 것은 하나도 없었 던 것이다. 고스포트와 소니 섬 기지는 해군 항공 기지였다(소니 섬 기지 의 정식명칭은 HMS 페리그린이었다. 이는 모든 해안 영구 기지의 이름을 배의 이 름처럼 짓는 영국 해군의 전통에 따른 것이었다. 이 기지의 위치는 AA 도로 지도에 도 나와 있었다). 그리고 이 3개 기지의 방어 태세는 매우 견고했으며 근처에는 전투기사령부의 기지 여러 개가 있었다. 슈페를레와 그의 폭격 사령관인 볼프람 폰 리히트호펜 남작(제1차 세계 대전의 에이스 리히트호펜의 사촌)은 이 기지의 위치를 알고 긴장하지 않을 수 없었다. 이곳 하늘은 사실상 전투기사령부의 것이나 마찬가지였기 때문이다.

슈투카 폭격기들은 마치 연례 헨던 에어쇼에 참가라도 하듯 날개 끝이 맞닿을 정도로 완벽한 편대를 지어 날아왔다. 밀집 편대를 이룬 슈투카의 대군을 본 사람들은 그 웅장함에 압도될 수밖에 없었다. 슈투카들은 모두 500파운드 폭탄 1발을 동체 하면에, 110파운드 폭탄 4발을 주익 하면에 매달고 있었다. 이만하면 단발 2인승 폭격기 치고는 상당한 폭탄 탑재량이었다. 숙련된 슈투카 조종사라면 놀랄 만한 정확도로 표적에 폭탄을 명중시킬 수 있었다. 하지만 이 지역은 잉글랜드 남부였기 때문에 파크는 필요하면 제10 전투비행단의 항공기들을 빌려 와 서부를 방어할 수 있었다. 여기에는 또 다른 장점이 있었다. 파크 소장과 제10 전투비행단장 공군 소장 크리스토퍼 브랜드 경 사이에는 제12 전투비행단장 리맬러리 소장과의 사이에 있는 반목 관계가 없었다. 독일 전투기들은 슈투카보다 속도가 빠르기 때문에, 늦게 출발했지만 슈투카들과 상봉해 영국 해안으로 다가왔다. 이때 파크 소장은 약 70대의 전투기를 출격시켰다. 수적으로 보면 영국 전투기는 독일 전투기에 약 2대 1정도로 불리했다. 그러나 알고 보면 그런 수적 열세는 별로 중요하지 않았다. 독일 전투조종사들은 두 가지 풀지 못할 문제를 안고 있었기 때문이다. 우선, 작전 고도가 최대 6,000미터 낮고, 속도는 시속 240킬로미터나 더 느린 슈투카에 보조를 맞춰 가며 호위해야 한다는 점이었다. 그리고 전투가 조금만 길어져도 연료 부족 경고등이 켜지지 않나 신경 쓰면서 연료계에 한눈을 팔아야 한다는 것이었다.

오후 2시 15분경 아일오브와이트를 통과한 슈투카들은 4개 그룹으로 나뉘어졌다. 1개 그룹은 소니 섬으로, 1개 그룹은 고스포트로, 1개 그룹은 포드로, 1개 그룹은 폴링의 레이더 기지로 갔다. 지상의 영국군은 지난 며칠간 영국군이 탱미어 기지를 격파하기 위해 폭격을 했던 것을 알고 있었고, 따라서 이번에도 탱미어 기지가 폭격 목표가 될 거라고 생각했기에, 이들 기지를 향해 독일 항공기들이 몰려오자 놀라지 않을 수 없었다. 당연한 얘기지만 이번의 슈투카 공격은 비긴힐과 켄리 기지에 가해진 고공 폭격보다도 치명적이었다. 여전히 슈투카 조종사들은 독일 공군의 최정예였다. 그들은 이번에는 저공 폭격을 하지 않고, 대신 3,900 미터 고도까지 상승한 후, 75~90도의 강하각으로 급강하하며 목표를 조준했다. 조종석 바람막이 측면에는 부식 처리를 통해 여러 개의 선이 그어져 있었는데, 조종사가 폭격기의 강하 각도를 측정하는 용도였다. 정확한 폭격을 위해서는 모든 요소를 꼼꼼히 따지는 것이었다. 거센 바람 속으로 폭격을 해야 하는 경우 조종사는 가장 적합한 공격 방향을 찾아야 했다. 강하 속도와 각도 역시 정확히 유지되어야 했다. 그리고 항공기의 고도가 400미터에 이르면, 조종실 내에 경고 사이렌이 4초간 울려 폭탄을 투하해야 하는 고도임을 알려 줬다. 이러한 수단 덕분에 독일 공군은 당시 어느 나라 공군도 따라올 수 없을 만큼 정확한 급강하 폭격을 할 수 있었다.* 그러나 슈투카가 강하 시 쓸 수 있는 자체 방어용 무장은 후방석에 탄 무선수 겸 기관총수가 조작하는 기관총 한 정뿐이라

---

* 늦으면 1943년까지 영국 공군 폭격기사령부는 레이더와, 목표로 가는 항로에 플레어를 살포하는 패스파인더 모스키토의 도움에도 불구하고, 여전히 목표를 놓치거나, 엉뚱한 목표를 공격하는 등의 문제를 저지르고 있었다(Len Deighton, *Bomber* 참조). 미국 육군 항공대 폭격기 부대 역시 같은 문제를 겪고 있었다. 이들은 1944년과 1945년 두 차례에 걸쳐 중립국 스위스의 샤프하우젠을 오폭하는 실수를 저질렀다.

는 단점이 있었다. 그는 기관총 한 정만 가지고 기관총 8정을 장착한 영국 전투기에 맞서 싸워야 했다. 또한 슈투카가 폭탄을 투하하고 급상승할 때의 대기 속도는, 지상의 대공포수들이나 영국 전투기들이 쏘아 맞추기 매우 좋을 정도로 엄청나게 느려진다는 것도 문제였다. 슈투카에는 급강하 시 악마의 울음소리를 내며 지상의 사람들에게 공포심을 불러일으키는 풍압 사이렌이 달려 있었지만, 영국 전투 당시에는 항력을 일으켜 항공기의 속도를 늦춘다는 이유로 대부분 철거되어 있었다. 게다가 이번에는 폴란드나 프랑스와는 달리, 표적이 더 이상 겁에 질려 도망가는 군인들이나 피난민들이 아니라 영국의 군용 시설이었다. 그리고 영국 군인들은 공포를 억누르고 규율을 지킬 수 있을 만큼 잘 훈련되어 있었다. 폴링 레이더 기지의 공군 여성보조부대의 상황병들은 자기 기지 바로 위에 적 폭격기가 다가오고, 폭탄이 비명을 지르며 떨어져 내려오는 와중에도 제 할 일을 다했다. 그중 한 명인 조앤 에이비스 헌 중사는 적의 공격 속에서도 용맹한 행동으로 무공훈장을 받았다. 포드 해군 항공 기지에서 수병들은 슈투카에게 제1차 세계 대전에서 쓰던 루이스 기관총을 발사했고, 어느 장교는 리볼버 권총을 쐈다. 해군 여군 소속의 급사장과 취사병들은 폭탄이 떨어지는 와중에도 부상자들을 구호했다. 그러나 이날 폭격을 당한 기지 중 포드 기지의 피해는 심각했다. 28명이 전사하고 85명이 부상을 입었다. 시커먼 연기를 뿜어내며 을씨년스럽게 불타는 연료 탱크 주변에는 사람의 팔다리와 부서진 건물 잔해가 가득 널려 있었다. 고스포트와 소니 섬 기지의 피해도 심각했으며 폴링 레이더 기지는 목조 수신기 탑 1개가 파괴되면서 기지 기능이 마비되었다. 독일 공군 슈투카 부대는 16대의 항공기를 잃었고, 호위하던 Bf 109 8대도 격추되었다. 이에 맞선 영국 공군 전투기 부대의 손실은 5대였다.

그날의 전투는 아직 끝나지 않았다. 오후 4시 45분경 제2 항공함대의 공격이 다시 시작되었다. 이번에 독일 공군기들은 템스 강 어귀를 날며 크로이든을 공격했다. 맨스턴 기지도 전투기들의 초저공 공격을 당했다. 폭격은 밤중에까지 이어졌다. 양군의 손실은 계속되었다. 영국 공군은 27대의 전투기를 잃고, 조종사 10명이 전사했다. 독일 공군은 71대의 항공기를 잃었는데, 이 중 폭격기 37대, Bf 110 11대가 포함되어 있었다. 민간인 44명이 사망하고 108명이 부상을 입었다. 영국 전투 기간 동안 독일과 영국의 피해가 이토록 심했던 날은 없었으며, 또한 독일 공군이 전과에 비해 너무나 큰 피해를 입은 날이기도 했다. 항공기 손실은 쉽게 보충이 가능하므로 큰 문제가 아니었다. 그러나 고도의 훈련을 받은 폭격기 승무원들의 대량 손실은 쉽게 보충할 수 없었으며, 이는 돌이킬 수 없는 손해였다. 그 외에도 독일 공군 최고 사령부에서도 명확히 모르는 더욱 중요한 문제가 있었다. 즉, 독일군은 영국 공군 전투기사령부를 전멸시키지 못했으며, 다우딩이 잘못된 전술을 쓰도록 유도하지 못했다는 사실이다. 분명 27대의 전투기 손실은 큰 것이었지만, 비버브룩 경의 헌신 덕에 이 손실은 하룻밤 새에 복구되었다. 그리고 다우딩이 걱정하는 전투조종사 수급 문제가 해결되지는 않았지만, 8월 18일 독일 공군 2개 항공함대가 가한 공습에도 불구하고 그의 두 구역 공군 기지는 불과 몇 시간 동안만 기능이 마비되었을 뿐이었다. 이날 공습당한 레이더 기지도 수리가 완료될 때까지 이동식 레이더가 그 역할을 대신할 수 있었다. 이날의 전투는 다우딩에게 꽤나 만족스러운 것이었다. 그는 정확히 계획대로 전투에서 승리하고 있었다. 독일군은 전투기사령부를 격파하기 위해 엄청난 인적, 물적 손해를 감내하고 있었지만, 다우딩은 자신의 전력을 노출시키지 않았으며 그들에게 갈수록 큰 손실을 입히고 있었다.

이제 독일 공군이 승산 없는 싸움을 벌이고 있다는 사실은 명백해졌다. 그리고 그럴수록 독일 육군의 영국 본토 침공 가능성은 점점 희박해지고 있었다.

　대부분의 전투와는 달리, 영국 전투는 중립국 시민들과 종군 기자들의 눈앞에서 펼쳐졌다. 마치 많은 사람들이 관람하는 운동 경기와도 같았다. 또한 이 전투에는 소방관, 경찰관, 향토방위대원 등 많은 민간인들이 참전했다. 이들 중 많은 사람들이 자신들이 본 전투의 모습을 기꺼이 언론에 알렸다. 다우딩은 아마 생각조차 못 했겠지만, 이러한 사람들의 증언에 비하면 대규모 선전 활동은 무색할 정도였다. 젊은 전투조종사들은 말쑥하고 생기발랄하며 열정적인 피사체였다. 이들의 모습에서 제1차 세계 대전의 진흙탕과 철조망, 대규모 돌격과 독가스전에 휘말려 죽어 간 수십만 군인들을 떠올리기란 쉽지 않았다. 공중전은 때로는 저공에서도 행해졌으며, 수천 명의 시민들이 그 장관을 목격했다. 낙하산 탈출을 한 양군의 승무원들은 밭, 마을, 골프장, 정원 등에 착지했다. 격추당한 항공기들은 시골과 도시를 가리지 않고 떨어져 내렸고, 공원이나 위풍당당한 전원 저택의 정원에도 부서진 군용기가 비상 착륙하곤 했다. 폭탄은 공군 기지 및 레이더 기지는 물론 일반 가정집에도 떨어졌다 (물론 이 당시 민간인 폭격은 공습의 숫자와는 상관이 없었고, 또한 의도적인 것이 아니라 실수였다. 폭격을 맞은 집이 재수 없게도 독일 공군의 군사 목표물 근처에 있던 탓이었다).

　영국 전투는 민간인들이 신문이나 BBC 9시 뉴스로만 접할 수 있는 전투가 아니었다. 바로 그 민간인들의 머리 위에서 벌어지는 전투였다. 놀랍게도 이 전투를 목격한 영국인들의 사기는 오히려 상승했다. 그리고 그때까지 대서양 너머에서 어떤 일이 일어나든 별 관심을 가지지 않고 알고 싶어 하지도 않던 미국인들도 이 전투를 통해 영국의 상황에 관심을 갖게 되고 영국인들을 존경하게 되었다. 영국 육군은 노르웨이와 프랑스에서 연달아 큰 피해를 입었다. 그러나 이 전투를 통해 다우딩 휘하의 몇 안 되는 어린 〈병아리〉들은 누구도 예상치 못한 전 세계의(독일은 빼고) 영웅으로 떠올랐다. 심지어 영국 주재 소련 스파이 역시 모스크바에 전투 상황에 대한 경탄이 가득한 정확한 메시지를 보냈다. 8월 16일 크로이든에 침투한 한 스파이는 현지의 피해를 보고했고, 18일에는 켄리 기지 인근에서 피해를 보고했다. 그리고 영국 민간인들 사이에서 어떤 동요도 일어나지 않았다는 것, 켄리 기지가 다시 허리케인 전투기를 출격시켰다는 것 등도 정확하게 보고했다(스탈린이 이 보고를 읽어 보았거나 전달받았는지는 알 수 없다).

역사에 남은 다른 대전투와는 달리 이 전투에서는 하늘에서 처절한 혈투가 벌어지는 와중에도 그 아래 지상에서는 아무 일 없다는 듯이 일상사가 이루어졌다. W. H. 오든의 글을 인용해 본다.

그들이 겪은 고난은 결코 헛되지 않으리.

옛날의 거장들이라도 이 상황을 온전히 이해할 수 있을까.

그 치열한 전투가 벌어지는 중에도

누군가는 밥을 먹고, 창문을 열고, 거리를 터덜터덜 걸어간 것을……

마치 브뤼헐의 「이카루스의 추락」과도 같았네.

모든 것은 재난과 상관없이 여유롭게 돌아가고 있었네……

단 하나, 하늘에서 떨어지는 사나이만이 사람들을 놀라게 할 뿐이었네……

〈하늘에서 떨어지는 사나이.〉정말로 그랬다. 지상에서 사람들이 평소의 영국답지 않은 화창한 여름 날씨를 즐기며 일상사를 영위하고, 여행을 떠나고, 테니스를 치고, 야외에서 점심을 먹는 동안, 그들의 머리 위 6,000미터 상공에서는 영국과 독일 양국의 젊은이들이 혈투를 벌이고, 죽어 가고 있었다. 지상의 사람들은 자기 일을 하다가 가끔씩 하늘을 올려다보고 푸른 하늘을 어지럽게 수놓은 비행운을 보았다. 항공기가 피격될 때 생기는 오렌지색 화염과 시커먼 연기도 보았다. 가끔씩 낙하산이 펴져 느리게 내려올 때면, 그 낙하산의 임자가 어느 나라 사람인지 궁금해했다. 쾌활한 성격의 육군대신 앤서니 이든 같은 중요한 사람도, 자기 집 목욕탕에서 나오다가 스피트파이어와 Bf 109가 자기 집 지붕을 스쳐 지나가는 것을 볼 지경이었다. 그는 친구들과 함께 테니스를 치고 있는 자신의 머리 위에서 전투가 벌어진다는 사실을 알고 너무나 이상한 기분이 들었다고 나중에 기록했다. 작가이자 국회의원인 해럴드 니컬슨은 시인이자 소설가인 아내 비타 색빌웨스트와 함께 시싱허스트의 이름난 정원에서 매일같이 공중전을 관람했다. 사람들은 머리 위 창공에서 예고 없이 폭탄, 조종사, 승무원, 빈 탄피, 항공기 파편, 심지어는 연기와 불꽃, 하얀 부동액 구름을 끌며 떨어지는 항공기 같은 전쟁의 잔해가 떨어져 내려오는 데 익숙해져 갔다. 어느 영국 전투조종사는 부상당한 채로 낙하산 탈출을 했다. 그는 착지한 곳 인근 골프 클럽의 골프 선수들에게 구조되어, 앰뷸런스가 도착할 때까지 골프 클럽의 술집에서 피 묻은 비행복 차림으로 누워 있었다. 그런데 그의 귀에 어느 골프 클럽 회원의 목소리가 들렸다. 「술집에 누워 있는 저 너저분한 녀석 누구야? 우리 클럽 회원 같지는 않은데.」이런 사건, 사고 기록을 읽을 때마다 당시 인기 있던 국민 가요인 「영국이여 영원하라」*(「도버의 하얀 절벽」

의 인기도 이에 못지않았다)가 떠오른다. 과연 영국이 얼마나 오래갈지는 지금도 의문이지만, 분명 영국과 영국인은 극도의 국가적 위기에 직면해서도 변하지 않는다. 존 베처먼의 시에 나온 묘한 시어를 인용해 본다.

우리 나라의 상징들을 굽어살피소서.
부츠 도서관의 책들과 시골길,
자유로운 토론, 자유로운 통행과 계급 제도를,
민주주의와 좋은 하수 시설을.

1940년 8월 영국이 해결해야 할 숙제는 비버리지 계획, 산업 국유화, 1945년 노동당이 제안한 국민 건강 보험 제도 같은 것이 아니었다. 그리고 오늘날까지도 영국인들이 진심으로 받아들이지 못하고 있는 6차선 고속 도로 개통이나 유럽연합 가입 같은 것도 아니었다. 1940년 8월의 전투는 런던 남쪽의 켄트와 서식스, 그리고 그 주변의 약간은 오래된 부도심 지역과 그 아래로 펼쳐진 마치 그림 같은(다소 겸연쩍은 표현이지만) 시골 마을, 그리고 고풍스런 해안 휴양지까지 펼쳐진 넓은 평야, 자갈 해변과 유명한 하얀 절벽 상공에서 벌어졌다. 추락하는 항공기에서 탈출해 뛰어내린 영국과 독일의 자부심 가득한 젊은 항공 승무원들은 이런 곳의 풍경에 비하면 마치 최첨단 기술을 보유한 미래 세계에서 온 전사처럼 보였다. H. G. 웰스의 예언은 결국 생생한 현실이 되었지만, 이 멋지고 부유한 영국 시골 마을과 좁은 길, 양떼, 매년 있는 홉 추수, 말과 조랑말로 가득한 잘 정돈된 들판에는 전쟁의 참화가 미치지 않았다. 이곳은

* 영국이여 영원하라 / 영국이여 자유로워라 / 당신이 영국을 소중히 여긴다면 / 나 역시 그러하리.

괴링이 영국 전투기 전력을 괴멸시킨 후에 상륙(물론 많은 사람들은 독일군의 상륙이 불가능할 거라고 생각했지만)하기를 바라고 있는 영국 본토였다.

사실 그날의 가장 중요한 사건은, 대다수 영국 국민들로부터 멀리 떨어진 곳에서 일어났으며, 그들에게 잘 알려지지도 않았다. 그 사건인즉 독일 공군의 엄청난 손실과 영국 전투기사령부의 계속되는 저항에 질린 히틀러가 바다사자 작전을 9월 17일로 연기한 것이었다.

8월 18일에 벌어진 일들로 인해 영독 양국은 많은 생각을 하게 되었다. 우선 독일부터 보자면, 괴링이 히틀러에게 한 약속과는 달리, 영국 공군 전투기사령부가 앞으로 2주 내에 전멸될 수 없다는 것이 너무나도 명백해지고 있었다. 결국 독일은 슈투카와 Bf 110의 막대한 손실을 인정할 수밖에 없었다. 따라서 슈투카를 당분간 전투 서열에서 배제하고, Bf 110도 Bf 109의 호위 없이는 전투 공역에 들어가지 못하도록 했다, 하지만 이는 전혀 타당성이 없는 조치였다. 전투기로 다른 전투기를 호위한다는 것도 우습거니와 대형 쌍발 전투기의 쓰임새를 짧은 항속 거리의 단좌 전투기에 맞춰 버린다는 것도 말이 되지 않았다. 그리고 다른 모든 목표를 배제하고, 전투기사령부 공군 기지와 스피트파이어 및 허리케인 생산 공장에만 총력을 다해 공격을 펼친다는 방침도 정해졌다.

영국에서는, 다우딩은 승리감에 들떠 독일군의 손실을 보도하는 언론의 머리기사를 무시해 버렸다. 언론은 독일기 165대, 영국기 27대가 격추되었다고 보도했다. 그러나 이 중 독일기 격추 대수는 실제보다 2배나 과장된 것이었다. 그보다도 다우딩은 가용 자원이 고갈되는 것을 걱정했다. 독일군이 8월 18일과 같은 기세로 공격을 지속, 항공기 공장에 공격을 집중한다면 전투기사령부의 전력은 독일군에 맞설 수 없을 만치 줄어들어 버릴지도 몰랐다. 영국 전투조종사들은 모든 국민의 존경을 받고 있었지만, 전투조종사의 총수는 1,000명이 채 안 되었다. 그리고 현재 신조기 생산 속도로는 예비기를 거의 보유할 수 없었다. 그의 예비 전력은 마치 종잇장과도 같이 빈약하기 그지없었다. 다우딩은 숫자 계산에 능한 사람이었다. 그리고 그는 영국 공군의 손실률이 진짜 적인 독일 공군 그 자체보다도 더욱 위험한 상대라는 것을 알게 되었다. 가장 큰 손실을 감내해 오고 있던 제11 전투비행단 예하 비행대 중, 손실률이 50퍼센트가 넘는 비행대대는 적의 공격이 덜한 지역으로 철수하여 휴양과 재보급을 받도록 했다. 그리고 이들의 빈자리는 서부와 미들랜드에서 온 비행대대로 채워졌다. 파크 소장은 예하 관제사들에게, 독일 정찰기나 적은 수의 독일 항공기를 추적하는 영국 전투기를 절대 해상으로 보내지 말라고 명령했다. 또한 전투기 소탕전을 벌이는 독일 항공기들을 상대할 때 다수의 영국 전투기를 보내지 말라고 명령했다. 요컨대, 리 맬러리 소장, 그리고 제12 전투비행단 조종사들의 대변인 노릇을 하는 더글러스 바더가 영국 해협 상공에서 이른바 〈빅 윙〉을 사용해 독일기들을 상대하자고 목소리를 높였지만, 그럴수록 다우딩과 파크는 그들의 주장과 정확히 반대되는 노선을 더욱 확고히 따르고 있었던 것이다.

8월 19일, 날씨는 나빠졌다. 영국 공군의 일기 예보에 의하면 구름이 많이 끼고 동부에 소나기가 오겠다고 했다. 23일까지 이어진 이러한 나쁜 날씨는 제국원수 괴링의 진노를 불러왔다. 물론 독일군도 그 5일 동안 놀고 있지는 않았다. 이들은 수적으로 열세인 제11 전투비행단의 예하 비행대대들을 공중으로 꾀어내고자, 대규모 전투기 소탕전을 전개했다. 그리고 주로 야간에 무차별 폭격을 가했다. 실제로 괴링은 며칠 동안 날씨가 좋지 않을 거라고 예보되자, 주간 정밀 폭격이 힘들 거라고 판단, 산업 목표물에 대한 야간 폭격을 늘리라고 지시했다. 다소 때늦은 감이 있었지만 그는 또한 알루미늄 공장 및 항공기 엔진 공장 등 주요 표적 목록을 작성하고, 런던과 리버풀의 표적을 야간 폭격한다는 결정은 유보해 두었다.

적어도 야간 폭격 분야에서 독일군은 영국에 비해 엄청나게 잘 준비되어 있었으며, 영국을 족히 여러 광년은 앞서갔다. 적어도 6월부터 처칠은 독일의 야간 폭격의 높은 정확성에 놀란 나머지 그들에게 모종의 비밀 병기가 있을 거라고 말할 정도였다. 항공성에서는 차마 인정하기 힘들어했지만 독일 공군은 최첨단 전파 시스템인 크니케바인을 이용해 야간 폭격을 하고 있었다. 크니케바인은 폭격기들이 전파를 따라 날다가 두 전파가 교차되는 지점, 즉 폭격 목표물에서 폭탄을 투하하게 해주는 시스템이었다. 이 문제에 대해 가장 잘 알고 있는 사람은 당시 항공성 소속 직원이었던 28세의 과학자 R. V. 존스였다. 처칠은 존스를 다우닝가 10번지로 불러 이 문제에 대해서 자신과 전시 내각에게 설명하도록 했다. 처칠은 훗날 독일 공군이 야간에도 주간만큼 정확하게 폭격을 할 수 있다는 사실을 알게 되었던 이때가 전쟁에서 제일 암담하던 때였다고 털어놓았다. 게다가 영국에서 레이더를 장비한 야간 전투기의 수준은 아직 걸음마 단계였던 것이다. 전투기사령부의 야간 요격 능력 부재는 곧 큰 문제가 되었다. 그 문제는 표면적으로는 다우딩과 그의 동료들 간의 문제였다.

이 문제에 대한 다우딩의 관점은 타당하기는 했으나, 비관적이고 인기가 없었다. 다우딩은 독일군 야간 폭격기들을 성공리에 요격하려면 레이더를 장비하고, 조종사 이외에도 숙련된 레이더 조작사를 탑승시킨 쌍발 야간 전투기의 도입 말고는 답이 없다고 주장했다. 그러나 당시 그런 전투기를 충분히 보유하고, 전투기에 탑재된 레이더 장비인 AI(Airborne Interception, 공중 요격)의 문제를 해결할 때까지는 독일 야간 폭격을 막을 방도가 사실상 없다는 것이 문제였다. 다우딩의 오랜 맞수였던 숄토 더글러스는 야간에 스피트파이어와 허리케인을 대규모로 띄워 독일기를 요격할 것을 제안했다. 그러나 다우딩은 이 전술에 실패 요소가 너무나도 많다고 지적했다. 전투기사령부의 조종사들은 야간에 적을 발견할 방법이 전혀 없었다. 그리고 그들 대부분은 야간 이착륙 경험이 전무했다. 때문에 그런 전술을 썼다간 다수의 전투기들이 전투가 아닌 사고로 상실될 거라는 것이 다우딩의 주장이었다. 항공성은 원래 허리케인과 스피트파이어를 〈주야간 겸용 전투기〉로 분류했다. 그러나 그 말을 곧이듣는 사람은 아무도 없었다. 야간용으로 개조된 영국 전투기가 주간 전투기와 유일하게 다른 점은 엔진 배기 화염이 조종사의 야간 시야를 방해하지 않도록 배기관 위에 철판을 리벳으로 결합해 화염을 가린 것뿐이었다. 그런 전투기를 탄 조종사가 적 폭격기를 찾아내는 방법은(적기를 먼저 발견할 수 있다고는 치고) 칠흑 같은 어둠 속을 비행하는 적기의 배기관에서 뿜어내는 푸르스름한 배기 화염을 발견하는 것 말고는 없다.*

1940년 6월 21일 크니케바인에 대해 열린 전시 내각 회의의 분위기

* 당근을 날로 먹으면 밤눈이 좋아진다는 말은 항공기 탑재형 레이더인 AI의 존재를 숨기기 위해 지어낸 선전 문구에 불과하다. 영국 정보성은 야간 전투조종사들의 식단에 항상 당근을 눈에 띄게 많이 배치했고, 또한 당근을 먹으면 밤눈이 좋아진다는 헛소문을 널리 퍼뜨렸다. 이러한 헛소문은 너무나도 효과적으로 전파되어 심지어 현대에도 부모들이 아이들에게 당근을 먹일 때 밤눈이 좋아진다는 이야기를 해줄 정도이다. 유명한 야간 전투기 에이스 존 〈캐츠 아이〉 커닝엄 소령 역시 당근을 많이 먹으라는 지시를 받았다. 그러나 그가 당근을 먹었든 먹지 않았든 간에 그 역시 AI 세트와 레이더 조작사를 태운 쌍발 보파이터를 타기 전까지는 단 한 대의 적기도 격추시킬 수 없었다.

는 우울했다. 그런 분위기를 조금이라도 반전시킨 것은 기운찬 젊은이 다운 존스의 낙관론이었다. 그는 대항 수단을 만들어 두 번째 전파를 교란하면 독일 공군기들이 아무도 없는 빈 땅에 폭탄을 떨어뜨리게 할 수 있다고 믿고 있었다. 그러나 1940년 8월 현재 크니케바인은 여전히 잘 작동하고 있었으며, 독일 공군은 처칠의 걱정하던 것 이상으로 정확한 폭격을 했다. 야간 폭격으로 버밍엄의 항공기 공장 최소 1개소를 완파하고, 던로프 타이어 공장에 폭탄을 명중시킨 것이다.[6] 자국 전투기를 격추시킨 데 대한 독일군의 보복은 이토록 정확했으며, 전투기사령부는 이를 저지할 방도가 하나도 없었다. 단발 전투기로는 야간에 적기를 발견할 방법이 없었으며 현재 사용할 수 있는 유일한 쌍발 야간 전투기는 노후화된 브리스틀 블레넘 폭격기를 개조한 물건밖에 없었다. 야간 전투기형 블레넘은 잡아야 할 독일 폭격기보다 느렸고, 기동성은 더욱 나빴다. 그래서는 AI를 달고 있어도 독일기에게 별 위협이 되지 않았다.

8월 19일부터 23일 사이에 독일 공군은 크니케바인의 위력을 보여 주었다. 19일에는 포츠머스, 브리스틀, 리버풀, 헐, 뉴캐슬, 글래스고, 에든버러 등을 단 6대의 항공기만 잃고 성공적으로 타격했다. 20일과 21일에는 날씨가 나쁨에도 불구하고 잉글랜드 상공에 150대가 넘는 항공기를 출격시켰다. 22일 밤에는 230대가 넘는 항공기를 출격시켜 영국 공군 맨스턴 기지를 사용 불능으로 만들고, 브리스틀 항공사 공장을 타격했다. 또한 해로와 브라이튼의 표적도 너무나 정확하게 폭격했다. 23일 밤에는 브리스틀, 카디프, 버밍엄 상공에 더 작지만 치명적인 공격이 실시되었다. 물론 군사 목표물이나 산업 목표물 이외에도 부차적인 민간인 피해가 무작위로 발생하는 것은 어쩔 수 없는 일이었다. 브라이들링턴에서는 어느 카페가 폭격을 당했고 요크셔에서는 폭격을 당해 무너진 건물 안에 여러 사람이 갇혔다. 거기서 4명이 죽었다. 독일 공군의 야간 폭격은 매우 정확한 수준이었지만 그럼에도 불구하고 눈 먼 폭탄은 항상 있었다. 폭격기가 손상을 입거나, 길을 잃어 목표를 발견할 수 없을 경우 가지고 있던 폭탄을 버리고 돌아가게 된다. 이는 민간인들의 사기를 꺾기 위해 적대국 도시에 벌이는 의도적인 전면 폭격까지는 아니었지만, 앞으로 다가올 대공습을 향한 발걸음이었다.

영국 전투를 다룬 대부분의 기록은 오직 조종사에게만 초점이 맞추어져 있다. 그러나 하루 24시간의 일과를 모두 적은 영국 공군의 공식 전쟁 일지의 일일 기록 맨 마지막 부분에는 항상 슬프게도 지상에서의 인명 손실이 기록되어 있다는 점을 염두에 두어야 한다. 지상에서의 인명 손실은 영국 공군 지상 요원 및 민간인(보통은 〈기타〉로 적혀 있었다) 인명 손실로 나뉘어 있다. 8월 15일 민간인 인명 손실은 사망 12명, 부상 41명이었다. 8월 16일은 사망 72명, 부상 192명이었다. 적의 활동이 매우 경미했다고 영국 공군이 기록한 8월 17일조차 사망 10명, 부상 66명이었다. 8월 18일에는 사망 44명, 부상 108명이었다. 기록은 영국 전투 기간 내내 계속된다. 19일에는 사망 23명, 부상 74명, 20일에는 사망 23명, 부상 135명, 21일에는 사망 4명, 부상 178명, 22일에는 사망 3명, 부상 36명, 23일에는 사망 34명, 부상 107명이었다. 적의 활동이 적거나 경미한 날조차 민간인들은 남녀노소를 불문하고 폭탄에 맞거나 무너진 집, 가게, 학교, 공장에 깔려 죽어 갔다. 드문 경우지만 저공비행하는 독일 항공기가 민간인들에게 기총소사를 가한 일도 있었다. 그리고 이러한 지상에서의 인명 손실은 항상 전투조종사의 손실을 넘어서고 있었다. 8월 15일의 사례를 들어 보자. 그날 전투기사령부는 34대의 스피트파이어와 허리케인을 격추당하고, 18명의 조종사들이 전사 또는 실종되었

다. 그날 민간인 인명 손실은 사망 25명, 부상 145명이었다. 물론 하루에
도 몇 차례씩 하늘로 날아올라 싸운 전투조종사들을 폄훼할 생각은 없
다. 그들은 뛰어난 용기를 갖추었고, 젊고, 신체가 강건하며, 반사 신경
과 시력 또한 뛰어났고, 수백 시간의 조종 훈련을 받은 귀한 인재들이었
다. 그러나 6,000미터 상공의 전투에 참가하지도 않았던 이름 없는 민간
인들이, 단지 좋지 않은 시기와 장소에 있었다는 이유만으로 매일 죽어
가는 것은 슬픈 일이었다.

　날씨는 8월 24일이 되자 좋아졌다. 그리고 독일군은 다시 전력을 다
해 항공 공격을 가해 왔다. 주간에는 전투기사령부 공군 기지를 폭격해
사용 불능으로 만들고, 야간에는 전투기 구성품을 만드는 산업 시설들
을 폭격하여 전투기 생산을 중지시킨다는 독일군의 전략은 간단하면서
도 유효하다는 것이 곧 증명되었다. 괴링은 이를 염두에 두고 제3 항공
함대의 전투기 전력 대부분을 파드칼레에 주둔한 제2 항공함대에 파견
했다. 파드칼레는 영국에서 더욱 가까운 곳이었다. 이는 폭격기 부대에
최대한의 엄호를 제공하려는 조치였다. 그는 또한 영국 해협 상공에서
빈번하게 전투기 소탕전을 실시, 영국군을 혼란시키고 주의를 분산시킬
것을 명했다.
　24일에는 양군 간에 격전이 벌어지고, 엄청난 손실이 발생했다. 아침
6시부터 정오까지 독일 공군은 켄트 상공에 다수의 항공기를 보냈다. 그
중 일부는 영국 공군이 맨스턴 기지 공습을 방해하지 못하도록 견제 작
전용으로 보내진 항공기였다. 맨스턴 기지는 큰 손상을 입어, 오후 1시,
영국 공군은 인원을 소개할 수밖에 없었다. 기지의 모든 건물은 완파되
거나 불에 탔고, 활주로는 폭탄 구덩이와 시한폭탄으로 사용 불능 상태

에 빠졌다. 전화선과 텔레프린터 선도 모두 절단되었다. 해안에 더 가까운 전방 공군 기지들도 맹공격을 당해 상당수가 사용 불능이 되었다. 이날의 전투는 숫자가 가장 확실히 말해 준다. 그날 하루 독일 공군은 잉글랜드 남부 상공에 500대 이상의 항공기를 보내 제11 전투비행단 예하 전투비행대대를 크게 압박했다. 이에 파크 소장은 리맬러리에게 구원을 요청하지 않을 수 없었다. 리맬러리는 그에게 2개 비행대대를 주었으나, 이 정도 전력으로는 파크의 공군 기지를 지키는 데 역부족이었다. 독일군을 막아 내려면 더욱 많은 비행대대가 필요했던 것이다. 결국 이 일로 인해 두 장군 사이의 불화는 더욱 깊어졌다. 리맬러리가 파크에게 적은 수의 비행대대를 준 이유 중에는 그가 덕스퍼드 공군 기지의 3개 비행대대로 빅 윙을 구성하려고 시도한 탓도 있었다. 그러나 다우딩과 파크가 예견한 대로 빅 윙은 편대 구성에 너무 시간이 걸려 빅 윙이 전투 현장에 도착할 즈음이면 독일 공군은 이미 폭격을 마치고 모기지로 귀환하는 길에 오른 상태였다. 제11 전투비행단 예하 모든 공군 기지에서 지상 요원들은 계속되는 적의 폭격 속에서도 작업을 멈추지 않았다(지상 요원들은 항공기 주변에 작은 참호를 파두고 폭격 시 엄폐하라는 지시를 받았으나, 많은 사람들이 폭격 와중에도 항공기 재급유와 재무장을 멈추지 않았다). 제11 전투비행단 예하 공군 기지의 격납고, 식당, 의무실, 막사는 독일군의 맹폭으로 모두 대파되거나 완파되었다. 혼처치 기지와 노스윌드 기지가 맹폭격을 당했고 항법 오류 등의 원인으로 램스게이트와 포츠머스 등 여러 도시가 폭격을 당했다. 독일군의 공격은 해가 떨어져도 전혀 줄어들지 않았다. 독일 공군은 완벽한 분업 체계를 구축한 것처럼 보였다. 전투기 전력을 보충받은 제2 항공함대는 주간에 공격했고, 제3 항공함대는 야간에 공격했다. 이날 런던이 처음으로 독일 공군의 맹폭격을 받았으며 버밍엄과 카디프도 폭격을 당했다. 버밍엄에 가해진 야간 공습은 가장 두려워할 만했다. 캐슬 브롬위치에 있는 스피트파이어 보조 생산 공장이 목표였기 때문이다. 그러나 런던에 가해진 산발적인 폭격만큼 전투에 큰 영향을 미친 것도 없었다.

8월 25일의 전투는 어떻게 봐도 다우딩이 좋아할 만한 높은 전과를 올리지 못했다. 그리고 파크 소장과 리맬러리는 다우딩에게 얻어맞아도 할 말이 없을 정도였다. 독일 공군은 20대의 항공기를 손실했고, 영국 공군은 16대의 항공기와 9명의 조종사를 잃었다. 지상의 민간인 인명 손실은 사망 102명, 부상 355명까지 치솟았다. 그리고 독일 항공기의 폭격 범위는 실리 섬과 애버딘까지 확장되었다. 다우딩 예하의 조종사들 중 상당수는 다우딩을 그저 멀리 있는 사람으로 여겼다. 그리고 이는 사실이었다. 또한 리맬러리 역시 많은 사람들로부터 전투조종사 출신이 아니라는 이유로 비난을 받고 있었다. 전투기사령부의 고위 장교들 중에서 조종사들의 존경을 받는 사람은, 무슨 일이 생길 때마다 허리케인을 타고 어디라도 날아가는 파크 소장뿐이었다. 다우딩에게 호의적인 여러 전기 작가들은 이 시기의 다우딩은 야간 전투기 문제에 골몰해 다른 문제에 신경 쓸 틈이 없었다는 점을 지적한다. 이는 분명 사실이었다. 다우딩은 항상 현 상황에서 가장 중요한 것에만 신경을 썼던 것도 사실이었다. 영국 전투에서 언제나 가장 중요한 변수는 영국 해협 상공의 날씨였다. 히틀러나 처칠(처칠 같은 경우는 마지못해 인정했지만)과 마찬가지로, 다우딩 역시 격추당한 적기의 수가 아니라 계절에 따른 일기의 변화가 승패를 결정한다는 점을 잘 알고 있었다. 히틀러는 이미 바다사자 작전을 9월 중순으로 연기한 바 있었으며, 예하 제독들이 계속 상기시켰듯이, 그 이상의 연기는 불가능했다. 9월 중순이 지나면 해협에 폭풍이 불어 파고가 높아지고 날씨가 나빠지기 때문이다. 침공의 최적기는 이르면 7월 중순이었다. 8월 중순도 괜찮았다. 그러나 9월 중순으로 가면 위험했다. 그리고 10월 이후에 영국 본토 침공을 하는 것은 미친 짓에 가까웠다. 설령 중장비를 짊어진 대군이 상륙할 만한 날씨가 10월까지 이어진다 치더라도 그 이후에 날씨가 나빠지면 이미 상륙한 부대에 물자 및 인원 보충을 해주기는 어려웠다.* 게다가 독일은 1944년 아이젠하워가 쓰던 전차 상륙함 같은 상륙용 함선이 없었으므로, 상륙하면 영국 해협에 면한 영국 항구를 사용 가능한 상태로 접수해야 했다.

따라서 다우딩은 기상이 나빠져 독일군의 영국 상륙이 어려워지거나 불가능해질 때까지 전투기 전력을 온전한 상태로 유지하는 것을 자신의 주 임무로 여겼다. 그런 그가 군이 공중에서 독일군을 상대로 엄청난 승리를 거둘 필요는 없었다. 단지 10월 첫 주까지 예하 전투기들이 계속 비행하여 독일 폭격기들을 공격할 수 있으면 그걸로 족했다. 그는 그때가 되어도 독일군이 공중 공격을 포기할 거라고는 생각하지 않았다. 독일군의 공중 공격은 몇 달, 아니 몇 년 더 이어질지 몰랐다. 그러나 적어도 1940년에 영국 본토 상륙은 막을 수 있었다.

워털루 전투나 트라팔가르 전투처럼 눈에 보이는 승리를 추구하는 사람들은 이 전투에서 영국이 이기고 있다는 것을 이해하기 힘들었다. 그러나 다우딩이 만약 역사 속의 선례를 찾아보았다면 스페인 무적함대의

---

* 때문에 1944년 연합군 유럽 침공 작전인 오버로드 작전(구 명칭은 라운드업 작전) 기획자들도 처음에는 5월 중순을 작전 개시일로 정했다. 그러나 상륙 함정이 모자라던 아이젠하워는 작전일을 6월 중순으로 연기했고, 상황이 나쁠 경우 내키진 않지만 7월 중순까지도 연기할 각오를 했다. 그러나 그도 날씨가 나쁘고 해가 줄어드는 9월 초순에 상륙하는 것은 별로 내키지 않았다. 심지어 7월 중순의 영국 해협의 날씨 역시 노르망디 상륙 작전을 전사상 가장 위험한 상륙 작전으로 만들기 충분했을 만큼 나쁘다.

패배를 접한 엘리자베스 1세의 사례를 따랐을 것이다. 무적함대의 격멸은 큰 승리이기는 했지만 영국과 스페인 간의 전쟁을 끝내지 못했고 신교와 구교 간의 전쟁을 끝내지도 못했다. 그러나 이 전투로 인해 스페인이 당분간, 아니 어쩌면 영원히 영국에 상륙할 수 없게 되었다는 점은 확실히 드러났다. 완승은 아니었을지 몰라도 일단 이 정도면 충분한 것이었다.

당시에는 그렇지 않아 보였지만 8월 25일은 영국 전투에서 매우 중요한 날이었다. 또한 나중에야 알게 되는 것이기는 하지만, 전쟁은 너무나도 불확실하므로 작은 실수나 사건도 당시로서는 상상도 못할 거대한 역사적 결과를 초래할 수 있다는 점을 보여 준 날이기도 했다. 8월 24일~25일 사이의 밤 런던 시, 즉 1918년 이래 폭격을 당해 본 적이 없던 구런던의 역사 및 금융 중심지인 스퀘어마일에 독일군의 폭탄이 투하됐다. 이는 영국을 도발하려는 의도가 아니었다. 이곳을 폭격한 폭격기는 원래 템스헤이븐의 연료 저장소를 폭격하러 출격했으나 항법 오류로 런던을 오폭한 것이었다. 물론 이것은 런던은 폭격하지 말라는 괴링의 지시를 위반하는 것이었다. 그리고 괴링 역시 히틀러의 명령 없이 런던을 폭격할 수는 없었다(이는 군사적인 이유보다는 정치적인 이유가 더 컸다). 그러나 이 경우 독일 상부의 지시보다도 슈페를레의 제3 항공함대의 폭격기 조종사들의 항법 오류가 전쟁에 더 큰 영향을 미쳤다.

물론 처칠은 이런 사정을 알지 못했고, 런던이 폭격당했다는 소식을 듣자 놀라기보다는 화를 내었다. 그리고 즉각 보복 조치에 나서야 한다고 천명했다. 물론 멀리 떨어진 독일 베를린을 폭격하는 것은 당시 폭격기사령부가 보유한 원시적인 항법 장치의 성능에 비추어 보면 결코 쉬운 일이 아니었다. 또한 공군 참모진들이 원하는 바도 아니었다. 그들은 독일의 산업 목표물이 더 중요하다고 생각했기 때문이다. 그러나 이런 근거를 들면서 수상을 논박할 준비가 된 인물은 없었다. 이미 항공성에 대해 인내의 한계를 드러내고 있던 처칠은 이런 반발이 있을 것을 예상하고는 베를린에 폭격할 준비를 하려면 얼마나 시간이 걸리겠냐고 물었다. 답변은 명령이 내려진 지 24시간 이내에 폭격이 가능하다는 것이었다. 그리고 24일 밤 로마 시대의 유적지인 런던 성곽에 폭격이 가해지자 그는 날씨가 허락한다면 25일 밤에 베를린을 폭격하라고 지시했다.

25일 밤 75대가 넘는 쌍발 웰링턴 폭격기와 햄든 폭격기가 베를린의 산업 목표물을 폭격했고, 날씨가 좋지 않아 폭격을 하지 못한 하루를 제외하면 8월 29일 밤까지 매일 야간 폭격이 가해졌다. 영국 폭격기들이 주요 시설을 타격했다는 증거는 발견된 바가 없다. 하지만 1940년 당시 폭격기사령부가 가지고 있던 야간 항법 장치와 폭격 조준기의 성능을 감안한다면 베를린까지 찾아간 것만 해도 대단한 일이다. 이 일로 민간인 10명이 희생되었고, 베를린 시민들은 매일 공습 경보 사이렌을 들으며 방공호로 뛰어가야 했다.*

이 폭격은 베를린 시민들을 당황스럽게 했다. 괴링은 자신의 독일 공군이 베를린에 폭탄이 떨어지지 않게 지킬 것이라고 공언했으며, 단 한 발이라도 베를린에 폭탄이 떨어진다면 자신을 마이어라고 부르라는 유명한 농담을 했다.** 따라서 베를린 시민들은 괴링을 믿고, 베를린에는 폭

---

* 베를린보다는 네덜란드, 벨기에, 프랑스의 독일 공군 기지를 폭격하는 편이 더욱 합리적인 판단이었다. 그러나 당시의 영국 폭격기들은 야간에 독일 공군 기지까지 찾아갈 능력이 없었고, 주간에 적지 상공에서 스스로를 방어할 능력도 없었다.

** 마이어는 독일에서 가장 흔한 성씨 중 하나다 ─ 옮긴이 주.

격이 없을 거라고 믿었다. 그런데 그 폭격이 실제로 가해진 것이었다. 그리고 이번 폭격이 시작에 불과하며, 더 심한 폭격이 있을 거라고 믿는 사람들의 수는 결코 적지 않았다. 대부분의 베를린 시민들은 독일 공군이 바르샤바와 로테르담을 격파할 때 환호성을 올리며 박수갈채를 보냈다. 독일 공군의 폭격 장면은 뉴스 필름에 담겨 독일인들 앞에서 자랑스럽게 상영되었다. 그러나 자신들이 똑같은 식으로 보복을 당할 거라고 예상한 사람은 아무도 없었다. 심지어 총통조차도 이런 사태는 예상치 못했다. 마지막까지 영국과 화평을 맺고 싶어 했던 총통은 런던은 폭격 목표에서 제외해 놓고 있었다(슈페를레가 항법 착오로 인해 런던을 오폭한 사실이 명령 체계를 거쳐 히틀러에게 보고되었다는 증거는 없다). 그럼에도 불구하고 독일의 수도가 영국 공군의 폭격을 당했으니 그는 엄청난 고통을 받았다. 히틀러의 속은 부글부글 끓었다. 불분명한 착상이긴 했지만 런던 폭격은 이제 더 이상 외교 정책의 문제가 아니었다. 런던 폭격은 이제 나치의 국내 정책의 영역으로 옮겨 갔다. 런던에 보복 폭격을 하지 않고서 독일 국민의 사기와 히틀러에 대한 신뢰를 회복할 방법은 없었다. 5일 후 그는 괴링을 만난다. 괴링 역시 영국의 베를린 폭격으로 큰 충격을 받았고, 모욕감을 느끼고 있었다. 히틀러는 괴링에게 런던 폭격을 즉시 개시하라고 지시한다. 그리고 4일이 더 지난 후 그는 베를린 슈포르트팔라스트에서 열린 집회에서 청중들의 열렬한 박수갈채를 받으며 다음과 같이 선언한다. 「영국인들이 우리 도시를 공격했으니, 우리도 그들 도시를 지도 상에서 없앨 것이오!」

아무튼 너무나 우연한 계기로 인해 독일 공군은 전략을 대폭 변경할 수밖에 없게 되었다. 영국 측에서 무슨 사정인지 알 방법은 없었지만, 런던에 대한 대규모 보복 폭격이 시작되면서, 이제 폭격의 여파가 서서히 나타나기 시작했던 공군 전투기사령부 기지 및 항공 산업 시설에 대한 폭격은 줄어들 수밖에 없었다. 독일 공군에는 많은 폭격기가 있었지만, 슈투카가 일선에서 빠지고 나니 두 가지 전략을 한꺼번에 추진하기에는 폭격기가 모자랐던 것이다.

괴링을 포함해 독일 공군에서 히틀러의 결정에 대놓고 의문을 제기할 만큼 간 큰 사람은 없었지만, 그래도 이러한 전략 변경이 과연 현명한 것인가에 대해서는 의견이 갈렸다. 케셀링 원수는 런던 폭격을 지지했다. 런던을 폭격하면 전투기사령부는 현재 200대 이하로 추산되는 잔여 전투기 전력을 런던 방어에 투입할 것이고, 그러면 그들을 격멸할 수 있다는 논리였다. 그러나 슈페를레 원수의 의견은 비관적이었다. 그는 영국 공군 전투기사령부가 아직 큰 타격을 입지 않았다고 생각했다. 따라서 아직은 공군 기지와 항공 산업 시설 폭격을 계속할 때라고 주장했다. 그 외에도 런던 폭격에는 두 가지 큰 문제가 있었다. 우선 런던 폭격 자체는 쉬웠지만, 세계적인 기준으로 봐도 워낙 넓고 인구가 많은 도시라 〈완파〉하는 것은 상당히 힘들었다. 런던의 면적은 약 1,600평방킬로미터, 인구는 800만 명이 넘었다. 이전에 폭격했던 바르샤바나 로테르담과는 그 체급이 다른 도시였다. 즉, 웬만한 폭격 정도는 충분히 견딜 수 있었다. 두 번째 문제는 폭격기를 호위하는 독일의 단발 전투기에 있었다. 이들 전투기들은 항속 거리가 짧아 런던 상공에서 10분 이상 체공할 수 없었고, 그 이상 비행했다간 프랑스 기지에 멀쩡하게 돌아가는 것은 포기해야 했다. Bf 109의 짧은 항속 거리가 다시금 심각한 문제로 대두되었지만, 이를 신속하게 해결할 방법은 없었다.

그러나 독일군은 런던 및 영국의 기타 도시 폭격을 결정하면서 이런 문제를 심각하게 고민해 보지 않았다. 1942년 연합군은 독일을 폭격하면서 같은 문제를 놓고 많은 고민을 했다. 상대국 도시를 어느 정도로 파괴해야 적국민의 전쟁 수행 의지가 꺾일 것인가? 적 민간인을 얼마나 많이 죽여야 적국이 전쟁을 계속할 가치가 없다고 느낄 것인가? 공교롭게도 이 두 가지 질문에 해답을 준 것은 다름 아닌 독일이었다. 독일은 자국 대도시들이 연기 나는 돌무더기로 화할 때까지 항전을 멈추지 않았다. 그리고 독일은 아무리 많은 사람이 죽어도 항복하지 않았다. 죽음으로써 그들을 항복시킨 사람은 스스로 목숨을 끊은 총통뿐이었다.

1942년 영국 공군은 쾰른을 초토화시켰고, 1943년에는 함부르크를 폭격해 하룻밤 새에 5만 명을 죽였다. 1945년에는 드레스덴이 초토화되었다. 그러나 그 어떤 강력한 폭격으로도 독일인들의 전투 의지를 꺾을 수는 없었다. 연합군 공군은 폭격 효과를 극대화하기 위해 군 내외의 수많은 심리학자, 동물학자, 통계학자, 경제학자, 역사학자, 독일 전문가들을 동원해 상세한 연구를 했지만, 결국 대독 전략 폭격은 의도한 바와는 정확히 반대되는 결과를 불러왔다.

대조적으로 독일은 영국 도시 폭격이 어떤 효과를 몰고 올지에 대해서 진지하게 생각해 보지 않은 채 폭격을 시작했다. 그리고 학자들을 모아 어디를 공격하면 좋을지 연구하고 보고하게끔 하지도 않았다. 일부 나치 지도자들은 부유층들의 주택가 및 상점가가 몰려 있는 런던의 웨스트엔드를 폭격하면 거기 사는 런던 상류층들의 전투 의지를 꺾어, 그들이 처칠과 그 지지자들을 축출하고 신정부를 세울 거라고 보았다. 런던 상류층에는 로이드조지, 핼리팩스 경, 런던데리 후작 등 친독, 또는 평화주의 노선의 인물들이 포함되어 있었다. 그러나 런던의 이스트엔드를 폭격하는 쪽을 선호한 사람들도 있었다. 이 중에는 외무장관 리벤트로프도 있었다. 자만심이 강하며 거만하고 혐오스러운 인물인 리벤트로프는 성 제임스 궁전에서 주영 독일 대사로 머무르기도 했으나, 그가 영국에 대해 가지고 있는 지식을 진지하게 경청하는 사람은 총통 하나뿐, 다른 사람들은 모두 무시했다. 아무튼 이스트엔드를 폭격하고 싶어 한 사람들은 이스트엔드 폭격으로 거기 사는 노동 계층, 빈곤층, 유대인들의 사회적 불만을 야기함으로써 처칠 정부를 전복시킬 수 있다고 보았다. 결국 여러 이유로 웨스트엔드보다도 이스트엔드에 더 많은 폭탄이 떨어졌다. 런던의 항구 시설과 창고, 즉 군사적 중요성이 매우 큰 표적이 이스트엔드에 많이 있었으며, 또한 이스트엔드는 절대 혼동할 수 없는 템스 강 굽이 덕택에 템스 강 삼각지로 날아오는 독일 폭격기들이 주야간을 막론하고 찾기도 쉬웠다. 그러나 독일군의 폭격에도 런던 시민들은 계층과 종교를 불문하고 절대 공황 상태에 빠지지 않았다. 또한 새로운 지도자의 지도 아래 뭉쳐 정권을 교체하라고 요구하지도 않았다. 시민들 모두가 영웅적으로 행동한 것은 아니었지만, 공황을 일으키거나 비겁한 행위를 한 사람은 극히 적었으며, 다른 사람들에게 그런 행위를 전파시키지도 않았다. 대부분의 사람들은 이성적으로 행동했다.

폭격을 당한 런던 사람들이 공포에 빠져 거리로 몰려나오거나, 사회 구조가 붕괴되고 계급 투쟁이 벌어져 윈저 공이 조지 6세 대신 왕위에 등극한다거나, 연로하고 신뢰받지 못하던 데이비드 로이드조지가 하원에 나와 처칠 대신 수상 자리를 차지하는 일은 독일인들의 환상에 불과했다. 그러나 독일 지도자들 중에 외국을 체험해 본 사람은 극소수에 불과했다. 주영 독일 대사 출신 리벤트로프 역시 자신이 영국 상류층을 잘 알고 있으며, 그들이 자신을 존경한다는 우월주의와 편협한 시각 속에 빠져 살고 있었다. 여담이지만 그는 신임장을 영국 국왕에게 제출하는 자리에서 국왕에게 나치식 경례를 하며 〈하일 히틀러!〉라고 외치는 인물이었다. 대사 생활의 첫 단추부터 엉터리로 끼운 셈이다. 아무튼 그는 자신이 영국인들의 생활과 정치에 대해 전문적인 견해를 가지고 있다고 착각했다. 그런 그는 총통에게 영국에 대한 엄청난 망상을 퍼뜨렸다. 괴링, 괴벨스, 힘러, 기타 나치 지도자들은 자기들끼리 의견이 맞지 않을 때도 하나같이 리벤트로프를 혐오하고 그의 의견에 기울이지 않았다. 솔직히 말하면 히틀러의 관점조차 리벤트로프보다는 현실적이었다. 그는 리벤트로프의 의견을 경청했으나, 항상 마음 한편에는 영국이 폭격, 침공, 또는 다른 재난으로 인해 항복할 수밖에 없으리라고 생각하고 있었다.[*]

8월 25일의 날씨는 곳곳에 구름이 꼈고, 따라서 그날 독일군의 주간 공습은 비교적 적었다. 그러나 야간에는 대규모 공습이 벌어졌다. 이날 공습의 주된 표적은 미들랜드의 산업 목표물이었다. 케셀링 원수는 영국의 잔존 전투기 대수가 200대 정도일 거라고 생각하고 있었지만, 사실 다우딩은 8월 25일 아침에 스피트파이어 233대, 허리케인 416대를 가지고 있었다. 그날 영국 공군은 항공기 16대와 조종사 10명을 잃었다. 영국 공군은 47대의 독일 전투기를 격추했다고 주장했으나 실제로 격추된 것은 20대에 불과했고 영국기와 독일기의 일일 손실 대수는 놀랍도록 비슷해지고 있었다.

다음 날 날씨가 맑아지자 독일 공군은 예전의 전략을 다시 구사하기

---

[*] 다른 재난이란 로멜의 이집트 및 수에즈 운하 점령 시도 및 독일의 소련 침공이었다. 특히 소련 침공은 영국에 마지막 남은 유럽 동맹국을 제거하기 위한 방책이었다. 물론 처음에 영국은 소련을 특별히 중요한 동맹국으로 여기거나, 도움을 요청하지는 않았다.

시작했다. 즉, 100대 이상의 항공기를 동원해 제11 전투비행단의 주요 공군 기지, 특히 켄리와 비긴힐을 주간에 폭격하고, 야간에는 넓은 지역에 산재한 산업 목표물을 폭격하는 것이었다. 독일 공군은 41대의 항공기를 손실했으며, 영국 공군에서는 28대의 전투기를 손실하고 조종사 4명, 항공기 탑승 기관총수 2명이 전사 또는 실종되었다. 26일부터 영국군은 새로운 야간 전략을 쓰기 시작했다. 바로 진짜 공군 기지 근처에 가짜 공군 기지를 건설하는 것이었다. 이러한 공군 기지는 Q공군 기지로 불렸다. 해군에서는 독일 해군의 수상함과 잠수함을 꾀어 격파하기 위해, 함포를 은닉하고 해군 승무원이 타는 무장 상선을 Q십이라는 이름으로 운용했는데, 거기에서 따온 이름이었다. 그리고 야간에는 가짜 공군 기지의 활주로 조명을 켜놓았다. 상당수의 독일 폭격기들은 이에 속아 넘어가 이 가짜 공군 기지를 폭격했다. 이는 많은 사람들을 안도시켰다. 그러나 전투기사령부의 통계관들은 영국 전투기의 일일 소모율이 너무 높아져 다우딩의 예비 전력이 급속히 고갈되고 있음을 지적했다. 8월 10일 이후 전투기의 손실율은 신조기 수령 및 손상기 수리 속도를 뛰어넘고 있었다. 이게 무엇을 의미하는지 잠시 생각해 보기로 하겠다. 다우딩은 전투기가 고갈되는 것을 결코 두려워하지 않았다. 영국 전투 기간 내내 그는 독일군만큼 많은 전투기를 보유하고 있었기 때문이다. 그러나 공중 우위의 최소 한계를 의미하는 예비 전력이 현재처럼 손실될 경우 3주 후면 다우딩의 예비 전력은 모두 바닥나 버리고 만다. 그렇게 되면 이후 전투기사령부는 지방이 아닌, 근육을 손실하게 되는 것이었다. 또한 조종사 손실은 전투기 손실보다도 더욱 치명적이며, 대처하기 힘들었다.

27일은 안개와 악천후로 전투가 줄어들었고 독일군의 공격을 걱정할 필요가 적었다. 그러나 이 소강 상태를 이용한 것인지, 파크 소장은 리맬러리에게 간접 공격을 가했다. 파크 소장은 예하 지상 관제사들에게 새로운 지침을 하달하면서,[7] 제11 전투비행단 전체 비행대대가 적과 교전할 때 공군 기지를 지켜 준 제10 전투비행단의 지원에 만족을 표시했고, 이를 자신들을 지원하는 데 별 관심이 없던 제12 전투비행단의 태도와 비교했다. 그는 제12 전투비행단에 공군 기지 방호 지원을 요청했으나 전투기가 오지 않은 적이 적어도 두 번이나 있었다고 지적했다. 그것은 아마도 빅 윙을 구성하는 데 시간이 너무 많이 걸렸거나 아니면 제12 전투비행단 항공기들이 제11 전투비행단 지상 관제사들의 지시를 듣지 않고 제11 전투비행단 공역 내에서 쉽게 잡을 수 있는 적기 사냥에 열중했기 때문일 거라고도 지적했다. 그는 제12 전투비행단과는 완전히 절연할 기세로, 지상 관제사들에게 앞으로 이런 상황에서는 제12 전투비행단 지상 관제사들과 연락해 상황을 해결하려 하지 말고, 전투기사령부 본부와 직접 연락하라고 말했다. 달리 말하면 그는 리맬러리의 팀워크 부족 문제 해결을 다우딩에게 떠넘긴 것이었다.

파크는 빅 윙 논쟁에 끼지 않았다. 이 골치 아픈 문제가 두 비행단, 또한 리맬러리와 다우딩 사이의 분열을 초래했지만 말이다. 그러나 파크의 지시에는 그의 확고한 주장과 분노가 너무나도 명백히 드러나 있었다. 그리고 이 지시에 대한 소식은 곧 전투기사령부 내로 퍼졌다. 파크 소장 예하의 공군 기지는 해안에서 너무 가까워 빅 윙을 구성하고 싶어도 그럴 만한 시간적 여유가 없었다. 적기가 제11 전투비행단 공역 내의 목표물에 도달하는 시간이 너무나도 짧은 탓에 한두 개 대대만 출격시켜 요격해도 다행이었다. 그런 그들에게 하늘에서 빅 윙 구성을 하는 사치를 부릴 여유는 없었다. 북쪽에 있는 리맬러리는 빅 윙 전술을 시험해 볼 시간적 여유가 그만큼 더 있었으나, 그때는 이미 그 자신조차도 빅 윙 전술이 실패했음을 느끼고 있었다. 그리고 이후에 일어난 여러 가지 일을 통해 그는 자신이 떠들어 댄 말이 어떤 뜻인지를 비로소 알게 되었다. 한편 리맬러리의 조종사들은 파크의 혹독한 비평에 화를 냈고, 특히 바더는 빅 윙의 장점을 열성적으로 변호했다. 빅 윙 논쟁은 항공성 최고 위층까지 퍼져갔다. 그리고 거기에는 다우딩의 친구나 지지자가 거의 없었다.

이후 8월 말까지 독일군의 공습은 더욱 심해져만 갔다. 그리고 이전에는 그저 좀 위험하고 성가신 정도였던 특정 도시에 대한 야간 공습도 이제는 큰 위협이 되어 갔다. 그 특정 도시란 해군 기지가 위치한 포츠머스, 대서양 횡단 선단이 왕래하는 주요 항구가 있는 리버풀, 독일 폭격기의 전투 행동 반경 내에 있는 공업 도시 중 제일 큰 버밍엄 등이다. 주간 공습은 비긴힐 기지 같은 제11 전투비행단의 주요 목표물을 노리고 계속 실시되어 기지 기능을 또 한 번 마비시키고 많은 인명을 해쳤다. 버밍엄 기지에 대한 야간 공습으로 다양한 주요 목표물 다수가 파괴되거나 손상되었다. 그중에는 캐슬 브롬위치의 스피트파이어 공장, 던로프 고무 회사, 험버 웍스, 제임스 사이클 웍스, BSA 툴즈, 너필드 공장, 다임러 웍스, 스미스 스탬핑 웍스 등이 포함되어 있었다. 8월 31일의 전투기 사령부는 가장 큰 일일 피해를 겪었다. 영국 전투기 39대가 격추당하고 조종사 14명이 전사한 것이다. 독일 공군의 손실은 항공기 41대였다. 영국 공군의 공중 우세는 적기의 수적 우세, 끊임없는 파상 공격, 숙련 조종사의 대거 전사 및 탈진 등으로 점차 약화되고 있었다. 이는 특히 제11 전투비행단 예하 비행대대에서 심했다. 이들의 공군 기지는 끊임없이 공격을 당하고 있었다. 8월 30일 비긴힐 기지에서만 39명의 공군 장병이 전사하고 26명이 부상당했다. 조종사들도 격전으로 혹사당해 있었다. 항공기를 착륙시킨 어떤 조종사는 상반신을 조종석 계기판 위에 기대고 엎어져 있었다. 지상 요원들은 그가 죽은 줄 알았으나 항공기에 달려가서 보니 그는 단지 잠을 자고 있을 뿐이었다. 엔진이 시끄럽게 돌아가는 와중에 말이다. 어떤 조종사들은 비행 장구를 착용한 상태로 흔들의자에 누워서 자다가, 긴급 출격 시에 일어나서 전투기에 탑승하곤 했다. 지상 요원들은 끊임없는 폭격에 무감각해졌다. 지상 요원들은 화재 속에서도 항공기에 연료와 탄약을 보충했으며, 근처에 폭탄이 떨어지는 와중에도 임무를 수행했다. 젊은 여군 병사들은 위험한 줄 뻔히 알면서도 트랙터를 타고 활주로에 박힌 불발탄이나 시한폭탄을 제거했다. 부서진 막사 대신 텐트를 세웠다. 육군 식당을 빌려 공군 장병들이 옥외에서 먹을 음식을 준비했다. 인근 가정집 근처에 급조된 막사를 짓고 거기서 자는 장병들도 있었다. 평시 전투비행대대의 조종사 정원은 26명이었으나, 이제 대부분의 비행대대 조종사 수가 12명도 채 되지 않았다. 적의 맹공격을 받는 제11 전투비행단에서는 뭐든지 급조해서 쓰는 것이 일상화되었다.

파크 소장은 나중에 이런 글을 썼다.

대부분 사람들의 생각이나 공식 보고서 내용과는 달리 적의 주간 폭격은 우리 전방 공군 기지 5개소, 구역 공군 기지 7곳 중 6곳에 큰 피해를 입혔다. 구역 공군 기지와 공군 지상 조직이 피해를 입으면 전투비행대대의 전투 효율역시 심각하게 저하된다는 점을 감안하면 정말 힘든 시기였다. ……주요 전화선이 모두 사라지고, 응급실의 의료 장비가 부족해 급조한 장비를 써야 했으며, 공군의 지상 조직도 제 기능을 하지 못했다. 나는 이런 상태를 1주일간

이나 심각하게 받아들였다.[8]

파크가 지적했듯이 독일 공군의 공격은 이제 끊임없이 몰려오고 있었고, 영국 공군의 전투비행대와 지상 조직에는 피해를 복구할 시간적 여유가 없었다. 날씨가 너무나도 아름답던 9월 1일, 적어도 450대의 독일 공군기가 영국 공군 기지를 다시 폭격해 비긴힐 기지의 구역 작전실을 파괴했다. 이날 폭격으로 건물이 무너지고 전화선이 절단되는 와중에도 임무를 계속한 두 공군 여성보조부대 하사관들과, 적기의 폭격 와중에도 폭탄 구덩이 속에서 여러 시간 동안 전화선 복구 작업을 한 중앙 우체국 직원 7명이 무공훈장을 받았다. 장병들의 영웅적인 노력에 힘입어 작전실을 인근의 마을 시장으로 옮겼으나, 9월 2일부터 6일까지 계속된 심한 폭격 아래에서는 어떤 공군 기지도 살아남을 수 없었다. 게다가 항공기 공장에 대한 독일군의 폭격도 그 강도와 정확성이 높아만 가고 있었다. 9월 1일과 3일의 영국 공군과 독일 공군의 항공기 손실 숫자는 서로 똑같았다. 이는 불길한 징조였다.*

이에 전투기사령부는 9월 6일 붕괴 직전까지 갔다. 여기서 독일 공군이 제11 전투비행단 예하 공군 기지와 항공기 공장에 대한 공격을 계속했다면 역사는 다른 방향으로 굴러갔을지도 모른다. 물론 그렇다고 히틀러가 영국 본토 상륙을 감행했을 거라거나, 그 상륙이 성공했으리라고 단정 짓기는 힘들다. 그러나 적어도 이 순간 독일은 상륙을 위한 첫 번째 전제 조건을 달성하기 직전에 와 있었다. 그 전제 조건이란 영국

---

* 이때 흥미롭게도 영국에서 민간인 복장을 한 독일 병사가 체포되는 사건이 벌어졌다. 그는 실탄이 든 권총과 무전기, 스웨덴 여권, 가짜 영국 신분증을 휴대하고 있었다. 그는 영국 공군 기지의 피해 정도를 파악해 보고하기 위해 낙하산을 타고 잠입한 것이었다.

해협, 템스 강 이남의 잉글랜드, 그리고 도버 상공에 대한 전투기사령부의 제공권 확보 능력을 조직적으로 파괴하는 것이었다. 실제로 파크 소장은 독일 전투기를 해협 상공까지 추격하지 말 것을 예하 조종사들에게 지시했는데, 이는 영국 공군이 많은 항공기를 잃은 탓에, 꼭 지켜야 하는 전략적 요지 하나를 포기할 수밖에 없다는 징후였다. 미끄러지기 쉬운 경사면에 작은 걸음으로나마 한 발을 들여놓은 것이나 다름이 없었다. 영국 해협 상공에서 영국 전투기가 격추당하면 기체를 회수할 방법이 없었다. 그리고 조종사도 구출하기 힘들었다. 그러나 육상에 추락한 전투기는 회수하여 재활용할 수 있었고, 낙하산 탈출한 조종사도 땅 위에 안전하게 내릴 수 있다.

그러나 8월 30일, 히틀러가 베를린에서 괴링과 만나 내린 중요한 결정이 이 중요한 순간에 큰 영향을 미쳤다. 9월 7일부터 독일 공군 전력의 주력이 파크 소장 예하의 공군 기지와 항공기 공장 공격을 그만두고 런던과 기타 대도시 폭격에 전환된 것이다. 다우딩과 파크는 그 이유를 알 수 없었지만, 전투의 상황과 조건은 이제 극적으로 바뀌려 하고 있었다. 당시의 독일이 그래도 상식이 있는 나라였다면, 괴링은 전투기사령부에 공격을 중단하는 것은 치명적인 실수라고 히틀러에게 간언했을 것이다. 그동안 독일 공군이 치렀던 엄청난 희생과 노력의 결과가 이제야 나타나고 있었기 때문이다. 그러나 영국에게는 다행스럽게도 그런 일은 일어나지 않았다. 괴링의 위신과 자만심은 8월 25일 영국군이 베를린에 폭탄을 떨어뜨렸을 때 큰 상처를 받았다. 그는 이때 런던에 보복 폭격을 가하겠다는 열의로 불타게 되었다. 레더 제독은 영국 상륙에 필요한 바지선과 여러 배를 모으면서도, 독일군 최고 사령부의 모든 사람들에게 공군이 완벽히 제공권을 지켜 줘야 영국 상륙의 성공을 기대할 수 있다고 말했다. 영국 공군 폭격기사령부가 주간 폭격으로 도르트문트엠스 운하를 폭격해 상륙 부대 발진 항구로 바지선이 오는 속도를 늦추자 레더의 이 말은 더욱더 설득력이 커졌다. 따라서 독일군 최고 사령부는 바다사자 작전의 실시일을 9월 21일로 연기하지 않을 수 없었다. 상륙에 알맞은 좋은 날씨를 기대하기에는 너무나도 좋지 않은 계절이었다. 아이젠하워 장군이 생각한 적절한 상륙 시기에 비해 무려 14주나 늦었던 것이다. 괴링이 영국 공군 기지와 전투기 생산 공장에 변함없이 3주 동안 폭격을 가했더라면 1940년 9월 21일은 세계 역사상 유명한, 또는 악명 높은 날이 되었을 것이다. 그러나 그런 일은 벌어지지 않았다.

독일군은 다우딩이 전국에 산재한 대부분의 전력을 긁어모아 런던 남부의 공군 기지 방어에 투입할 걸로 내다보았다. 수도를 공격하면 전투기사령부는 수도를 방어할 수밖에 없고, 이때 압도적인 전력으로 잔존 극소수 영국기 전력을 섬멸한다는 것이 독일군의 계산이었다. 그러나 실제 다우딩의 전략은 예하 전투비행대 대부분을 제11 전투비행단 북쪽과 서쪽에 배치한다는 것이었고, 그 전략은 슬슬 효과가 나타나고 있었다. 다우딩의 이러한 전략은 전력을 총동원하지 않는다는 비판을 받았다. 그러나 그의 임무는 영국 전체를 방어하는 것이었지, 런던 남쪽만 방어하는 것이 아니었다. 물론 정부와 숄토 더글러스, 리맬러리, 항공성 내의 그의 적들로부터는 그에 대한 불만이 뒤따랐지만, 그는 자신의 전략에 대한 확고한 신념을 가졌다. 런던에 주간 공습을 가하는 독일 공군은 이제 제11 전투비행단뿐 아니라 제10 전투비행단 일부, 그리고 전투에서 멀리 떨어져 있어 비교적 안전한 편이었던 제12 전투비행단과 제13 전투비행단의 반격에도 노출될 것이었다. 리맬러리 예하의 전투조종사들은 창피할 정도로(물론 그들의 관점에서) 적은 수의 항공기로 제11 전투 비행단의 공군 기지를 지켜 주는 것보다는, 가진 전력을 총동원해 적을 공격할 기회를 노렸고, 더글러스 바더 역시 자신의 빅 윙 이론을 전투에서 실증해 보일 날이 오기를 오랫동안 기다리고 있었다. 게다가 이제는 독일군의 공격을 당하지 않은 공군 기지에서도 다우딩의 전투비행대대가 날아오므로, 독일 공군은 자신들의 예상과는 달리 말벌 집을 두들겨 놓은 격이 되었다.

영국과 독일 모두 런던에 대한 전면 공격은 매우 치명적일 거라고 믿어 의심치 않았다. 이제 폭격의 정확성은 더 이상 중요치 않았다. 런던의 어디에 폭탄을 떨어뜨려도 많은 민간인들을 죽일 수 있기 때문이다. 또한 전투기사령부에는 독일 공군의 런던 폭격을 원천 봉쇄할 능력이 없었다. 또한 그레이터 런던은 너무 넓어 독일 공군기의 침입을 봉쇄하기도 힘들었다. 다우딩이 할 수 있는 일이라고는 쳐들어오는 독일 공군에게 심한 항공기와 승무원 손실을 꾸준히 입혀 독일이 런던 폭격을 중지하게 하거나 최소한 전술을 바꾸도록 하는 것 말고는 없었다. 확실하고 깔끔한 승리를 원하거나 기대했던 사람들은 현 상황에 실망할 수밖에 없었다. 죽음과 파괴의 무대는 처음에는 잉글랜드 남부의 공군 기지와 주요 공업 도시였으나, 그다음에는 항공 산업 시설, 그다음에는 세계 최대의 도시 런던으로 옮겨 가고 있었다.

9월 2일 제국원수 괴링은 총통의 허가를 얻어 런던에 대한 대규모 주간 폭격을 시작했다. 물론 야간 폭격도 계속 진행했다. 그는 9월 7일 작전 개시를 직접 시찰하러 전용의 호화 열차를 타고 파드칼레에 도착했다. 그는 이날 오후 예하 항공함대의 폭격기들과 호위 전투기들이 대편대를 지어 도버의 백색 절벽을 지나 영국으로 날아가는 것을 보았다. 폭격기는 300여 대, 전투기는 600여 대에 달했다. 이 장관을 목격한 대부분의 사람들은 그 위용에 압도당해 아무 말도 할 수 없었다. 이 모습은 영국 공군의 레이더상에도 점과 선의 신호로 나타났으며, 그 모습을 본 영국 공군 레이더 조작사들과 지상 관제사들 역시 경악할 수밖에 없었다. 이 거대한 폭격은 당시로는 항공전 사상 최대 규모*였으며, 이미 군사 기밀과는 거리가 멀었다. 괴링과 휘하 참모들은 끝없이 날아오르는 이 거대한 항공기의 파도를 관람했으며 독일 국내 라디오 방송은 이 폭격대에 대해 열광적인 뉴스 보도를 해댔다. 괴벨스의 부하들은 웅장한 음악과 음향 효과를 사용해 가며 이 라디오 뉴스 보도를 예술의 경지로 승화시켰다. 괴링은 라디오 방송에 직접 출연해 독일 국민들에게 이렇게 말했다. 「저는 영국과 맞서 싸우는 독일 공군의 지휘권을 넘겨받았습니다.」 이를 듣고 어떤 사람들은 그럼 이때까지 괴링이 공군을 지휘하지 않았다는 말이냐며 의아해했다. 어떤 사람들은 베를린은 절대 폭격을 당하지 않을 거라고 했던 괴링의 약속을 떠올리기도 했다. 그러나 이날 독일 언론의 분위기는 승리를 낙관하고 있었다. 아니, 이미 승리하여 한바탕 축제라도 벌일 듯한 분위기였다. 이러한 분위기는 나치 선전의 전통을 따른 것이었다. 라디오 베를린을 청취하지 않고 있던 영국 레이더 조작사들은 칼레 상공에 대규모로 모인 독일기들의 공격 목표를 알아내지 못하다가, 저번과 마찬가지로 이번에도 켄리와 비긴힐 기지가 공격 목표일 거라고 결론을 내렸다.

그 결과 전투기사령부는 다시금 무방비 상태가 되었다. 이틀 전 파크

---

* 1942년 영국 공군 대장 아서 해리스가 1,000대의 폭격기가 참가하는 밀레니엄 폭격을 쾰른에 가함으로써 이 기록은 깨졌다.

소장이 지상 관제사들에게 내린 지시도 이런 혼란의 원인 중 하나였다. 그 지시를 적은 문서를 본 사람들이 처음 느낀 것은 파크가 리맬러리에 대해 갖고 있는 강한 반감이었다. 두 번째로 느낀 것은 지상 관제사들이 제11 전투비행단의 전투비행대대를 전개시키는 방식에 대해 파크가 가진 강한 불만이었다. 이는 파크와 리맬러리 간의 반목보다도 더욱 중요한 사실이었다. 왜 그랬을까? 그 점을 이해하려면 당시의 레이더는 처음에는 고도 측정 능력이 형편없었다는 것을 기억해야 한다. 특히 실제보다 너무 낮게 고도를 측정하는 경우가 많았기 때문에 레이더 조작사들은 레이더가 측정한 고도에 수백 미터 정도를 더해서 보고하는 것이 보통이었다. 이러한 기술적 문제점은 1940년 8월이 되자 대부분 시정되었다. 그러나 대부분의 레이더 조작사들은 여전히 지상 관제사들에게 레이더가 측정한 고도에 600미터 정도 더해서 보고하고 있었다. 게다가 전투조종사들도 보통 보고받은 고도에 수백 미터 정도 더해서 생각하는 경우가 흔했다. 이는 전투조종사들의 경험 부족, 버릇, 그리고 전투에서 적기보다 높은 고도를 차지하려는 생각 때문이었다. 고도가 높으면 적을 더 잘 찾을 수 있으며, 전투에서 더욱 높은 속도를 얻을 수도 있다. 적기의 후상방에서 급강하하며 공격하는 것은 적기를 격추할 확률은 물론 살아남을 확률을 높이는 최선의 방책이었다. 그러나 영국 공군의 스피트파이어와 허리케인은 고고도로 올라가는 데 시간이 많이 걸렸다. 스피트파이어의 경우 7,500미터 상공으로 올라가는 데 11분이 걸렸다. 게다가 원하는 고도가 높아질수록 더 오랜 시간이 걸렸다. 따라서 영국 공군 전투비행대대들은 고도를 잡는 데에만도 너무 많은 시간이 걸려 폭탄을 투하하러 오는 독일 폭격기를 요격하지 못하고, 대신 이미 폭탄을 투하하고 돌아가는 폭격기들을 공격해야 하는 경우가 흔했다. 때문에 다우딩과 파크는 아무리 많은 독일 폭격기를 격추시켜 봤자 폭탄을 떨어뜨리고 가는 폭격기를 격추해서는 적의 폭격을 막을 수 없다는 비난을 받아야 했다.

너무 높은 고도로 올라가면 또 다른 부작용도 생겼다. 영국 전투기들이 높은 고도로 올라가면 폭격기를 밀착 호위하라는 괴링의 지시를 무시하고 고고도를 비행하고 있는 독일 전투기와 조우할 확률이 커졌다. 사실, 고고도를 날아야 폭격기에 접근하는 영국 전투기를 발견할 확률이 크기 때문에 이는 부득이한 일이었다. 그 결과 영국 전투기가 독일 폭격기 대신 그보다 1,200~1,500미터 더 높은 고도를 날고 있는 독일 전투기와 교전을 하는 경우가 늘어났다. 이론상으로는 스피트파이어 비행대대는 고공을 비행하는 독일 전투기를 맞아 싸우고 허리케인 비행대대는 낮은 고도의 폭격기를 공격하는 것이 좋았다. 왜냐하면 스피트파이어는 속도가 빨라 허리케인보다 고고도에 빨리 올라갈 수 있기 때문이었다. 그러나 실전에서 이런 깔끔한 임무 구분은 없었다. 따라서 조종사들은 각 기종의 특성을 제대로 살려 전투에 임하지 못했다(허리케인은 폭격기 상대로 큰 화력을 퍼부을 수 있는 강인한 기체였으며, 스피트파이어는 허리케인보다 고공, 고속 성능이 우수하고 기동성이 뛰어나 선회 반경이 작으므로 Bf 109와 호각, 또는 우세한 전투를 벌일 수 있었다).

그날 전투기사령부가 안고 있던 문제는 또 있었다. 벨기에 항구에 많은 수의 바지선이 도착함에 따라 많은 사람들은 독일군의 상륙이 코앞에 닥쳤다고 믿게 되었다. 따라서 독일 공군의 대규모 폭격은 그 상륙을 위한 전초전이라고 보게 된 것이다. 따라서 사람들은 실제로 벌어지는 일에 대해서는 그만큼 관심을 덜 쏟게 되었다. 독일 역시 영국을 혼란시키는 전술을 고안했다. 영국 해협을 건너 영국으로 가는 대규모 폭격기 편대는 평소보다 훨씬 높은 고도를 비행했으며, 그 비행 방향도 실로 제멋대로였다. 이는 영국 레이더 조작사들이 정확한 공격 방향을 알지 못하게 하려는 것이었다. 이들은 그 후 고도 4,800미터 상공에서 집결한 다음 템스 강 어귀를 따라 곧장 영국 공군 켄리, 비긴힐, 크로이든 기지로 향했다. 다우딩과 파크가 어떤 경우라도 적의 공격을 받을 거라고 생각한 곳들이었다. 그러나 독일 공군기들은 크로이든을 지나쳐 기수를 돌리고 런던의 이스트엔드를 향했다. 제11 전투비행단의 주요 구역 공군 기지로 가는 길은 잘 방어되고 있었으나 런던으로 가는 길은 그렇지 않았다. 그리고 그런 상황을 바꾸기에는 너무 늦었다. 파크는 무수한 독일 전투기와 폭격기에 맞서 단 4개 전투비행대대만 투입할 수 있었다. 아무리 경력이 오래된 전투조종사라도 독일 항공기의 대군을 보고 놀라지 않을 수 없었다. 어떤 사람은 이렇게 말했다. 「숨이 막힐 것 같은 모습이었습니다. 그만큼 잊을 수 없는 광경은 두 번 다시 볼 수 없을 겁니다.」 또 어떤 사람은 이렇게 말했다. 「살면서 그렇게 많은 항공기를 본 적이 없습니다.」 이는 당시 현장에 있던 전투조종사, 레이더 조작사, 관측대원들의 공통된 반응이었다. 아무도 그렇게 많은 항공기들이 한자리에 모여 질서 정연한 편대 비행을 하는 모습을 이전에 본 적이 없었다. 적기의 수는 너무 많아 도저히 막을 수 없을 것처럼 보였다. 오후 5시경이 되자 이들이 런던의 이스트엔드로 향하는 것이 분명해졌다. 이스트엔드에는 도크, 창고, 공장, 무수한 작은 가옥, 그리고 무수한 공동 주택이 있었다. 아마도 세계에서 가장 인구 밀도가 높은 도시 지역 표적이었을 것이다.

처음에 영국 공군은 전투기로 강렬하게 반격을 가했으나 단 4개 대대로는 이 거대하고 잘 방어된 항공기의 무리를 저지하거나 분쇄할 수 없었고 폭격을 막는 일도 불가능했다. 전투기사령부가 할 수 있는 최선의 일은 폭격을 마치고 런던 북쪽으로 날아가, 동쪽으로 진로를 변경해 모기지로 돌아가는 독일 공군기를 공격하는 것뿐이었다. 오후 4시 20분에서 5시 사이에 다우딩은 무려 21개 전투비행대대를 출격시켰다. 그중에는 더글러스 바더의 말 많던 덕스퍼드 전대 예하 3개 전투비행대대도 있었다. 그러나 이들 항공기들이 독일기들과 격전을 벌인 것은 폭탄이 이미 이스트엔드를 향해 떨어지고 난 후였다.

폭탄은 런던의 도크와 라임하우스, 타워 브리지, 울위치, 버몬지, 토트넘, 바킬, 해크니, 로터하이트, 스텝니 등지에 떨어졌다. 하랜드 앤 울프 공장, 석유 정제소, 여러 창고가 완파되었고, 가스 공장, 배터시 발전소, 그리고 전날에도 폭격을 당한 템스헤이븐의 석유 저장소가 피해를 입었다. 이 폭격으로 인해 사방이 불길에 휩싸인 실버타운의 주민 전원은 강으로 피할 수밖에 없었다. 그날 하루 동안 306명의 런던 민간인이 죽고 1,337명이 중상을 입었다. 런던 동부 지역이 모두 불지옥이 되었다. 철도선, 전차선, 가스 및 수도관, 하수도관, 전기, 전화선 모두가 불통되었다. 이곳의 주요 철도역 3개소도 큰 피해를 입고 기능이 마비되었다. 도로는 돌무더기로 화했다. 버스와 전차는 고철 조각이 되었다. 그리고 석유가 타면서 생긴 짙은 연기와 모래 먼지가 런던 전역을 뒤덮었다. 그 연기에는 항구 창고에 쌓여 있던 대량의 술과 담배가 타면서 생기는 톡쏘는 냄새가 섞여 있었다. 그러나 리벤트로프의 예상과는 달리 런던 시민들은 전혀 공황을 일으키지 않았다. 이 전쟁을 계급 투쟁으로 정의했던 영국 주재 소련 대사인 이반 마이스키 같은 철저한 공산주의자도 엄청난 파괴 속에서 평온을 잃지 않는 사람들의 모습에 놀라지 않을 수 없었다. 이스트엔드 주민은 유대인과 비유대인을 막론하고 부서진 집과 불타는 가재도구를 뇌두고 폭탄 구덩이와 잔해들 사이로 질서 정연히 대피하여 자원봉사자들의 도움을 받으러 갔다.

9월 7일과 8일 사이의 밤에 독일 공군은 약 300대의 폭격기를 가지고 돌아왔다. 이들은 불타는 석유 저장 탱크, 석유 정제소, 가스관을 육표 삼아 날아와 고폭탄 300톤 이상과 소이탄 약 500발을 이미 부서진 이스트엔드에 퍼부었다. 지상의 거리에서는 그레이터 런던 소속의 소방차 600대와 소속 소방관 및 의용 소방관* 거의 전원이 투입되어 9개의 대화재에 맞서 싸우고 있었다.

그날 저녁 괴링은 베를린에 있는 아내 에미와 전화 통화를 하면서 자랑스럽게 말했다. 「런던이 불타고 있소.」 이보다는 당시 런던에 파견되었던 뛰어난 미국 기자인 뉴욕 타임스의 제임스 레스턴이 자기 회사에 전송한 아래 기사가 더욱 마음에 와 닿는 표현일 것이다. 〈여기에 있는 모든 사람들에게는 그 어떤 찬사도 과분치 않습니다. 지난 1,000년의 역사와 문화를 통해 런던 시민들은 감동적이기까지 한 뛰어난 용기를 물려받았습니다. …… 이 사람들의 정신을 전달하는 것조차 쉽지 않습니다. 적의 공격은 이들을 분노시키고 더욱 강하게 만들 뿐입니다. 이들은 우리 미국인들이 상상하기조차 힘들 만큼 어려운 상황에 처해 있습니다. 그럼에도 불구하고 특별한 품위를 보여 주니 놀라울 뿐입니다. 우리는 그동안 영국인들을 얕보고 있었습니다. ……영국인들은 최후의 순간이 올 때까지 견뎌 낼 것입니다.〉[9] 히틀러가 전투기사령부 대신 런던을

* 의용 소방관은 보통 군 복무에 적합지 않은 신체 조건을 보유한 남성으로 구성되었다. 이블린 워도 지적했듯이 웨스트엔드의 의용 소방관들 중에는 출판업자, 유명 시인, 조각가, 소설가, 화가 등이 많이 포함되어 있었다. 사교계 출신의 상류층 여성들도 기계화 수송대의 운전사로 지원하여 이스트엔드의 사상자들을 날랐다. 이러한 자원봉사자 중에는 후일 아이젠하워 장군의 운전병 겸 상담가가 된 케이 서머스비, 그리고 필자의 어머니인 렐리아 하이드도 포함되어 있었다.

목표물로 정한 것은 엄청난 실수였다. 그리고 그 결과 영국은 전 세계에 자신들이 이 폭격을 버텨 낼 수 있다는 것을 증명, 선전전에서 승리했다. 그러나 진정으로 더 큰 승리를 거둔 것은 다름 아닌 영국 공군 전투기사령부였다.

그날 밤, 낮에 가해진 폭격으로 인한 불이 아직도 런던을 태우고 있을 때 영국군 참모총장은 독일군 바지선과 해군 함정들에 대한 정찰 사진을 분석하고, 최근 감청한 독일군의 유무선 통화 내용 등을 검토한 후 무시무시한 암호인 〈크롬웰〉을 발령했다. 크롬웰은 독일군의 상륙이 임박했음을 알리는 암호였다. 잉글랜드 남부 전역의 향토방위대원들은 모두 소집되어 실탄을 지급받았다. 군에는 최고 경계 태세가 발령되었다. 교회 종이 울렸고 일부 지역에서는 탈레랑이 경계하던 〈지나친 열성〉 탓에 촌극이 벌어지기도 했다. 열성이 넘치는 일부 공병들이 도로를 막고 전략상 중요한 다리를 폭파하기까지 했던 것이다.

그러나 아침이 다가오자 바다는 여전히 평온했다. 영국 해안에는 독일 보병의 군화 자국이 없었고 전략적 거점에 대한 독일 공수 부대의 대규모 강하도 없었다. 전투기사령부는 28대의 항공기를 잃었으며 19명의 조종사가 전사 또는 실종되었다. 독일군은 41대의 항공기를 손실했다. 이는 영국 공군이 주장하는 독일기 격추수보다 30대가 적은 것이었지만, 그래도 상당히 많은 수였다. 그리고 이달 초 양군의 항공기 손실이 거의 동등했던 때를 감안한다면 상당히 영국 측에 유리하게 기울어진 것이었다.

벤틀리 프라이어리에서는 9월 7일의 전투를 승리로 여겼다. 그러나 항공성과 다우닝가 10번지에서는 이를 다우딩의 〈최고의 날〉로 여기지 않는 분위기였다. 다우딩이 21개 전투비행대대를 동원했음에도 런던에 대한 무차별 폭격을 막지 못했기 때문이었다. 그리고 다우딩의 야간 전투기들 역시 런던 상공의 연기에 방해를 받긴 했지만 역시 단 1대의 독일 폭격기를 격추시켰을 뿐이었다. 그리고 어찌 되었건 다른 사람들보다 이 문제를 더 잘 알고 있어야 할 다우딩과 파크가 방심하여 독일군의 공격 방향을 잘못 예측한 것이었다. 실제로 바더의 〈덕스퍼드 전대〉가 독일군을 상대로 잘 싸우고 있다는 점은(폭탄을 투하하고 돌아가는 독일기를 상대로 한 전과이기는 했지만) 리맬러리의 빅 윙 띄워 주기는 물론 다우딩 및 제11 전투비행단이 더욱 새롭고 효율적인 전술을 거부하고 있다는 그의 불만에도 신빙성을 실어 주었다. 분명 레이더와 전투기 관제의 어려운 속사정을 알지 못하거나, 알아볼 생각도 하지 않는 사람들은 전투기사령부가 독일 폭격기들이 폭격을 한 이후가 아닌, 폭격을 하기 전에 총력을 기울여 요격해야 한다는 점을 별로 중요치 않게 여겼다.

쌍발 블레넘 폭격기에 설치된 극비의 AI 레이더 세트는 야간 전투기대의 큰 기대를 받고 있었다. 그러나 이들은 시험을 받지 않은 신장비의 문제점과 경험 없는 공중 레이더 조작사라는 변수를 못 보고 있었다. 당시는 공중 레이더 장비의 비밀을 너무나도 철저히 지킨 나머지, 공중 레이더 조작사를 경험 많은 고참 하사관이나 항공 승무원으로 충원하지 않았다. 레이더 조작사와 조종사는 한 팀을 이루어서 활동해야 했다. 그러나 현실은 평범한 공군 사병에 불과하고, 레이더 앞에 앉아 본 경험이 전무한 레이더 조작사가 4,500미터 상공에서 아군의 대공 포화에 흔들리는 기체 속에서 이리저리 출렁거리면서, 빨리 한 대 잡고 들어가 자려는 조종사에게 적기의 위치를 말하라고 채근을 당하는 상황이었다. 또한 지상의 레이더 조작사와 지상 관제사, 그리고 공중의 야간 전투기 간의 통신도 확실하지 않았으며 조종사가 적기의 배기관에서 나오는 불꽃을 확실히 볼 기회는 너무나도 적었다. AI 장비 자체도 매우 신뢰성이 떨어졌으며 항공기 배터리를 급속히 고갈시켰다. 이는 야간 전투기의 비행 시간을 그만큼 잡아먹었다. 당시만 해도 레이더 장착 요격기라는 개념은 아직 초보 단계였고, 이 개념이 성숙되어 효율적인 레이더 장착 요격기가 나오려면 그 후로도 1년은 더 기다려야 했다.

이러한 두 가지 불만은 다우딩과 파크가 사용해 오던 전투 방식에 대한 의심과 잘 꾸며진 허위 사실 유포 행위의 기반을 이루었다. 그러나 9월 7일 다우딩의 전략이 성공적이라는 것은 분명해졌다. 다우딩이 좀 더 융통성 있고 영악한 사람이었다면 파크에 대한 신뢰, 그리고 리맬러리의 〈빅 윙〉에 대한 의심을 설명하고 정당화하려 했을 것이다. 또는 질 위험이 큰 통제 불능의 큰 공중전을 한 번 치르기보다는, 소규모의 비행 대대로 독일 공군에 끊임없는, 그리고 멈추지 않는 손실을 가하겠다는 자신의 전략을 설명했을지도 모른다. 또한 지상 레이더도 배치 초기에는 여러 문제를 겪었지만 결국 그 문제를 모두 극복한 것처럼, 공중 레이더 역시 언젠가는 성공리에 운용될 수 있다는 점을 지적했을지도 모른다. 또한 공중전은 보조적인 것이고, 공중전이 지속되는 한 독일은 영국에 상륙 작전을 실시할 수 없으므로 그렇게 되면 영국을 지킬 수 있다는 점을 지적했을지도 모른다.

물론 다우딩은 그답게 이 중 어떤 것도 하지 않았다.

그날 밤, 영국 해협 건너편의 분위기는 더욱 험악했고, 분노에 찬 갑론을박이 이어졌다. 라디오 베를린은 자만심에 가득 찬 방송을 내보냈고, 괴링 자신도 아내에게 승리를 알렸음에도 불구하고, 폭격기 부대의 엄청난 손실에 격노하며 전투조종사들에게 그 책임을 물었다. 그리고 자신이 곧 전멸할 거라고 여러 차례 호언장담을 했던 영국 공군 전투기 사령부가 아직도 상당한 수의 전투비행대대를 보유하고 있는 데 대해 놀라움을 금치 못했다. 그는 파드칼레에 있는 케셀링의 전방 사령부에 전투기 부대 지휘관들을 집합시킨 후 영국 해협이 굽어보이는 그 바람 부는 들판에서 폭격기 엄호 실패를 꾸짖었고, 심지어는 전투조종사들이 비겁하다고 비난했다. 그러나 이는 방금 전의 전투에서 많은 부하들을 잃고 돌아온 전투기 부대 지휘관들에게 너무한 처사였다. 지휘관들은 괴링의 말에 겉으로는 귀를 기울이는 척했으나, 그들의 반응은 전반적으로 냉담했다. 괴링이 이를 알아채지 못할 리가 없었다. 그 자신도 제1차 세계 대전의 에이스 파일럿이었던 괴링은 어조를 바꾸어 부동자세로 선 지휘관들에게 다가가 한 사람 한 사람에게 승리를 위해 필요한 것이 있느냐고 물었다. 독일 공군에서 가장 유능하고 존경받으며, 또한 가장 잘 알려진 전투조종사인 아돌프 갈란트의 차례가 되었을 때 갈란트는 이렇게 일갈했다. 「제국원수, 제가 필요한 것은 1개 대대분의 스피트파이어입니다!」[10]

이 발언에 격노한 괴링은 그날 모임을 마감하고 기다리고 있는 메르세데스 벤츠 참모 차량으로 돌아가, 전용 열차로 향했다. 이는 불과 수 시간 전까지 가지고 있던 런던 폭격에 대한 직접 지휘권을 포기한 것이었다. 그러나 화가 누그러들자 그는 런던 폭격을 재개했다. 이후 갈란트는 괴링에게 그날 자신의 말이 무엇을 뜻하는지를 거듭 설명해(물론, 그렇다고 사과를 한 것은 아니다) 괴링의 용서를 받았다. 이는 영국 전투에서 아마도 가장 유명한 일화일 것이다. 이 일화는 특히 영국에서 많이 알려졌다. 이는 독일 측 전문가도 스피트파이어의 성능이 메서슈미트보다 월등함을 인정한 사례로 여겨졌기 때문이다. 그러나 사실 갈란트는 전쟁 중에는 물론 종전 후에도 오랫동안 메서슈미트가 스피트파이어보다 한참 우월한 전투 기계라고 생각하고 있었다. 폭격기 밀착 호위는 Bf 109를 낭비하는 것에 불과하다는 것이 그의 진의였다. 그는 이전에도 괴링에게 그런 의사를 전달한 바 있었다. Bf 109는 공격용으로 설계되었지, 폭격기 밀착 호위에 적합하게 설계된 비행기가 아니었다. 그리고 폭격기 밀착 호위에는 메서슈미트보다 기동성이 우수한 스피트파이어가 더욱 적합하다고 갈란트는 생각한 것이었다. 물론 그가 스피트파이어를 조종해 본 적은 없었지만 말이다(실제로 영국 공군은 스피트파이어를 폭격기 호위에 사용하지 않았는데, 스피트파이어는 항속 거리가 짧기 때문에 폭격기 호위 임무에서는 Bf 109보다도 불리했기 때문이다).

갈란트는 독일 공군이 미국의 B-17이나 B-24처럼 중무장을 한 대형 4발 폭격기 및 이들을 호위할 수 있는 장거리 요격기(미국의 P-51 후기형 같은)를 보유해야 한다고 생각했다. 그러나 괴링은 밀히를 시켜 4발 폭격기 개발 계획을 취소해 버렸다. 괴링은 그런 비행기가 필요 없다고 생각했기 때문이다. 그리고 장거리 요격기로는 Bf 110을 사용했다. 그래서 갈란트는 괴링에게 결국 이런 말을 했다. 「제국원수께서 원하시는 바가 그러하다면, 지금까지와는 완전히 다른 종류의 항공기와 조종사가 있어야 합니다.」 그러나 독일인들이 이 말의 뜻을 깨우친 것은 영국 전투가 끝난 이후였다. 영국에 대한 전략 폭격을 진지하게 생각해 본 독일인은 하나도 없었다. 영국이 감히 독일에 항전을 계속하리라고 여긴 사람은 없었기 때문이다.* 괴링은 인격적인 문제가 많고 실수도 많이 저지르는 사람이었지만, 대영 항공전의 패배 원인은 사실 괴링보다는 히틀러와 폰 리벤트로프에게 돌리는 것이 합당할 것이다. 갈란트의 지적은 틀림없었다. 독일 공군에는 영국을 강타해 항복시킬 장비가 없었다. 독일 폭격기는 너무 작고 폭탄 탑재량도 적었다. 그리고 독일 전투기의 항속거리는 너무 짧았다. 그러나 영국과 미국의 폭격비행대 역시 독일보다 더욱 우수한 폭격기를 보유하고 있었음에도, 독일을 강타해 항복시키는데 실패했다. 심지어 태평양에서도 미군의 B-29 폭격기가 도쿄와 주요 대도시를 초토화시켰지만, 그것으로도 일본을 항복시킬 수는 없었다. 일본의 항복을 불러온 것은 히로시마와 나가사키에 투하된 강력한 신무기였다.

9월 7일은 영독 양국 모두에게 불만족스러운 하루였으며, 상황을 재평가하는 계기가 되었다. 다우딩은 전투에서 소모된 비행대대 일부를 일선에서 빼내고 그 자리에 새로운 전투비행대대를 메워 넣었다. 또한 그는 더욱 중요한 작업도 수행했다. 바로 예하 전투비행대대를 3개 범주로 나눈 것이다. 이를 좋아하는 사람은 없었으나 타당한 작업이었다. A범주는 독일군 항공 공격 진로 위에 위치한 제11 전투비행단 예하 비행대대가 포함되었다. B범주는 단기간의 훈련으로 바로 A범주를 대체 가능한 비행대, C범주는 소규모 적 폭격기 요격이나 고립된 적 폭격기 요격 임무를 제외하면 전투준비태세를 갖추지 않는 비행대였다. 사실상 이는 전투비행대대 속의 양과 염소를 골라내는 작업이었다. B범주에 속

---

* 하인켈과 융커스는 이미 1937년에 4발 폭격기 시제품을 성공리에 제작했다. 이 항공기들은 〈우랄 폭격기〉라는 이름으로 불렸는데, 독일에서 출격해 우랄 산맥 너머의 목표를 타격할 수 있어야 했기 때문이다. 그러나 이 프로젝트는 독일 공군 최고 사령부 내의 권력 다툼에 희생되었다. 그리고 생산성 높은 항공기만을 고집한 괴링의 의견 탓에 이 프로젝트는 취소되었다. 하인켈과 융커스 사의 시제품에 엔진만 더 좋은 것을 달았더라면 미국 B-17이나 영국 랭커스터 폭격기에 맞먹는 전투력을 발휘했을 것이다.

한 비행대대들도 모욕적인 느낌을 받았고, C범주 비행대대의 가장 뛰어나 조종사들은 심한 조종사 부족을 겪는 A범주 및 B범주 비행대대로 보내졌다. 그리고 C범주 비행대대로 좌천되고 싶어 하는 조종사는 없었다. 이런 범주화 작업은 조종사들 사이에서 다우딩의 인기를 전혀 높여주지 못했다. 조종사들에게 다우딩은 멀리 떨어져 있는 곰팡내 나는 사람이었고 그의 복잡한 계획, 짜증나는 계획 변경은 매일같이 전투에서 목숨을 걸거나 전투에 뛰어들고 싶어 안달이 난 젊은이들이 전혀 이해할 수 없는 것들이었다. 조종사들은 그런 다우딩을 마구 비난했다.

다우딩의 이러한 계획은 가장 경험이 많고 작전 준비 태세가 뛰어난 비행대대의 전력 강화를 위해 나머지 비행대대를 희생하는 것이었다. 이는 전투로 인해 피로한 조종사들의 반발을 엄청나게 몰고 왔다. 또한 소속 비행대대에 대한 조종사들의 충성도를 떨어뜨렸다. 영국 육군 병사들이 소속 연대에 대해 갖는 충성도와 마찬가지로 소속 비행대대에 대한 충성도야말로 전투력과 사기의 원천이었다. 조종사에게 비행대대는 그의 집이나 다름없었다. 동료 조종사들은 친구이자 전우였고, 지상요원들도 이웃 사람이나 진배없었다. 동질감과 소속감을 느끼기 쉬운 작은 조직에 집착하던 조종사들을 제멋대로 다른 비행대대로 전속시키는 것은 심각한 문제였다. 그리고 C범주 판정을 받은 비행대대에 남아 있는 조종사들 역시 모욕감을 느꼈다. 이러한 계획 때문에 벤틀리 프라이어리의 고급 장교들은 조종사들의 사랑을 받지 못했다. 다우딩은 또한 같은 날 상선단 상공의 공중 엄호를 중단하겠다는 나름대로 합리적인 결정을 내렸다. 전투기와 조종사를 보호하기 위해서였다. 그러나 이는 해군성의 큰 반발을 샀으며 다우딩에 적대적인 사람들에게 큰 의혹을 불러일으켰다. 대체 전투기사령부는 무엇을 지킬 수 있다는 말인가?

밤낮으로 폭탄을 얻어맞는 대도시도 지키지 못하고, 항공기 공장도 지키지 못하고, 이제는 영국 경제에 필수적인 상선단도 지킬 수 없다는 말인가?

9월 8일부터 9일까지 쾌청한 날씨에 힘입어 런던 공격은 계속되었다. 전투조종사 전사 및 실종 수를 가볍게 뛰어넘는 민간인 희생도 계속 발생했다. 9월 8일의 주간 및 야간 폭격으로 민간인 412명이 사망했다. 9월 9일에는 독일 공군 편대에 대한 제11 전투비행단의 맹공격에도 불구하고 370명의 런던 민간인이 죽고 약 1,500명이 중상을 입었다. 10일에는 구름이 끼고 비가 와 독일군의 공격과 민간인 사상자가 줄어들었다. 그러나 11일에는 다시 날씨가 쾌청해져 독일군은 다시금 총공격을 가했다. 이 며칠간 영독 양군의 신경은 그야말로 붕괴 직전까지 가 있었다.

영국 공군 전투기사령부가 건재하고, 영국인들이 대도시 폭격에도 겁을 먹지 않았기 때문에 독일의 히틀러는 바다사자 작전 준비령 발령을 다시 한 번 연기했다. 독일 해군이 북해로부터 영국 해협으로 들어오는 영국 군함들을 막기 위해 길고 촘촘한 기뢰원을 부설하려면 적어도 이틀 동안은 날씨가 쾌청하고 바다가 잔잔해야 했다. 그리고 기뢰를 부설해도 영국 해군을 완벽히 막을 수 있다고는 볼 수 없었다. 그러나 기뢰가 없으면 영국 순양함과 구축함들이 영국 상륙을 확실히 저지할 것이었다. 영독 양국은 모두 지난 1915년 터키가 부설한 기뢰원이 드 로베크 제독의 콘스탄티노플 접근을 막았던 것을 기억하고 있었다.

스피트파이어 사진 정찰 비행대가 영국 해협 중 프랑스 쪽 항구 앞바다에 부설된 기뢰, 그리고 독일 해군 군함과 바지선들의 이동을 촬영해 보고하자 많은 사람들은 이제 영국 본토 상륙이 임박했다는 결론을 내렸다. 그렇다면 런던 및 파크 소장의 주요 공군 기지에 대한 맹폭격은 상륙의 전주곡으로 해석될 수 있었다. 그러나 다우딩은 이러한 의견에 공감하지 않았다. 그는 임박한 상륙에 대비해 귀중한 보포스 대공포를 육군에 인계하라는 전시 내각의 직접 지시에 완강히 저항했다. 물론 결국 대공포를 내주기는 했지만 말이다. 그는 독일군의 상륙은 임박하지 않았다고 주장했다. 이러한 그의 반항은 그가 대영 제국 전체의 방공을 책임지는 사람이었기 때문이다. 독일군의 상륙이 시작되면 그는 제10 전투비행단 예하 전투기들을 사용해 영국 해협 해상과 해안의 적을 공격하고, 독일군 상륙 함대와 싸우는 영국 군함들을 지원해야 했다. 또한 덴마크 및 노르웨이에 주둔하고 있는 독일 제5 항공함대가 상륙 작전에 참여할 가능성도 무시할 수 없었다. 그런 경우라면 제13 전투비행단을 이용해 잉글랜드 북부와 스코틀랜드, 그리고 스캐퍼플로에 위치한 영국 본토 함대의 주요 해군 기지를 방어해야 했다. 다우딩은 독일군의 상륙이 임박하지 않았다고 생각했지만, 그래도 모든 전력을 런던 방공에만 집중시킬 여력은 없었다.

9월 11일은 독일 공군의 활동 규모가 엄청났다. 주간에는 약 500대에 달하는 독일 폭격기들이 런던과 포츠머스, 사우샘프턴에 대규모 폭격을 가했고, 야간에도 200대가 넘는 폭격기들이 런던과 리버풀에 폭격을 가했기 때문이다. 그러나 영국군의 반격도 예상을 뛰어넘는 수준이었다. 여전히 괴링은 전투기사령부의 전투기 보유 대수가 200대가 안 된다고 생각했지만, 다우딩은 9월 11일 오전 9시 시점에서 가동 기체만도 스피트파이어 214대, 허리케인 387대를 보유하고 있었다. 이는 요제프 슈미트의 최근 예측에 비해 거의 세 배나 많은 수였다. 그러나 전투기 수가 많아도 다우딩은 안심할 수 없었다. 그날의 전투에서 독일기 25대가 격추당했는데, 이에 반해 영국기는 29대가 격추당했고 영국 조종사도 17명이나 전사했다. 영국 공군 전투기사령부의 손실이 독일군의 손실을 넘어선 것이다. 이는 매우 좋지 못한 징조였다. 더욱 위협적이게도 독일은 이날 프랑스 해안에 설치된 특별 송신기를 사용해 영국 레이더의 전파를 부분적으로나마 방해하는 데 성공했다. 물론 레이더의 기능을 완전히 방해한 것은 아니었으나 레이더 조작사들이 화면에 뜬 것을 해석하기 어렵게 하는 전자 간섭 효과는 있었다.

11일에 폭격을 맞은 건물 중에 가장 중요한 건물은 아마 버킹엄 궁일 것이다. 분명 독일군의 오폭은 아니었다. 버킹엄 궁에 6발의 폭탄이 떨어졌으며 그중 두 발은 국왕의 작은 거실에서 채 18미터도 떨어지지 않은 곳에서 폭발했다. 당시 국왕은 그 방에서 개인 비서인 알렉 하딩과 이야기를 하던 중이었다. 그러나 영국 왕가는 이 폭격에 의연하게 대처했고, 이를 선전전 승리의 열쇠이자 사기 양양책으로 생각했다. 왕비는 안도의 기색을 띠며 이렇게 말했다. 「이제야 이스트엔드의 주민들을 뵐 면목이 생겼군요.」 그리고 국왕과 왕비는 궁전의 잔해를 살펴보고, 응급 구조대원들과 쾌활하게 이야기하며, 그 장면을 사진으로 찍었다. 국왕은 구름 아래에서 적기가 튀어나와 더 맬(버킹엄 궁과 트래펄가 광장을 잇는 도로 – 옮긴이)을 따라 곧장 날아오는 것을 보았다. 그 항공기는 분명 버킹엄 궁을 폭격할 태세였다. 그러나 이 버킹엄 궁 폭격은 공포심을 조장하기 위한 독일 정부 또는 독일 공군의 정책 때문은 아닌 것 같았다. 그보다는 사기가 넘치는 독일 폭격기 승무원들이 누가 먼저 버킹엄 궁을 명중시킬지 내기를 한 때문이었다.

런던의 중심가인 더 시티와 런던 도크들은 더 큰 피해를 입었다. 여기에서만 53명이 사망했다. 도버 해안은 공군기의 폭격뿐만 아니라 독일군의 장거리 해안포에 의한 포격까지 당했다. 켄리 공군 기지와 비긴힐 기지 역시 또 공격을 당했다. 그리고 런던-브라이튼 철도의 주선은 불발탄과 시한폭탄으로 한동안 차단되었다. 윈스턴 처칠 역시 다우딩만큼이나 독일군의 영국 본토 상륙 가능성에 대해서 회의적이었지만, 국민들 사이에 본토 상륙이 임박했다는 불안감이 팽배했다고 판단, 11일 밤에 이에 대한 대국민 연설을 실시했다. 라디오로 방송된 이 연설은 처칠의 기준에서는 간결했고 훌륭했지만 그의 가장 뛰어난 전시 연설로 평가받고 있지는 않다. 그는 위험을 굳이 숨기거나 축소하려 들지 않았다. 대신 그는 알고 있는 것을 매우 솔직히 털어놓았으며 국민들에게 자신감을 전달했다. 그는 다음 이야기를 분명히 전달했다. 「독일군의 영국 상공 주간 제공권 장악 여부가 이 전쟁의 향방을 가를 것입니다.」이는 처칠과 히틀러의 생각이 완전히 일치한 몇 안 되는 문제 중 하나였다. 그러고 나서 처칠은 적의 대규모 침공을 막을 준비는 그럼에도 불구하고 꾸준히 잘 진행되어 가고 있으며, 독일군이 영국에 상륙하려면 매우 큰 위험 부담을 감수해야 할 것이라고 자신 있게 말했다. 만약 독일군이 영국에 상륙하려면 가급적 빨리 상륙하는 것이 좋을 것이라고 말했다. 날씨가 안 좋아지면 상륙 작전을 언제라도 망쳐 버릴 수 있기 때문이다. 이것 역시 히틀러가 매우 잘 알고 있는 부분이었다. 그리고 처칠은 영국인이라면 계급과 교육 수준을 초월해 누구나 알고 있는 두 전쟁 이야기를 꺼냈다. 모두 영국인이 강대한 대륙의 적에 맞서 승리를 거두어 낸 이야기들이었다. 「우리 역사의 매우 중요한 시기가 될 다음 주를 지켜봐야 합니다. 다음 주는 영국 해협에 다가오던 스페인 무적함대를 드레이크가 처부순 시기, 넬슨이 볼로뉴의 나폴레옹 대육군에 맞서 영국을 지켜 낸 시기만큼이나 중대한 시기가 될 것입니다.」[11] 그의 연설로 인해 영국 전투는 과거의 무적함대 전투나 트라팔가르 전투와 같은 가장 위대한 전투로 사람들의 뇌리에 박히게 되었다. 이는 영국인들의 애국심을 가장 확실히 자극했고, 이후 며칠 동안 어떤 일이 일어나도 이겨 나가겠다는 결의를 굳혀 주었다.

9월 12일부터 14일까지 독일군의 공격은 다소 완화되었다. 그것은 우선 날씨가 불안정했기 때문이었고, 독일군이 폭격 전술을 재고해 보았기 때문이기도 하다. 이들은 거대한 단일 편대로 폭격하는 것보다는 작은 편대를 자주 사용해 여러 차례의 공격을 가하고, 또한 대량의 전투기를 함께 딸려 보내 영국 레이더 조작사들을 혼란시키면서 전투기사령부를 정신없게 만들었다. 런던을 폭격하고 돌아오는 독일 공군 폭격기 부대는 런던으로 가는 폭격기 부대와 완전히 똑같은 항로를 거쳐 돌아가는 경우가 많아졌는데, 같은 항로에서 정반대 방향으로 비행기가 날면 영국 레이더 조작사가 혼란에 빠지기 때문이었다. 12일 독일 공군의 영국 공습에서 가장 극적인 사건이 벌어졌다. 매우 큰 시한폭탄이 런던 세인트폴 성당 인근에 떨어졌다. 폭탄 처리반이 땅을 무려 9미터나 파고 들어가 이 폭탄을 해체하고 제거, 폭탄이 런던의 가장 유명하고 소중한 명소를 날려 버리는 것을 막았다. 13일에는 런던 중부가 다시 맹폭을 당했다. 폭탄이 다우닝가, 트래펄가 광장, 버킹엄 궁전에 떨어졌다. 14일에는 런던 상공에 폭탄을 떨어뜨리는 독일군과, 저지하는 영국군 사이에 대규모의 혼전이 발생, 양군이 똑같이 14대의 항공기를 잃고 끝났다. 이 전투에서 독일군은 영국 공군 전투기사령부가 드디어 약해지고 있다는 느낌을 받았다.

영국인들은 이제 언제라도 독일군이 상륙해 올 거라고 생각하고 있던 데 반해, 베를린에서는 아직도 상륙을 망설이고 있었다. 히틀러는 3군 사령관들을 모아 회의를 열어, 다시 한 번 바다사자 작전을 연기했다. 연기한 이유는 독일 공군이 영국 전투기 전력을 확실히 격파할 기회를 얻기 위함이었다. 이는 독일 해군의 강력한 요청에 의한 것이었으며, 또한 그들은 상륙을 하려면 4~5일간 연속으로 날씨가 좋고 바다가 잔잔한 시기가 필요하다고 말했다(우습게도 불과 며칠 전만 하더라도 독일 해군은 단 2일간만 날씨가 좋다면 영국에 상륙할 수 있다고 얘기했다). 9월 14일과 15일 사이의 야간에 가해진 런던 폭격은 지난 며칠간 런던에 가해진 것보다 분명 강도가 덜했다. 이 때문에 영국 공군의 많은 장병들은 독일군이 9월 15일에 뭔가 특별한 것을 준비하고 있지 않은가 하는 의구심을 갖게 되었다.

그리고 그 생각은 옳았다. 9월 15일은 영국 전투의 결정적인 날, 더 나아가 제2차 세계 대전의 결정적인 날이 되었다.

일기 예보에 따르면 9월 15일의 날씨는 매우 좋았다. 그리고 이른 아침에 약간의 안개가 낀 것을 제외하면 그 예보는 완벽하게 들어맞았다. 게다가 독일 공군 최고 사령부에서는 영국 공군이 약해지고 있다는 판단이 우세했으므로 이날 독일 공군이 대규모 공격을 해올 것은 분명해졌다. 실패로 끝난 독수리의 날 때와 같이 웅장한 팡파르가 울린 것은 아니었으나, 영독 양국 공군은 최대 규모의 전투를 치를 준비를 하고 있었다. 독일 공군은 두 번의 공격을 계획했는데 첫 번째 공격은 오전 늦게 250대 이상의 항공기로, 두 번째 공격은 약 300대의 항공기를 사용해 오후 일찍 벌일 예정이었다. 물론 해가 진 이후에는 야간 공격도 할 예정이었다. 그리고 오전과 오후의 공격은 또한 각각 2개 파로 나뉘어졌다. 그러나 독일군은 자신감에 찬 나머지 전술을 정교하게 짜놓지 않았다. 이날의 전투에서는 독일 전투기를 사용해 영국 전투기를 소탕하는 계획도 잡혀 있지 않았고, 영국 공군이 공격 방향을 모르게 하려는 기만 전술도 사용되지 않았다. 이번에 독일 공군은 순수하게 힘과 양으로만 승부를 볼 것이었고 주 목표는 런던이었다. 영국 레이더 조작사들은 프랑스 상공에서 편대를 구성하는 독일 공군의 모습을 보았다. 이번에는 레이더 조작사들이 적기의 수를 파악하고 전투기사령부에 경보를 보낼 충분한 시간이 있었다. 심지어 더글러스 바더의 빅 윙이 편대를 구성하고 독일군이 폭격을 시작하기 전에 요격을 할 시간도 있었다. 정오 훨씬 전에 파크 소장은 켄트 해안을 넘어오는 독일기 편대를 요격하러 비긴 힐, 노솔트, 켄리, 헨던, 혼처치, 미들월럽, 덕스퍼드 등에서 21개 전투비행대대를 발진시켰다. 이번만큼은 파크와 리맬러리 사이의 앙금이 작전에 아무 영향을 미치지 않았으며 빅 윙에 대해서도 반론이 없었다. 심지어는 제11 전투비행단 지상 관제사들은 빅 윙을 구성할 충분한 시간이 있었다. 이제 켄트 상공의 독일기 편대는 사방에서 몰려오는 영국기의 공격을 당하게 될 것이었다.

영독 양군이 처음부터 9월 15일 일요일이 역사에 길이 남을 날이 될 거라고 생각했다고는 볼 수 없다. 괴링은 분명 이날 영국 공군에 치명타를 먹이고 런던 시민들의 사기를 크게 꺾기를 바랐을 터이지만 당시 독일 공군 항공 승무원 중 상당수는 전황에 대해 어떤 환상도 없었고 심하게 지쳐 있었다. 물론 그 사실을 지휘관들에게는 말하지 않았지만 말이다. 영국에서도 역시 9월 15일을 이전에 겪었던 큰 싸움과 같은 또 다른 격전의 날로 여겼을 뿐이다. 독일군의 영국 상륙 가능성에 주목하고 있던 신문사에서는 해당 기사를 마구 내보냈고, 이를 본 시민들이 공포에 질리자 정보성에서는 만약 독일군이 영국에 상륙해 온다면 BBC를 통해 그 소식을 알 수 있을 거라고 못 박았다(물론 영국에서만). 15일 새벽에 기상한 조종사들은 그날 큰 전투가 있을 거라는 주의를 받았다. 이 이야기를 접한 조종사들 중 상당수는 이제 독일군의 영국 상륙이 진행된다고 생각했다. 하지만 실제로는 독일 정찰기가 영국 공역을 침범해 왔을 뿐이었다. 이는 독일 공군의 대규모 공격 이전에 항상 행해지는 정찰 활동일 뿐이었다. 이날 이른 아침 나타난 독일 정찰기 1대는 아침 티타임도 갖지 못한 채 잠옷 바람으로 출격한 어느 영국 공군 조종사에 의해 격추되었다.

그러나 역사적으로 중요한 순간을 놓치지 않는 처칠의 감각은 틀림없었다. 날씨가 좋자 그는 일요일 아침 식사를 마치고 바로 억스브리지에 있는 파크의 사령부를 방문했다. 처칠 부부는 체커스의 지방 관저를 떠나 오전 11시에 억스브리지에 도착했다. 하지만 처칠에게는 실망스럽게도 그리 중대한 일이 일어나지 않았다. 파크 소장은 이렇게 말했다. 「오늘 무슨 일이 벌어질지 알 수 없지요. 적어도 지금은 모든 것이 평온합니다.」

제11 전투비행단 작전실에 온 처칠은 그가 〈드레스 서클〉이라고 부르던 자리에 앉았다. 드레스 서클은 미국식 극장에서 가장 비싼 발코니 맨 앞자리이다. 그는 나중에 이런 기록을 남겼다. 〈우리 아래에는 거대한 지도 테이블이 있었고, 그 주변에는 잘 훈련된 약 20명의 젊은 남녀 병사들이 전화 메모장을 가지고 모여 있었다. 여기가 극장이라면 우리 맞은편의 벽에는 무대가 있어야 할 것이다. 그러나 여기서는 그 자리에 6개의 전투기 기지를 나타내는 6줄의 전구로 나뉜 거대한 칠판이 있었다. 이들

6개의 열은 또 각 전투기 기지에 소속된 각 전투비행대대를 나타내는 하위 열로 나뉘어 있었다.)[12]

전투를 지휘하는 제11 전투비행단의 드레스 서클 발코니는 현대적인 휘어진 유리 벽으로 마룻바닥의 거대한 지도 테이블과 분리되어 있었다. 끊임없이 상황이 변하는 오케스트라를 내려다보는 일은 마치 수족관에 있는 듯한 느낌을 주기도 했다. 지휘를 내리는 사람들은 아래쪽 지도 테이블에서 필연적으로 생길 수밖에 없는 시끄러운 소음과 사람들의 흥분을 차단하기 위해 작전실을 이런 구조로 만들었다. 수상이 약 15분 정도 기다리고 있자 상황병들이 지도 테이블 주변을 왔다 갔다 하며 기다란 룰렛 게임용 막대기로 마커를 움직여 공습 상황을 표시했다. 그리고 큰 벽에 있는 상황판의 전구가 차례차례 켜지기 시작했다. 디에프, 칼레, 볼로뉴 상공에 집결한 독일군 항공기 수는 처음에는 40대 이상이더니 얼마 안 가 80대 이상, 결국에는 250대 이상으로 늘어났다. 그리고 파크 소장은 예하 비행대대 중 16개, 그리고 제12 전투비행단의 비행대대 5개를 이륙시켜 이들에 맞섰다. 켄트 상공의 좁은 공역, 그것도 주로 4,500~6,000미터 상공의 공역에 독일 공군과 영국 공군의 항공기가 총계 500대 이상이 몰리게 되었다. 독일 공군기들은 해안에서 런던 부도심으로 가는 도중 영국 공군기들의 끊임없는 공격을 받았고, 정밀한 편대 대형을 결국 흐트러뜨릴 수밖에 없었다. 독일 공군의 편대가 해체되면서 영국 전투기들은 편대에서 낙오하는 독일기들을 공격하기가 쉬워졌으나, 한편으로는 일부 독일 항공기들이 단독으로 빠져나가 런던에 폭탄을 투하하기도 했다. 정오가 되기 전에 웨스트민스터, 램버스, 루이셤, 배터시, 캠버웰, 크리스탈 팰리스, 클래팸, 투팅, 윔즈워스, 켄싱턴, 심지어는 버킹엄 궁전에 있는 왕비의 방에까지 폭탄이 떨어졌다.

만약 독일 폭격기들이 밀집 편대를 유지하면서 소수의 전략 목표에 집중했다면 영국에 더 큰 피해를 입힐 수 있었을 것이다. 그러나 영국 전투기들이 눈에 띄는 모든 독일기들을 공격하여, 독일 폭격기의 대형을 마구 흩뜨려 놓는 한 그럴 수는 없었다. 왕비의 방, 캔터베리 대주교 저택, 런던 부도심을 폭격해서는 괴링의 호언대로 영국을 항복시킬 수 없었다. 하지만 그 사실을 알더라도 폭격당하는 사람들이 위안을 얻는 것은 아니었다. 수십만 명의 사람들의 생활이 갑자기 급작스럽게 엉망진창이 되었다. 빅토리아 역 인근에 도르니에 폭격기가 추락했으며 그 승무원들은 런던의 유명 크리켓 경기장 중 하나인 오벌에 낙하산 탈출했다. 그레이터 런던 지역에는 폭탄과 격추당한 영국 및 독일 항공기들이 마구 떨어졌다. 런던의 유명한 상점가이자 많은 클럽과 사보이 호텔이 위치한 스트랜드도 폭격을 당했다. 게이어티 극장도 거의 완파당하다시피 했다. 가이스 병원과 램버스 병원도 큰 타격을 입었다. 수도와 가스관, 철도와 지하철도 끊어지거나 완파되었다. 발전소 역시 기능이 마비되었고 사방에서 화재가 발생했다. 그러나 엄밀히 따지면, 이것은 웰스가 예상했던 도시 전체의 완벽한 붕괴와는 거리가 멀었다.

수상이 있는 파크의 작전실에서 볼 때 위협은 런던 거리가 아닌 하늘에 있었다. 정오가 되자 파크 예하의 모든 전투비행대대가 비행 중이었고 그중 일부는 재급유를 받으러 복귀하기 시작했다. 그리고 이제 예비대는 단 1개 대대도 없었다. 파크는 제12 전투비행단에 자신의 전투비행대대들이 재급유와 재무장을 받는 동안 3개 전투비행대대를 보내 공군 기지 상공을 초계 비행해 달라고 요청했고, 이 요청은 이번에는 어떤 망설임이나 반발도 없이 신속히 수락되었다. 처칠은 이런 기록을 남겼다. 〈나는 부하들의 의자 뒤에 서 있는 지휘관의 불안을 알게 되었다. 그

때까지 아무 말 없이 지켜보고만 있던 나는 문득 이렇게 물었다. 「우리에게 예비 병력이 있소?」 그러자 파크 소장은 이렇게 대답했다. 「없습니다.」 파크 소장은 그 말을 들은 나의 표정이 너무나 심각해 보였다고 나중에 기록했다. 충분히 그럴 만했다. 40대 이상, 또는 50대 이상의 적기가 또 나타나, 재급유 중인 우리 비행기들을 공습해 격파하는 손실을 견뎌 낼 수 없었기 때문이다. 적은 너무나 강대했고 우리에게는 너무나 여유가 없었다. 그야말로 건곤일척의 승부였다.)[13]

통찰력이 뛰어났던 처칠은 괴링이 미처 생각해 내지 못한 것이 무엇인지를 잘 알고 있었다. 독일 공군은 파크의 전투비행대대가 지상에서 연료 재보급을 받을 때를 노려 이들을 집중 타격하면 이길 수 있었다. 그러나 그러려면 독일군은 지금보다 더욱 뛰어난 정보력과 예리함을 갖추어야 했다. 오후 2시에 독일 공군은 런던 중부로 150대의 항공기를 3개 파로 나누어 보냈지만, 이들이 만약 이 항공기들을 정오에 전투기들이 착륙 중이던 파크의 공군 기지로 보냈더라면 제11 전투비행단은 문자 그대로 전멸할 수도 있었을 것이다. 전투의 매우 중요한 시기이던 이 시기에, 승리는 괴링의 코앞에 있었다. 그러나 아침에 영국을 폭격했던 독일 폭격기들은 큰 손실을 입고 엉망이 되어 기지로 복귀했다. 무사히 돌아온 독일 폭격기 승무원들도 독일 전투기들이 자신들을 지켜 줄 거라고는 믿을 수 없었으며, 영국 공군 전투기사령부가 전멸했다는 지휘관들의 말은 더더욱 믿을 수 없었다. 그리고 오후에 영국을 폭격할 편대가 구성 중일 때 파크 예하의 전투비행대대들은 재급유와 재무장을 완료하고 그들을 기다리고 있었다.

오후, 제11 전투비행단은 독일 공군 편대를 또다시 격파했다. 영국 전투기들의 맹렬한 반격을 받은 독일 폭격기들은 한곳에 폭격을 집중하지 못하고 울위치, 스텝니, 해크니 등 런던 부도심 전역에 무차별적으로 폭격을 해댔다. 독일군의 폭격을 당한 곳에서 사람들이 죽어 가고 가정과 상가, 학교, 작은 공장들이 파괴되었으며 철도 수송도 지장을 받았다. 그러나 이 폭격은 영국의 수도의 존속에 큰 위협을 주지 못했으며 제11 전투비행단의 전투 능력에는 더더욱 위협을 주지 못했다.

다 얻은 기회를 선견지명과 계획의 부족 탓에 놓쳐 버려도 상관없을 만큼 부유한 조직이나 개인은 별로 없다. 독일 공군에 항공기나 승무원이 부족한 것은 아니었고, 그날 밤 이들은 약 200대의 항공기를 또다시 보내 런던, 사우샘프턴, 포틀랜드, 카디프를 폭격했다. 그러나 괴링이 휘하 병력으로 영국에 큰 타격을 가할 수 있던 기회는 이날 정오를 끝으로 사라졌고 다시는 돌아오지 않았다.

그날 저녁 8시, 낮의 대전투로 지친 처칠은 선잠을 자다가 깼다. 그는 개인 비서실장 존 마틴에게 전화를 걸어 최신 뉴스를 전해 들었다. 처칠의 회고다. 〈여기서는 뭐가 안 되고, 저기서는 지연되고, 어디에서건 항상 만족스럽지 못한 소식뿐이었다. 대서양에서는 우리 배들이 마구 가라앉고 있다고 한다. 하지만 마틴은 그날의 상황 보고를 이렇게 맺었다.「하지만 우리는 공중에서는 패배를 만회하고 있습니다. 독일 항공기 183대를 격추시켰고 아군 손실은 40대 미만에 불과합니다.」〉[14]

실제로 독일군의 손실은 60대에 불과했다. 전투의 혼란 속에서 같은 표적을 공격한 조종사들과 지상의 대공포 사수들의 격추 전과 보고는 중복되는 경우가 많았던 것이다. 그리고 독일 공군은 여전히 총력을 기울이고 있었다. 이들은 60대의 항공기를 잃은 앙갚음으로 26대의 영국 전투기들을 격추했고, 이날 영국 조종사 13명이 전사했다. 9월 16일 월요일 「데일리 텔레그래프」의 다음과 같은 기사 부제는 사실을 정확히 전달했다. 〈런던 상공에서 적의 대규모 주간 공격이 격퇴되다.〉[15]

그러나 그보다도, 아니 무엇보다도 더 중요한 일이 다음 날인 9월 17일에 있었다. 히틀러가 바다사자 작전의 무기한 연기를 지시한 것이다. 독일 공군의 손실이 계속 이어지고 있고, 영국 공군의 전투기사령부가 아직 살아 있다는 것이 분명한 상황에서 독일 해군이 영국에 상륙하기 위한 전제 조건, 즉 제공권 확보가 될 턱이 없었다. 게다가 가을이 다가오는 상황에서 허세를 부리는 것은 무의미했다.

얼마 안 있어 대규모 바지선단은 해체되어 원래 있던 항구와 운하, 강으로 되돌아갔다. 그리고 히틀러는 동쪽의 소련으로 관심을 돌렸다. 아직 최악의 공습이 남아 있었고, 야간 전투기의 문제는 해결되지 않았다. 영국 육군은 히틀러가 마음을 바꿀 경우에 대비해 계속 해안을 순찰했다. 그러나 다우딩의 전략은 효과가 있었다고 평가할 수 있을 것이다. 영국 본토 상륙은 영원히 이루어지지 않았다. 전투기사령부는 단 한 번도 제공권을 내주지 않았다. 그리고 소수의 사람들이 싸워 이긴 영국 전투는 무적함대 전투, 트라팔가르 전투, 워털루 전투와 함께 영국 역사의 4대 격전 중 하나로 남게 되었다.

아마 히틀러 본인은 실감을 못했겠지만 1940년 9월 중순부터 히틀러는 전쟁에 지고 있었다. 영국을 침공해 점령하지 못한 그는 얼마 안 있어 소련으로 공격의 방향을 돌려 독일 육군의 전력을 엄청나게 소진했다. 그 때문에 전쟁은 더욱 길어졌고, 결국 미국도 일본군의 진주만 폭격으로 참전하게 되었다. 이로서 독일은 세계의 3대 산업 강국을 상대로 전쟁을 해야 하는 처지에 놓인 것이었다. 그것은 아마도 불과 1,000명밖에 안 되는 영국 젊은이들의 공로 덕분이었을 것이다.

영국만이 홀로 독일에 맞서고 있던 1940년 가을 당시 이런 미래의 상황을 예측할 수 있는 사람은 처칠을 포함해 단 한 명도 없었다. 그러나 다우딩과 그의 병아리들은 고전 끝에 승리를 거두었고, 그 승리는 매년 9월 15일을 영국 전투의 날로 기념하기에 부족함이 없을 만큼 큰 승리였다.

10장
전환점

나폴레옹은 전쟁에서 가장 위험한 때는 이겼을 때라는 말을 했다. 이는 9월 15일 이후의 상황에 완벽히 들어맞는 말이었다. 우선, 영국 측은 자신들이 대승리를 거두었다는 것을 즉시 알아차리지 못했다. 독일 공군의 폭격은 계속 이어졌고, 특히 야간 폭격의 강도는 갈수록 심해졌다. 이는 다우딩의 야간 전투력 부족을 계속해서 환기시킬 수밖에 없었다. 독일 공군 최악의 폭격은 가을부터 시작되었으며, 밤마다 계속 이어지는 폭격으로 총합 5만 명 이상의 영국 민간인이 희생되었다. 그러나 해가 짧아지면서 가을철 폭풍이 영국 해협에 몰려들자 대부분의 사람들은 이제 가까운 시일 내에 독일군이 영국에 상륙하는 일은 없을 거라는 관측을 하게 되었다. 물론 관측일 뿐이었지만 말이다. 뭔가 아는 사람들에게 바다사자 작전을 위해 영국 해협 항구에 대규모로 몰려 있던 바지선과 예인선이 왔던 곳으로 뿔뿔이 흩어져 돌아간 것은, 히틀러가 한때는 영국 상륙을 진지하게 생각했었다 하더라도 이제는 그의 마음이 바뀌었다는 분명한 신호였다. 그러나 자기만족에 빠져 경계심을 잃는 것을 두려워했던 영국 민간인들과 군대는 쉽사리 영국 상륙의 위협을 무시하지 못했다. 따라서 향토방위대와 영국 본토 주둔 육군의 대부분은 영국 본토 상륙의 위협이 사라진 후에도 오랫동안 해안을 순찰하면서 독일군의 상륙에 대비했다.

하늘에서 전투조종사들이 누리던 화려함은 급속히 사그라졌다. 존〈캐츠 아이〉커닝엄과 같은 야간 전투기 에이스들이 화려하게 등장하고, 적에게 복수를 막 시작한 폭격기사령부가 더 큰 중요성을 갖게 되었기 때문이었다. 얼마 안 가 폭격기 승무원들이 대중들에게 가장 크게 알려지게 되고, 전투조종사들의 역할은 줄어들어 갔다. 현재 영어권 국가에서〈전략〉폭격이라는 단어에 대해 가지고 있는 불안감은 대부분 1943년 함부르크 소이탄 폭격과 1945년 드레스덴 폭격에 기인한다. 그러나 독일 공군의 폭격으로 1940년 가을부터 1941년 겨울까지 큰 피해를 입은 이후, 독일에게도 똑같은 방식으로 앙갚음을 해주어야겠다고 다짐했던 영국인들의 열의를 과대 포장하기는 힘들다. 전투기사령부는 독일에 점령된 프랑스 상공에서 독일 전투기를 대거 유인, 전투기 소탕전을 벌였다. 이는 독일 측에 값비싼 대가를 요하는 전략이었으나, 영국의 손실도 만만치 않았다. 어쩌면 더 큰 피해를 입었을 수도 있다.

1940년 9월 15일부터 영국은 오랫동안 가혹한 전투를 치러야 했고, 이로 인해 영국 전투 승리의 감격과 여운은 무색해졌다. 바다에서는 독일에 점령된 프랑스의 대서양 항구에서 출격한 U보트들이 어디에서나 나타나 영국 선단에 엄청난 피해를 입혔다. 영국은 북아프리카 전투 서전에서 이탈리아에 승리했지만 그 직후 그리스와 크레타에서 치욕적이기까지 한 비참한 패배를 경험했다. 그리고 리비아에 에르빈 로멜 장군이 이끄는 독일 아프리카 군단 제1진이 도착하면서 영국은 또다시 패배했다. 뿐만 아니라 영국 후방 전선은 음울하고 엄격한 배급 제도(한 달에 계란 1개, 그리고 그 정체가 심히 의심스러운 고기 몇백 그램이 나왔다), 등화관제, 폭격이 점점 당연시되고 있었다. 심지어는 의복도 배급제로 보급되었다. 전기 공급량도 제한되었기 때문에 전기난로의 빛은 어두운 적색이었다. 석탄과 코크스도 배급제로 유통되었다. 온 나라가 옷을 기워 입으며 아무 일도 하지 못하고 떨었다. 영국은 처음으로 히틀러를 군사적으로 패배시켰다. 그러나 히틀러가 소련을 침공한 1941년 6월까지, 유럽 대륙 전역을 점령한 강대한 독일을 상대로 영국은 외로운 투쟁을 이어 나가야 했다. 극좌주의자들을 제외한 대부분의 영국인들은 스탈린과 공산주의를 히틀러와 나치즘보다 나을 게 없는 존재로 여겼으며, 처음에는 소련을 믿음직한 우방으로 보지도 않았다. 대 소련전 서전에 소련은 순식간에 제공권 전반을 상실했으며 러시아 서부와 우크라이나를 모두 내주었다. 수백만 명의 독일군이 모스크바를 향해 진격했다. 이때 소련은 영국에 보급품과 군사적 지원을 해달라는 고압적인 요구를 했으나 영국은 그것을 들어주기가 힘들었다. 소련으로 보급품을 보내려면 노르웨이에서 출격하는 독일 U보트와 항공기가 지배한 바다를 거쳐야 했기 때문이다. 비록 전시무기대여법으로 원조한 미국의 보급품들이 대서양을 건너, 이미 돈과 신용이 바닥나 무기를 살 수 없게 된 처지의 빈곤한 영국에 도착하고 있기는 했지만, 낙관론자들조차 미국이 전쟁에 참전할 거라는 어떤 근거도 대지 못했다.

1940년 겨울과 1941년 봄, 영국이 처한 정세는 너무나도 음울했고, 전쟁은 끝날 기미를 보이지 않았다. 그리고 자원이 부족해지면서 영국인들은 허리띠를 더욱더 졸라매야 했다. 그러자 결국 영국인들은 스피트파이어와 허리케인에 탑승한 젊은 전투조종사들이 켄트의 맑디맑은 창공에서 영광스런 승리를 얻어 낸 1940년의 화창한 여름을 이미 과거의 승리로 여기기 시작했다. 영국 전투는 끝나기도 전에 호국 전설이 되어 가고 있었다. 순식간에 영국 전투는 전설로 변하고 거기 참전했던 조종사들은 창공의 원탁의 기사가 되었다. 영국인들은 그 시기를 홀로 고립된 사면초가의 시기가 아닌, 영웅적인 무공을 벌인 시기로 기억하게 된 것이었다.

사람들은 영국 전투의 화려한 풍경만을 회상하며, 전투의 고통과 슬픔은 묻어 버렸다. 하지만 이 풍경에는 불타는 조종실에 갇힌 채 추락하는 조종사들의 비명을 들어야 했던 작전실의 젊은 공군 여성보조부대원들이 들어가 있지 않았다. 이른바 영국 공군 속어로 기니피그라고 불렸던, 화상 입은 조종사의 얼굴도 들어가 있지 않았다. 기니피그라는 말은 화상을 입은 조종사의 얼굴이 입술, 입, 귀, 모두가 타버려서 기니피그의 매끈하고 특징 없는 얼굴과 비슷해졌다고 해서 붙었다. 이 조종사들은 실험적인 화상 치료의 대상이 되어, 여러 차례의 길고 고통스러운 피부 이식 수술을 받아야 예전 얼굴을 조금이라도 회복할 수 있었다. 그나마 불에 타서 쪼그라든 손에는 그런 치료조차도 해줄 수 없었다.[*] 심한 폭격을 당한 제11 전투비행단 예하 공군 기지에서 전사한 공군 여성보조부대원들이 급조된 영안실에 안치된 모습도 그 풍경에는 없었다. 또한 메이 웨스트 구명복을 입고 도버의 하얀 절벽을 보면서 차디찬 바닷물 위로 떠밀려 다니다가 저체온증으로 죽은 조종사들의 모습도 없었다. 그리고 독일 공군의 저공 폭격을 당하는 와중에서도 엄폐물을 찾지

* 영국 공군은 이러한 사상자가 생길 것을 대비하고 특별 화상 치료 병동을 준비해 놓고 있었다. 이스트 그린스테드에 있던 퀸 빅토리아 병원의 성형외과의 아치볼드 매킨도는 화상 치료의 최고 권위자라고 할 만했다.

않고 자신들의 전투기를 재무장하고 재급유하다가 폭탄 파편과 기관총 탄에 맞아 전사한 영국 공군 지상 요원들의 모습도 없었다. 무적함대 전투, 트라팔가르 전투가 끝난 이후 포츠머스나 플라이머스 항구의 도크에서 팔이나 다리를 잃은 채로 구걸을 하던 수병들이 호국 전설에서 얼마 못 가 사라진 것과 별 차이가 없었다. 세상은 언제나 다 그랬다.

영국 전투의 이야기는 얼마 못 가 와전되고, 과장되거나 축소되었다. 그 결과 많은 사람들은 스피트파이어, 허리케인, 레이더 같은 물건들이 전간기 영국 정치사의 두 유화론자인 스탠리 볼드윈과 네빌 체임벌린 같은 사람들의 결정에서 나온 물건이 아니라, 1940년에 갑자기 혜성처럼 나타난 것으로 여기게 되었다. 이들의 결정이 없었다면 영국은 현대적이고 신뢰성 높은 전투기 방어 체계도 갖추지 못했을 것이다. 항공기와 롤스로이스 멀린 엔진의 대량 생산에 막대한 공적 자금을 들이지도 못했을 것이며, 됭케르크 전투 이후 빠른 시일 내에 독일군에게 압도당했을 것이다. 볼드윈과 체임벌린은 수상으로는 결점이 많은 인물들이었지만 적어도 폭격기만이 영국을 방어할 유일한 수단이라고 믿어 의심치 않던 항공성의 조언과 무서운 경고에 맞서 다우딩의 전투기사령부 창설에 큰 공을 세웠다는 점은 인정해야 한다. 항공성이 떠받들던 폭격기 신화는 1940년, 전투기가 영국의 명운을 구한 가장 중요한 무기가 되자 누구도 예상치 못하게 급작스럽게 무너졌다.

오늘날에는 과거를 살펴보며 자기만족을 찾는 경향도 나타났다. 역사학자들은 영국이 생산한 항공기의 숫자를 살펴본 후 이를 독일 항공 산업계의 생산량과 비교하고는 영국 전투의 승리는 필연적이었다는 결론을 도출하기도 한다. 영국이 보유한 예비기는 당시 사람들이 생각하던 것만큼 적지 않았다는 것이다. 그러나 이것도 환상에 불과하다. 히틀러나 괴링이 영국과의 장기전을 전혀 예상하지 못했음에도 불구하고 1940년 당시 독일 항공 산업계의 항공기 생산량은 영국보다 월등히 많았다. 또한 영국과 마찬가지로 독일 역시 자신들이 처한 항공전 상황에 맞지 않는 비효율적인 항공기들을 열심히 만들어 냈다.* 그럼에도 불구하고 독일 공군은 영국 공군 전투기사령부를 여러 차례 전멸 직전까지 몰아갔다. 독일 공군이 8월 18일 이후 며칠간 폭격의 강도와 규모를 유지하면서 제11 전투비행단의 공군 기지를 계속 폭격했더라면 역사는 다른 방향으로 굴러갔을 것이다. 또한 1937년 괴링이 4발 중폭격기 개발 프로그램을 취소하지 않았거나, Bf 109에 탈착식 외부 보조 연료 탱크를 달려고 했던 1939년의 계획을 취소하지 않았더라면 독일은 더 좋은 기회를 얻었을 것이다. 독일이 패배한 것은 기술적 문제 때문이 아니라 형편없는 정보 능력, 떨어져야 할 곳을 모르고 엉뚱한 데 떨어지기 일쑤인 폭탄의 특성, 레이더 기지와 거기에서 정보를 받아 작전실에 연결하는 전투기사령부의 체계를 너무나도 무시한 점 때문이었다. 독일군이 비긴힐의 어느 건물에 구역 작전실이 있는지 알고 그걸 격파했더라면 이들은 제11 전투비행단을 한동안 마비 직전의 상태로 몰고 갔을 수도 있다. 그러나 다행히도 그들은 아무것도 몰랐다. 독일의 패배에 큰 기여를 한 사람(표현이 적절한지는 모르겠지만)은 독일 공군 통신감인 마티니 장군과 슈미트 대령이었다. 슈미트 대령이 영국 공군 전투기사령부의 전력에 대해 작성한 보고서는 눈 뜨고 못 봐줄 만큼 결함 투성이였다.

물론 그중에서도 가장 큰 공헌을 한 사람은 바로 괴링이었다. 그의 허랑방탕함, 오래가지 못하는 주의력, 거만함, 자신감 과잉, 규율과 체계를

---

* 독일 공군만 이런 것은 아니었다. 1940년의 영국 폭격기들은 이미 시대에 뒤떨어졌다. 디파이언트 역시 형편없는 항공기였고, 영국 공군은 1941년까지 야간 전투용으로 특별히 설계된 항공기가 없었다.

갖춘 명령 계통의 중요성을 깨닫지 못했을뿐더러 그런 계통을 세우지 못한 점, 독일 공군 내의 군웅할거를 초래한 계산적이고 편파된 정책 등으로 인해 영국 전투는 이미 싸워 보기도 전에 진 거나 마찬가지였다. 괴링이 영국 전투를 한 사람의 지휘관(케셀링은 분명 이러한 역할에 적합한 사람이었다)에게 맡기고 그를 지원해 주었더라면 독일군은 승리했을지도 모른다. 그러나 다른 사람에게 이런 권한을 준다는 것은 괴링의 자기 보호 본능, 그리고 스스로를 독일 최고의 군인으로 여겼던 엄청난 자만심에 어긋나는 일이었다. 독일 공군 내에서 1942년부터 폭격기사령부 사령관으로 재직했던 공군 대장 아서 〈폭격기〉 해리스 경이나, 영국 전투 당시 전투기사령부를 지휘했던 다우딩처럼 속박받지 않는 권위를 행사하는 지휘관은 한 명도 없었다. 또한 독일에는 1944년에 노르망디 상륙작전을 지휘했던 아이젠하워 장군처럼 바다사자 작전의 모든 측면에 책임을 지고, 육해공군에 대해 전권을 행사하는 단일 지휘관도 없었다. 독일에서 이런 일을 할 수 있는 지휘관을 굳이 찾는다면 히틀러 단 한 사람뿐이었다. 그러나 해군 분야에 대한 관심 부재, 항공전을 괴링에게 위임한 실책은 제쳐 놓더라도, 그는 영국 본토에 상륙하겠다는 위협을 가하기만 하면 영국인들은 이성을 찾고 패배를 자인할 거라는 착각을 끝내 버리지 못했다. 그리고 이 때문에 그는 바다사자 작전을 제대로 지휘할 수 없었다.

영국 전투에 참여했던 사람 중에서 다우딩만큼 예기치 못한 결말을 맞은 사람은 없을 것이다. 전투가 9월 내내 계속되면서 독일 항공기들은 런던 이남의 제11 전투비행단 기지 폭격에 집중하지 않고 대신 런던 이북까지 출현했다. 이에 따라 리맬러리의 제12 전투비행단도 파크 소장의 요청에 따라 제11 전투비행단의 공군 기지를 지키는 대신, 본격적인 전투 임무에 투입되는 경우가 많아졌다. 이러한 영국군 전력 균형의 변화로 인해 더글러스 바더의 빅 윙 역시 전투에서 더 큰 역할을 맡게 되었다. 그러나 파크 소장은 더글러스 바더의 생각을 의심했으며 그때까지 전투기 운용에서 거의 교조적인 지위를 차지하고 있던 〈비행대대 전력〉 공격을 계속 선호했다. 바더는 자신이 적합하다고 여긴 빅 윙 전술을 채택하지 않으려는 파크에 대한 분노를 숨기지 않았다. 그리고 바더의 예하 조종사 중 한 명은 국회의원이 되어 이 격화되는 전투기 전술 논쟁을 항공성 차관, 더 나아가서는 수상에게까지 올려 보냈다. 불에 기름을 부은 격이었다. 그리고 전시에 고급 장교들 사이의 큰 의견 충돌에 직면한 처칠은 정치인다운 자기 보호 본능을 발휘, 이해관계가 있는 장교들을 포함한 공군 참모진 회의를 소집해 전투기 부대의 주요 주간 전술을 논하도록 했다. 처칠의 이러한 행동도 이해 당사자들을 중재했다기보다는 뜨거운 감자를 공군에 되던진 격이었다. 처칠이 이 문제를 그리 중요하게 생각하지 않았다는 것은 공군 참모진 회의가 영국 전투에서 가장 크고 성공적인 전투가 벌어진 지 무려 한 달이 넘게 지난 후인 10월 17일에야 열렸다는 것만 봐도 알 수 있다.

이 회의에 출석한 사람 대다수는 이것이 숄토 더글러스 중장과 리맬러리 소장이 다우딩 대장과 파크 소장을 잡기 위해 심혈을 기울여 설치한 덫이라는 점을 눈치챘다. 그리고 많은 반론에도 불구하고, 이 회의가 항공성 내의 다우딩의 적들이 다우딩을 제거하기 위해 펼친 계략의 일부라는 점은 의심의 여지가 없었다. 수십 년이 지나도 결코 줄어들지 않은 다우딩의 지지자들은 다우딩을 뒷공론과 질투에 희생된 무고한 사람으로 묘사하는 경향이 있다. 그러나 다우딩이 정치적 감각이 없는 인물이었더라면 전투기사령부 사령관, 그리고 공군 대장이라는 직위까지 진급하지 못했을 것이다. 그리고 그 역시 항공성 내에서 벌어지는 음모와 파벌 싸움에 오랫동안 연루되어 있었다. 그는 실제로 항공성과 내각에서 벌어지는 권력 싸움에 매우 능했다. 그런 그에게 적이 많았던 것은 퉁명스러운 태도와 자신과 의견을 달리하는 이들에 대한 인내 부족, 그리고 다른 사람과 거리를 두는 괴벽스러운 인격 탓이었을 것이다.

1940년 10월, 다우딩이 자신이 덫 속으로 걸어 들어가고 있다는 것을 몰랐던 이유는 무엇일까? 아마도 너무 지쳐서 그랬을 수도 있다. 또는 그가 정치인들을 오래 상대했다는 점을 감안한다면, 그럴 가능성은 희박하지만, 처칠의 지원 약속을 너무 믿었을 수도 있다. 또는 퇴역 날짜가 너무 자주 변동되었기에 그랬을 수도 있다. 분명 그는 물론 파크 역시 그 회의에서 어떤 환상도 품을 수 없었다. 그 회의에서 그가 마주칠 것은 진실에 대한 공정한 사문을 가장한 동료들의 냉혹한 심판이었다. 그의 옛 라이벌인 공군 참모총장 뉴웰은 신병으로 인해 참석하지 못했다. 이는 중대한 문제였으므로, 따라서 당시 공군 참모차장이었던 다우딩의 오랜 적수 숄토 더글러스가 뉴웰 대신 출석했다. 더글러스는 다우딩보다 젊고 말끔했으며 겉으로는 명랑하고 쾌활한 인격을 갖춘, 많은 훈장을 받은 전쟁 영웅이었다. 그는 행복한 결혼 생활을 즐기고 있었으며 매우 사교적인 사람이었지만 오래전부터 다우딩을 항상 노려보고 있었다. 다우딩은 회의에 리맬러리가 등장한 정도로는 놀라지 않았다. 이 회의의 표면적인 목적은 파크와 리맬러리 간의 견해 차이를 토의 끝에 해결하는 것이었기 때문이다. 그러나 리맬러리가 바더를 출석시켜 전투조종사들의 의견을 말하도록 한 부분에서는 다우딩도 충격을 받았다. 숄토 더글러스는 리맬러리가 이 회의에 당시 소령이던 바더를 출석시키는 것을 허락했다. 아무리 바더가 많은 훈장을 받은 훌륭한 지휘관이었다고 하더라도, 그를 시켜 전투기사령부 사령관인 다우딩과 제11 전투비행단장인 파크 소장의 관점을 비판하게 한 것을 본 다우딩은 자신이 막다른 길에 몰렸다는 것을 실감했다.

하지만 겉으로 봐서는 이 모든 상황을 전혀 알 수가 없었다. 아무튼 이건 영국에서 벌어지는 회의였으니 말이다. 모든 출석자들은 공손하게 자신의 의견을 개진하고, 다른 이들의 관점에 대해 관대한 태도를 취했다. 파크는 빅 윙의 장점을 인정했다. 리맬러리는 한두 개 정도의 비행대대로 공격해야 할 때도 있음을 인정했다. 심지어는 바더의 말도 그의 상관들 앞에서 제지를 당했다. 숄토 더글러스는 회의 내용을 치우침 없이 요약했고, 다우딩은 두 전투비행단 간의 협력 증진을 약속했다. 물론 그것을 이루기 위해 어떻게 할지는 밝히지 않았지만 말이다. 매우 영국적인 예의 바른 회의였다. 그러나 다우딩 예하의 두 주요 지휘관이 서로 협력하지 못한 이유를 묻는 사람이나, 이들을 비판하는 목소리는 없었다. 거기에는 그럴 만한 이유가 있었다.

처칠의 제2차 세계 대전 역사서의 행간을 읽어 보면, 다우딩을 둘러싼 문제들이 처칠의 의도보다 더 심하고 빠르게 진행되었다면 어떻게 되었을까 하는 의문을 품어봄 직하다. 그는 다우딩 역시 동료 공군 장군들처럼 확실히 자기편으로 끌어들일 수 있다고 생각하고 있었다. 처칠은 항상 군의 고급 장교들도 정치인들과 똑같은 방식으로 다룰 수 있다고 생각해 왔다. 듣기 좋은 말과 새로운 직위로 이들과의 관계를 매끄럽게 하고 정 안 되면 군인들의 의무감이나 동지 의식에 호소하는 방식이었다. 그러나 이 방식은 지난 제1차 세계 대전, 그의 친구인 해군경 피셔와 좀 더 사이가 가깝지 않았던 유력자인 원수 카르툼 키치너 경에게 사용한 결과 이미 실패했음이 드러났다. 아무리 훌륭한 사람이라도 단점은 있다. 그리고 처칠의 단점은 자신의 설득력의 한계를 몰랐다는 것이다. 처칠은 언제나 다른 사람의 의견을 바꿔 왔기 때문이었다. 그는 고급 장교들의 목이 얼마나 뻣뻣한지 알지 못했다. 그는 1941년에도 서부 사막에 나간 오킨렉 장군과 웨이블 장군을 상대로 똑같은 실수를 범하게 되었다. 물론 처칠도 샌드허스트 육군 사관학교를 나왔고 직업 군인으로서 사회 생활을 시작했지만, 그는 타고난 정치인이었지, 타고난 군인은 아니었다. 정치인들끼리는 의견이 달라도 친구로 지낼 수 있고, 대중들 앞에서는 격론을 벌이다가도 개인적으로는 의견일치를 볼 수도 있지만 육해공군의 장성들은 그들이 소속된 군종에 따라 명확히 나뉘며, 군인들은 계급 체계, 의무, 그리고 명령 체계를 믿는다는 이 특징을 처칠은 끝내 제대로 이해하지 못했다. 이 점에서만큼은 처칠보다도 국왕 조지 6세가 훨씬 경륜이 뛰어났다. 조지 6세는 영국 헌법이 정한 영국군 최고 사령관이었다. 그리고 그는 절친한 고급 장교들의 의견을 진지하게 받아들였다.*

그러나 결국 다우딩은 빅 윙 논쟁이 아닌, 휘하 야간 전투기들의 졸전 탓에 쓰러지고 말았다. 독일 공군이 주간 폭격 대신 야간 폭격에 집중하게 되면서 다우딩 휘하 야간 전투기대의 대부분이 적기를 격추는커녕 발견도 못 한다는 불편한 진실이 드러났기 때문이다. 우선 정치적으로 볼 때 수상은 이를 받아들일 수 없었다. 매일 밤 고폭탄과 소이탄이 떨어지고 있는데 전투기사령부는 지금보다는 훨씬 나은 무언가를 보여 줘

---

* 조지 6세는 선왕 조지 5세와 마찬가지로 휘하 고급 장교들의 의견과 경력을 매우 존중했다. 이는 에드워드 8세와는 대조적인 모습이었다. 조지 6세는 해군 장교 훈련을 받았고, 1916년 유틀란트 해전 당시 사관 후보생으로 참전하기도 했다. 이 때문에 조지 6세는 수상의 고무도장으로 전락하지 않고, 자신만의 강한 의견과 신념을 유지할 수 있었다.

야 했던 것이다. 이 문제를 조사하기 위해 또 다른 위원회가 구성되었다. 이 위원회의 위원장은 공군 원수 존 샐먼드 경이었다. 그 또한 다우딩의 오래된 앙숙이었다. 샐먼드는 다음과 같은 숄토 더글러스의 권고를 받아들였다. 이 권고는 우선 다우딩 예하 스피트파이어 및 허리케인 비행대 몇 개를 야간 전투에 맞게 훈련시키고, 다우딩이 힘들여 전투기사령부 본부에 설치했던 영국 전투의 승리 요인 중 하나인 중앙 집중형 전투기 통제 체계를 분산형으로 바꾸어 각 전투비행단에서 예하 전투기들을 개별적으로 지휘하게끔 하자는 것이었다. 이는 제11 전투비행단에서 파크가 벌인 행동에 대한 보복이었고, 또한 리맬러리의 의견에 대한 지원이기도 했다.

다우딩은 이 두 가지 안에 대해 격렬히 반발했다. 그리고 그는 처칠에게 이 안을 자세히 논박하는 편지를 써 보냈다. 그러나 이는 분명 실수였다. 처칠은 결과만을 원했고, 사이가 나쁜 공군 장군들 사이의 기술적 논쟁에는 휘말려 들고 싶지 않았기 때문이다. 다우딩은 전투기사령부 작전 본부를 분산형으로 개편하는 것이 전투비행대대의 통제권을 다우딩으로부터 뺏어 가려는 시도임을 잘 알고 있었다. 그리고 그는 야간에 스피트파이어와 허리케인을 대량으로 출격시키는 것은 아무 의미 없이 항공기과 조종사를 소모시키는 것이며, 전투기사령부가 현재 시험비행 중인 야간 전투에 적합한 브리스틀 보파이터 쌍발 전투기를 수령하고 개선된 AI 세트를 장착한 후, 항공기 탑승 레이더 조작사를 대량으로 양성해 조종사와 2인조 팀을 구성해 태우기 전까지는 스피트파이어와 허리케인 출격은 아무짝에도 쓸모가 없다는 것을 잘 알고 있었다. 즉, 야간 전투기 문제를 해결하려면 3가지 사항, 즉 보파이터, 신형 AI 세트, 잘 훈련된 조종사-레이더 조작사로 구성된 2인 팀부터 갖춰 놓아야 했다. 이들 중 어느 하나도 순식간에 해치울 수 없었고, 다른 것이 없는 상황에서 단독으로 효과를 볼 수도 없었다.

다우딩의 의견은 지극히 타당했지만, 당장 처칠은 심각한 군사적 문제를 쉽게 해결할 수 없다는 고급 장교의 말을 순순히 받아들이지 못했다. 그는 전투기사령부가 야간 전투조종사 훈련 내용을 개정하고, 야간 전투에 적합한 장비를 마련할 때까지 매일 밤 집이 부서져도 조용히 끈기 있게 참아 달라고 영국 국민들에게 말할 수 없었다. 그는 또한 다우딩과 항공성 간의 새로운 논쟁에 대해서도 분명 알고 있었다. 그런 사항을 처칠에게 전파하는 것이 그의 오랜 친구인 항공 대신 아치볼드 싱클레어 경의 일이었다. 싱클레어가 하지 않았더라도 숄토 더글러스 또는 그 밖에 많은 사람들이 야간 방공 위원회에서 벌어지고 있는 일들을 수상에게 알려 주었을 것이다. 한편 고관들 사이에서는 다우딩이 직무를 수행하기에 너무 늙었고, 최신 기술에 대해 아는 바가 없으며, 오랜 격무로 인해 지쳤고, 게다가 고집 세고 까다로우며 새로운 의견에 대해 적대적인 사람이라는 소문이 돌게 하는 데 많은 노력이 필요 없었다.

어찌 되었든 다우딩은 전투기사령부를 4년이나 이끌어 왔다(그동안 그는 지속적인 퇴직 압력에 맞서 싸웠다. 그리고 그는 독일군과 벌인 5개월간의 전투에서도 승리했다. 그 전투는 역사상 가장 영향력을 크게 미친 가장 거대한 공중전이었다). 따라서 이제 그의 적들뿐만 아니라 많은 사람들이 다우딩의 전성기는 지났고, 새로운 사람을 뽑아야 한다고 생각하게 된 것은 이상한 일이 아니었다. 심지어는 다우딩이 직접 선발한 전기 작가, 그리고 영국 전투에 대해 연구하는 친다우딩적 역사학자들 대부분도 거기에 동감했다. 전투가 최고조에 달하던 1940년 8월, 그는 제대일이 11월로 연기되었다는 통지를 받았다. 그리고 이제 더 이상의 제대 연기는 없었다. 결국 1940

년 11월 25일, 그는 사랑하던 전투기사령부의 지휘권을 반납하고 군문을 떠났다. 제대 사유는 다우딩의 근속 연수에 걸맞은 보직이 남아 있지 않기 때문으로 발표되었다. 역사 속의 음모론을 좋아하는 사람들은 다우딩의 후임자로 숄토 더글러스가 부임하고, 제11 전투비행단장으로 파크 소장의 경쟁자이던 리맬러리가 취임한 것을 들어 이것이 반(反)다우딩 세력의 음모라고 주장했다.

　얼마 후 다우딩은 공군에 복직했다. 하지만 복직 기간에 한 일은 그리 행복하지 않았다. 수상은 다우딩에게 요직을 맡으라고 권고했다. 그 자리는 미국에 가서, 미국 군용기 산업을 타당한 방향, 즉 영국식으로 발전시키라고 권하는 직책이었다. 다우딩은 이 제안을 듣고, 그런 자리는 자신에게 전혀 맞지 않는다고 말했다. 몇몇 사람들은 이 일에서 처칠의 태도에서는 좀처럼 볼 수 없었던 죄책감과 당혹감을 느끼곤 하는데, 처칠은 전시 내각에서 다우딩이 프랑스에 대한 전투기 증파에 반대했던 것을 잊지도 않았고 용서하지도 않은 상태였다. 그러나 또한 영국이 다우딩에게 큰 빚을 진 것도 알고 있었다. 그는 다우딩의 반대, 그리고 다우딩을 미국에 보내는 일에 회의감을 가지는 싱클레어의 견해를 무릅쓰고 이 일을 추진했다. 이는 다우딩을 조금이라도 더 오래 공군에 머물러 있게 하려는 의도였기 때문이다. 그러나 결국 다우딩의 생각이 옳았다. 미국인들이 듣고 싶지 않으며 언제라도 무시해 버릴 만한 이야기를 전하는 데 다우딩만큼 부적합한 인물은 없었던 것이다. 그는 처칠의 친서를 가지고 루스벨트 대통령에게 갔다. 루스벨트 대통령은 언제나 그렇듯이 상냥하게 다우딩을 맞이했지만, 다우딩이란 인물도, 그의 임무도 미국에서 받아들여지지는 않았다. 다우딩 스스로도 별로 마음에 들어 하는 임무는 아니었지만, 아무튼 그는 미국이 현재 만들고 있는 항공기는 모두

틀려먹었으며, 영국의 선례를 따르는 편이 더 낫다고 전하라는 임무를 수행했다. 여기에 더해서 다우딩은 미국인들에게 주간 폭격기를 일체 만들어서는 안 된다고 말함으로써 상황을 악화시켰다. 주간 폭격이야말로 미국의 전쟁 계획에서 가장 중요한 물건이었는데도 말이다. 그는 또한 네이피어 사의 신형 세이버 항공기 엔진을 미국의 신형 항공기에 장착하라고 설득하는 임무도 띠고 있었다. 하지만 이 역시 가망 없는 일이었다. 세이버 엔진은 문제가 많으며 제조도 어렵고, 미국이 이미 설계하고 있던 엔진들보다 좋지 않다는 것이 드러났기 때문이다. 대중 앞에서 다우딩이 영미 관계의 다른 문제에 대해서도 기이한 발언을 하는 경우도 있었다. 이 때문에 미국 주재 영국 대사이던 핼리팩스 경은 외무성에 다우딩에 대한 불만을 표출하지 않을 수 없었다. 그리고 워싱턴에 있던 공군 준장 존 슬레서 경은 신임 공군 참모총장인 공군 대장 찰스 포털 경에게 이런 편지를 써 보내야 했다. 〈공군의 상급자에 대해 이런 글을 쓰기는 싫습니다만, 다우딩 대장이 국익에 더 큰 해를 끼치기 전에 그를 미국 밖으로 내보내기를 간절히 바라는 바입니다.〉[1]

처칠은 진심으로 다우딩에 대해 미안한 마음을 가지고 있었고, 그를 위해 여러 차례 사건을 중재했다. 처칠은 다우딩에게 영국 전투의 공식 보고서를 작성하게도 하고, 비록 실패했지만 육군 협력사령부의 사령관 자리를 주려고도 했다.[2] 이후 다우딩은 영국 공군 사령부를 돌아다니며 예산 절약 방법에 대해 조언을 하는 일도 맡았다. 그의 연륜과 계급, 국가적 영웅이라는 입지를 이용한 일이기는 했으나 보람 없는 일이었고, 환영받기 힘든 일이었다. 마침내 이 마지막 보직 덕분에 1942년 여름 다우딩은 결국 군에서 다시 한 번, 그리고 영원히 제대했다. 처칠은 더 이상 다우딩에게 보람 없는 일자리를 찾아 주지 않아도 된다는 생각 때문에 다우딩의 제대를 반겼다. 다우딩 역시 제대해서 홀가분해진 것은 마찬가지였다.

영국 전투가 끝난 이후에도 다우딩의 지지자들은 늘어났다. 이들은 다우딩이 제대 시 원수 계급으로 진급하지 못한 것이 부당하다며 불평을 늘어놓았다. 그러나 당시 영국 공군의 관습상 오직 공군 참모총장을 지낸 장교만이 제대 시 원수 계급을 받을 수 있었고 다우딩은 공군 참모총장을 지내지 못했다. 그리고 영국 공군의 명예 원수 계급을 가지고 있는 영국 국왕조차 다우딩에게 특례를 베풀어 달라고 항공성을 설득할 수 없었다.*

이후 다우딩은 재혼해 행복한 부부 생활을 즐겼다. 전투기사령부에서 물러나고, 내면의 쓰라림을 극복한 이후 그는 더욱 원숙해졌다. 그는 심령술에 심취하고, 아내를 따라 채식주의자가 되었다. 또한 인류 공통의 단일 언어에 매달렸다. 영국은 그에게 공군 원수 계급을 주지 못한 대신, 1943년 벤틀리 프라이어리의 다우딩 경으로 서훈했다. 또한 빅토리아 대십자훈장도 주었다. 이는 현재까지 국왕이 직접 수여할 수 있는 몇 안 되는 상 중 하나이다.

그러나 영국 전투의 공간전사가 발행되어 600만 권 이상 팔려 나갔지만, 다우딩의 이름은 그 책에 거명되어 있지 않았다.**

* 이 관습은 1945년 노동당이 집권하면서 바뀌게 된다. 노동당은 공군 대장 아서 해리스 경에게 귀족 신분을 주는 데에 반대했다. 그에게 귀족 신분을 준다면 드레스덴 폭격이나, 기타 그가 행한 가혹 행위를 인정하는 격이 될 수도 있었다. 그래서 노동당 정권은 그에게 귀족 신분 대신 원수 계급을 주었다.

** 이 때문에 처칠은 항공성 대신 싱클레어에게 이런 말을 했다. 「이 책은 좋지 않소. ······이런 무례를 범하게 한 원인인 질투와 파벌주의는 항공성의 망신이오.」(Gilbert, *Finest Hour*, p. 1061)

다우딩의 전기를 집필한 배질 콜리어는 그를 〈예언자〉라고 불렀다. 콜리어는 다우딩을 신비 종교에 대한 투철한 신념을 가지고 있던 사람들인 신지학협회의 창립자 블라바츠키 부인, 크리스천 사이언스의 창립자인 메리 베이커 에디 등과 동급의 인물로 보았다. 분명 콜리어는 나이를 먹어 갈수록 심령술에 강하게 집착하던 다우딩의 모습을 보고 그런 생각을 했을 것이다.

그러나 실제로 다우딩은 다른 세계의 예언자였다. 그는 미래의 공중전이 어떤 양상을 보일지 정확하게 꿰뚫어 본 거의 유일한 사람이었다. 그리고 누구의 도움도 거의 받지 못한 채 맹렬한 반대 의견에 직면하면서도, 영국의 방공에 필요한 각종 도구들을 가장 작은 것 하나까지 철저하게 다 발명해 내었다. 그는 영국이 어떤 공격을 받을지 예언했을 뿐 아니라, 그 공격을 막아 내기 위해서는 레이더, 단발 단엽 전투기, 중앙 집중식 작전실 등의 도구가 필요하다는 점도 정확히 예견했다. 그리고 기적 같은 혜안과 완고한 고집을 통해 그 모든 도구를 1940년, 즉 그 도구들이 필요한 시점이 올 때까지 다 갖추어 놓았다.

다우딩보다 미래를 더욱 정확히 예견하고, 거기에 대비할 방법까지 정확히 알고 있었던 예언자는 거의 없을 것이다.

감사의 말

영국 전투 이야기를 연구하는 데는 많은 분들이 도움과 조언을 주셨다. 이 자리를 빌려 그 분들에게 감사를 표할까 한다. 우선 떠오르는 사람은 렌 데이턴이다. 그의 책『전투기*Fighter*』는 영국 전투에 대해 글을 쓰는 사람이라면 누구나 참조하는 모범 사례다. 그리고 다이버스 이미지스의 팀 스테이플에게도 감사한다. 당대의 영국 및 독일 항공기에 대한 그의 지식과 열정은 값을 매길 수 없을 만큼 귀중하다. 그리고 마틴 길버트 경은 윈스턴 처칠에 대한 것이라면 무엇이든 다 알려 주었고, 나의 원고를 공들여 읽어 주었다. 그리고 조종사 출신의 이웃인 알렉스 콜마는 필자가 1953년 공군을 제대한 이후 잊고 지내던 항공기에 대한 많은 것들을 되살려 주었다. 그리고 영국을 구한 조종사들을 위한 연간지인『1940』지의 편집자 제프 심프슨도 있다. 또한 이 원고를 꼼꼼히 읽어 주고 많은 오류를 수정했으며 조언을 아끼지 않은 나의 친구 윈스턴 S. 처칠과 대영 제국 훈작사 앨리스터 혼 경에게도 특별한 감사를 표한다. 그들이 잡아내지 못한 오류는 물론 나의 책임이다.

또한 필자의 조수 던 래퍼티에게 매우 특별한 감사를 표하고 싶다. 그

녀는 이 원고 준비에 많은 도움을 주었다. 그리고 뛰어난 연구 능력을 보유한 마이크 힐에게도, 사진 조사를 해준 케빈 콴에게도, 기묘한 재주로 이미 절판된 지 수십 년이 지난 책을 구해다 준 차트웰 북스의 배리 싱어에게도 감사한다.

필자의 대리인인 린 네스비트와 절친한 친구이자 동료 역사 애호가인 모튼 잰클로의 격려, 편집자 휴 반 듀센의 인내와 정확한 편집 능력, 그의 조수 롭 크로퍼드의 도움, 현대에 스피트파이어를 타고 비행하겠다는 꿈을 가진 집시 다 실바의 조언이 없었더라면 이 책은 완성될 수 없었을 것이다. 참고로 그의 꿈은 실현 가능한데, 현재에도 2인승 훈련기형으로 개조된, 비행 가능 상태의 스피트파이어가 아일랜드 공군에 2대 남아 있으며, 그중 1대는 미국 캘리포니아에 있다.

그러나 누구보다도 아내 마거릿에게 큰 감사를 표한다. 이 책을 쓰기 위해 다시 한 번 오랫동안 독서와 연구를 수행하는 나를 용납해 준 것은 물론, 책들이 방 하나를 가득 메우는 것으로도 모자라 마룻바닥까지 널려 있는 것도 참아 주었으니 말이다.

참고 문헌

Addison, Paul, and Jeremy A. Crang (eds.). *The Burning Blue*. London: Pimlico, 2000.

Battle of Britain Campaign Diary. Royal Air Force, 1940.

Bickers, Richard Townsend. *The Battle of Britain*. London: Salamander, 1990.

Brickhill, Paul. *Reach for the Sky: The Story of Douglas Bader, Legless Ace of the Battle of Britain*. Annapolis, Md.: Naval Institute Press, 2001.

"Cato." See Owen, Frank.

Churchill, Winston S. *Into Battle: Speeches*. London: Cassell, 1941.

_____. *Never Give In!: The Best of Winston Churchill's Speeches*. New York: Hyperion, 2003.

_____. *The Second World War*, Vol. II , *Their Finest Hour*. London: Cassell, 1949.

Clayton, Tim, and Phil Craig. *Finest Hour: The Battle of Britain,* New York: Simon and Schuster, 1999.

Collier, Basil. *Leader of the Few*. London: Jarrolds, 1957.

Collier, Richard. *Eagle Day: The Battle of Britain, August 6-September 15, 1940,* 2nd ed. New York: Dutton, 1980.

Deighton, Len. *Fighter: The True Story of the Battle of Britain*. London: Cape, 1977.

Faber, Harold (ed.). *Luftwaffe: A History*. New York: Times Books, 1977.

Fisher, David E. *A Summer Bright and Terrible: Winston Churchill, Lord Dowding, Radar, and the Impossible Triumph of the Battle of Britain*. Berkeley, Calif.: Shoemaker and Hoard, 2005.

Flint, Peter. *Dowding and Headquarters Fighter Command*. London: Airlife, 1986.

Fozard, John W. (ed.). *Sydney Camm and the Hurricane: Perspectives on the Master Fighter Designer and His Finest Achievement.* Washington, D.C.: Smithsonian Institution Press, 1991.

Freiden, Seymour, and William Richardson (eds.). *The Fatal Decisions.* New York: Berkeley, 1968.

Fuchser, Larry William. *Neville Chamberlain and Appeasement: A Study in the Politics of History.* New York: Norton, 1982.

Galland, Adolf. *The First and the Last.* Bristol: Cerberus, 2001.

Gallico, Paul. *The Hurricane Story: How a Great Plane Saved a War.* New York: Doubleday, 1960.

Gilbert, Martin. *Finest Hour.* London: Heinemann, 1983.

_____. *Never Surrender: The Churchill War Papers,* Volume II. New York: Norton, 1995.

Green, William. *Augsburg Eagle: The Story of the Messerschmitt 109.* New York: Doubleday, 1971.

Grinsell, Robert. *Messerschmitt Bf 109.* New York: Crown, 1980.

Hillary, Richard. *The Last Enemy.* London: Macmillan and Co.,1942.

Hough, Richard, and Denis Richards. *The Battle of Britain.* New York: Norton, 1989.

Ismay, H. L. *The Memoirs of General Lord Ismay.* New York: Viking, 1960.

Jenkins, Roy. *Churchill: A Biography.* NewYork: Farrar, Straus and Giroux, 2001.

Jones, R. V. *Most Secret War: British Scientific Intelligence, 1939-1945.* London: Coronet, 1978.

Kaplan, Philip, and Richard Collier. *The Few: Summer 1940—The Battle of Britain.* London: Seven Dials, 1989.

Kens, Karlheinz, and Heinz J. Nowarra. *Die deutschen Flugzeuge 1933-1945.* Munich: Lehmanns Verlag, 1964.

Kurowski, Franz. *Luftwaffe Aces.* Canada: Fedorowicz, 1996; Mechanicsburg, Pa.: Stackpole, 2002.

Mason, Herbert Molloy, Jr. *The Rise of the Luftwaffe.* New York: Dial, 1973.

Morgan, Eric B., and Edward Shacklady. *Spitfire: The History.* Stamford, Conn.: Key, 1987.

Mosley, Leonard. *The Reich Marshal: A Biography of Hermann Goering.* New York: Doubleday, 1974.

Nesbit, Roy Conyers. *The Battle of Britain.* Stroud, U.K.: Sutton, 2000.

Nicolson, Harold. *Diaries and Letters, 1930-1939,* Nigel Nicolson, ed. New York: Atheneum, 1966.

Overy, Richard. *The Battle of Britain: The Myth and the Reality.* New York: Norton, 2000.

Owen, Frank("Cato"). *Guilty Men.* London: Penguin, 1998.

Parkinson, Roger. *Summer of 1940: The Battle of Britain.* New York: David McKay, 1977.

Price, Alfred. *The Battle of Britain: The Hardest Day.* London: Macdonald and Jane's, 1979.

_____. *The Spitfire Story.* London: Arm and Armour, 1982.

Richards, Denis. *Royal Air Force 1939-1945,* Vol. I, *The Fight at Odds.* London: Her Majesty's Stationery Office, 1953.

Rigg, Bryan Mark. *Hitler's Jewish Soldiers: The Untold Story of Nazi Racial Laws and Men of Jewish Descent in the German Military.* Lawrence: Univ. of Kansas Press, 2002.

Robertson, Bruce. *Spitfire—The Story of a Famous Fighter.* Letchworth, U.K.: Harleyford, 1960.

Robinson, Derek. *Invasion, 1940: The Truth About the Battle of Britain and What Stopped Hitler.* New York: Carroll and Graf, 2005.

Sarkar, Dilip. *Group Captain Sir Douglas Bader: An Inspiration in Photographs.* Worcester, U.K.: Ramrod, 2001.

Terraine, John. *The Right of the Line.* London: Hodder and Stoughton, 1985.

Townsend, Peter. *Duel of Eagles.* New York: Simon and Schuster, 1970.

Wellum, Geoffrey. *First Light.* London: Penguin/Viking, 2002.

Wood, Derek, and Derek Dempster. *The Narrow Margin: The Battle of Britain and the Rise of Air Power 1930-1949.* Barnsley, U.K.: Pen and Sword, 2003.

Young, G. M. *Stanley Baldwin.* London: Rupert Hart-Davis, 1952.

주

1장 「폭격기는 어디라도 갈 수 있을 것이다.」

1 Young, *Stanley Baldwin*, 174.

2 Jenkins, *Churchill*, 608.

3 Rigg, *Hitler's Jewish Soldiers*, 21~22.

4 "Cato" (Frank Owen), *Guilty Men*.

2장 「만인의 시선이 영국을 향하던 시절이 있었다. 이제 그러한 호시절은 지나갔다. 〈궁핍과 고난의 세월〉 동안 우리가 이룬 것은 아무것도 없다.」

1 Young, *Stanley Baldwin*, 61.

2 Churchill, *Never Give In!*, 106.

3 Nicolson, *Diaries and Letters*, 129.

4 Young, *Stanley Baldwin*, 174.

5 앞의 책, 179.

6 앞의 책, 182.

7 앞의 책.

3장 「시카고 갱들의 차에도 방탄유리가 있는데, 우리 스피트파이어에 방탄유리가 없다는 건 이해할 수 없다.」

1 다우딩의 전투기사령부 본부 창설과 그것이 영국 방공에 끼친 영향을 가장 잘 포괄적으로 설명하기 위해, 필자는 Peter Flint, *Dowding and Headquarters Fighter Command*를 많이 참조했다.

2 앞의 책, 4.

3 Price, *The Spitfire Story*, 11.

4 www.rjmitchell-spitfire.co.uk에서 Schneider Trophy를 클릭하라. "History of the Contest," October 2, 2006, 1.

5 Price, *The Spitfire Story*, 16.

6 Deighton, *Fighter*, 77.

7 Price, *The Spitfire Story*, 67. Robertson, *Spitfire*, 18도 참조.

8 Gallico, *The Hurricane Story*, 22~23.

9 앞의 책, 36.

4장 「언덕의 반대편」

1 www.fiskes.co.uk/billy_fiske.htm 참조.

2 Grinsell, *Messerschmitt Bf 109*, 306.

3 Kens and Nowarra, *Die deutschen Flugzeuge, 1933~1945*, 275~278.

4 Deighton, *Fighter*, 80~81.

5 앞의 책, 81.

5장 제1막: 됭케르크와 다우딩의 편지

1 Bf 109, 스피트파이어, 허리케인 간의 차이점을 가장 자세히 잘 설명한 내용은 Green, *Augsburg Eagle*에서 찾을 수 있다. 그의 전문적 식견에 크게 의존할 수 있었던 것을 감사하게 생각한다.

2 Deighton, *Fighter*, 131.

3 Churchill, *The Second World War*, Vol. II, *Their Finest Hour*, 38.

4 앞의 책, 42.

5 앞의 책, 46.

6 Richards, *Royal Air Force, 1939~1945*, Vol. I , *The Fight at Odds*, 109.

7 Flint, *Dowding*, 53.

8 Richards, *Royal Air Force, 1939~1945*, Vol. I , *The Fight at Odds*, 120.

9 Flint, *Dowding*, 73.

10 Churchill, *The Second World War*, Vol. II , *Their Finest Hour*, 38.

11 앞의 책, 46.

12 Collier, *Leader of the Few*, 192~194.

13 Flint, *Dowding*, 149.

6장 제1라운드: 해협 전투

1 Gilbert, *The Churchill War Papers*, Vol. II , *Never Surrender*, 582.

7장 제2라운드: 스파링

1 Wood and Dempster, *The Narrow Margin*, 321.

2 Bickers, *The Battle of Britain*, 37.

3 앞의 책, 120.

4 Gilbert, *Finest Hour*, 766.

5 Flint, *Dowding*, 93.

6 Gilbert, *The Churchill War Papers*, Vol. II , *Never Surrender*, 472.

7 앞의 책, 472.

8 Fisher, *A Summer Bright and Terrible*.

8장 공격하는 독수리: 1940년 8월

1 각 날짜의 전투 개시 시점과 전투 종료 시점의 가용 항공기 숫자와 영국 공군 소속
   군인 및 민간인 인명 손실은 *The Battle of Britain Campaign Diary*에서 참조했다.

2 Brickhill, *Reach for the Sky*, 146.

3 앞의 책, 173.

4 앞의 책, 164.

5 Collier, *Eagle Day*, 83.

6 Hough and Richards, *The Battle of Britain*, 184.

7 Hillary, *The Last Enemy*, 101~102.

8 Gilbert, *The Churchill War Papers*, Vol. II, *Never Surrender*, 700~701.

9 Gilbert, *Finest Hour*, 824.

10 앞의 책, 673~674.

9장 최악의 고난: 8월 16일부터 9월 15일까지

1 Addison and Crang, *The Burning Blue*, 145에 인용된 Nigel Rose의 편지.

2 앞의 책.

3 Ismay, *Memoirs*, 181~182.

4 Gilbert, *The Churchill War Papers*, Vol. II, *Never Surrender*, 235.

5 Gilbert, *Finest Hour*, 658.

6 이 모임에 대한 가장 뛰어난 설명은 Jones, *Most Secret War*, 108~109에 나와 있다.

7 Hough and Richards, *The Battle of Britain*, 316.

8 앞의 책, 237.

9 James Reston, "Can Britain Hold Out?", *New York Times*, September 8, 1940.

10 Galland, *The First and the Last*, 59.

11 Churchill, *Into Battle*, 273.

12 Churchill, *The Second World War*, Vol. II, *Their Finest Hour*, 294~297.

13 앞의 책, 296.

14 앞의 책, 297.

15 Hough and Richards, *The Battle of Britain*, 293.

10장 전환점

1 Hough and Richards, *The Battle of Britain*, 322.

2 Gilbert, *Finest Hour*, 1040.

찾아보기

옮긴이의 말

전쟁 영화에 관심이 많은 독자라면, 유명한 영국 전쟁 영화 「배틀 오
브 브리튼」(1969년작, 우리나라나 일본에는 〈공군 대전략〉이라는 이름으로 소개
되기도 했다)을 알고 있을 것이다. 수많은 실물 비행기들의 화려한 공중전
장면이 압권이었던 그 영화는 제2차 세계 대전 당시 독일과 영국이 자국
공군을 앞세워 벌였던 건곤일척의 승부, 즉 영국 전투를 재현한 걸작 전
쟁 영화였다. 이 영화는 지난 1980년대까지만 해도 TV 외화 프로그램의
단골 메뉴였는데, 역자 역시 아무것도 모르던 초등학생 시절에 이 영화
를 처음 보고 무척 감동받았던 기억이 아직도 생생하게 남아 있다.

그런데 이 영국 전투와 필자 사이에는 무슨 특별한 인연이 있는 것이
틀림없다. 역자의 다른 책인 영화 평론집 『전쟁 영화로 마스터하는 2차
세계 대전 유럽전선』에서도 영화 〈배틀 오브 브리튼〉을 제일 먼저 다루
게 되었고, 급기야는 영국 전투를 소재로 한 본서를 번역하게 되었으니
말이다.

영국 전투가 벌어지던 1940년 당시, 유럽 최강의 육군국이던 프랑스

까지 몰락시킨 히틀러의 나치 독일의 힘은 아무도 당해 낼 수 없을 것 같았고, 그런 독일에 맞선다는 것은 아무짝에도 쓸모없는 바보짓으로 보였다. 히틀러는 숙원이던 소련 침공을 앞두고 후방에서의 위협을 차단하기 위해 영국을 굴복시키고자 했다. 그리고 항공기가 전쟁의 주역으로 대두한 시대답게, 영국을 굴복시키기 위한 첫 단계는 바로 영국 상공의 제공권 확보였다.

그러나 영국에도 자국 상공을 지키기에 충분한 수의 전투기와 방공망, 레이더 설비가 있었고, 프랑스 패망 이후 수개월간 영독 양국은 영국 상공의 제공권을 확보하기 위해 처절한 사투를 벌이게 된다. 〈해가 지지 않는 제국〉과 〈천년 제국〉은 보유한 모든 공군 자산을 이 한판의 도박에 털어 넣었고, 이들이 벌인 공중전, 즉 영국 전투는 당시로서는 명실공히 세계 최대 규모의 항공전이었다. 그리고 앞으로도 오랫동안, 아니 어쩌면 영원히 인류 역사상 가장 거대한 규모의 항공전으로 남을 것이다.

영국은 1,963대, 독일은 2,550대의 항공기를 이 결전에 투입했다. 영국은 544명의 승무원과 1,547대의 항공기를 잃었고, 독일은 2,698명의 승무원과 1,887대의 항공기를 잃었다. 혹시나 이 숫자가 별것 아닌 것 같아 보이는가? 이는 21세기 현대의 우리나라 공군이 보유한 전투기와 조종사 숫자의 자그마치 6배가 넘는 인원과 장비가 1940년 여름부터 초가을 사이의 불과 수개월 동안 소모되었다는 뜻이다. 물론 당시의 항공기는 요즘의 항공기에 비해 상당히 값싸고 만들기 쉬웠지만 그래도 이정도면 결코 가볍게 넘길 소모율이 아닌 셈이다. 또한 숙련된 조종사의 양성은 예나 지금이나 엄청난 시간과 돈이 들어간다. 이렇게 천문학적으로 많은 인원과 장비를 소모시킨 끝에 독일 공군은 끝내 영국 전투에서 패하고, 영국 본토 상륙 작전은 무기한으로 연기되고 만다. 그리고 영국 전투의 승리로 영국이 독일에 점령되지 않고, 1년 후 미국이 본격적으로 참전할 때까지 버틴 덕분에 4년 후인 1944년 연합군은 영국을 발진 기지로 삼아 사상 최대의 상륙 작전인 노르망디 상륙 작전을 감행, 서유럽에 제2전선을 전개하고 독일의 숨통을 확실히 조이게 된다. 만약 영국 전투에서 독일군이 승리하고, 영국을 점령했더라면 연합국이 노르망디 상륙 작전과 같은 작전을 펴기는 상당히 어려웠거나, 아예 불가능했을 수도 있다. 영국 전투는 그 규모부터 엄청났을 뿐만 아니라, 이렇듯 제2차 세계 대전의 판도에 큰 영향을 미친 이정표적인 전투였던 것이다.

독일 공군에 맞서던 영국 공군은 적에 대해 수적, 질적인 우위를 전혀 점하지 못하고 있었다. 그럼에도 영국이 끝내 영국 상공의 제공권을 수호하는 데 성공하고, 독일의 영국 본토 상륙 야망을 저지한 것은 일견 불가사의하게 보이기도 한다. 이 책은 영국 측의 승리 요인을 대전 발발 이전부터 구축된 철저한 본토 방공 체계, 그리고 그 체계를 만들어 낸 다우딩의 혜안에서 찾고 있다. 문자 그대로 유비무환이었던 셈이다. 여기에 역자 개인적인 의견을 좀 더 보탠다면, 방어 측의 이점과 영독 양국의 의사 결정 과정의 차이도 큰 변수로 작용했다고 보고 싶다. 대부분의 전투가 영국 본토 상공에서 이루어졌기에 영국은 손실된 기체와 조종사의 회수가 용이했고, 이는 전투력 보존에 큰 힘이 되어 주었다. 게다가 그 본토에는 전간기 동안 심혈을 기울여 구축한 방공망도 깔려 있었다. 이미 머릿속에 훤한 자기 동네에서, 그것도 함정과 감시망을 미리 곳곳에 설치해 놓고 쳐들어오는 적을 막은 셈이었다.

또한 다소 아이러니하게 들릴 수는 있겠으나, 독일의 정권이 나치 독재 정권이라는 점도 독일의 패배에 한몫을 했다. 흔히 생각하는 것과는 달리, 독재자는 민주적 절차에 의해 선출된 국가 지도자 이상으로 국민들의 눈치를 보고, 국민들의 비위를 맞춰 줘야 살아남을 수 있다. 게다가 히틀러와 같이 출신 성분이 시원찮고 배경이 취약한 독재자는 더욱 그렇다. 그렇지 않으면 언제 쿠데타로 제거당할지 모르기 때문이다. 그런 독재자들은 때로는 그저 국민의, 또는 일부 지지 세력의 비위를 맞추기 위해 무리한 정책을 펴다가 실패하기도 한다. 히틀러와 괴링이 독일의 국민 감정에 호응해 군사 목표물 대신 런던을 타격한 것은 분명 영국 전투의 독일군 패배에 중요한 요인 중 하나였다. 이런 의미에서 볼 때 독재는 분명히 비효율적이며 비합리적인 정치 체제인 셈이다.

그 외에도 영국 전투 승리의 교훈은 찾아내기 나름일 것이다. 그것이 전쟁사를 읽는 재미 중 하나이다. 전쟁은 인류가 벌이는 가장 격렬한 경쟁이며, 거기에서는 평시의 경쟁에서 승리하기 위한 지혜도 배울 수 있다. 영국 전투의 세세한 부분까지 시시콜콜히 다룬 이 책을 통해 독자 여러분들께서 그러한 지혜를 많이 얻어 가실 수 있기를 바란다.

인류 역사상 가장 거대하고 격렬한 항공전임에도 불구하고, 영국 전투만을 자세히 다룬 책은 필자가 알기로는 국내에 이 책밖에 없다. 한 사람의 밀리터리 마니아로서, 앞으로도 영국 전투를 다룬 책은 물론, 그 외에도 여러 항공전 관련 서적들이 국내에도 많이 출간되어 우리의 인식 및 사고의 지평을 넓히기를 바란다. 그리고 그 작업에는 역자도 미력한 실력으로나마 참여하고 싶다.

2010년 3월
이동훈

옮긴이 **이동훈** 중앙대학교 철학과를 졸업하고 『월간 항공』 기자를 거친 후 현재까지 번역가와 자유기고가로 활동하고 있다. 저서로 『영화로 보는 태평양전쟁』, 『전쟁영화로 마스터하는 2차세계대전』(유럽, 태평양). 역서로 『살인의 심리학』, 『아버지의 깃발』, 『히틀러의 하늘의 전사들』, 『쿠르스크 1943』, 『대공의 사무라이』, 『전쟁 본능』, 『배틀필드: 더 러시안』 등이 있으며 감수서로는 『세계의 전함 1939-1945』, 『하야미 라센진의 육해공 대작전』 등이 있다.

영국 전투 제2차 세계 대전 최대의 공중전

발행일 2014년 3월 30일 초판 1쇄
        2020년 6월 10일 초판 2쇄

지은이 마이클 코다
옮긴이 이동훈
발행인 홍지웅·홍예빈
발행처 주식회사 열린책들

경기도 파주시 문발로 253 파주출판도시
전화 031-955-4000 팩스 031-955-4004
www.openbooks.co.kr

Copyright (C) 주식회사 열린책들, 2014, *Printed in Korea.*
ISBN 978-89-329-1653-8 03920

이 도서의 국립중앙도서관 출판예정도서목록(CIP)은 서지정보유통지원시스템 홈페이지(http://seoji.nl.go.kr)와 국가자료공동목록시스템(http://www.nl.go.kr/kolisnet)에서 이용하실 수 있습니다.(CIP제어번호:CIP2014007706)